中国语言资源保护工程

中国语言资源集·辽宁　编委会

主　任
宋升勇　侯长余

主　编
夏中华　原新梅

副主编
赵建军　　安拴军　　欧阳国亮

编　委
（按姓名音序排列）

安拴军	曹　起	迟永长	崔　蒙	洪　飏
李薇薇	马丽娟	欧阳国亮	王功龙	王　虎
夏　历	夏中华	杨春宇	原新梅	张明辉
赵建军	朱　红			

秘　书
辛海春

教育部语言文字信息管理司
辽　宁　省　教　育　厅　　指导

中国语言资源保护研究中心　　统筹

中国语言资源集

辽宁

语法与口头文化卷

夏中华　原新梅 ◎ 主编

中国社会科学出版社

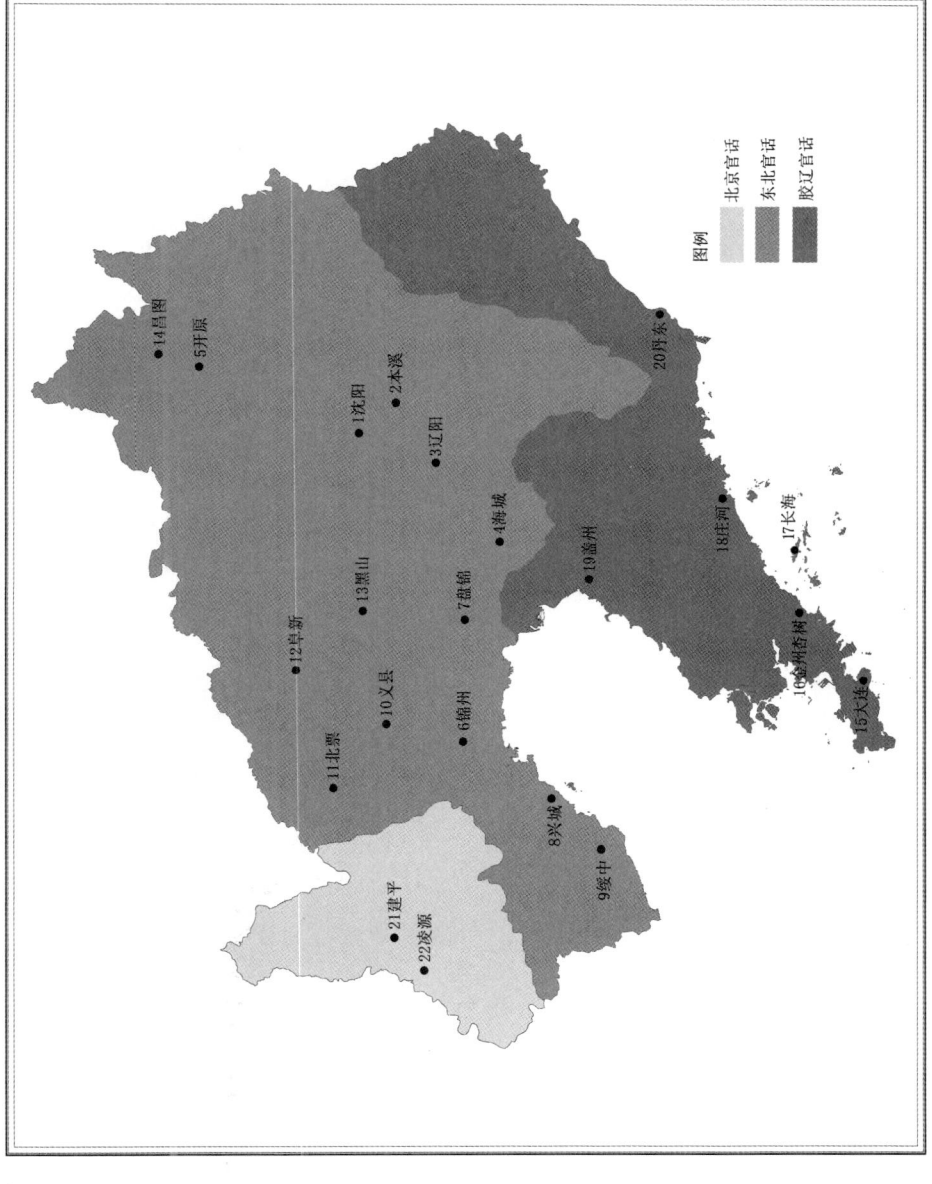

中国语言资源保护工程·辽宁方言调查点分布及方言系属图

图例
北京官话
东北官话
胶辽官话

1沈阳 2本溪 3辽阳 4海城 5开原 6锦州 7盘锦 8兴城 9绥中 10义县 11北票 12阜新 13黑山 14昌图 15大连 16庄河杏树 17长海 18庄河 19盖州 20丹东 21建平 22凌源

调查点分布图

（说明：调查点名称前面的数字序号主要依照东北官话-胶辽官话-北京官话及内部方言片、方言小片排列，兼顾方言点行政区划级别、地理位置，与书中对照表顺序相同）

审图号：辽S（2022）001号

总 目 录

总序
序
调查点分布图

语 音 卷

概述	1
第一章　各地音系	4
第二章　字音对照	156
参考文献	281
后记	282

词 汇 卷

概述	1
词汇对照	2
参考文献	402
后记	403

语法与口头文化卷

语法卷

概述	1
语法例句对照	2

口头文化卷

概述	73
沈阳	75
本溪	82
辽阳	90
海城	95
开原	104
锦州	120

盘锦	126
兴城	133
绥中	151
义县	157
北票	163
阜新	170
黑山	177
昌图	183
长海	192
庄河	198
盖州	206
丹东	218
建平	225
凌源	231
参考文献	238
后记	239

目　录

语法卷
概述 ⋯⋯⋯⋯⋯⋯⋯⋯⋯⋯⋯⋯⋯⋯⋯⋯⋯⋯⋯⋯⋯⋯⋯⋯⋯⋯⋯⋯⋯ 1
语法例句对照 ⋯⋯⋯⋯⋯⋯⋯⋯⋯⋯⋯⋯⋯⋯⋯⋯⋯⋯⋯⋯⋯⋯⋯⋯ 2

口头文化卷

概述 ⋯⋯⋯⋯⋯⋯⋯⋯⋯⋯⋯⋯⋯⋯⋯⋯⋯⋯⋯⋯⋯⋯⋯⋯⋯⋯⋯⋯ 73
沈阳 ⋯⋯⋯⋯⋯⋯⋯⋯⋯⋯⋯⋯⋯⋯⋯⋯⋯⋯⋯⋯⋯⋯⋯⋯⋯⋯⋯⋯ 75
　　一　歌谣 ⋯⋯⋯⋯⋯⋯⋯⋯⋯⋯⋯⋯⋯⋯⋯⋯⋯⋯⋯⋯⋯⋯⋯ 75
　　二　故事 ⋯⋯⋯⋯⋯⋯⋯⋯⋯⋯⋯⋯⋯⋯⋯⋯⋯⋯⋯⋯⋯⋯⋯ 76
　　三　自选条目 ⋯⋯⋯⋯⋯⋯⋯⋯⋯⋯⋯⋯⋯⋯⋯⋯⋯⋯⋯⋯⋯ 80
本溪 ⋯⋯⋯⋯⋯⋯⋯⋯⋯⋯⋯⋯⋯⋯⋯⋯⋯⋯⋯⋯⋯⋯⋯⋯⋯⋯⋯⋯ 82
　　一　歌谣 ⋯⋯⋯⋯⋯⋯⋯⋯⋯⋯⋯⋯⋯⋯⋯⋯⋯⋯⋯⋯⋯⋯⋯ 82
　　二　故事 ⋯⋯⋯⋯⋯⋯⋯⋯⋯⋯⋯⋯⋯⋯⋯⋯⋯⋯⋯⋯⋯⋯⋯ 83
　　三　自选条目 ⋯⋯⋯⋯⋯⋯⋯⋯⋯⋯⋯⋯⋯⋯⋯⋯⋯⋯⋯⋯⋯ 87
辽阳 ⋯⋯⋯⋯⋯⋯⋯⋯⋯⋯⋯⋯⋯⋯⋯⋯⋯⋯⋯⋯⋯⋯⋯⋯⋯⋯⋯⋯ 90
　　一　歌谣 ⋯⋯⋯⋯⋯⋯⋯⋯⋯⋯⋯⋯⋯⋯⋯⋯⋯⋯⋯⋯⋯⋯⋯ 90
　　二　故事 ⋯⋯⋯⋯⋯⋯⋯⋯⋯⋯⋯⋯⋯⋯⋯⋯⋯⋯⋯⋯⋯⋯⋯ 90
　　三　自选条目 ⋯⋯⋯⋯⋯⋯⋯⋯⋯⋯⋯⋯⋯⋯⋯⋯⋯⋯⋯⋯⋯ 93
海城 ⋯⋯⋯⋯⋯⋯⋯⋯⋯⋯⋯⋯⋯⋯⋯⋯⋯⋯⋯⋯⋯⋯⋯⋯⋯⋯⋯⋯ 95
　　一　歌谣 ⋯⋯⋯⋯⋯⋯⋯⋯⋯⋯⋯⋯⋯⋯⋯⋯⋯⋯⋯⋯⋯⋯⋯ 95
　　二　故事 ⋯⋯⋯⋯⋯⋯⋯⋯⋯⋯⋯⋯⋯⋯⋯⋯⋯⋯⋯⋯⋯⋯⋯ 97
　　三　自选条目 ⋯⋯⋯⋯⋯⋯⋯⋯⋯⋯⋯⋯⋯⋯⋯⋯⋯⋯⋯⋯⋯ 100
开原 ⋯⋯⋯⋯⋯⋯⋯⋯⋯⋯⋯⋯⋯⋯⋯⋯⋯⋯⋯⋯⋯⋯⋯⋯⋯⋯⋯⋯ 104
　　一　歌谣 ⋯⋯⋯⋯⋯⋯⋯⋯⋯⋯⋯⋯⋯⋯⋯⋯⋯⋯⋯⋯⋯⋯⋯ 104
　　二　故事 ⋯⋯⋯⋯⋯⋯⋯⋯⋯⋯⋯⋯⋯⋯⋯⋯⋯⋯⋯⋯⋯⋯⋯ 108
　　三　自选条目 ⋯⋯⋯⋯⋯⋯⋯⋯⋯⋯⋯⋯⋯⋯⋯⋯⋯⋯⋯⋯⋯ 114
锦州 ⋯⋯⋯⋯⋯⋯⋯⋯⋯⋯⋯⋯⋯⋯⋯⋯⋯⋯⋯⋯⋯⋯⋯⋯⋯⋯⋯⋯ 120
　　一　歌谣 ⋯⋯⋯⋯⋯⋯⋯⋯⋯⋯⋯⋯⋯⋯⋯⋯⋯⋯⋯⋯⋯⋯⋯ 120
　　二　故事 ⋯⋯⋯⋯⋯⋯⋯⋯⋯⋯⋯⋯⋯⋯⋯⋯⋯⋯⋯⋯⋯⋯⋯ 121

三　自选条目 ··· 123
盘锦 ··· 126
　　　一　歌谣 ··· 126
　　　二　故事 ··· 128
　　　三　自选条目 ··· 131
兴城 ··· 133
　　　一　歌谣 ··· 133
　　　二　故事 ··· 136
　　　三　自选条目 ··· 142
绥中 ··· 151
　　　一　歌谣 ··· 151
　　　二　故事 ··· 152
　　　三　自选条目 ··· 154
义县 ··· 157
　　　一　歌谣 ··· 157
　　　二　故事 ··· 158
　　　三　自选条目 ··· 161
北票 ··· 163
　　　一　歌谣 ··· 163
　　　二　故事 ··· 164
　　　三　自选条目 ··· 167
阜新 ··· 170
　　　一　歌谣 ··· 170
　　　二　故事 ··· 171
　　　三　自选条目 ··· 174
黑山 ··· 177
　　　一　歌谣 ··· 177
　　　二　故事 ··· 178
　　　三　自选条目 ··· 180
昌图 ··· 183
　　　一　歌谣 ··· 183
　　　二　故事 ··· 185
　　　三　自选条目 ··· 190
长海 ··· 192
　　　一　歌谣 ··· 192
　　　二　故事 ··· 193
　　　三　自选条目 ··· 196

庄河 ·· 198
    一　歌谣 ··· 198
    二　故事 ··· 199
    三　自选条目 ·· 203
盖州 ·· 206
    一　歌谣 ··· 206
    二　故事 ··· 209
    三　自选条目 ·· 212
丹东 ·· 218
    一　歌谣 ··· 218
    二　故事 ··· 219
    三　自选条目 ·· 223
建平 ·· 225
    一　歌谣 ··· 225
    二　故事 ··· 226
    三　自选条目 ·· 228
凌源 ·· 231
    一　歌谣 ··· 231
    二　故事 ··· 232
    三　自选条目 ·· 235
参考文献 ·· 238
后记 ·· 239

总　序

　　教育部、国家语言文字工作委员会于 2015 年 5 月发布《教育部 国家语委关于启动中国语言资源保护工程的通知》（教语信司〔2015〕2 号），启动中国语言资源保护工程（以下简称语保工程），在全国范围开展以语言资源调查、保存、展示和开发利用等为核心的各项工作。

　　在教育部、国家语委统一领导下，经各地行政主管部门、专业机构、专家学者和社会各界人士共同努力，至 2019 年底，语保工程超额完成总体规划的调查任务。调查范围涵盖包括港澳台在内的全国所有省份、123 个语种及其主要方言。汇聚语言和方言原始语料文件数据 1000 多万条，其中音视频数据各 500 多万条，总物理容量达 100TB，建成世界上最大规模的语言资源库和展示平台。

　　语保工程所获得的第一手原始语料具有原创性、抢救性、可比性和唯一性，是无价之宝，亟待开展科学系统的整理加工和开发应用，使之发挥应有的重要作用。编写《中国语言资源集（分省）》（以下简称资源集）是其中的一项重要工作。

　　早在 2016 年，教育部语言文字信息管理司（以下简称语信司）就委托中国语言资源保护研究中心（以下简称语保中心）编写了《中国语言资源集（分省）编写出版规范（试行）》。2017 年 1 月，语信司印发《关于推进中国语言资源集编写的通知》（教语信司函〔2017〕6 号），要求"各地按照工程总体要求和本地区进展情况，在资金筹措、成果设计等方面早设计、早谋划、早实施，积极推进分省资源集编写出版工作。""努力在第一个'百年'到来之际，打造标志性的精品成果。"2018 年 5 月，又印发了《关于启动中国语言资源集（分省）编写出版试点工作的通知》（教语信司函〔2018〕27 号），部署在北京、上海、山西等地率先开展资源集编写出版试点工作，并明确"中国语言资源集（分省）编写出版工作将于 2019 年在全国范围内全面铺开。"2019 年 3 月，教育部办公厅印发《关于部署中国语言资源保护工程 2019 年度汉语方言调查及中国语言资源集编制工作的通知》（教语信厅函〔2019〕2 号），要求"在试点基础上，在全国范围内开展资源集编制工作。"

　　为科学有效开展资源集编写工作，语信司和语保中心通过试点、工作会、研讨会等形式，广泛收集意见建议，不断完善工作方案和编写规范。语信司于 2019 年 7 月印发了修订后的《中国语言资源集（分省）实施方案》和《中国语言资源集（分省）编写出版规范》（教语信司函〔2019〕30 号）。按规定，资源集收入本地区所有调查点的全部字词句语料，并列表对照排列。该方案和规范既对全国作出统一要求，保证了一致性和可比性，也兼顾各地具体情况，保持了一定的灵活性。

各省（区、市）语言文字管理部门高度重视本地区资源集的编写出版工作，在组织领导、管理监督和经费保障等方面做了大量工作，给予大力支持。各位主编认真负责，严格要求，专家团队团结合作，协同作战，保证了资源集的高水准和高质量。我们有信心期待《中国语言资源集》将成为继《中国语言文化典藏》《中国濒危语言志》之后语保工程的又一重大标志性成果。

语保工程最重要的成果就是语言资源数据。各省（区、市）的语言资源按照国家统一规划规范汇集出版，这在我国历史上尚属首次。而资源集所收调查点数之多，材料之全面丰富，编排之统一规范，在全世界范围内亦未见出其右者。从历史的眼光来看，本系列资源集的出版无疑具有重大意义和宝贵价值。我本人作为语保工程首席专家，在此谨向多年来奋战在语保工作战线上的各位领导和专家学者致以崇高的敬意！

曹志耘
2020 年 10 月 5 日

序

　　本书是国家语委"中国语言资源保护工程·辽宁汉语方言调查"系列项目的基础性成果之一。

　　教育部、国家语委于2015年启动了"中国语言资源保护工程",这是继1956年开展全国汉语方言和少数民族语言普查以来,我国语言规划领域又一个由政府组织的,地方和专家共同实施,鼓励社会参与的大型语言文化国家工程。其目的是利用现代化技术手段,收集记录汉语方言、少数民族语言和口头文化的实态语料,进行科学整理和加工,建成大规模、可持续增长的多媒体语言资源库,并开展语言资源保护研究工作,形成系统的基础性成果,进行深度开发应用,全面提升我国语言资源保护和利用的水平,为科学有效保护语言文化资源、传承中华民族优秀传统文化、维护社会稳定、保障国家安全,以及推进语言文字信息化建设服务。

　　辽宁省语言资源比较丰富,境内汉语方言分属北京官话、东北官话、胶辽官话,同时残存着满语、蒙古语等少数民族语言的底层。作为中国语言资源有声数据库首批试点省份之一,2011年11月,国家语委启动了辽宁库建设试点工作,由辽宁师范大学迟永长、王功龙两位教授任首席专家,在登连片大连市开展了两个方言点(大连市区,金州区杏树街道)的调查工作,并于2012年年底顺利通过国家语委组织的专家验收。

　　2016年初,"中国语言资源保护工程·辽宁汉语方言调查"全面启动。根据语保中心的安排,通过与相关专家讨论,结合辽宁汉语方言的分布情况,自2016年至2019年,四年共确定并调查了20个方言点。其中首次报批的10个点于2016、2017两年完成。2016年6个:丹东、建平、锦州、兴城、辽阳、沈阳,分别由辽宁师范大学的原新梅、杨春宇,渤海大学的夏中华、朱红,中国刑事警察学院的欧阳国亮、崔蒙担任课题负责人。2017年4个:庄河、盖州、开原、阜新,分别由辽宁师范大学的原新梅、张明辉,渤海大学的朱红、李薇薇担任课题负责人。

　　辽宁曾是关内移民迁居东北的第一站,省内多种官话方言交汇融合,辽西走廊和辽宁东南部地区分别形成两条官话方言的融合演变路线:冀鲁官话向东北官话的演变和胶辽官话向东北官话的演变。前期10个布点重视区域方言的调查,包括辽宁省西南部地区、中部地区和辽西地区。为全面掌握我省方言的接触融合与演变,经征求我省语言文字专家和各市语委办对我省语保工程设点布局的建议,2017年10月,辽宁省申请再增设10个方言调查点。再次报批的10个点于2018、

2019 两年完成。2018 年 5 个：义县、凌源、海城、长海、绥中，分别由渤海大学的曹起、安拴军，辽宁师范大学的王虎、赵建军，辽宁工程技术大学的马丽娟担任课题负责人。2019 年 5 个：盘锦、本溪、昌图、黑山、北票，分别由辽宁师范大学的洪飏、赵建军，沈阳师范大学的夏历，渤海大学的曹起、安拴军担任课题负责人。

2016 年 4 月 22-23 日，中国语言资源保护工程培训（第十二期）在北京语言大学举行，课题负责人及骨干成员参加了此次培训。培训内容包括调查总体要求、《中国语言资源调查手册（汉语方言）》的音像技术规范、摄录方法、专用摄录软件的使用方法、语料整理规范、语保工程系列管理办法和工作规范解读等。

2016 年 5 月 27 日，中国语言资源保护工程·辽宁汉语方言调查项目在沈阳正式启动，在辽宁省语委的组织下，各市教育局分管领导、语委办负责人、各市（县、区）教育局分管领导、语委办负责人、有关高校分管领导、科研处处长、项目负责人等人员参加了此次会议，会议制订了实施方案，各课题组与相关市（县、区）语委办完成了对接。

随后，6 月-9 月，六个调查团队陆续完成了遴选发音人、纸笔调查和音像录制等工作。10 月 14 日-18 日，"首届东北方言学术研讨会暨语保工程中检、培训会"在大连举行。会议分为语保工程中检、学术研讨和语保工作培训三个阶段。首先由语保工程项目组专家对东北三省及内蒙古（东部）方言调查项目进行中期检查，指出了项目调查时出现的问题及解决方法。接着，语保工程核心专家、中国社会科学院沈明研究员和北京语言大学赵日新教授在辽宁师范大学西山湖校区做了国际音标以及音韵学培训讲座。与此同时，东北方言学术研讨会在大连市仲夏花园酒店召开。12 月中旬，项目验收会议在沈阳中国刑事警察学院举行，六个调查团队顺利通过了验收。

此后的三年，调查的方言点不同，但每个项目都经过 2016 年的这些程序：立项、培训、启动会、遴选发音人、纸笔调查、录音录像、中检、预验收、验收。只是地点不同，比如，2017 年，培训会在牡丹江师范学院，启动会在渤海大学，中检会在辽宁师范大学，预验收会在牡丹江师范学院召开，验收会在沈阳。2018 年，培训会在云南财经大学，启动会在辽宁工程技术大学召开，中检会在辽宁师范大学，预验收会在长春师范大学，验收会在沈阳。2019 年，培训会在北京语言大学，中检会在渤海大学，预验收会在沈阳师范大学，验收会在辽宁师范大学。

为落实工程总体规划，促进语保工程成果的整理、开发和应用，打造标志性的精品成果，按照教育部语信司的安排，2019 年语保工程的主要任务除了继续方言调查外，还开始着手《中国语言资源集·辽宁》的编写出版工作。此前，这项工作已经在北京、上海和山西试点。

语保工作很辛苦，各个课题组都以十分严谨的态度工作。每年从 4 月批准立项开始一直要忙到年底验收，特别是暑假期间的录制工作更是辛苦劳累。炎炎酷暑，在封闭的录音室，各团队坚持了二十多天甚至一个多月，要赶在暑假结束前完成方言调查、音频视频的录制工作。在调研录制过程中，各方言点大都有重选发音人重录，或原有发音人对个别字词句的重录，甚至是全部内容重做。

回顾五年的语保工程建设，在语保中心精心指导、省语委办统一协调、各调查团队的通力合作下取得了令人满意的成果，20个方言点顺利通过了验收。2016年处于摸索阶段，课题组在调查过程中遇到了很多困难，比如合适的发音人难以寻找，词汇、语法的调查不够深入，关于声韵调的说明不够全面、准确、规范，词汇、语法中的音变现象与音系说明不一致，纸笔记录与音视频不一致，音频背景噪音不达标，视频总比特率不达标，背景布的颜色、大小不合标准，闪屏、灯光、音画不同步、光线不均匀等，有的问题容易解决，有的问题要通过咨询语保中心的专家或不断地实验摸索方可解决。与2016年相比，之后几年的工作顺利了很多，在工作安排上和质量方面也随之有了较大提高。各调查点能够严格按照规范要求，保质保量地完成了纸笔调查和音像摄录工作，符合验收入库标准。有几个调查点在纸笔记录、音像视频质量方面达到了优秀标准。

语言本身是文化，同时又是文化的载体，是国家和民族珍贵的非物质文化资源。一种语言或方言的消亡也就意味着它所代表的漫长时间内所形成的文化资源即将消失。随着社会形势的发展变化，特别是全球经济一体化、文化多元化以及城市化进程的加快，人员流动的增加，语言（方言）间相互接触与影响频率加强，一些语言和方言的使用人口正在日益减少，正在以前所未有的速度发生着变化，濒危、衰亡加剧，传承面临威胁，语言文字保护成为当务之急。作为目前世界上最大规模的语言资源保护项目，语保工程对汉语方言、少数民族语言和口头语言文化的收集与整理，功在当下，利在千秋，它所留下的不仅仅是乡音，更是民族的文化基因和血脉。对促进我国语言资源的开发与保护，共同构建和谐的语言生活有着非常重要的作用。我们能加入语保工程，既感到责任重大又感到荣幸。《中国语言资源集·辽宁》的编写是对几年来辽宁各个方言点的成果展示和工作总结，也是新阶段开始的标志，希望以此为契机，有力推动辽宁的方言研究和语言资源的保护与传承。

夏中华
2020年11月20日

语法卷

概　　述

一　本卷内容

本卷为 50 个语法例句的对照，列表展示 22 个调查点方言老男 50 条语法例句的说法。

二　编排方式

以《调查手册》"肆　语法"为序，先列例句，再分列各点说法。每个表格排列 1 个句目。调查点排列方式同语音卷。

三　凡例

本卷使用比较普遍的一些符号说明如下：

ʰ　送气符号。例如：pʰ tʰ tsʰ 等。

=（上标）　表示前面的字是同音替代而不是本字。例如：我先走了，喃⁼俩再坐一会儿 我走了，你们俩再多坐一会儿

四　轻声音变

单元音韵母 ɤ 在轻声音节中，有的方言点弱化成央 ə，有的方言点仍然是后 ɤ，根据实际发音记为央 ə 或者后 ɤ。

语法例句对照

	0001 小张昨天钓了一条大鱼，我没有钓到鱼。
沈阳	小张儿昨个钓了条大鱼，我啥也没钓着。 ɕiau²¹tʂɑ̃r³³tsuo³⁵kə⁰tiau⁴¹lə⁰tʰiau³⁵ta⁴¹y³⁵,uo²¹sa³⁵iɛ²¹mei³⁵tiau⁴¹tʂau³⁵。
本溪	昨儿个儿小张儿钓了条大鱼，我没钓着。 tsuor³⁵kɤr⁰ɕiau²¹tʂɑ̃r⁴⁴tiau⁵¹lə⁰tʰiau ta⁵¹y³⁵,uo²¹mei³⁵tiau⁵¹tʂau³⁵。
辽阳	小张昨儿个钓了条大鱼，我啥也没钓着。 ɕiau²¹tʂaŋ⁴⁴tsuor³⁵kə⁰tiau⁵¹lə⁰tʰiau³⁵ta⁵¹y³⁵,uo²¹sa³⁵iɛ²¹mei³⁵tiau⁵¹tʂau³⁵。
海城	小张昨天钓了一条大鱼，我没钓着。 ɕiau³⁵tʂaŋ⁴⁴tʂuɤ³⁵tʰian⁴⁴tiau⁵¹lɤ⁰i⁵¹tʰiau ta⁵¹y³⁵,uɤ²¹mei³⁵tiau⁵¹tʂau³⁵。
开原	小张儿昨天钓了根儿大鱼，我没钓着。 ɕiau²¹tʂɑ̃r⁴⁴tʂuɤ³⁵tʰian⁴⁴tiau⁵³lə⁰kər⁰ta⁵³y³⁵,uɤ²¹³mei³⁵tiau⁵³tʂau³⁵。
锦州	小张儿昨儿钓条大鱼，我没钓着。 ɕiau²¹tʂɑ̃r⁵⁵tʂuor³⁵tiau⁵³tʰiau³⁵ta⁵³y³⁵,uo²¹mei³⁵tiau⁵³tʂau³⁵。
盘锦	昨儿小张钓着一条大鱼，我啥也没钓着。 tsuor³⁵ɕiau²¹tʂaŋ⁵⁵tiau⁵³tʂau⁰i⁵³tʰiau ta⁵³y³⁵,uo²¹ʂa³⁵iɛ²¹mei³⁵tiau⁵³tʂau³⁵。
兴城	小张儿昨天钓了条大鱼，我没钓着。 ɕiau²¹tʂɑ̃r⁴⁴tʂuo³⁵tʰian⁴⁴tiau⁵¹liau⁰tʰiau³⁵ta⁵¹y³⁵,uo²¹mei³⁵tiau⁵¹tʂau³⁵。
绥中	昨天小张儿钓了条大鱼，我啥也没钓着。 tʂuo³⁵tʰian⁵⁵ɕiau²¹tʂɑ̃r⁵⁵tiau⁵¹lɤ⁰tʰiau ta⁵¹y³⁵,uo²¹ʂa³⁵iɛ²¹³mei³⁵tiau⁵¹tʂau³⁵。
义县	昨儿个小张钓条鱼，我没钓着。 tʂuor³⁵kɤ⁰ɕiau²¹tʂaŋ⁴⁴tiau⁵³tʰiau⁴⁴y³⁵,uo²¹mei³⁵tiau⁵³tʂau³⁵。
北票	昨儿个儿小张钓了条大鱼，我啥也没钓着。 tʂuor³⁵kɤr⁰ɕiau²¹tʂaŋ⁴⁴tiau⁵¹lɤ⁰tʰiau³⁵ta⁵³y³⁵,uo²¹ʂa³⁵iɛ²¹mei³⁵tiau⁵³tʂau³⁵。
阜新	昨儿个儿小张钓了一条大鱼，我没钓着。 tʂuor³⁵kɤr⁵³ɕiau²¹tʂaŋ⁵⁵tiau⁵³lə⁰i⁵³tʰiau⁵⁵ta⁵³y³⁵,uo²¹mei³⁵tiau⁵³tʂau³⁵。
黑山	昨儿个小张儿钓条大鱼，我没钓着。 tʂuor³⁵kɤ⁰ɕiau²¹tʂɑ̃r⁴⁴tiau⁵³tʰiau³⁵ta⁵³y³⁵,uo²¹mei³⁵tiau⁵³tʂau³⁵。

昌图	昨儿个儿小张钓了一条大鱼，我啥也没钓着。 tʂuor³⁵kɤr⁰ɕiau²¹tʂaŋ³³tiau⁵¹lə⁰i⁵¹tʰiau³⁵ta⁵¹y³⁵,uo²¹ʂa³⁵iɛ²¹mei³⁵tiau⁵¹tʂau³⁵。
大连	小张儿昨天钓了条大鱼，我没钓着。 ɕiɔ²¹tʃãr³¹tsuə³⁴tʰiɛ̃³¹tiɔ⁵²lə⁰tʰiɔ³⁴ta⁵²y³⁴,uə²¹me³⁴tiɔ⁵²tʃɔ⁰。
金州 杏树	小张儿昨天钓了条大鱼，我没钓着。 ɕiɔ³⁴tsãr³¹tsuə³⁴tʰiɛ̃³¹tiɔ⁵²lə⁰tʰiɔ³⁴ta⁵²y³¹²,uə²¹me⁵²tiɔ⁵²tsuə⁵²。
长海	小张儿昨天钓了一条大鱼，我没有钓着。 ʃiau³¹tʃãr³¹tuə²⁴tʰian³¹tiau⁵³lə⁰i²¹tʰiau⁵³ta⁵³y³¹,uə²¹mei⁵³iəu²¹⁴tiau⁵³tʃau⁰。
庄河	小张儿昨儿个钓了一条大鱼，我没钓着。 ɕiao²⁴tsãr³³tsuər⁵¹kə⁰tiao⁵¹lə⁰i²⁴tʰiao³¹ta⁵³y⁵¹,uə²¹mei²¹tiao⁵¹tsao⁰。
盖州	小张昨儿个儿钓了一条很大的鱼，我什么也没钓着。 ɕiau²⁴tsaŋ⁴¹²tsuɤr²⁴kɤr⁰tiau⁵¹lɤ⁰i⁵¹tʰiau⁵¹xən⁵¹ta⁵¹tɤ⁰y²⁴,uɤ²¹sən²⁴mɤ⁰iɛ²¹mei²⁴tiau⁵¹tsau²⁴。
丹东	小张儿昨天钓了一条大鱼，我没有钓到鱼。 ɕiau²⁴tʂãr⁴¹¹tsuo²⁴tʰian⁴¹¹tiau⁵¹lə⁰i²¹tʰiau²⁴ta⁵¹y²⁴,uo²¹mei²⁴iou²⁴tiau⁵¹tau⁰y²⁴。
建平	小张夜儿了个钓了一条大鱼，我没钓到。 ɕiɔ²¹tʂɑ̃⁴⁴ier⁵³lə⁰kə⁰tiɔ⁵³lə⁰i⁵³tʰiɔ³⁵ta⁵³y³⁵,vɤ²¹mei³⁵tiɔ⁴²tɔ⁵³。
凌源	夜儿个儿小张钓条大鱼，我没钓着。 ier⁵¹kɤr⁰ɕiau²¹tʂaŋ⁵⁵tiau⁵³tʰiau³⁵ta⁵³y³⁵,vɤ²¹mei³⁵tiau⁵³tʂau³⁵。

	0002a. 你平时抽烟吗？b. 不，我不抽烟。
沈阳	a. 你平时抽烟不？b. 不抽。 a. ȵi²¹pʰiŋ³⁵sʅ³⁵tʂʰou³³ian³³pu⁰? b. pu⁴¹tsʰou³³。
本溪	a. 平时你抽烟吗？b. 我不抽烟。 a. pʰiŋ³⁵sʅ³⁵ȵi²¹tʂʰou⁴⁴ian⁴⁴ma⁰?b. uo²¹pu⁵¹tʂʰou⁴⁴ian⁴⁴。
辽阳	a. 你平时抽烟不？b. 不，我不抽。 a. ȵi²¹pʰiŋ³⁵sʅ³⁵tʂʰou⁴⁴ian⁴⁴pu⁰?b. pu⁵¹,uo²¹pu⁵¹tʂʰou⁴⁴。
海城	a. 你会不会抽烟？b. 我不会抽。 a. ȵi²¹xuei⁵¹pu⁵¹xuei⁵¹tʂʰəu³⁵ian⁴⁴?b. uɤ²¹pu³⁵xuei⁵¹tʂʰəu⁴⁴。
开原	a. 你抽烟吗？b. 不抽。 a. ȵi²¹³tʂʰou⁴⁴ian⁴⁴ma⁰?b. pu⁵³tʂʰou⁴⁴。
锦州	a. 平时抽烟吗？b. 不抽。 a. pʰiŋ³⁵sʅ³⁵tʂʰou⁵⁵ian⁵⁵ma⁵⁵? b. pu⁵³tʂʰou⁵⁵。
盘锦	a. 你平常儿抽烟吗？b. 不抽。 a. ȵi²¹pʰiəŋ³⁵tʂʰãr³⁵tʂʰou⁵⁵ian⁵⁵ma⁰?b. pu⁵¹tʂʰou⁰。

兴城	a. 平时抽烟吗？b. 不抽。 a. pʰiŋ³⁵ʂʅ³⁵tʂʰou⁴⁴ian⁴⁴ma⁰?b. pu⁴⁴tʂʰou⁴⁴。
绥中	a. 你抽烟不？b. 不抽。 a. n̠i²¹tʂʰou⁵⁵ian⁵⁵pu⁵¹?b. pu⁵¹tʂʰou⁵⁵。
义县	a. 你平常抽烟吗？b. 不抽。 a. n̠i²¹pʰiŋ³⁵tʂʰaŋ³⁵tʂʰou⁴⁴ian⁴⁴ma⁰?b. pu⁵³tʂʰou⁴⁴。
北票	a. 你平时抽烟吗？b. 我不抽。 a. n̠i²¹pʰiəŋ³⁵ʂʅ³⁵tʂʰou⁴⁴ian⁴⁴ma⁰?b. uo²¹pu⁵³tʂʰou⁴⁴。
阜新	a. 你平常儿抽烟吗 b. 不抽 a. n̠i²¹pʰiŋ³⁵tʂʰãr³⁵tʂʰou⁵⁵ian⁵⁵ma⁰?b. pu⁵³tʂʰou⁵⁵。
黑山	a. 你平时抽烟不的？b. 不抽 a. n̠i²¹pʰiəŋ³⁵ʂʅ³⁵tʂʰou⁴⁴ian⁴⁴pu³⁵ti⁰?b. pu⁵³tʂʰou⁴⁴。
昌图	a. 你平时抽烟吗？b. 我不抽。 a. n̠i²¹pʰiəŋ³⁵ʂʅ³⁵tʂʰou³³ian³³ma⁰?b. uo²¹pu⁵¹tʂʰou³³。
大连	a. 你平常抽烟吗？b. 不抽。 a. n̠i²¹pʰiŋ³⁴tʃʰaŋ³⁴tʃʰəu³⁴iɛ̃³¹ma⁰?b. pu³⁴tʃʰəu³¹²。
金州 杏树	a. 你平时还抽烟吗？b. 不抽烟。 a. n̠i²¹pʰiŋ⁵²ʂʅ⁵²xɛ⁵²tʂʰəu³⁴iɛ̃³¹ma⁰?b. pu⁵²tʂʰəu³¹iɛ̃³¹²。
长海	a. 你平时抽烟吗？b. 我不抽烟。 a. n̠i²¹pʰiŋ⁵³ʂʅ⁵³tʃʰəu³³ian³¹ma⁰?b. uə²¹pu⁵³tʃʰəu³³ian³¹。
庄河	a. 你抽烟吗？b. 我不抽。 a. n̠i²⁴tsʰəu³³ian³³ma⁰?b. uə²¹pu²¹tsʰəu³¹。
盖州	a. 你平时抽烟吗？b. 不抽。 a. n̠i²¹pʰiŋ²⁴ʂʅ²⁴tsʰəu²⁴ian⁴¹²ma⁰?b. pu⁵¹tsʰəu⁴¹²。
丹东	a. 你平常抽烟吗？b. 不，我不抽烟。 a. n̠i²¹pʰiŋ²⁴tʂʰaŋ²⁴tʂʰou⁴⁴ian⁴¹¹ma⁰?b. pu²¹³,uo²¹pu²¹tʂʰou⁴⁴ian⁴¹¹
建平	a. 你平时抽烟不？b. 不，我不抽烟。 a. n̠i²¹pʰiŋ³⁵ʂʅ³⁵tʂʰəu⁴⁴iɛ̃⁴⁴pu⁰? b. pu⁵³,vɤ²¹³pu⁵³tʂʰəu⁴⁴iɛ̃⁴⁴。
凌源	a. 你平时抽烟吗？b. 不抽。 a. n̠i²¹pʰiŋ³⁵ʂʅ³⁵tʂʰou⁵⁵iɛn⁵⁵ma⁰?b. pu⁵³tʂʰou⁵⁵。

	0003a. 你告诉他这件事了吗？b. 是，我告诉他了。
沈阳	a. 这事儿你告诉他了吗？b. 告诉他了。 a. tsei⁴¹sər⁴¹n̠i²¹kau⁴¹su⁰tʰa⁵³lə⁰ma⁰?b. kau⁴¹su⁰tʰa³³lə⁰。
本溪	a. 你告诉他这件事儿了吗？b. 我告诉了。 a. n̠i²¹kau⁵¹ə⁰tʰa⁴⁴tsɤ⁵³tɕian⁵³ʂər⁵¹lə⁰ma⁰?b. uo²¹kau⁵¹su⁰lə⁰。

语法例句对照

辽阳	a. 你跟他说这事儿没？b. 是，我说啦。 a. ȵi²¹kən⁴⁴tʰa⁴⁴ʂuo⁴⁴tsei⁵¹ʂər⁵¹mei⁰?b. ʂʅ⁵¹,uo²¹ʂuo⁴⁴la⁰。
海城	a. 你跟他说这件事儿了吗？b. 我跟他说了。 a. ȵi²¹kən⁴⁴tʰa⁴⁴suɤ³⁵tʂɤ⁵³tɕian⁵³ʂər⁵¹lɤ⁰ma⁰?b. uɤ²¹kən⁴⁴tʰa⁴⁴suɤ³⁵lɤ⁰。
开原	a. 这事儿你跟他说了吗？b. 跟他说了。 a. tsei⁵³sər⁵¹ȵi²¹kən⁴⁴tʰa⁴⁴suɤ⁴⁴lə⁰ma⁰?b. kən⁴⁴tʰa⁴⁴suɤ⁴⁴lə⁰。
锦州	a. 这事儿你告儿他了吗？b. 告儿他了。 a. tʂei⁵³ʂər⁵³ȵi²¹kaur⁵³tʰa⁵⁵lə⁰ma⁵⁵?b. kaur⁵³tʰa⁵⁵lə⁰。
盘锦	a. 这事儿你跟他说了吗？b. 说了。 a. tsei⁵³ʂər⁵¹ȵi²¹kən⁵⁵tʰa⁰suo⁵⁵lə⁰ma⁰?b. suo⁵⁵la⁰。
兴城	a. 这件事儿你告诉他了吗？b. 告诉他了 a. tʂei⁵¹tɕian⁵¹ʂər⁵¹ȵi²¹kau⁵¹ʂu⁰tʰa⁴⁴lə⁰ma⁰?b. kau⁵¹ʂu⁰tʰa⁴⁴lə⁰。
绥中	a. 这事儿你跟他说了吗？b. 说了。 a. tʂei⁵¹ʂər⁵¹ȵi²¹kən⁵⁵tʰa⁵⁵suo⁵⁵lɤ⁰ma⁰?b. suo⁵⁵lɤ⁰。
义县	a. 你告诉他这事儿了吗？b. 告诉了。 a. ȵi²¹kau⁵¹ʂu⁰tʰa⁴⁴tʂɤ⁵³ʂər⁵¹lɤ⁰ma⁰?b. kau⁵¹ʂu⁰lɤ⁰。
北票	a. 你告诉他这事儿了吗？b. 告诉了。 a. ȵi²¹kau⁵¹xuəŋ⁰tʰa⁴⁴tʂɤ⁵³ʂər⁵¹lɤ⁰ma⁰?b. kau⁵¹suəŋ⁰lɤ⁰。
阜新	a. 你告诉他这事儿了吗？b. 告诉了。 a. ȵi²¹kau⁵¹ʂu⁰tʰa⁴⁴tʂɤ⁵³ʂər⁵¹lɤ⁰ma⁰?b. kau⁵³ʂu⁰lɤ⁰。
黑山	a. 你告诉他这事儿没有？b. 我告诉他了。 a. ȵi²¹kau⁵¹ʂu⁰tʰa⁴⁴tʂai⁵³ʂər⁵³mei³⁵iou²¹³?b. uo²¹kau⁵¹ʂu⁰tʰa⁴⁴lɤ⁰。
昌图	a. 你告诉他这事儿了吗？b. 告诉了。 a. ȵi²¹kau⁵¹xuəŋ⁰tʰa³³tʂɤ⁵³ʂər⁵¹lɤ⁰ma⁰?b. kau⁵¹ʂu⁰lə⁰。
大连	a. 你告诉他这件儿事儿了吗？b. 告诉了。 a. ȵi²¹kɔ⁵²suŋ⁰tʰa³¹tʃɤ⁵²tɕiɐr⁰ʂər⁵²lə⁰ma⁰?b. kɔ⁵²suŋ⁰la⁰。
金州 杏树	a. 那个事儿你告诉他了吗？b. 告诉他了。 a. ȵiɛ⁵²kə⁰sər⁵²ȵi²¹kɔ⁵²xuɔ̃⁰tʰa³¹la⁰?b. kɔ⁵²xuɔ̃⁰tʰa³¹la⁰。
长海	a. 你告诉他这件事儿吗？b. 我告诉他。 a. ȵi²¹kau⁵³su⁰tʰa⁵³tʃɤ⁵³ɕian⁵³ʂər⁵³ma⁰?b. uə²¹kau⁵³su⁰tʰa⁵³。
庄河	a. 你把那个事儿告诉他了吗？b. 我告诉他了。 a. ȵi²¹pa²¹nei⁵¹kə⁰sər⁵¹kao⁵³su⁵¹tʰa³¹lə⁰ma⁰?b. uə²¹kao⁵³su⁵¹tʰa³¹lə⁰。
盖州	a. 你告唤他这个事儿了吗？b. 告唤了。 a. ȵi²¹kau⁵¹xuan⁰tʰa⁴¹²tsei⁵¹kɤ⁰ʂər⁵¹lɤ⁰ma⁰?b. kau⁵¹xuan⁰lɤ⁰。

丹东	a. 这事儿你跟他说了吗？b. 嗯，我跟他说了。 a. tʂɤ⁵³ʂər⁵¹n̠i²⁴kən⁴⁴tʰa⁴¹¹ʂuo²¹lə⁰ma⁰?b. ən⁵¹,uo²¹kən⁴⁴tʰa²¹ʂuo²¹lə⁰。
建平	a. 你告诉他这事儿了没？b. 我告诉了。 a. n̠i²¹kɔ⁴²suŋ⁰tʰa⁴⁴tɕei⁵¹ʂər⁵³lə⁰mei³⁵? b. vɤ²¹kɔ⁵³suŋ⁰lə⁰。
凌源	a. 你告诉他这个事儿了吗？b. 告诉了。 a. n̠i²¹kau⁵¹suŋ⁰tʰa⁵⁵tɕei⁵¹kɤ⁰ʂər⁵¹lɤ⁰ma⁰?b. kau⁵¹suŋ⁰lɤ⁰。 a. 你把这事儿告诉他了吗？b. 告诉了。 a. n̠i³⁵pa²¹tɕei⁵³ʂər⁵³kau⁵¹suŋ⁰tʰa⁵¹lɤ⁰ma⁰?b. kau⁵¹suŋ⁰lɤ⁰。

	0004 你吃米饭还是吃馒头？
沈阳	你吃米饭吃馒头？ n̠i²¹tʂʰʅ³³mi²¹fan⁴¹tʂʰʅ³³man³⁵tʰou⁰?
本溪	你吃米饭还是吃馒头？ n̠i²¹tʂʰʅ⁴⁴mi²¹fan⁵¹xai³⁵ʂʅ⁵¹tʂʰʅ⁴⁴man³⁵tʰou⁰?
辽阳	你吃米饭还是吃馒头？ n̠i²¹tʂʰʅ⁴⁴mi²¹fan⁵¹xai³⁵ʂʅ⁰tʂʰʅ⁴⁴man³⁵tʰou⁰?
海城	你吃大米饭还是吃馒头？ n̠i²¹tʂʰʅ³⁵ta⁵¹mi²¹fan⁵¹xai³⁵ʂʅ⁵¹tʂʰʅ³⁵man³⁵tʰəu⁰?
开原	你是吃饭还是吃馒头？ n̠i²¹³ʂʅ⁵¹tʂʰʅ⁴⁴fan⁵¹xai³⁵ʂʅ⁵¹tʂʰʅ⁴⁴man³⁵tʰou⁰?
锦州	你吃饭还吃馒头？ n̠i²¹tʂʰʅ⁵⁵fan⁵³xai³⁵tʂʰʅ⁵⁵man³⁵tʰou⁰?
盘锦	你吃饭还是馒头？ n̠i²¹tʂʰʅ⁵⁵fan⁵¹xai³⁵ʂʅ⁵³man³⁵tʰou⁰?
兴城	你吃米饭还是吃馒头？ n̠i²¹tʂʰʅ⁴⁴mi²¹fan⁵¹xai³⁵ʂʅ⁵³tʂʰʅ⁴⁴man³⁵tʰou⁰?
绥中	你是吃馒头还是吃米饭？ n̠i²¹ʂʅ⁵¹tʂʰʅ⁵⁵man³⁵tʰou⁰xai³⁵ʂʅ⁵¹tʂʰʅ⁵⁵mi²¹fan⁵¹?
义县	你吃米饭还是吃馒头？ n̠i²¹tʂʰʅ⁴⁴mi²¹fan⁵³xai³⁵ʂʅ⁵³tʂʰʅ⁴⁴man³⁵tʰou⁰?
北票	你吃米饭还是吃馒头？ n̠i²¹tʂʰʅ⁴⁴mi²¹fan⁵³xai³⁵ʂʅ⁵³tʂʰʅ⁴⁴man³⁵tʰou⁰?
阜新	你吃米饭还是吃馒头？ n̠i²¹tʂʰʅ⁵⁵mi²¹fan⁵³xai³⁵zʅ⁰tʂʰʅ⁵⁵man³⁵tʰou⁰?

黑山	你吃饭还是吃馒头？ ȵi²¹tʂʰɿ⁴⁴fan⁵³xai³⁵sɿ⁵³tʂʰɿ⁴⁴man³⁵tʰou⁰？
昌图	你吃饭还是吃馒头？ ȵi²¹tʂʰɿ³³fan⁵¹xai³⁵sɿ⁰tʂʰɿ³³man³⁵tʰou⁰？
大连	你吃干饭还是吃馒头？ ȵi³⁴tʃʰɿ²¹kã³¹fã⁵²xɛ⁵²sɿ⁵²tʃʰɿ²¹mã̃³⁴əu⁰？
金州 杏树	你逮⁼米饭还是馒头？ ȵi³⁴tɛ²¹mi²¹fã⁵²xɛ⁵²sɿ⁰mã⁵²tʰəu⁰？
长海	你逮⁼米饭还是逮⁼馒头？ ȵi²¹tai²¹mi²¹fan⁵³xai³³sɿ⁵³tai²¹man⁵³tʰəu⁰？
庄河	你逮⁼干饭儿还是逮⁼饽饽？ ȵi²¹tai²¹kan³¹fɚ⁵¹xai³¹sɿ⁵¹tai²¹pə³¹pə⁰？
盖州	你吃饭还是吃馒头？ ȵi²⁴tsʰɿ²¹fan⁵¹xai²⁴sɿ⁵¹ɿ²¹man²⁴tʰəu⁰？
丹东	你吃干饭还是吃馒头？ ȵi²¹tʂʰɿ²⁴kan⁴¹¹fan⁵¹xai²⁴sɿ⁰tʂʰɿ²¹man²⁴tʰou⁰？
建平	你是吃干饭还是吃馒头？ ȵi²¹sɿ⁰tʂʰɿ⁴⁴kã³⁵fã̃⁵¹xɛ⁵¹sɿ⁰tʂʰɿ⁴⁴mã̃⁵¹tʰəu⁰？
凌源	你吃饭还是吃馒头？ ȵi²¹tʂʰɿ⁵⁵fan⁵³xai³⁵sɿ⁵³tʂʰɿ⁵⁵man³⁵tʰou⁰？

	0005 你到底答应不答应他？
沈阳	你到底答不答应他？ ȵi²¹tau⁴¹ti²¹ta³⁵pu⁰ta³⁵iŋ⁴¹tʰa⁰？
本溪	你到底答不答应他？ ȵi²¹tau⁵¹ti²¹ta⁴⁴pu⁰ta⁴⁴iŋ⁵¹tʰa⁴⁴？
辽阳	你到底答应不答应他？ ȵi²¹tau⁵¹ti²¹ta³⁵iŋ⁰pu⁵¹ta³⁵iŋ⁰tʰa⁰？
海城	你到底答不答应他？ ȵi²¹tau⁵¹ti²¹ta³⁵pu⁰ta³⁵iŋ⁰tʰa⁴⁴？
开原	你到底儿答应他还是不答应？ ȵi²¹³tau⁵³tiɚ²¹³ta⁴⁴iŋ⁰tʰa⁴⁴xai³⁵sɿ⁵¹pu⁵¹ta⁴⁴iŋ？
锦州	你到底答不答应？ ȵi²¹tau⁵³ti²¹ta³⁵pu⁰ta³⁵iŋ⁵¹？

盘锦	你到底答不答应他？ ȵi²¹tau⁵¹ti²¹ta³⁵puºta³⁵iŋºtʰaº？
兴城	你到底答不答应？ ȵi²¹tau⁵¹ti²¹ta⁴⁴puºta⁴⁴iŋº？
绥中	你到底儿答不答应他？ ȵi²¹tau⁵¹tiər²¹³ta³⁵pu⁵¹ta³⁵iəŋºtʰaº？
义县	你到底儿答不答应他？ ȵi²¹tau⁵³tiər²¹ta³⁵puºta³⁵iŋºtʰaº？
北票	你到底儿答应不答应他？ ȵi²¹tau⁵³tiər²¹ta³⁵iəŋºpu⁵³ta³⁵iəŋºtʰa⁴⁴？
阜新	你到底答不答应他？ ȵi²¹tau⁵¹ti²¹ta³⁵puºta³⁵iŋºtʰa⁵⁵？
黑山	你到底儿答不答应他呀？ ȵi²¹tau⁵³tiər²¹ta³⁵puºta³⁵iəŋºtʰa⁴⁴iaº？
昌图	你到底儿答没答应他？ ȵi²¹tau⁵¹tiər²¹³ta³⁵meiºta³⁵iəŋºtʰa³³？
大连	你到底答不答应他？ ȵi²¹tɔ⁵²ti²¹ta³⁴puºta³⁴iŋºtʰa³¹²？
金州 杏树	你到底答没答应他？ ȵi²¹tɔ⁵²ti²¹ta³⁴meºta⁵²iŋºtʰa³¹²？
长海	你到底答不答应他？ ȵi²¹tau⁵³ti²¹⁴ta²⁴puºta³¹iŋ⁵³tʰa⁵³？
庄河	你到底答不答应他？ ȵi²¹tao⁵¹tiºta³³puºta³³iŋ⁵¹tʰa³¹？
盖州	你到底答不答应他？ ȵi²¹tau⁵¹ti²¹ta²⁴puºta²⁴iŋºtʰa⁴¹²？
丹东	你到底答不答应他？ ȵi²¹tau⁵¹tiºta²⁴pu²¹ta²⁴iŋ⁵¹tʰa⁴¹¹？
建平	你到底答不答应他？ ȵi²¹tɔ⁵³ti²¹ta³⁵puºta³⁵iŋºtʰa⁴⁴？
凌源	你到底儿答不答应他？ ȵi²¹tau⁵³tiər²¹ta³⁵puºta³⁵iŋºtʰa⁵⁵？

	0006a. 叫小强一起去电影院看《刘三姐》。**b.** 这部电影他看过了。/他这部电影看过了。/他看过这部电影了。 选择在该语境中最自然的一种形式回答，或按自然度列出几种形式。
沈阳	a. 叫小强一起去电影儿院看《刘三姐》。b. 这电影儿他看过了。 a. tɕiau⁴¹ɕiau²¹tɕʰiaŋ³⁵i⁴¹tɕʰi²¹tɕʰy⁴¹tian⁴¹iɚ²¹yan⁴¹kʰan⁴¹《liou³⁵san³³tɕie²¹》。 b. tsei⁴¹tian⁴¹iɚ²¹tʰa³³kʰan⁴¹kuo⁴¹lə⁰。
本溪	a. 叫小强一起去电影儿院看《刘三姐儿》。b. 这个电影儿他看过了。 a. tɕiau⁵¹ɕiau²¹tɕʰiaŋ³⁵i⁵¹tɕʰi²²⁴tɕʰy⁵¹tian⁵¹iɚ²¹yan⁵¹kʰan⁵¹《liou³⁵ʂan⁴⁴tɕier²²⁴》。 b. tʂei⁵¹kɤ⁰tian⁵¹iɚ²²⁴tʰa⁴⁴kʰan⁵¹kuo⁰lə⁰。
辽阳	a. 叫小强去电影院一起看《刘三姐》。b. 这个电影他看过了。 a. tɕiau⁵¹ɕiau²¹tɕʰiaŋ³⁵tɕʰy⁵¹tian⁵¹iŋ²¹yan⁵¹i⁵¹tɕʰi²¹kʰan⁵¹《liou³⁵ʂan⁴⁴tɕie²¹》。 b. tʂei⁵¹kɤ⁰tian⁵¹iŋ²¹tʰa⁴⁴kʰan⁵¹kuo⁰lə⁰。
海城	a. 叫小强一块儿上电影院看《刘三姐儿》。b. 这电影儿他看完事儿了。 a. tɕiau⁵¹ɕiau²¹tɕʰiaŋ³⁵i³⁵kʰuɐr⁵³ʂaŋ⁵³tian⁵¹iŋ²¹yan⁵¹kʰan⁵¹《liəu³⁵ʂan⁴⁴tɕier²¹⁴》。 b. tʂei⁵³tian⁵³iɚ²¹tʰa⁴⁴kʰan⁵¹uan³⁵ʂər⁵¹lɤ⁰。
开原	a. 招呼小强一块儿去上电影院去看《刘三姐儿》。b. 这电影儿他看了。 a. tʂau⁴⁴xu⁰ɕiau²¹tɕʰiaŋ³⁵i³⁵kʰuɐr⁵¹tɕʰy⁵³ʂaŋ⁵¹tian⁵³iŋ²¹yan⁵¹tɕʰy⁵³kʰan⁵¹《liou³⁵san⁴⁴tɕier²¹³》。 b. tsei⁵¹tian⁵³iɚ²¹³tʰa⁴⁴kʰan⁵³lə⁰。
锦州	a. 招呼小强上电影院看《刘三姐儿》。b. 这电影他看过。 a. tʂau⁵⁵xu⁰ɕiau²¹tɕʰiaŋ³⁵ʂaŋ⁵³tian⁵³iŋ²¹yan⁵³kʰan⁵³《liou³⁵san⁵⁵tɕier²¹³》。 b. tʂei⁵³tian⁵³iɚ²¹tʰa⁵⁵kʰan⁵¹kuo⁰。
盘锦	a. 招呼小强上电影院看《刘三姐儿》。b. 这个电影儿他看过了。 a. tsau⁵⁵xu⁰ɕiau²¹tɕʰiaŋ³⁵ʂaŋ⁵¹tian⁵³iəŋ²¹yan⁵¹kʰan⁵¹《liou³⁵san⁵⁵tɕier²¹³》。 b. tʂei⁵¹kə⁰tian⁵¹iɚ²¹tʰa⁵⁵kʰan⁵¹kuo⁰lə⁰。
兴城	a. 招呼小强到电影儿院去看《刘三姐儿》。b. 这个电影儿他看过了。 a. tʂau⁴⁴xu⁰ɕiau²¹tɕʰiaŋ³⁵tau⁵¹tian⁵¹iɚ²¹yan⁵¹tɕʰy⁵¹kʰan⁵¹《liou³⁵san⁴⁴tɕier²¹³》。 b. tʂei⁵¹kə⁰tian⁵¹iɚ²¹tʰa⁴⁴kʰan⁵¹kuo⁰lə⁰。
绥中	a. 招呼小强一堆儿到电影院去看《刘三姐儿》。b. 这个电影儿他看过了。 a. tʂau⁵⁵xu⁰ɕiau²¹tɕʰiaŋ³⁵i²¹tuɐr⁵⁵tau⁵¹tian⁵¹iəŋ²¹yan⁵¹tɕʰy⁵¹kʰan⁵¹《liou³⁵san⁵⁵tɕier²¹³》。 b. tʂei⁵¹kɤ⁰tian⁵¹iɚ²¹³tʰa⁵⁵kʰan⁵¹kuo⁵¹lɤ⁰。
义县	a. 招呼小强一块儿堆儿去电影院看《刘三姐儿》。b. 这片儿他看过了。 a. tʂau⁴⁴xu⁰ɕiau²¹tɕʰiaŋ³⁵i³⁵kʰuɐr⁵³tuɐr⁵⁴tɕʰy⁵³tian⁵³iŋ²¹yan⁵³kʰan⁵³《liou³⁵san⁴⁴tɕier²¹³》。 b. tʂɤ⁵³pʰiɐr⁴⁴tʰa⁴⁴kʰan⁵¹kuo⁰lɤ⁰。
北票	a. 招呼小强一块儿上电影院看《刘三姐儿》去。b. 这个电影儿他看过了。 a. tʂau⁴⁴xuo⁰ɕiau²¹tɕʰiaŋ³⁵i³⁵kuɐr⁵³ʂaŋ⁵³tian⁵³iəŋ²¹yan⁵³kʰan⁵³《liou³⁵san⁴⁴tɕier²¹³》tɕʰi⁰。 b. tʂei⁵¹kɤ⁰tian⁵³iɚ²¹tʰa⁴⁴kʰan⁵¹kuo⁰lɤ⁰。

阜新	a. 招呼小强一堆儿去电影院看《刘三姐儿》。b. 他看过这个电影儿。 a. tʂau³³xu⁰ɕiau²¹tɕʰiaŋ³⁵i⁵³tuər²¹tɕʰy⁵³tian⁵³iŋ²¹yan⁵³kʰan⁵³《liou³⁵san⁵⁵tɕier²¹³》。 b. tʰa⁵⁵kʰan⁵³kuo⁵¹tʂei⁵¹kə⁰tian⁵³iə̃r²¹³。
黑山	a. 叫小强一块儿上电影儿院看《刘三姐儿》去。b. 这个电影儿人家小强都看过了。 a. tɕiau⁵³ɕiau²¹tɕʰiaŋ³⁵i³⁵kʰuɐr⁵³ʂaŋ⁵³tian⁵³iə̃r²¹yan⁵³kʰan⁵³《liou³⁵san⁵⁵tɕier²¹³》tɕʰi⁰。 b. tʂei⁵¹kɤ⁰tian⁵³iə̃r²¹ iən³⁵tɕia⁰ɕiau²¹tɕʰiaŋ³⁵tou⁴⁴kʰan⁵¹kuo⁰lɤ⁰。
昌图	a. 招呼小强一块儿上电影院看《刘三姐儿》去。b. 这个电影儿他看过了。 a. tʂau³³xu⁰ɕiau²¹tɕʰiaŋ³⁵i³⁵kʰuɐr⁵³ʂaŋ⁵³tian⁵¹iəŋ²¹yan⁵¹kʰan⁵³《liou³⁵san⁵⁵tɕier²¹³》tɕʰy⁰。 b. tʂai⁵¹kə⁰tian⁵¹iə̃r²¹³tʰa³³kʰan⁵¹kuo⁰lə⁰。
大连	a. 叫小强一块儿去电影儿院看《刘三姐儿》。b. 这个电影儿他看了。 a. tɕiɔ⁵²ɕiɔ²¹tɕʰiaŋ³⁴i²¹kʰuɐr⁵³tɕʰy⁵²tiɛ̃⁵³iə̃r²¹yɛ⁵²kʰã⁵³《liəu³⁴sã³¹tɕiɛr²¹³》。 b. tɕiɛ⁵²kɤ⁵²tiɛ⁵²iə̃r²¹tʰa³¹kʰã⁵²la⁰。
金州 杏树	a. 叫小张儿一块儿上电影儿院看《刘三姐》。b. 这部电影儿他看了。 a. tɕiɔ⁵²ɕiɔ²¹tsãr³¹i²¹kʰuɐr⁵²saŋ⁵²tiɛ̃⁵²iə̃r²¹yɛ⁵²kʰã⁵²《liəu³⁴sã³¹tɕiɛ²¹³》。 b. tɕiɛ⁵²pu⁵²tiɛ̃⁵²iə̃r²¹tʰa³¹kʰã⁵²lə⁰。
长海	a. 叫小强一起到电影儿院看《刘三姐儿》。b. 这部电影儿他看过了。 a. ɕiau⁵³ʃiau²¹cʰiaŋ⁵³i⁵³cʰi²¹⁴tau⁵³tian⁵³iə̃r²¹yan⁵³kʰan⁵³《liəu²⁴san³³tʃiɛr²¹⁴》。 b. tʃɤ⁵³pu⁵³tian⁵³iə̃r²¹⁴tʰa⁵³kʰan⁵³kuə⁰lə⁰。
庄河	a. 喊小强一块儿到电影院看《刘三姐儿》。b. 他看过了这个电影。 a. xan²¹ɕiao²¹tɕʰiaŋ²⁴i²¹kʰuɐr⁵¹tao⁵¹tian⁵¹iŋ²¹yan⁵¹kʰan⁵¹《liəu²⁴san³³tɕier²¹³》。 b. tʰa³¹kʰan⁵¹kuə⁰lə⁰tsei⁵¹kə⁰tian⁵¹iŋ²¹³。
盖州	a. 叫小强一起上电影院看《刘三姐儿》。b. 他看过这部电影了。 a. tɕiau⁵¹ɕiau²¹tɕʰiaŋ²⁴i⁵¹tɕʰi²¹ʂaŋ⁵¹tian⁵¹iŋ²¹yan⁵¹kʰan⁵¹《liəu²⁴san³³tɕier²¹³》。 b. tʰa⁴¹²kʰan⁵¹kuɤ⁰tsei⁵¹pu⁵¹tian⁵¹iŋ²¹lɤ⁰。
丹东	a. 叫小强一起去电影院看《刘三姐》。b. 这个片儿他看了。 a. tɕiau⁵¹ɕiau²¹tɕʰiaŋ²⁴i⁵¹tɕʰi²¹tɕʰy⁵¹tian⁵¹iŋ²¹yan⁵¹kʰan⁵¹《liou²⁴san⁴⁴tɕier²¹³》。 b. tʂei⁵¹kɤ⁰pʰiɐr⁴¹¹tʰa⁴¹¹kʰan⁵¹lə⁰。
建平	a. 你召呼小强一起上电影院看《刘三姐》。b. 这个电影他看过了。 a. ȵi²¹tʂɔ⁴⁴xu⁰ɕiɔ²¹tɕʰã³⁵i⁵³tɕʰi²¹ʂã⁴²tiɛ̃⁵³iŋ²¹yɛ⁴²kʰã⁵³《liəu²⁴sã⁴⁴tɕie²¹³》。 b. tʂei⁵¹kə⁰tiɛ⁵³iŋ²¹tʰa⁴⁴kʰã⁵³kuə⁰lə⁰。
凌源	a. 叫小强一块儿上电影院看《刘三姐儿》。b. 这个电影儿他看过了。 a. tɕiau⁵³ɕiau²¹tɕʰiaŋ³⁵i³⁵kuɐr⁵³ʂaŋ⁵³tiɛn⁵³iŋ²¹yan⁵³kʰan⁵³《liəu²⁴san³³tɕier²¹³》。 b. tʂei⁵¹kɤ⁰tiɛn⁵³iə̃r²¹tʰa⁵⁵kʰan⁵¹kuo⁰lɤ⁰。

	0007 你把碗洗一下。
沈阳	你把碗刷了。 ȵi²¹pa²¹van²¹sua³⁵lə⁰。
本溪	你把碗刷了。 ȵi²¹pa³⁵uan²²⁴ʂua⁴⁴lə⁰。
辽阳	你给碗洗一下。 ȵi³⁵kei²¹uan²¹ɕi²¹i⁰ɕia⁰。
海城	你把碗刷了。 ȵi³⁵pa³⁵uan²¹ʂua³⁵lɤ⁰。
开原	去把碗刷喽。 tɕʰy⁵¹pa³⁵uan²¹sua⁴⁴lou⁰。
锦州	你把碗刷咾。 ȵi³⁵pa³⁵uan²¹sua⁵⁵lau⁰。
盘锦	把碗刷了。 pa³⁵uan²¹sua⁵⁵la⁰。
兴城	你把碗刷了。 ȵi³⁵pa³⁵uan²¹³ʂua⁴⁴lə⁰。
绥中	你把碗洗了。 ȵi³⁵pa²¹uan²¹³ɕi²¹lou⁰。
义县	你把碗刷咾。 ȵi³⁵pa³⁵uan²¹ʂua⁴⁴lau⁰。
北票	你把碗刷一下子。 ȵi³⁵pa³⁵uan²¹sua⁴⁴i³⁵ɕia⁵¹tsʅ⁰。
阜新	你把碗刷了。 ȵi³⁵pa³⁵uan²¹sua⁵⁵lə⁰。
黑山	你把碗刷一下子。 ȵi³⁵pa³⁵uan²¹ʂua⁴⁴i³⁵ɕia⁵¹tsʅ⁰。
昌图	你把碗刷了。 ȵi³⁵pa³⁵uan²¹³ʂua³³lə⁰。
大连	你把碗刷刷。 ȵi²¹pa³⁴uã²¹sua³⁴sua²¹³。
金州 杏树	你把碗涮涮。 ȵi²¹pa³⁴uã²¹suã⁵²suã⁰。
长海	你把碗洗一下。 ȵi²⁴pa²⁴uan²⁴ʃi²⁴i²¹ɕia⁵³。

庄河	你把碗刷一刷。 ȵi²⁴pa²¹uan²¹³sua²¹⁰sua²¹³。
盖州	你把碗刷了。 ȵi²⁴pa²⁴uan²⁴sua²¹la⁰。
丹东	你把碗刷一下。 ȵi²¹pa²⁴uan²¹³ʂua⁴¹¹i²¹ɕia⁵¹。
建平	你把碗涮一下。 ȵi²¹pa³⁵vã²¹ʂuã⁵³i⁰ɕia⁵³。
凌源	你把碗刷一下子。 ȵi³⁵pa³⁵van²¹sua⁵⁵i³⁵ɕia⁵¹tsɿ⁰。

	0008 他把橘子剥了皮，但是没吃。
沈阳	他把橘子皮扒了，但没吃。 tʰa³³pa²¹tɕy³⁵tsɿ⁰pʰi³⁵pa³³lə⁰，tan⁴¹mei⁴¹tʂʰɿ³³。
本溪	他把橘子皮扒了，没吃。 tʰa⁴⁴pa²¹tɕy³⁵tsɿ⁰pʰi³⁵pa⁴⁴la⁰,mei³⁵tʂʰɿ⁴⁴。
辽阳	他把橘子皮剥了，但没吃。 tʰa⁴⁴pa²¹tɕy³⁵tsɿ⁰pʰi³⁵pau³⁵lə⁰,tan⁵¹mei³⁵tʂʰɿ⁴⁴。
海城	他把橘子皮剥完了，就是没吃。 tʰa⁴⁴pa²¹tɕy³⁵tsɿ⁰pʰi³⁵pau³⁵uan³⁵lɤ⁰,tɕiəu⁵¹ʂɿ⁰mei⁵¹tʂʰɿ³⁵。
开原	他把橘子皮剥了，但是没吃。 tʰa⁴⁴pa²¹tɕy³⁵tsɿ⁰pʰi³⁵pau⁴⁴lə⁰,tan⁵³ʂɿ⁵¹mei³⁵tʂʰɿ⁴⁴。
锦州	他把橘子皮剥了，还没吃。 tʰa⁵⁵pa²¹tɕy³⁵tʂə⁰pʰi³⁵pau⁵⁵lə⁰,xai³⁵mei³⁵tʂʰɿ⁵⁵。
盘锦	他把橘子扒了，没吃。 tʰa⁵⁵pa²¹tɕy³⁵tsɿ⁰pa⁵⁵la⁰,mei⁵³tʂʰɿ⁵⁵。
兴城	他把橘子皮剥了，但没吃。 tʰa⁴⁴pa²¹tɕy³⁵tsɿ⁰pʰi³⁵pau⁴⁴lə⁰,tan⁵¹mei³⁵tʂʰɿ⁴⁴。
绥中	他把橘子皮剥了，没吃。 tʰa⁵⁵pa²¹³tɕy³⁵tsɿ⁰pʰi³⁵pau⁵⁵lɤ⁰,mei³⁵tʂʰɿ⁵⁵。
义县	他把橘子皮剥了，但他没吃。 tʰa⁴⁴pa²¹tɕy³⁵tsɿ⁰pʰi³⁵pau⁴⁴lɤ⁰,tan⁵³tʰa⁴⁴mei⁵³tʂʰɿ⁴⁴。

北票	他把橘子皮扒了，但他没吃。 tʰa⁴⁴pa²¹tɕy³⁵tʂɻ⁰pʰi³⁵pa⁴⁴lɤ⁰,tan⁵³tʰa⁴⁴mei³⁵tʂʰɻ⁴⁴。
阜新	他把橘子皮扒了，没吃。 tʰa⁵⁵pa²¹tɕy³⁵zɻ⁰pʰi³⁵pa⁵⁵lə⁰,mei³⁵tʂʰɻ⁵⁵。
黑山	他把橘子剥了，但他没吃。 tʰa⁴⁴pa²¹tɕy³⁵tʂɻ⁰pau⁴⁴lɤ⁰, tan⁵³tʰa⁴⁴mei³⁵tʂʰɻ⁴⁴。
昌图	他把橘子皮扒了，但他没吃。 tʰa³³pa²¹³tɕy³⁵tʂɻ⁰pʰi³⁵pa³³lə⁰,tan⁵¹tʰa³³mei⁵³tʂʰɻ³³。
大连	他把橘子皮扒了，却一口没吃。 tʰa³¹pa⁵²tɕy³⁴ə⁰pʰi³⁴pa²¹la⁰,tɕʰyɛ⁵²i³⁴kʰəu²¹me³¹tʃʰɻ²¹³。
金州杏树	他把橘子皮扒了，没逮。 tʰa³¹pa²¹tɕy⁵²ə⁰pʰi⁵²pa²¹lə⁰,mɛ⁵²tɛ²¹³。
长海	他把橘子剥了皮儿，没逮⁼。 tʰa⁵³pa²¹cy⁵³tʂɻ⁰pa⁵³lə⁰pʰiər⁵³,mei²⁴tai²¹⁴。
庄河	他把橘子扒了，他没逮⁼。 tʰa³¹pa²¹tɕy⁵¹tʂɻ⁰pa²¹lə⁰,tʰa³¹mei²¹tai²¹³。
盖州	他把橘子皮扒了，但他没吃。 tʰa⁴¹²pa²⁴tɕy²¹tʂɻ⁰pʰi²⁴pa⁴¹²la⁰,tan⁵¹tʰa⁴¹²mei⁵¹tsʰɻ²¹³。
丹东	他把橘子扒了皮儿，赶⁼那⁼没吃。 tʰa⁴¹¹pa²¹tɕy²¹tʂɻ⁰pa⁴¹¹lə⁰pʰiər²⁴,kan²¹na⁰mei²⁴tʂʰɻ²¹³。
建平	他把橘子皮儿扒了，但没吃。 tʰa⁴⁴pa²¹tɕy³⁵tʂɻ⁰pʰiər³⁵pa⁴⁴lə⁰,tã⁵³mei³⁵tʂʰɻ⁴⁴。
凌源	他把橘子皮扒了，但他没吃。 tʰa⁵⁵pa²¹tɕy³⁵tʂɻ⁰pʰi³⁵pa⁵⁵lɤ⁰,tan⁵³tʰa⁵⁵mei³⁵tʂʰɻ⁵⁵。

	**0009 他们把教室都装上了空调。**
沈阳	他们给教室都安上空调了。 tʰa³³mən⁰kei²¹tɕiau⁴¹sɻ³⁵tou³³an³³saŋ⁰kʰuŋ³³tʰiau³⁵lə⁰。
本溪	他们给教室都装上空调了。 tʰa⁴⁴mən⁰kei²¹tɕiau⁵¹sɻ²²⁴tou⁴⁴tʂuaŋ⁴⁴ʂaŋ⁵¹kʰuŋ⁴⁴tʰiau³⁵lə⁰。
辽阳	他们给教室都装上了空调。 tʰa⁴⁴mən⁰kei²¹tɕiau⁵¹sɻ⁵¹tou⁴⁴tʂuaŋ⁴⁴ʂaŋ⁵¹liau⁰kʰuŋ⁴⁴tʰiau³⁵。

海城	他们把教室安上空调了。 tʰa⁴⁴mən⁰pa²¹tɕiau⁵¹ʂʅ³⁵an⁴⁴ʂaŋ⁰kʰuŋ⁴⁴tʰiau³⁵lɤ⁰。	
开原	他们把教室都安上空调了。 tʰa⁴⁴mən⁰pa²¹tɕiau⁵³ʂʅ⁵¹tou⁴⁴an⁴⁴ʂaŋ⁰kʰuŋ⁴⁴tʰiau³⁵lə⁰。	
锦州	他们把所有教室都装上空调了。 tʰa⁵⁵mən⁰pa²¹ʂuo³⁵iou²¹tɕiau⁵³ʂʅ²¹tou⁵⁵tʂuaŋ⁵⁵ʂaŋ⁰kʰuŋ⁵⁵tʰiau³⁵lə⁰。	
盘锦	他们给教室装空调了。 tʰa⁵⁵mən⁰kei²¹tɕiau⁵³ʂʅ⁵¹tsuaŋ⁵⁵kʰuəŋ⁵⁵tʰiau³⁵lə⁰。	
兴城	他们把所有教室都装上空调了。 tʰa⁴⁴mən⁰pa²¹ʂuo³⁵iou³⁵tɕiau⁵¹ʂʅ²¹³tou⁴⁴tʂuaŋ⁴⁴ʂaŋ⁰kʰuŋ⁴⁴tʰiau³⁵lə⁰。	
绥中	教室里都装上空调了。 tɕiau⁵¹ʂʅ⁵¹li²¹³tou³⁵tʂuaŋ⁵⁵ʂaŋ⁵¹kʰuəŋ⁵⁵tʰiau³⁵lɤ⁰。	
义县	他们把教室都安上空调了。 tʰa⁴⁴mən⁰pa²¹tɕiau⁵³ʂʅ⁵³tou⁴⁴an⁴⁴ʂaŋ⁰kʰuŋ⁴⁴tʰiau³⁵lɤ⁰。	
北票	他们把教室都装上空调了。 tʰa⁴⁴mən⁰pa²¹tɕiau⁵³ʂʅ⁵³tou⁴⁴tʂuaŋ⁴⁴xaŋ⁰kʰuəŋ⁴⁴tʰiau³⁵lɤ⁰。	
阜新	他们把教室装空调了。 tʰan⁵⁵mən⁰pa²¹tɕiau⁵¹ʂʅ²¹tʂuaŋ⁵⁵kʰuŋ⁵⁵tʰiau³⁵lə⁰。	
黑山	他们把教室都安上了空调。 tʰa⁴⁴mən⁰pa²¹tɕiau⁵³ʂʅ⁵³tou⁴⁴nan⁴⁴ʂaŋ⁰liau²¹kʰuəŋ⁴⁴tʰiau³⁵。	
昌图	他们给教室全装上空调了。 tʰa³³mən⁰kei²¹tɕiau⁵³ʂʅ⁵¹tɕʰyan³⁵tʂuaŋ³³ʂaŋ⁰kʰuəŋ³³tʰiau³⁵lə⁰。	
大连	他们把教室都安上了空调。 tʰa³¹mə̃⁰pa²¹tɕiɔ⁵²ʂʅ⁵²təu³¹ã³¹ʃaŋ⁰lə⁰kʰuŋ³¹tʰiɔ³⁴。	
金州 杏树	他们把教室都安上了空调。 tʰa³¹mə̃⁰pa²¹tɕiɔ⁵²ɕi⁵²təu³¹ã³¹saŋ⁰lə⁰kʰuŋ³¹tʰiɔ⁵²。	
长海	他们把教室装上了空调。 tʰa⁵³mən⁰pa²¹ciau⁵³ʅ⁵³tʃuaŋ³¹ʃaŋ⁰lə⁰kʰuŋ³¹tʰiau⁵³。	
庄河	他们把教室装上空调了。 tʰa³¹mən⁰pa²¹tɕiao⁵³ʂʅ²⁴tsuaŋ⁵¹saŋ⁵¹kʰuŋ³¹tʰiao⁵¹lə⁰。	
盖州	他们把教室都安上了空调。 tʰa⁴¹²mən⁰pa²¹tɕiau⁵¹ʂʅ⁵¹təu²⁴an⁴¹²saŋ⁵¹lɤ⁰kʰuŋ⁴¹²tʰiau²⁴。	

丹东	他们把教室都安上了空调。 tʰa⁴¹¹mən⁰pa²¹tɕiau⁵¹ʂʅ⁰tou⁴¹¹an⁴¹¹ʂaŋ⁵¹lə⁰kʰuŋ⁴¹¹tʰiau²⁴。
建平	他们给学生屋都安上空调了。 tʰa⁴⁴mə̃⁰kei²¹ɕiɔ³⁵ʂəŋ⁰vu⁴⁴təu⁴⁴nã⁴⁴ʂã⁰kʰuŋ⁴⁴tʰiɔ³⁵lə⁰。
凌源	您们把教室的空调都给安上了。 tʰan⁵⁵mən⁰pa²¹tɕiau⁵³ʂʅ⁵¹tɤ⁰kʰuŋ⁵⁵tʰiau³⁵tou⁵⁵kei²¹nan⁵⁵ʂaŋ⁰lɤ⁰。

	0010 帽子被风吹走了。
沈阳	帽子让风给吹跑了。 mau⁴¹tsʅ⁰iaŋ⁴¹fəŋ³³kei²¹tsʰuei³³pʰau²¹lə⁰。
本溪	帽子被风刮走了。 mau⁵¹tsʅ⁰pei⁵¹fəŋ⁴⁴kua⁴⁴tʂou²²⁴lə⁰。
辽阳	帽子让风给吹跑了。 mau⁵¹tsʅ⁰iaŋ⁵¹fəŋ⁴⁴kei²¹tʂʰuei⁴⁴pʰau²¹lə⁰。
海城	帽子叫风刮跑了。 mau⁵¹tsʅ⁰tɕiau⁵¹fəŋ⁴⁴kua³⁵pʰau²¹⁴lɤ⁰。
开原	帽子让风刮走了。 mau⁵³tsʅ⁰iaŋ⁵³fəŋ⁴⁴kua⁴⁴tʂou²¹lə⁰。
锦州	帽子让风刮跑了。 mau⁵¹tsə⁰iaŋ⁵³fəŋ⁵⁵kua³⁵pʰau²¹lia⁰。
盘锦	风把帽子刮跑了。 fəŋ⁵⁵pa²¹mau⁵¹tsʅ⁰kua⁵⁵pʰau²¹la⁰。
兴城	帽子让风给刮走了。 mau⁵¹tsʅ⁰iaŋ⁵¹fəŋ⁴⁴kei²¹kua⁴⁴tʂou²¹lə⁰。
绥中	帽子让风给吹跑了。 mau⁵¹tsʅ⁰zaŋ⁵¹fəŋ⁵⁵kei²¹tʂʰuei⁵⁵pʰau²¹lɤ⁰。
义县	帽子叫风刮跑了。 mau⁵¹tsʅ⁰tɕiau⁵³fəŋ⁴⁴kua³⁵pʰau²¹lɤ⁰。
北票	帽子让风给刮跑了。 mau⁵¹tsʅ⁰zaŋ⁵³fəŋ⁴⁴kei²¹kua³⁵pʰau²¹lɤ⁰。
阜新	风把帽子刮跑了。 fəŋ⁵⁵pa²¹mau⁵¹tsʅ⁰kua³⁵pʰau²¹lə⁰。
黑山	帽子叫风给刮跑了。 mau⁵¹tsʅ⁰tɕiau⁵³fəŋ⁴⁴kei²¹kua⁴⁴pʰau²¹lɤ⁰。

昌图	帽子让风给刮跑了。 mau⁵¹tsŋ⁰iaŋ⁵¹fəŋ³³kei²¹kua³⁵pʰau²¹³lə⁰。
大连	帽子叫风刮跑了。 mɔ⁵²ɐ⁰tɕiɔ⁵²fəŋ³¹kua²¹pʰɔ²¹la⁰。
金州 杏树	帽子叫风刮跑了。 mɔ⁵²ɐ⁰tɕiɔ⁵²fəŋ³¹kua²¹pʰɔ²¹lə⁰。
长海	帽子叫风刮走了。 mau⁵³tsŋ⁰ciau⁵³fəŋ³¹kua²⁴tsəu²¹lə⁰。
庄河	帽子叫风吹掉了。 mao⁵¹tsŋ⁰tɕiao⁵¹fəŋ³¹tʂʰuei³¹tiao⁵¹lə⁰。
盖州	帽子叫风刮跑了。 mau⁵¹tsŋ⁰tɕiau⁵¹fəŋ⁴¹²kua²⁴pʰau²¹lɤ⁰。
丹东	帽子叫风给刮跑了。 mau⁵¹tsŋ⁰tɕiau⁵¹fəŋ⁴¹¹kei²¹kua²⁴pʰau²¹lə⁰。
建平	帽子让风给刮走了。 mɔ⁵³tsŋ⁰zã⁵³fəŋ⁴⁴kei²¹kua³⁵tsəu²¹lə⁰。
凌源	帽子让风给刮跑了。 mau⁵¹tsŋ⁰zaŋ⁵³fəŋ⁵⁵kei²¹kua³⁵pʰau²¹lɤ⁰。

	0011 张明被坏人抢走了一个包，人也差点儿被打伤。
沈阳	张明儿包被人抢了，还差点儿被打。 tsaŋ³³miɚ³⁵pau³³pei⁴¹in³⁵tɕʰiaŋ²¹lə⁰，xai³⁵tsʰa⁴¹tiɐr²¹pei⁴¹ta²¹。
本溪	张明被坏人抢了一个包儿，人也差点儿被打伤。 tsaŋ⁴⁴miŋ³⁵pei⁵¹xuai³¹in³⁵tɕʰiaŋ²¹lə⁰i³⁵kɤ⁵¹paur⁴⁴,in³⁵iɛ²¹tsʰa⁵¹tiɐr²¹pei⁵¹ta²¹saŋ⁴⁴。
辽阳	张明让坏人抢了包，他差点儿被打伤。 tʂaŋ⁴⁴miŋ³⁵iaŋ⁵¹xuai⁵¹in³⁵tɕʰiaŋ²¹lə⁰pau⁴⁴,tʰa⁴⁴tsʰa⁵¹tiɐr⁰pei⁰ta²¹ʂaŋ⁴⁴。
海城	张明包儿让坏人给抢走了，人也差不点儿让人打。 tʂaŋ⁴⁴miŋ³⁵paur⁴⁴iaŋ⁵³xuai⁵¹in³⁵kei²¹tɕʰiaŋ³⁵tsəu²¹⁴lɤ⁰,in³⁵iɛ²¹tʂʰa⁵¹puºtiɐr²¹iaŋ⁵¹in³⁵ta²¹⁴。
开原	张明的包儿被坏人抢走了，人还差点儿受伤。 tʂaŋ⁴⁴miŋ³⁵tiºpaur⁴⁴pei⁵¹xuai⁵³in³⁵tɕʰiaŋ³⁵tʂou⁵³lə⁰, in³⁵xai²¹tʂʰa⁵³tiɐr²¹³ʂou⁵³ʂaŋ²¹。
锦州	张明那包儿让人给抢跑一个，人也差不点儿让人给打咯。 tʂaŋ⁵⁵miŋ³⁵na⁵³paur⁵⁵iaŋ⁵³in⁶¹kei⁵¹tɕʰiaŋ³⁵pʰau²¹i³⁵kə⁰,in³⁵iɛ²¹tʂʰa⁵¹puºtiɐr²¹iaŋ³⁵in⁶¹kei³⁵ta²¹lau⁰。

盘锦	张明儿包儿被人抢走了，差点挨顿揍。 tṣaŋ⁵⁵miə̃r³⁵paur⁵⁵pei⁵³iən³⁵tɕʰiaŋ³⁵tṣou²¹lə⁰,tsʰa⁵¹tian²¹ai⁵⁵tuən⁵¹tsou⁵¹。
兴城	张明的包儿让坏人给抢走了，人也差点儿挨打。 tṣaŋ⁴⁴miŋ³⁵ti⁰paur⁴⁴iaŋ⁵¹xuai⁵¹in³⁵tɕʰiaŋ³⁵tṣou²¹³lə⁰,in³⁵ie²¹tṣʰa⁵¹tiɐr²¹ai⁴⁴ta²¹³。
绥中	张明让人把包儿抢走了，还差点儿让人打伤了。 tṣaŋ⁵⁵miən³⁵ẓən⁵¹zən³⁵pa²¹paor⁵⁵tɕʰiaŋ³⁵tṣou²¹lɤ⁰,xai³⁵tṣʰa⁵¹tiɐr²¹ẓaŋ⁵¹ẓən³⁵ta²¹ʂaŋ⁵⁵lɤ⁰。
义县	张明的包儿让坏人抢走了，人也差不点儿被打了。 tṣaŋ⁴⁴miŋ³⁵ti⁰paur⁴⁴ẓaŋ⁵³xuai⁵³ẓən³⁵tɕʰiaŋ³⁵tṣou²¹lɤ⁰, ẓən³⁵ie²¹tṣʰa⁵³pu⁰tiɐr²¹pei⁵³ta²¹lɤ⁰。
北票	张明的包儿让人抢跑了，人儿也差点儿让人打坏咾。 tṣaŋ⁴⁴miən³⁵tɤ⁰paur⁴⁴ẓaŋ⁵³ẓən³⁵tɕʰiaŋ³⁵pʰau²¹lɤ⁰, ẓər³⁵ie²¹tṣʰa⁵³tiɐr²¹ẓaŋ⁵³ẓən³⁵ta²¹xuai⁵¹lau⁰。
阜新	张明的一个包儿让坏人抢走了，人好悬没挨打。 tṣaŋ⁵⁵miŋ³⁵tə⁰i³¹kə⁰paur⁵⁵ẓaŋ⁵³xuai⁵³ẓən³⁵tɕʰiaŋ³⁵tsou²¹lie⁰, ẓən³⁵xau²¹ɕyan³⁵mei³⁵nai⁵⁵ta²¹³。
黑山	张明的包儿让人给抢走了，好悬没叫人给打伤喽。 tṣaŋ⁴⁴miən³⁵ti⁰paur⁴⁴iaŋ⁵³iən³⁵kei²¹tɕʰiaŋ³⁵tṣou²¹lɤ⁰,xau²¹ɕyan³⁵mei³⁵tɕiau⁵³iən³⁵kei³⁵ta²¹ʂaŋ⁴⁴lou⁰。
昌图	张明儿包被人抢走了，人差点儿被人打坏了。 tṣaŋ³³miə̃r³⁵pau³³pei⁵¹iən³⁵tɕʰiaŋ³⁵tṣou²¹lə⁰,iən³⁵tṣʰa⁵¹tiɐr²¹³pei⁵³iən³⁵ta²¹xuai⁵¹lə⁰。
大连	张明叫坏人抢了个包儿，人也差点儿被打伤。 tʃaŋ³¹miŋ³⁴tɕi⁵²xuɛ⁵²iə̃³⁴tɕʰiaŋ²¹lə⁰kɤ⁵²pɔr³¹²,iə̃³⁴ie²¹tsʰa⁵¹tiɐr²¹³pe⁵²ta²¹ʃaŋ³¹²。
金州杏树	张明儿的包儿叫人抢走了，还差点儿被打坏了。 tsaŋ³¹miə̃r⁵²ti⁰pɔr³¹tɕiɔ⁵²iə̃³¹tɕʰiaŋ³⁴tsou²¹lə⁰, xɛ⁵²tsʰa⁵²tiɐr²¹pe⁵²ta²¹xuɛ⁵²lə⁰。
长海	张明有一个包儿叫人抢跑了，差一点叫别人打伤了。 tʃaŋ³¹miŋ⁵³iəu²⁴i³¹kɤ⁰paur⁵³ciau⁵³iən³¹tʃʰiaŋ²⁴pʰau²¹⁴lə⁰,tsʰa⁵³i³¹tiɐr²¹⁴ciau⁵³pie⁵³iən³¹ta²⁴ʃaŋ³¹lə⁰。
庄河	张明包儿叫坏人给抢走了，还差不点叫人打伤了。 tsaŋ³¹miŋ³⁵paor³¹tɕiao⁵¹xuai⁵¹in⁵¹kei²⁴tɕʰiaŋ²⁴tsou²¹lə⁰,xai⁵¹tsʰa⁵¹pu⁰tiɐr²¹³tɕiao⁵³in⁵¹ta²⁴saŋ³¹lə⁰。
盖州	张明包儿让人抢了，还差点儿叫人打了。 tsaŋ⁴¹²miŋ²⁴paur⁴¹²iaŋ⁵¹in²⁴tɕʰiaŋ²¹lɤ⁰,xai⁵¹tsʰa⁵¹tiɐr²¹tɕiau⁵¹in²⁴ta²¹lɤ⁰。
丹东	张明的包叫坏人给抢了，差点儿还把他给打伤了。 tsaŋ⁴¹¹miŋ²⁴tə⁰pau⁴¹¹tɕiau⁵¹xuai⁵¹in²⁴kei²¹tɕʰiaŋ²¹lə⁰,tsʰa⁵¹tiɐr²¹xai²⁴pa²⁴tʰa⁴¹¹kei²¹ta²⁴ʂaŋ⁴¹¹lə⁰。
建平	张明的包儿被坏人抢走了，他人还差点儿没被打坏了。 tsã⁴⁴miŋ³⁵tə⁰pɔr⁴⁴pei⁴²xuɛ³⁵ẓə̃³⁵tṣʰiã³⁵tsou²¹lə⁰,tʰa⁴⁴ẓə̃³⁵xɛ³⁵tṣʰa⁵³tiɐr²¹mei³⁵pei⁵³ta²¹xuɛ⁵³liɔ⁰。
凌源	张明让坏人把包给抢走了，好悬没让人给打坏咾。 tsaŋ⁵⁵miŋ³⁵ẓaŋ⁵³xuai⁵³ẓən³⁵pa²¹pau⁵⁵kei⁵³tɕʰiaŋ³⁵tsou²¹lɤ⁰,xau²¹ɕyan³⁵mei³⁵ẓaŋ⁵³ẓən³⁵kei³⁵ta²¹xuai⁵¹lau⁰。

	0012 快要下雨了，你们别出去了。
沈阳	快下雨了，你们别出去了。 kʰuai⁴¹ɕia⁴¹y²¹lə⁰, ȵi²¹mən⁰pie⁴¹tʂʰu³⁵tɕʰy⁰lə⁰。
本溪	快要下雨了，你们别出去了。 kʰuai⁵³iau⁵³ɕia⁵¹y²¹la⁰, ȵi²¹mən⁰pie³⁵tʂʰu⁴⁴tɕʰy⁵¹lə⁰。
辽阳	快下雨啦，你们别出去啦。 kʰuai⁵¹ɕia⁵¹y²¹la⁰, ȵi²¹mən⁰pie³⁵tʂʰu³⁵tɕʰy⁰la⁰。
海城	快下雨了，别出去了。 kʰuai⁵³ɕia⁵¹y²¹⁴lɤ⁰,piɛ⁵¹tʂʰu³⁵tɕʰy⁰lɤ⁰。
开原	快要下雨了，别出去了。 kʰuai⁵³iau⁵¹ɕia⁵³y²¹lə⁰, piɛ³⁵tʂʰu⁴⁴tɕʰy⁰lə⁰。
锦州	要下雨咧，恁都别出去了。 iau⁵³ɕia⁵³y²¹lie⁰, ȵin²¹tou⁵⁵pie³⁵tʂʰu⁵⁵tɕʰi⁰lə⁰。
盘锦	要下雨了，别出去了。 iau⁵³ɕia⁵¹y²¹lə⁰,piɛ⁵¹tʂʰu⁵⁵tɕʰi⁵¹lə⁰。
兴城	要下雨了，恁别出去了。 iau⁵¹ɕia⁵¹y²¹lə⁰, ȵin²¹pie³⁵tʂʰu⁴⁴tɕʰy⁰lə⁰。
绥中	眼瞅下雨了，你们别出去了。 ian³⁵tʂʰou²¹ɕia⁵¹y²¹lɤ⁰, ȵi²¹mən⁰piɛ³⁵tʂʰu⁵⁵tɕʰy⁰lɤ⁰。
义县	要下雨了，你们别出去了。 iau⁵³ɕia⁵³y²¹lɤ⁰, ȵi²¹mən⁰piɛ³⁵tʂʰu⁴⁴tɕʰi⁰lɤ⁰。
北票	快下雨了，你们别出去了。 kʰuai⁵³ɕia⁵³y²¹lɤ⁰, ȵi²¹mən⁰pie³⁵tʂʰu³⁵tɕʰi⁰lɤ⁰。
阜新	要下雨了，别出去了。 iau⁵³ɕia⁵¹y²¹lə⁰,piɛ³⁵tʂʰu³⁵tɕʰi⁵¹lə⁰。
黑山	要来天头了，你们都别出去了。 iau⁵³lai³⁵tʰian⁴⁴tʰou⁰lɤ⁰, ȵi²¹mən⁰tou⁴⁴piɛ⁵³tʂʰu⁴⁴tɕʰi⁰lɤ⁰。
昌图	要下雨了，你们别走了。 iau⁵³ɕia⁵¹y²¹³lə⁰, ȵi²¹mən⁰pie⁵¹tsou²¹lə⁰。
大连	快下雨了，恁别出去了。 kʰuɛ⁵²ɕia⁵²y²¹la⁰,nã²¹pɛ⁵²tʃʰu²¹tɕʰy⁰la⁰。
金州杏树	快下雨了，别出去了。 kʰuɛ⁵²ɕia⁵²y²¹lə⁰,pɛ⁵²tɕʰy²¹tɕʰy⁰la⁰。
长海	天要下雨了，你们别出去了。 tʰian³¹iau⁵³ɕia⁵²¹⁴lə⁰, ȵi²¹mən⁰pai⁵³tʃʰy²¹ɕʰy⁰lə⁰。

庄河	天要下雨了，恁别往外走了。 tʰian³¹iao⁵¹ɕia⁵¹y²¹lə⁰,nən²¹piɛ⁵¹uaŋ⁵³uai⁵¹tsəu²¹lə⁰。
盖州	快下雨了，你们别出去了。 kʰuai⁵¹ɕia⁵¹y²¹lɤ⁰, ȵi²¹mən⁰piɛ²⁴tsʰu²⁴tɕʰy⁵¹lɤ⁰
丹东	快下雨了，恁们就别走了。 kʰuai⁵¹ɕia⁵¹y²¹lə⁰,nan²¹mən⁰tɕiou⁵¹piɛ²⁴tsou²¹lə⁰。
建平	快来雨了，咱别出去了。 kʰuɛ⁵³lɛ³⁵y²¹lə⁰,tsã³⁵piɛ³⁵tʂʰu⁴⁴tɕʰy⁰lə⁰。
凌源	要下雨了，你们别出去了。 iau⁵³ɕia⁵³y²¹lɤ⁰, ȵi²¹mən⁰piɛ³⁵tʂʰu³⁵tɕʰi⁰lɤ⁰。

	0013 这毛巾很脏了，扔了它吧。
沈阳	这毛巾太埋汰了，扔了吧。 tsei⁴¹mau³⁵tɕin³³tʰai⁴¹mai³⁵tʰai⁰lə⁰,ləŋ³³lə⁰pa⁰。
本溪	这毛巾很埋汰，扔了吧。 tse⁵¹mau³⁵tɕin⁴⁴xən⁵¹mai³⁵tʰai⁵¹,ləŋ⁴⁴lə⁰pa⁰。
辽阳	这手巾太埋汰了，扔了吧。 tʂei⁵¹sou²¹tɕin⁰tʰai⁵¹mai³⁵tʰai⁰lə⁰,ləŋ⁴⁴lə⁰pa⁰。
海城	这手巾成埋汰了，扔了得了。 tʂei⁵¹ʂəu²¹⁴tɕin⁰tʂʰəŋ³⁵mai³⁵tʰai⁰lɤ⁰,ləŋ⁴⁴lɤ⁰tɤ⁴⁴lɤ⁰。
开原	这手巾太埋汰了，扔了吧。 tsei⁵¹sou²¹tɕin⁰tʰai⁵¹mai³⁵tʰai⁰lə⁰,ləŋ⁴⁴lə⁰pa⁰。
锦州	这手巾太埋汰了，扔喽吧。 tʂei⁵³sou²¹tɕin⁰tʰai⁵³mai³⁵tʰai⁰lə⁰,ləŋ⁵⁵lou⁰pa⁰。
盘锦	手巾太埋汰了，扔了吧。 ʂou²¹tɕiən⁰tʰai⁵³mai³⁵tʰai⁰lə⁰,ləŋ⁵⁵lə⁰pa⁰。
兴城	这手巾太埋汰了，扔了吧。 tʂei⁵¹sou²¹tɕin⁰tʰai⁵¹mai³⁵tʰai⁰lə⁰,ləŋ⁴⁴lə⁰pa⁰。
绥中	这毛巾忒脏了，扔了吧。 tʂɤ⁵¹mau³⁵tɕin⁵⁵tʰei⁵⁵tʂaŋ⁵⁵lɤ⁰,ləŋ⁵⁵lɤ⁰pa⁰。
义县	这毛巾太埋汰了，扔咾吧。 tʂɤ⁵³mau³⁵tɕin⁴⁴tʰai⁵³mai³⁵tʰai⁰lɤ⁰,ləŋ⁴⁴lau⁰pa⁰。
北票	这手巾太埋汰了，扔它吧。 tʂɤ⁵³sou²¹tɕiən⁴⁴tʰai⁵³mai³⁵tʰai⁰lɤ⁰, zəŋ⁴⁴tʰa⁴⁴pa⁰。

阜新	这手巾忒埋汰了，撇了吧。 tʂei⁵¹ʂou²¹tɕin⁰tʰuei³⁵mai³⁵tʰai⁰liɛ⁰,pʰiɛ²¹lə⁰pa⁰。
黑山	这手巾忒埋汰了，扔了吧。 tʂei⁵³ʂou²¹tɕiən⁰tʰei³⁵mai³⁵tʰai⁰lɤ⁰,ləŋ⁴⁴lɤ⁰pa⁰。
昌图	这手巾太埋汰了，扔它吧。 tʂɤ⁵¹ʂou²¹tɕiən⁰tʰai⁵¹mai³⁵tʰai⁰lə⁰,ləŋ³³tʰa³³pa⁰。
大连	这毛巾太脏了，扔了吧。 tɕiɛ⁵²mɔ³⁴tɕi³¹tʰɛ⁵²tsaŋ³¹la⁰,ləŋ³¹lə⁰pa⁰。
金州 杏树	手巾脏了，扔了得了。 səu²¹tɕĩ⁰tsaŋ³¹lə⁰,ləŋ³¹lə⁰tɤ³⁴lə⁰。
长海	这毛巾很脏，扔掉它。 tʃɤ⁵³mau²⁴ciən³¹xən²⁴tsaŋ³¹,ləŋ³¹tiau⁵³tʰa⁵³。
庄河	这个毛巾太埋汰了，扔了吧。 tsə⁵³kə⁵¹mao⁴¹tɕin³¹tʰai⁵¹mai²⁴tʰai⁰lə⁰,ləŋ⁵¹lə⁰pa⁰。
盖州	这个毛巾太埋汰了，扔了吧。 tsei⁵¹kɤ⁰mau²⁴tɕin⁴¹²tʰai⁵¹mai²⁴tʰai⁵¹lɤ⁰,ləŋ⁴¹²lɤ⁰pa⁰。
丹东	这毛巾太埋汰了，快把它扔了吧。 tʂɤ⁵¹mau²⁴tɕin⁴¹¹tʰai⁵¹mai²⁴tʰai⁰lə⁰,kʰuai⁵¹pa²⁴tʰa⁴¹¹ləŋ⁴¹¹lə⁰pa⁰。
建平	这毛巾也忒脏了，扔了吧。 tʂɤ⁵³mɔ³⁵tɕĩ⁴⁴iɛ²¹tʰei⁴⁴tsã⁴⁴lə⁰,ləŋ⁴⁴lə⁰pa⁰。
凌源	这毛巾忒埋汰了，扔了吧。 tʂɤ⁵³mau³⁵tɕin⁵⁵tʰuei³⁵mai³⁵tʰai⁰lɤ⁰,ləŋ⁵⁵lɤ⁰pa⁰。

	0014 我们是在车站买的车票。
沈阳	俺们在车站买的票。 an²¹mən⁰lai²¹tsʰɤ³³tsan⁴¹mai²¹ti⁰pʰiau⁴¹。
本溪	我们在车站买的车票。 uo²¹mən⁰tsai⁵¹tʂʰɤ⁴⁴tʂan⁵¹mai⁰ti⁰tʂʰɤ⁴⁴pʰiau⁵¹。
辽阳	我们在车站买的车票。 uo²¹mən⁰kɤ²¹tsʰɤ⁴⁴tʂan⁵¹mai²¹tə⁰pʰiau⁵¹。
海城	咱们在车站买的车票。 tʂan³⁵mən⁰tsai⁵¹tʂʰɤ⁴⁴tʂan⁵¹mai²¹⁴tɤ⁰tʂʰɤ⁴⁴pʰiau⁵¹。
开原	我们是在车站买的票。 uɤ²¹mən⁰ʂʅ⁵¹kɤ²¹³tsʰɤ⁴⁴tʂan⁵¹mai²¹tɤ⁰pʰiau⁵¹。

锦州	我们在车站买的票。 m³⁵kɤ²¹tʂʰɤ⁵⁵tʂan⁵³mai²¹ti⁰pʰiau⁵¹。	
盘锦	我们是在车站买的票。 uo²¹mən⁰ʂʅ⁵¹kɤ²¹tʂʰɤ⁵⁵tʂan⁵¹mai²¹tə⁰pʰiau⁵¹。	
兴城	我们是在车站买的票。 uo²¹mən⁰ʂʅ⁵¹kɤ²¹tʂʰɤ⁴⁴tʂan⁵¹mai²¹ti⁰pʰiau⁵¹。	
绥中	我们在车站买的票。 uo²¹mən⁰kɤ²¹tʂʰɤ⁵⁵tʂan⁵¹mai²¹tiɛ⁰pʰiau⁵¹。	
义县	我们是在车站买的票。 uo²¹mən⁰ʂʅ⁵³tsai⁵³tʂʰɤ⁴⁴tʂan⁵³mai²¹ti⁰pʰiau⁵¹。	
北票	我们是在车站买的票。 uo²¹mən⁰ʂʅ⁵³kɤ²¹tʂʰɤ⁴⁴tʂan⁵³mai²¹tɤ⁰pʰiau⁵¹。	
阜新	我们在车站买的票。 uan²¹mən⁰kei²¹tʂʰɤ⁵⁵tʂan⁵³mai²¹ti⁰pʰiau⁵¹。	
黑山	我们是在车站买的票。 m²¹mən⁰ʂʅ⁵³kɤ²¹tʂʰɤ⁴⁴tʂan⁵³mai²¹ti⁰pʰiau⁵¹。	
昌图	我们是在车站买的票。 uo²¹mən⁰ʂʅ⁵¹kɤ²¹tʂʰɤ³³tʂan⁵¹mai²¹ti⁰²¹³pʰiau⁵¹。	
大连	我们在车站买的车票。 uə²¹mə̃⁰tsɛ⁵²tʃʰɤ³¹tsã⁵²mɛ²¹tiʃʰɤ³¹pʰiɔ⁵²。	
金州 杏树	俺们在车站买的票。 ã²¹mə̃⁰tsɛ⁵²tɕʰiɛ³¹tsã⁵²mɛ²¹ti⁰pʰiɔ⁵²。	
长海	我们是在车站买的票。 uə²¹mən⁰tsai⁵³tʃʰie³¹tʃan⁵³mai²¹tə⁰pʰiau⁵³。	
庄河	我们是在车站买的票。 uə²¹mən⁰tsai⁵¹tsʰə³³tsan⁵¹mai²¹ti⁰pʰiao⁵¹。	
盖州	我们是在车站买的票。 uɤ²¹mən⁰tsai⁵¹tsʰɤ⁴¹²tsan⁵¹mai²¹tɤ⁰pʰiau⁵¹。	
丹东	我们是在车站买的票。 uo²¹mən⁰tsai⁵¹tsʰɤ⁴¹¹tsan⁵¹mai²¹tə⁰pʰiau⁵¹。	
建平	我们是在车站买的票。 vɤ²¹mə̃⁴⁴ʂʅ⁴²tsɛ⁵³tʂʰɤ⁴⁴tʂã⁵³mɛ²¹ti⁰pʰiɔ⁵³。	
凌源	我们是在车站买的票。 vaŋ²¹mən⁰ʂʅ⁵³tsai⁵³tʂʰɤ⁵⁵tʂan⁵³mai²¹tɤ⁰pʰiau⁵¹。	

	0015 墙上贴着一张地图。
沈阳	墙上贴张地图儿。 tɕʰiaŋ³⁵ʂaŋ⁰tʰie³³tsaŋ³³ti⁴¹tʰur³⁵。
本溪	墙上贴了一张地图。 tɕʰiaŋ³⁵ʂaŋ⁵¹tʰie⁴⁴lə⁰i⁵¹tʂaŋ⁴⁴ti⁵¹tʰu³⁵。
辽阳	墙上贴张地图。 tɕʰiaŋ³⁵ʂaŋ⁰tʰie³⁵tʂaŋ⁴⁴ti⁵¹tʰu³⁵。
海城	墙上贴了一个地图儿。 tɕʰiaŋ³⁵ʂaŋ⁰tʰie³⁵lɤ⁰i³⁵kɤ⁰ti⁵¹tʰur³⁵。
开原	墙上贴着一张地图儿。 tɕʰiaŋ³⁵ʂaŋ⁰tʰie⁴⁴tʂə⁰i⁵³tʂaŋ⁵³ti⁵³tʰur³⁵。
锦州	墙上贴了张地图。 tɕʰiaŋ³⁵ʂaŋ⁰tʰie⁵⁵lə⁰tʂaŋ⁵⁵ti⁵³tʰu³⁵。
盘锦	墙上贴着张地图。 tɕʰiaŋ³⁵ʂaŋ⁵¹tʰie⁵⁵tʂɤ⁰tʂaŋ⁵⁵ti⁵³tʰu³⁵。
兴城	墙上贴着张地图。 tɕʰiaŋ³⁵ʂaŋ⁰tʰie⁴⁴tʂə⁰tʂaŋ⁴⁴ti⁵¹tʰu³⁵。
绥中	墙上贴了一张地图。 tɕʰiaŋ³⁵ʂaŋ⁰tʰie⁵⁵lɤ⁰i²¹tʂaŋ⁵⁵ti⁵³tʰu³⁵。
义县	墙上贴张地图。 tɕʰiaŋ³⁵ʂaŋ⁵³tʰie⁴⁴tʂaŋ⁴⁴ti⁵³tʰu³⁵。
北票	墙上贴张儿地图儿。 tɕʰiaŋ³⁵xaŋ⁵³tʰie⁴⁴tʂãr⁴⁴ti⁵³tʰur³⁵。
阜新	墙上贴了张地图。 tɕʰiaŋ³⁵ʂaŋ⁵³tʰie⁵⁵liɛ⁰tʂaŋ⁵⁵ti⁵³tʰu³⁵。
黑山	墙上贴张地图。 tɕʰiaŋ³⁵ʂaŋ⁰tʰie⁴⁴tʂaŋ⁴⁴ti⁵³tʰu³⁵。
昌图	墙上贴张地图儿。 tɕʰiaŋ³⁵ʂaŋ⁵¹tʰie³³tsaŋ³³ti⁵¹tʰur³⁵。
大连	墙上贴一张地图。 tɕʰiaŋ³⁴ʃaŋ⁰tʰie²¹i²¹tʃaŋ³¹ti⁵²tʰu³⁴。
金州 杏树	墙上贴了张地图。 tɕʰiaŋ⁵²saŋ⁵²tʰie²¹lə⁰tsaŋ³¹ti⁵²tʰu⁵²。
长海	墙上粘着一张地图。 cʰiaŋ⁵³ʃaŋ⁰tʃan³¹tʃɤ⁰i²⁴tʃaŋ³¹ti⁵³tʰu⁵³。

庄河	墙上粘个地图儿。 tɕʰiaŋ⁵¹saŋ⁰tsan³¹kə⁰ti⁵³tʰur⁵¹。
盖州	墙上粘个地图。 tɕʰiaŋ²⁴saŋ⁰tsan⁴¹²kɤ⁰ti⁵¹tʰu²⁴。
丹东	墙上粘了一张地图儿。 tɕʰiaŋ²⁴ʂaŋ⁰tsan⁴¹¹lə⁰i²⁴tʂaŋ⁴¹¹ti⁵¹tʰur²⁴。
建平	墙上贴着张地图儿。 tɕʰiã³⁵ʂã⁰tʰie⁴⁴tʂə⁰tʂã⁴⁴ti⁵³tʰur³⁵。
凌源	墙上贴着一张地图。 tɕʰiaŋ³⁵saŋ⁵³tʰie⁵⁵tʂɤ⁰i⁵³tʂaŋ⁵⁵ti⁵⁵tʰu³⁵。

	0016 床上躺着一个老人。
沈阳	床上躺个老人。 tʂʰuaŋ³⁵ʂaŋ⁰tʰaŋ²¹kə⁰lau²¹in³⁵。
本溪	床上躺了个老人。 tʂʰuaŋ³⁵ʂaŋ⁵¹tʰaŋ²¹lə⁰kɤ⁰lau²¹zən³⁵。
辽阳	床上躺个老人。 tʂʰuaŋ³⁵ʂaŋ⁰tʰaŋ²¹kə⁰lau²¹in³⁵。
海城	床上倒着个人。 tʂʰuaŋ³⁵ʂaŋ⁵¹tau²¹⁴tʂɤ⁰kɤ⁰in³⁵。
开原	床上趴着个老人。 tʂʰuaŋ³⁵ʂaŋ⁰pʰa⁴⁴tʂə⁰kə⁰lau²¹in³⁵。
锦州	床上躺着个老人。 tʂʰuaŋ³⁵ʂaŋ⁰tʰaŋ²¹tʂɤ⁵⁵kə⁰lau²¹in³⁵。
盘锦	床上躺个老人。 tʂʰuaŋ³⁵ʂaŋ⁰tʰaŋ²¹kə⁰lau²¹zən³⁵。
兴城	床上躺着个老人。 tʂʰuaŋ³⁵ʂaŋ⁰tʰaŋ²¹tʂə⁰kə⁰lau²¹in³⁵。
绥中	床上躺着一个老人。 tʂʰuaŋ³⁵ʂaŋ⁰tʰaŋ²¹tʂɤ⁰i³⁵kɤ⁵¹lau²¹zən³⁵。
义县	床上躺个老人。 tʂʰuaŋ³⁵ʂaŋ⁵³tʰaŋ²¹kɤ⁰lau²¹zən³⁵。
北票	床上躺个老人。 tʂʰuaŋ³⁵xaŋ⁵³tʰaŋ²¹kɤ⁰lau²¹zən³⁵。

阜新	床上躺着个老人。 tʂʰuaŋ³⁵ ʂaŋ⁵³ tʰaŋ²¹ tʂə⁰ kə⁰ lau²¹ zən³⁵。
黑山	床上躺个老人。 tʂʰuaŋ³⁵ saŋ⁰ tʰaŋ²¹ kɤ⁰ lau²¹ iən³⁵。
昌图	床上躺个老人。 tʂʰuaŋ³⁵ saŋ⁰ tʰaŋ²¹ kə⁰ lau²¹ iən³⁵。
大连	床上躺个老人。 tsʰuaŋ³⁴ ʃaŋ⁰ tʰaŋ²¹ kə⁰ lɔ⁰ ĩ³⁴。
金州 杏树	床上躺个老人。 tsʰuaŋ⁵² saŋ⁵² tʰaŋ²¹ kə⁰ lɔ²ĩ³¹²。
长海	床上躺着一个老人。 tʰuaŋ⁵³ ʃaŋ⁰ tʰaŋ²¹ tʃɤ⁰ i²¹ kɤ⁵³ lau²⁴ iən³¹。
庄河	床上躺个老人。 tsʰuaŋ⁵¹ saŋ⁰ tʰaŋ²¹ kə⁰ lao²¹ in⁵¹。
盖州	床上躺着一个老人。 tsʰuaŋ²⁴ saŋ⁰ tʰaŋ²¹ tsau⁰ i²⁴ kɤ⁰ lau²¹ in²⁴。
丹东	床上躺着一个老人。 tʂʰuaŋ²⁴ saŋ⁰ tʰaŋ²¹ tʂɤ⁰ i²¹ kɤ⁰ lau²¹ in²⁴。
建平	炕上躺了个上岁数的人。 kʰã⁵³ ʂã⁰ tʰã²¹ lə⁰ kə⁰ ʂã⁴² suei²¹ ʂu⁰ tə⁰ zə̃³⁵。
凌源	床上躺个老人。 tʂʰuaŋ³⁵ ʂaŋ⁵³ tʰaŋ²¹ tʂɤ⁰ kɤ⁰ lau²¹ zən³⁵。

	**0017 河里游着好多小鱼。**
沈阳	河里有老多小鱼儿，在那游呢。 xɤ³⁵ li²¹ iou³⁵ lau²¹ tuo³³ ɕiau²¹ yər³⁵, lai²¹ na⁴¹ iou³⁵ nə⁰。
本溪	河里游着好多小鱼儿。 xɤ³⁵ li⁰ iou³⁵ tʂau⁰ xau²¹ tuo⁴⁴ ɕiau²¹ yər³⁵。
辽阳	河里老多鱼在游了。 xɤ³⁵ li⁰ lau²¹ tuo⁴⁴ y³⁵ tsai⁵¹ iou³⁵ lə⁰。
海城	河里游着这老些小鱼儿。 xɤ³⁵ li²¹ iəu³⁵ tʂɤ⁰ tʂən⁵¹ lau²¹ ɕiɛ⁴⁴ ɕiau²¹ yər³⁵。
开原	河里边儿有老多小鱼儿了。 xɤ³⁵ li⁰ piɐr⁴⁴ iou³⁵ lau²¹ tuɤ⁴⁴ ɕiau²¹ yər³⁵ lə⁰。

锦州	河里有一帮小鱼儿。 xɤ³⁵li²¹iou²¹i⁵³paŋ⁵⁵ɕiau²¹yər³⁵。
盘锦	河里有不少小鱼儿。 xɤ³⁵li⁰iou²¹pu⁵³ʂau³⁵ɕiau²¹yər³⁵。
兴城	河里有一帮小鱼儿。 xɤ³⁵li⁰iou²¹i⁴⁴paŋ⁴⁴ɕiau²¹yər³⁵。
绥中	挺多小鱼儿搁河里游。 tʰiəŋ²¹tuo⁵⁵ɕiau²¹yər³⁵kɤ⁵⁵kʰɤ³⁵li²¹iou³⁵。
义县	河里有不少小鱼儿。 xɤ³⁵li³⁵iou²¹pu⁵³ʂau³⁵ɕiau²¹yər³⁵。
北票	河里不少小鱼儿搁那儿游呢。 xɤ³⁵li²¹pu⁵³ʂau³⁵ɕiau²¹yər³⁵kɤ⁵⁵nɐr⁵³iou³⁵nɤ⁰。
阜新	河套有不少小鱼儿。 xɤ³⁵tʰau⁵¹iou²¹pu⁵³ʂau³⁵ɕiau²¹yər³⁵。
黑山	河里有那些小鱼儿，还游着呢。 xɤ³⁵li⁰iou²¹nei⁵³ɕiɛ⁴⁴ɕiau²¹yər³⁵,xai²¹iou³⁵tʂɤ⁰nɤ⁰。
昌图	河里不少小鱼儿搁那儿游呢。 xɤ³⁵li⁰pu⁵³ʂau²¹³ɕiau²¹yər³⁵kɤ²¹³nɐr⁵³iou³⁵ɲiɛ⁰。
大连	河里游着一大些小鱼儿。 xɤ³⁴le⁰iəu³⁴tʃə⁰i²¹ta⁵²ɕiɛ³¹ɕiɔ²¹yər³⁴。
金州 杏树	河里有那么些小鱼儿。 xuə⁵²le⁰iəu²¹nɔ̃⁵²mə⁰ɕiɛ³¹ɕiɔ²¹yər³¹²。
长海	河里游着好多小鱼儿。 xɤ⁵³li⁰iəu⁵³tʃɤ⁰xau²⁴tuə³¹ʃiau²¹yər⁵³。
庄河	河里游了老些小鱼儿。 xɛ³¹li⁰iəu⁵¹lə⁰lao²⁴ɕiɛ³¹ɕiao²¹yər⁵¹。
盖州	河里游着那老些小鱼。 xɤ²⁴li⁰iəu²⁴tsau⁰nən⁵¹lau²¹ɕiɛ⁰ɕiau²¹y²⁴。
丹东	河里游着好多小鱼儿。 xɤ²⁴li⁰iou²⁴tʂɤ⁰xau²⁴tuo⁴¹¹ɕiau²¹yər²⁴。
建平	河里头有好多的小鱼儿呢。 xɤ³⁵li²¹tʰəu⁰iəu³⁵xɔ²¹tuə⁴⁴tə⁰ɕiɔ²¹yer³⁵ɲia⁰。
凌源	河里有好多小鱼儿。 xɤ³⁵li⁰iou³⁵xau²¹tuo⁵⁵ɕiau²¹yər³⁵。

	0018 前面走来了一个胖胖的小男孩。
沈阳	前面儿走来一个胖乎乎的小小子儿。 tɕian³⁵miɐr⁴¹tsou²¹lai⁰i³⁵kə⁰pʰaŋ⁴¹xu³³xu⁰tə⁰ɕiau³⁵ɕiau²¹tsɚ⁰。
本溪	前面儿来了一个胖小子。 tɕʰian³⁵miɐr⁵¹lai³⁵liau⁰i³⁵kɤ⁵¹pʰaŋ⁵¹ɕiau²¹tsɿ⁰。
辽阳	前边儿过来个胖小子。 tɕʰian³⁵piar⁴⁴kuo⁵¹lai⁰kə⁵¹pʰaŋ⁵¹ɕiau²¹tʂɿ⁰。
海城	前面儿来个胖乎乎的小子。 tɕʰian³⁵miɐr⁰lai³⁵kɤ⁰pʰaŋ⁵¹xu⁴⁴xu⁴⁴ti⁰ɕiau²¹⁴tʂɿ⁰。
开原	前边儿来了一个胖乎儿乎儿的小小子。 tɕʰian³⁵piɐr⁴⁴lai³⁵lə⁰i³⁵kə⁰pʰaŋ⁰xur⁴⁴xur⁰tə⁰ɕiau³⁵ɕiau²¹tʂə⁰。
锦州	前边儿拉⁼来个胖小子。 tɕʰian³⁵piɐr⁰la²¹lai³⁵kə⁰pʰaŋ⁵³ɕiau²¹tsə⁰。
盘锦	前边儿拉⁼来个胖小子。 tɕʰian³⁵piɐr⁵⁵la²¹lai³⁵kə⁰pʰaŋ⁵¹ɕiau²¹tsə⁰。
兴城	前边儿来了一个小胖小子。 tɕʰian³⁵piɐr⁰lai³⁵liau⁰i³⁵kə⁰ɕiau²¹pʰaŋ⁵¹ɕiau²¹tsɿ⁰。
绥中	前边儿来了一个小胖墩儿。 tɕʰian³⁵piɐr⁵⁵lai³⁵lɤ⁰i³⁵kɤ⁰ɕiau²¹pʰaŋ⁵¹tuɐr⁵⁵。
义县	前边儿拉⁼过来一个胖乎儿乎儿小小子儿。 tɕian³⁵piɐr⁰la²¹kuo⁵¹lai⁰i³⁵kɤ⁵³pʰaŋ⁵¹xur⁰xur⁰ɕiau³⁵ɕiau²¹tʂɚ⁰。
北票	前边儿拉⁼来个胖乎儿乎儿的小小子儿。 tɕʰian³⁵piɐr⁰la²¹lai³⁵kɤ⁰pʰaŋ⁵³xur⁴⁴xur⁴⁴tɤ⁰ɕiau³⁵ɕiau²¹tsɐr⁰。
阜新	前面儿拉⁼过来个胖小子。 tɕian³⁵miɐr⁰la²¹³kuɤ⁵³lai⁰kɤ⁵³pʰaŋ⁵³ɕiau²¹tsa⁰。
黑山	前边儿拉⁼来了个胖乎乎的小小子。 tɕian³⁵piɐr⁰la²¹lai³⁵lɤ⁰kɤ⁰pʰaŋ⁵³xu⁰xu⁰tɤ⁰ɕiau³⁵ɕiau²¹tʂɿ⁰。
昌图	前边儿走来一个小胖男孩儿。 tɕʰian³⁵piɐr³³tʂou³⁵lai³⁵i³⁵kə⁰ɕiau²¹pʰaŋ⁵¹nan³⁵xɐr³⁵。
大连	前面走过来个胖小子。 tɕʰiɛ̃³⁴miɛ̃⁵²tsəu²¹kuə⁰lɤ⁵²kɤ⁵²pʰaŋ⁵²ɕiɔ⁰ȶe⁰。
金州 杏树	前面儿过来个胖乎乎儿的小小儿。 tɕʰiɛ̃⁵²mɐr⁰kuə⁵²lɤ⁵²kɤ⁵²pʰaŋ⁵²xu⁰xur³¹ti⁰ɕiɔ³⁴ɕiɔr²¹³。

长海	前面儿走来一个胖乎乎小小儿。 tɕʰian⁵³mieɹ⁵³tsəu²¹lai⁵³i²¹kɤ⁵³pʰaŋ⁵³xu⁰xu⁰ʃiau²⁴ʃiaur²¹⁴。
庄河	前面儿来了一个胖乎乎的小小儿。 tɕʰian⁵³mieɹ⁵¹lai³¹lə⁰i²¹kə⁵¹pʰaŋ⁵¹xu⁰xu⁰tə⁰ɕiao²⁴ɕiaor²¹³。
盖州	前面儿走来了个胖乎乎的小男孩儿。 tɕʰian²⁴mieɹ⁰tsəu²¹lai²⁴lɤ⁰kɤ⁵¹pʰaŋ⁵¹xu²⁴xu⁰tɤ⁰ɕiau²¹nan²⁴xɐr²⁴。
丹东	前面儿走来一个胖小子。 tɕʰian²⁴mɐr⁰tsou²¹lai²⁴i²¹kɤ⁰pʰaŋ⁵¹ɕiau²¹tsŋ⁰。
建平	前面儿来了一个胖乎乎的小小子儿。 tɕʰiɛ³⁵mieɹ⁰lɛ³⁵lə⁰i³⁵kɤ⁴²pʰã⁵³xu⁴⁴xu⁰tə⁰ɕiɔ³⁵ɕiɔ⁰tsər⁰。
凌源	前面儿拉过来一个胖乎儿乎儿的小小子。 tɕʰiɛn³⁵mieɹ⁰la²¹kuo⁵¹lai⁰i³⁵kɤ⁵³pʰaŋ⁵³xur⁵⁵xur⁵⁵tɤ⁰ɕiau³⁵ɕiau²¹tsŋ⁰。

	0019 他家一下子死了三头猪。
沈阳	他家一下死了三头猪。 tʰa³³tɕia³³i³⁵ɕia⁴¹sŋ²¹lə⁰san³³tʰou³⁵tsu³³。
本溪	他家一下死了三头猪。 tʰa⁴⁴tɕia⁴⁴i³⁵ɕia⁵¹sŋ²¹lə⁰san⁴⁴tʰou³⁵tʂu⁴⁴。
辽阳	他家一下子死了三头猪。 tʰa⁴⁴tɕia⁴⁴i³⁵ɕia⁵¹tsʅ⁰sŋ²¹lə⁰san⁴⁴tʰou³⁵tʂu⁴⁴。
海城	您家连项儿死了三头猪。 tʰan⁴⁴tɕia⁴⁴lian³⁵ɕiãr⁵¹²¹⁴lɤ⁰san⁴⁴tʰəu³⁵tʂu⁴⁴。
开原	您家一下子死了三头猪。 tʰan⁴⁴tɕia⁴⁴i³⁵ɕia⁵³tsʅ⁰sŋ²¹lə⁰san⁴⁴tʰou³⁵tʂu⁴⁴。
锦州	您家儿一下子死了三头猪。 tʰan⁵⁵tɕiar⁵⁵i³⁵ɕia⁵¹tsə⁰sŋ²¹lə⁰san⁵⁵tʰou³⁵tʂu⁵⁵。
盘锦	您们家一堆儿死了三头猪。 tʰan⁵⁵mən⁰tɕia⁵⁵i⁵¹tuər³⁵sŋ²¹lə⁰san⁵⁵tʰou³⁵tʂu⁵⁵。
兴城	您家儿一下儿死了三口猪。 tʰan⁴⁴tɕiar⁴⁴i³⁵ɕia⁵¹sŋ²¹lə⁰san⁴⁴kʰou²¹tʂu⁴⁴。
绥中	他家一下死了三头猪。 tʰa⁵⁵tɕia⁵⁵i³⁵ɕia⁵¹sŋ²¹lɤ⁰san⁵⁵tʰou⁵⁵tʂu⁵⁵。
义县	您家一堆儿死了三头猪。 tʰan⁴⁴tɕia⁴⁴i⁵³tuər²¹sŋ²¹lɤ⁰san⁴⁴tʰou³⁵tʂu⁴⁴。

北票	他家一块儿死了三头猪。 tʰa⁴⁴tɕia⁴⁴i³⁵kuɐr⁵³sʅ²¹lɤ⁰san⁴⁴tʰou³⁵tʂu⁴⁴。
阜新	他们家一堆儿死了三头猪。 tʰan⁵⁵mən⁰tɕia⁵⁵i⁵³tuər³⁵sʅ²¹liou⁰san⁵⁵tʰou³⁵tʂu⁵⁵。
黑山	您们家一堆儿死了三头猪。 tʰan⁴⁴mən⁰tɕia⁴⁴i⁵³tuər²¹sʅ²¹lɤ⁰san⁴⁴tʰou³⁵tʂu⁴⁴。
昌图	他家一块儿死了三头猪。 tʰa³³tɕia³³i³⁵kʰuɐr⁵¹sʅ²¹lə⁰san³³tʰou³⁵tʂu³³。 他家一堆儿死了三头猪。 tʰa³³tɕia³³i⁵³tuər³⁵sʅ²¹lə⁰san³³tʰou³⁵tʂu³³。
大连	他家一下死了三头猪。 tʰa³⁴tɕia³¹i²¹ɕia⁵²sʅ²¹lə⁰sã³¹tʰəu³⁴tʃu³¹²。
金州 杏树	他家三头猪一遭儿死了。 tʰa³⁴tɕia³¹sã³¹tʰəu³⁴tɕy³¹i²¹tsɔr³¹sʅ²¹lə⁰。
长海	他家一下死了三头猪。 tʰa⁵³ɕia³¹i²¹ɕia⁵³sʅ²¹lə⁰san³¹tʰəu²⁴tʃy³¹。
庄河	他家一下死了三个猪。 tʰa³³tɕia³¹i²¹ɕia⁵¹sʅ²¹lə⁰san³¹kə⁵¹tɕy³¹。
盖州	您家一下子死了三口猪。 tʰan²⁴tɕia⁴¹²i²⁴ɕia⁵¹tsʅ⁰sʅ²¹lɤ⁰san⁴¹²kʰəu²⁴tsu⁴¹²。
丹东	他家一下子死了三头猪。 tʰa⁴⁴tɕia⁴¹¹i²¹ɕia⁵¹tsʅ⁰sʅ²¹lə⁰san⁴¹¹tʰou²⁴tʂu⁴¹¹。
建平	他们家一下子糟践了三个猪。 tʰa⁴⁴mə̃⁰tɕia⁴⁴i³⁵ɕia⁵³tsʅ⁰tsɔ⁴⁴tɕiɛ̃⁰lə⁰sã³⁵kɤ⁵³tʂu³⁵。
凌源	您们家一下死了三头猪。 tʰan⁵⁵mən⁰tɕia⁵⁵i³⁵ɕia⁵³sʅ²¹lɤ⁰san⁵⁵tʰou³⁵tʂu⁵⁵。

	0020 这辆汽车要开到广州去。/这辆汽车要开去广州。 选择本方言中最自然的一种说法，或按常用度列出几种说法。
沈阳	这车去广州。 tsei⁴¹tsʰɤ³³tɕʰy⁴¹kuaŋ²¹tsou³³。
本溪	这辆汽车要开到广州去。 tʂɤ⁵³liaŋ⁵¹tɕʰi⁵¹tʂʰɤ⁴⁴iau⁵¹kʰai⁴⁴tau⁵¹kuaŋ²¹tsou⁴⁴tɕʰy⁰。

语法例句对照

辽阳	这车要上广州。 tʂei⁵¹tʂʰɤ⁴⁴iau⁵¹saŋ⁵¹kuaŋ²¹tʂou⁴⁴。
海城	这台车是上广州的。 tʂei⁵¹tʰai³⁵tʂʰɤ⁴⁴ʂʅ⁵³ʂaŋ⁵¹kuaŋ³⁵tʂəu⁴⁴ti⁰。
开原	这辆汽车要开广州去。 tsei⁵³liaŋ⁵¹tɕʰi⁵³tʂʰɤ⁴⁴iau⁵³kʰai⁴⁴kuaŋ²¹tʂou⁴⁴tɕy⁰。
锦州	这辆车要开广州去。 tsei⁵³liaŋ⁵³tʂʰɤ⁵⁵iau⁵³kʰai⁵⁵kuaŋ²¹tʂou⁵⁵tɕi⁰。
盘锦	这车要开到广州去。 tsei⁵¹tʂʰɤ⁵⁵iau⁵¹kʰai⁵⁵tau⁵¹kuaŋ²¹tʂou⁵⁵tɕy⁵¹。
兴城	这辆车要开广州去。 tʂei⁵¹liaŋ⁰tʂʰɤ⁴⁴iau⁵¹kʰai⁴⁴kuaŋ²¹tʂou⁴⁴tɕʰy⁰。
绥中	这趟车到广州。 tʂei⁵¹tʰaŋ⁵¹tʂʰɤ⁵⁵tau⁵¹kuaŋ²¹tʂou⁵⁵。
义县	这车要到广州去。 tʂɤ⁵³tʂʰɤ⁴⁴iau⁵³tau⁵³kuaŋ²¹tʂou⁴⁴tɕi⁵¹。 这车到广州。 tʂɤ⁵³tʂʰɤ⁴⁴tau⁵³kuaŋ²¹tʂou⁴⁴。
北票	这车要上广州去。 tʂɤ⁵³tʂʰɤ⁴⁴iau⁵³ʂaŋ⁵³kuaŋ²¹tʂou⁴⁴tɕi⁰。 这车要往广州开。 tʂɤ⁵³tʂʰɤ⁴⁴iau⁵³uaŋ³⁵kuaŋ²¹tʂou⁴⁴kʰai⁴⁴。
阜新	这个车要开到广州去。 tʂei⁵¹kə⁰tʂʰɤ⁵⁵iau⁵³kʰai⁵⁵tau⁵³kuaŋ²¹tʂou⁵⁵tɕy⁵¹。
黑山	这车要上广州去。 tʂei⁵³tʂʰɤ⁴⁴iau⁵³ʂaŋ⁵³kuaŋ²¹tʂou⁴⁴tɕi⁰。
昌图	这车要上广州去。 tʂɤ⁵¹tʂʰɤ³³iau⁵³ʂaŋ⁵¹kuaŋ²¹tʂou³³tɕy⁵¹。 这辆汽车要去广州。 tʂɤ⁵³liaŋ⁵¹tɕʰi⁵¹tʂʰɤ³³iau⁵³tɕʰy⁵¹kuaŋ²¹tʂou³³。
大连	这辆汽车要往广州开。 tɕiɛ⁵²liaŋ⁵²tɕʰi⁵²tʃʰɤ³¹io⁵²uaŋ²¹tʃəu³¹kʰɛ³¹²。
金州 杏树	这辆车要去广州。 tɕiɛ⁵²liaŋ⁵²tɕʰiɛ³¹io⁵²tɕʰy⁵²kuaŋ²¹tʂəu³¹²。

长海	这辆汽车要开到广州去。 tʃɤ⁵³liaŋ⁵³cʰiˀtʃʰɤ³¹iau⁵³kʰai³¹tau⁵³kuaŋ²⁴tʃəu³¹cʰy⁰。
庄河	这辆汽车要开到广州去。 tsə⁵³liaŋ⁵³tɕʰiˀtsʰə³¹iao⁵¹kʰai⁵¹tao⁵¹kuaŋ²⁴tsəu³¹tɕʰy⁵¹。
盖州	这辆汽车要开到广州去。 tsei⁵¹liaŋ⁵¹tɕʰi⁵¹tsʰɤ⁴¹²iau⁵¹kʰai⁴¹²tau⁰kuaŋ²⁴tsəu⁴¹²tɕʰy⁵¹。
丹东	这趟车要去广州。 tʂei⁵³tʰaŋ⁵¹tʂʰɤ⁴¹¹iau⁵¹tɕʰy⁵¹kuaŋ²⁴tsou⁴¹¹。
建平	这个班儿车要开到广州去呀。 tʂei⁵³kə⁰pɚ⁴⁴tʂʰɤ⁴⁴iɔ⁵³kʰɛ⁴⁴tɔkuã²¹tʂəu⁴⁴tɕʰy⁵³ia⁰。
凌源	这个汽车到广州去。 tʂei⁵¹kɤ⁰tɕʰi⁵³tʂʰɤ⁵⁵tau⁵³kuaŋ²¹tʂou⁵⁵tɕʰi⁵¹。 这个汽车开到广州。 tʂei⁵¹kɤ⁰tɕʰi⁵³tʂʰɤ⁵⁵kʰai⁵⁵tau⁵³kuaŋ²¹tʂou⁵⁵。

	0021 学生们坐汽车坐了两整天了。
沈阳	学生坐车坐两天了。 ɕye³⁵ʂəŋ⁰tsuo⁴¹tsʰɤ³³tsuo⁴¹liaŋ²¹tʰian³³lə⁰。
本溪	学生们坐汽车坐了两天整。 ɕye³⁵ʂəŋ⁰mən⁰tsuo⁵¹tɕʰi⁵¹tʂʰɤ⁴⁴tsuo⁵¹lə⁰liaŋ²¹tʰian⁴⁴tʂəŋ²²⁴。
辽阳	学生坐车坐两天了。 ɕye³⁵ʂəŋ⁰tsuo⁵¹tʂʰɤ⁴⁴tsuo⁵¹liaŋ²¹tʰian⁴⁴lə⁰。
海城	学生们坐车坐两天了。 ɕye³⁵ʂəŋ⁰mən⁰tʂuɤ⁵¹tʂʰɤ⁴⁴tʂuɤ⁵¹liaŋ³⁵tʰian³³lɤ⁰。
开原	这帮学生坐汽车坐了两整天了。 tsei⁵³paŋ⁴⁴ɕye³⁵ʂəŋ⁰tsuɤ⁵¹tɕʰi⁵¹tʂʰɤ⁴⁴tsuɤ⁵³lə⁰liaŋ³⁵tʂəŋ²¹tʰian⁴⁴lə⁰。
锦州	这些学生坐汽车已经坐两天了。 tʂei⁵³ɕie⁵⁵ɕye³⁵ʂəŋ⁰tsuo⁵³tɕʰi⁵³tʂʰɤ⁵⁵i²¹tɕiŋ⁵⁵tsuo⁵³liaŋ²¹tʰian⁵⁵lə⁰。
盘锦	学生们坐车坐两整天了。 ɕyɛ³⁵ʂəŋ⁰mən⁰tsuo⁵¹tʂʰɤ⁵⁵tsuo⁵¹liaŋ³⁵tʂəŋ²¹tʰian⁵⁵lə⁰。
兴城	这些学生坐汽车已经坐两天了。 tʂei⁵¹ɕie⁴⁴ɕye³⁵ʂəŋ⁰tsuo⁵¹tɕʰi⁵¹tʂʰɤ⁴⁴i²¹tɕiŋ⁴⁴tsuo⁵¹liaŋ²¹tʰian⁴⁴lə⁰。
绥中	学生们坐汽车坐了整两天。 ɕyɛ³⁵ʂəŋ⁰mən⁰tsuo⁵¹tɕʰi⁵¹tʂʰɤ⁵⁵tsuo⁵¹lɤ⁰tʂəŋ³⁵liaŋ²¹tʰian⁵⁵。

语法例句对照

义县	学生们坐汽车整整坐两天了。 ɕiau³⁵ʂəŋ³mən⁰tsuo⁵³tɕʰi⁵³tʂʰɤ⁴⁴tʂəŋ³⁵tʂəŋ²¹tsuo⁵³liaŋ²¹tʰian⁴⁴lɤ⁰。
北票	学生们坐车整整坐了两天了。 ɕyɛ³⁵ʂəŋ⁰mən⁰tsuo⁵³tʂʰɤ⁴⁴tʂəŋ³⁵tʂəŋ²¹tsuo⁵¹lɤ⁰liaŋ²¹tʰian⁴⁴lɤ⁰。
阜新	这帮学生坐汽车坐了两个整天了。 tʂei⁵³paŋ⁵⁵ɕyɛ³⁵ʂəŋ⁰tsuo⁵³tɕʰi⁵³tʂʰɤ⁵⁵tsuo⁵³lə⁰liaŋ²¹kə⁰tʂəŋ²¹tʰian⁵⁵lə⁰。
黑山	学生们坐车坐两天了。 ɕyɛ³⁵ʂəŋ⁰mən⁰tsuo⁵³tʂʰɤ⁴⁴tsuo⁵³liaŋ²¹tʰian⁴⁴lɤ⁰。
昌图	学生们坐车整整坐两天。 ɕyɛ³⁵ʂəŋ³³mən⁰tsuo⁵¹tʂʰɤ³³tʂəŋ³⁵tʂəŋ²¹³tsuo⁵¹liaŋ²¹tʰian³³。 学生们坐车坐了整两天。 ɕyɛ³⁵ʂəŋ³³mən⁰tsuo⁵¹tʂʰɤ³³tsuo⁵³lə⁰tʂəŋ³⁵liaŋ²¹tʰian³³。
大连	学生们坐汽车坐了两整天了。 ɕyɛ³⁴ʂəŋ⁰mə̃⁰tsuə⁵²tɕʰi⁵²tʃʰɤ³¹tsuə⁵²lə⁰liaŋ²¹tʂəŋ³⁴tʰiɛ̃³¹la⁰。
金州 杏树	这帮学生整整坐了两天车。 tɕiɛ⁵²paŋ³¹ɕyɛ⁵²səŋ⁰tsəŋ³⁴tsəŋ²¹tsuə⁵²lə⁰liaŋ²¹tʰiɛ̃³¹tɕʰiɛ³¹²。
长海	学生们坐汽车坐了两天。 ɕyɛ⁵³səŋ³³mən⁰tuə⁵³ɕʰi⁵³tʃʰɤ³¹tuə⁵³lə⁰liaŋ²⁴tʰian³¹。
庄河	一帮学生坐汽车坐了两天。 i²⁴paŋ³¹ɕyɛ²⁴səŋ⁰tsuə⁵¹tɕʰi⁵¹tsʰə³¹tsuə⁵¹lə⁰liaŋ²⁴tʰian³¹。
盖州	同学们坐汽车坐了两整天了。 tʰuŋ²⁴ɕyɛ²⁴mən⁰tsuɤ⁵¹tɕʰi⁵¹tsʰɤ⁴¹²tsuɤ⁵¹lɤ⁰liaŋ²⁴tsəŋ²⁴tʰian⁴¹²lɤ⁰。
丹东	学生们整整坐了两天的车。 ɕyɛ²⁴ʂəŋ⁴⁴mən⁰tʂəŋ²¹tʂəŋ⁰tsuo⁵¹lə⁰liaŋ²⁴tʰian⁴¹¹tə⁰tʂʰɤ⁴¹¹。
建平	学生们坐班儿车都坐两天了。 ɕio³⁵ʂəŋ⁰mə̃⁰tsuə⁵³pɚ⁴⁴tʂʰɤ⁴⁴təu⁴⁴tsuə⁵³liã²¹tʰiɛ̃⁴⁴lə⁰。
凌源	这帮学生坐汽车整整坐了两天了。 tʂei⁵³paŋ⁵⁵ɕyɛ³⁵ʂəŋ⁰tsuo⁵³tɕʰi⁵³tʂʰɤ⁵⁵tʂəŋ³⁵tʂəŋ²¹tsuo⁵¹lɤ⁰liaŋ²¹tʰien⁵⁵lɤ⁰。

	0022 你尝尝他做的点心再走吧。
沈阳	你尝尝他做的馃子再走。 ȵi²¹tsʰaŋ³⁵tsʰaŋ⁰tʰa³³tsuo⁴¹tə⁰kuo²¹tsŋ⁰tsai⁴¹tsou²¹。
本溪	你尝尝他做的馃子再走。 ȵi²¹tsʰaŋ³⁵tʂʂaŋ⁰tʰa⁴⁴tsuo⁵¹ti⁰kuo²¹tsŋ⁰tsai⁵¹tʂou²²⁴。

辽阳	你尝尝他做的馃子再走。 ȵi²¹tsʰaŋ³⁵tsʰaŋ⁰tʰa⁴⁴tsuo⁵¹tə⁰kuo²¹tsʅ⁰tsai⁵¹tsou²¹³。
海城	你尝尝他做的糕点再走吧。 ȵi²¹tsʰaŋ³⁵tsʰaŋ⁰tʰa⁴⁴tsuɤ⁵¹ti⁰kau⁴⁴tian²¹tsai⁵¹tsəu²¹⁴pa⁰。
开原	你尝尝他做的点心，完了再走。 ȵi²¹³tsʰaŋ³⁵tsʰaŋ⁰tʰa⁴⁴tsuɤ⁵³tə⁰tian²¹ɕin⁰,uan³⁵lə⁰tsai⁵³tsou²¹³。
锦州	你尝尝他做的点心，完再走呗。 ȵi²¹tsʰaŋ³⁵tsʰaŋ⁰tʰa⁵⁵tsuo⁵¹ti⁰tian²¹ɕin⁰,uan³⁵tai⁵³tsou²¹pei⁰。
盘锦	你尝尝他做的馃子再走吧。 ȵi²¹tsʰaŋ³⁵tsʰaŋ⁰tʰa⁵⁵tsuo⁵¹tə⁰kuo²¹tsʅ⁰tsai⁵³tsou²¹pa⁰。
兴城	你尝尝他做的馃子再走吧。 ȵi²¹tsʰaŋ³⁵tsʰaŋ⁰tʰa⁴⁴tsuo⁵¹ti⁰kuo²¹tsʅ⁰tsai⁵¹tsou²¹pa⁰。
绥中	你尝两口他做的糕点再走吧。 ȵi²¹tsʰaŋ³⁵liaŋ³⁵kʰou²¹³tʰa⁵⁵tsuo⁵¹tiɛ⁰kau⁵⁵tian²¹³tsai⁵¹tsou³⁵pa⁰。
义县	你尝尝他做的馃子再走吧。 ȵi²¹tsʰaŋ³⁵tsʰaŋ⁰tʰa⁴⁴tsuo⁵¹tɤ⁰kuo²¹tsʅ⁰tsai⁵³tsou²¹pa⁰。
北票	你尝尝他做的馃子再走吧。 ȵi²¹tsʰaŋ³⁵tsʰaŋ⁰tʰa⁴⁴tsuo⁵¹ti⁰kuo²¹tsʅ⁰tsai⁵³tsou²¹pa⁰。
阜新	你尝尝他做的馃子再走。 ȵi²¹tsʰaŋ³⁵tsʰaŋ⁰tʰa⁵⁵tsuo⁵¹ti⁰kuɤ²¹tsa⁰tsai⁵³tsou²¹³。
黑山	你尝尝他做的糕点再走呗。 ȵi²¹tsʰaŋ³⁵tsʰaŋ⁰tʰa⁴⁴tsuo⁵¹ti⁰kau⁴⁴tian²¹tsai⁵³tsou²¹pei⁰。
昌图	你尝尝他做的饼干再走吧。 ȵi²¹tsʰaŋ³⁵tsʰaŋ⁰tʰa³³tsuo⁵¹tə⁰piəŋ²¹kan³³tsai⁵¹tsou²¹³pa⁰。
大连	你尝尝他做的点心再走。 ȵi²¹tʃʰaŋ³⁴tʃʰaŋ⁰tʰa³¹tsəu⁵²tə⁰tiɛ̃²¹ɕĩ⁰tsɛ⁵²tsəu²¹³。
金州 杏树	你尝块儿他做的点心再走。 ȵi²¹tsʰaŋ⁵²kʰuɐr⁰tʰa³¹tsuə⁵²tə⁰tiɛ̃²¹ɕĩ⁰tsɛ⁵²tsəu²¹³。
长海	你尝尝他做的点心再走。 ȵi²¹tʃʰaŋ⁵³tʃʰaŋ⁰tʰa⁵³tuə⁵³tə⁰tian²¹ʃiən³¹tsai⁵³tsəu²¹⁴。
庄河	你尝尝他做的馃子你再走吧。 ȵi²¹tsʰaŋ⁵¹tsʰaŋ⁰tʰa³¹tsuə⁵¹tə⁰kuə²¹tsʅ⁰ȵi²¹tsai⁵¹tsəu²¹pa⁰。
盖州	你尝尝他做的点心再走吧。 ȵi²¹tsʰaŋ²⁴tsʰaŋ⁰tʰa⁴¹²tsuɤ⁵¹tɤ⁰tian²¹ɕin⁰tsai⁵¹tsəu²¹pa⁰。

语法例句对照   33

丹东	你尝尝他做的点心再走吧。 ȵi²¹tʂʰaŋ²⁴tʂʰaŋ⁰tʰa⁴¹¹tsuo⁵¹tə⁰tian²¹ɕin⁰tsai⁵¹tsou²¹pa⁰。
建平	你尝尝他那馃子再走吧。 ȵi²¹tʂʰã³⁵tʂʰã⁰tʰa⁴⁴na⁵³kuə²¹tsʅ⁰tsɛ⁵³tsəu²¹pa⁰。
凌源	你尝尝他做的馃子再走吧。 ȵi²¹tʂʰaŋ³⁵tʂʰaŋ⁰tʰa⁵⁵tsou⁵¹ti⁰kuo²¹tsʅ⁰tsai⁵³tsou²¹pa⁰。

	0023a. 你在唱什么？b. 我没在唱，我放着录音呢。
沈阳	a. 你唱啥呢？b. 没唱，放录音呢。 a. ȵi²¹tʂʰaŋ⁴¹sa³⁵nə⁰? b. mei³⁵tsʰaŋ⁴¹,faŋ⁴¹lu⁴¹in³³nə⁰。
本溪	a. 你在唱什么？b. 我没唱，在放录音呢。 a. ȵi²¹tsai⁵¹tʂʰaŋ⁵¹ʂən³⁵mə⁰?b. uo³⁵mei³⁵tʂʰaŋ⁵¹,tsai⁵¹faŋ⁵¹lu⁵¹in⁴⁴ȵi⁰。
辽阳	a. 你唱啥呢？b. 我没唱，放录音呢。 a. ȵi²¹tʂʰaŋ⁵¹sa³⁵nə⁰?b. uo³⁵mei³⁵tʂʰaŋ⁵¹,faŋ⁵¹lu⁵¹in⁴⁴nə⁰。
海城	a. 你唱啥呢？b. 我啥也没唱，我放匣子呢。 a. ȵi²¹tʂʰaŋ⁵¹sa³⁵ȵi⁰?b. uɤ²¹sa³⁵iɛ³⁵mei³⁵tʂʰaŋ⁵¹,uɤ²¹faŋ⁵¹ɕia³⁵tsʅ⁰ȵi⁰。
开原	a. 你唱啥呢？b. 我没唱，放录音呢。 a. ȵi²¹³tʂʰaŋ⁵³sa³⁵ȵiɛ⁰? b. uɤ²¹³mei³⁵tʂʰaŋ⁵¹,faŋ⁵¹lu⁵³in⁴⁴ȵiɛ⁰。
锦州	a. 你唱啥呢？b. 我也没唱啊，放录音呢。 a. ȵi²¹tʂʰaŋ⁵³sa³⁵nə⁰?b. uo³⁵iɛ⁰mei³⁵tʂʰaŋ⁵¹a⁵⁵,faŋ⁵³lu⁵³in⁵⁵ȵie⁰。
盘锦	a. 你唱啥呢？b. 我没唱，我放录音呢。 a. ȵi²¹tʂʰaŋ⁵³sa³⁵na⁰?b. uo²¹mei³⁵tʂʰaŋ⁵¹,uo²¹faŋ⁵³lu⁵¹iən⁵⁵nə⁰。
兴城	a. 你唱啥呢？b. 我没唱，放录音呢。 a. ȵi²¹tʂʰaŋ⁵¹sa³⁵ȵie⁰?b. uo²¹mei³⁵tʂʰaŋ⁵¹,faŋ⁵¹lu⁵¹in⁴⁴ȵie⁰。
绥中	a. 你唱啥呢？b. 我没唱，是匣子里唱的。 a. ȵi²¹tʂʰaŋ⁵¹sa³⁵ȵiɛ⁰?b. uo²¹mei³⁵tʂʰaŋ⁵¹, ʂʅ⁵¹ɕia³⁵tsʅ⁰li²¹tʂʰaŋ⁵¹tiɛ⁰。
义县	a. 你唱啥呢？b. 我没唱，放录音呢。 a. ȵi²¹tʂʰaŋ⁵³sa³⁵ȵiɛ⁰?b. uo²¹mei³⁵tʂʰaŋ⁵¹,faŋ⁵³lu⁵³in⁴⁴ȵiɛ⁰。
北票	a. 你唱啥呢？b. 我没唱，放录音呢。 a. ȵi²¹tʂʰaŋ⁵³xa³⁵ȵiɛ⁰?b. uo²¹mei³⁵tʂʰaŋ⁵¹,faŋ⁵³lu⁵³iən⁴⁴ȵiɛ⁰。
阜新	a. 你唱啥呢？b. 我没唱，我放录音机呢。 a. ȵi²¹tʂʰaŋ⁵³sa³⁵ȵia⁰?b. uo²¹mei³⁵tʂʰaŋ⁵¹,uo²¹faŋ⁵³lu⁵³in⁵⁵tɕi⁵⁵ȵi⁰。
黑山	a. 你唱啥呢？b. 我没唱，放录音呢。 a. ȵi²¹tʂʰaŋ⁵³sa³⁵ȵiɛ⁰?b. uo²¹mei³⁵tʂʰaŋ⁵¹,faŋ⁵³lu⁵³iən⁴⁴ȵiɛ⁰。

昌图	a. 你唱啥呢？b. 我没唱，我放收音机呢。 a. ȵi²¹tʂaŋ⁵¹ʂa³⁵ȵiɛ⁰?b. uo²¹mei³⁵tʂaŋ⁵¹,uo²¹faŋ⁵¹ʂou³³iən³³tɕi³³ȵie⁰。
大连	a. 你唱什么？b. 我没唱，放录音。 a. ȵi²¹tʃʰaŋ⁵²ʃən³⁴ma⁰?b. uə²¹me³⁴tʃʰaŋ⁵²,faŋ⁵²lu⁵²ĩ³¹².
金州 杏树	a. 你唱什么呢？b. 我没唱，我在放录音。 a. ȵi²¹tʂaŋ⁵²sə̃³⁴mə⁰ȵiɛ⁰?b. uə²¹me³¹tʂaŋ⁵²,uə²¹tse⁵²faŋ⁵²lu³⁴ĩ³¹²。
长海	a. 你在唱什么？b. 我没唱，放的录音。 a. ȵi²¹tsai⁵³tʃʰaŋ⁵³ʃən³¹mə⁰?b. uə²¹mei²¹tʃʰaŋ⁵³,faŋ⁵³tə⁰lu⁵³iən³¹。
庄河	a. 你在唱什么？b. 我没唱，我在放录音。 a. ȵi²¹tsai⁵¹tsʰaŋ⁵¹sən²⁴mə⁰?b. uə²¹mei⁵³tsʰaŋ⁵¹,uə²¹tsai⁵¹faŋ⁵¹lu²⁴in³¹。
盖州	a. 你在唱些什么玩儿意？b. 我没唱，我在放录音呢。 a. ȵi²¹tsai⁵¹tsʰaŋ⁵¹ɕiɛ⁰sən²⁴mɤ⁰uɐ²⁴i⁰? b. uɤ²¹mei²⁴tsʰaŋ⁵¹,uɤ²¹tsai⁵¹faŋ⁵¹lu⁵¹in⁴¹²nɤ⁰。
丹东	a. 你在唱横么？b. 我横么也没唱，我在放录音呢。 a. ȵi²¹tsai⁵¹tsʰaŋ⁵¹xəŋ²⁴ma⁰?b. uo²¹xəŋ²⁴mə⁰ie²¹mei²⁴tʂaŋ⁵¹,uo²¹tsai⁵¹faŋ⁵¹lu⁵¹in⁴¹¹nə⁰。
建平	a. 你在唱啥呢？b. 我没唱啊，放录音呢。 a. ȵi²¹tʂʰɛ⁴²tʂʰã⁵³ʂa³⁵ȵia⁵? b. vɤ²¹mei³⁵tʂʰã⁵³ŋa⁰,fã⁴²lu⁵³ĩ⁴⁴ȵie⁰。
凌源	a. 你唱啥呢？b. 我没唱，放录音呢。 a. ȵi²¹tʂʰaŋ⁵³ʂa³⁵ȵie⁰?b. vɤ²¹mei³⁵tʂʰaŋ⁵¹,faŋ⁵³lu⁵³in⁵⁵ȵie⁰。

	0024a. 我吃过兔子肉，你吃过没有？b. 没有，我没吃过。
沈阳	a. 我吃过兔肉，你吃过没？b. 没吃过。 uo²¹tsʰɿ³³kuo⁰tʰu⁴¹iou⁴¹, ȵi²¹tsʰɿ³³kuo⁰mei⁰?mei⁴¹tsʰɿ³³kuo⁰。
本溪	a. 我吃过兔子肉，你吃过没？b. 我没吃过。 uo²¹tsʰɿ⁴⁴kuo⁰tʰu⁵¹tsɿ⁰iou⁵¹, ȵi²¹tsʰɿ⁴⁴kuo⁰mei⁰?b. uo²¹mei³⁵tsʰɿ⁴⁴kuo⁰。
辽阳	a. 我吃过兔肉，你吃过没？b. 我没吃过。 uo²¹tsʰɿ⁴⁴kuo⁰tʰu⁵¹iou⁵¹, ȵi²¹tsʰɿ⁴⁴kuo⁰mei⁰?b. uo²¹mei³⁵tsʰɿ⁴⁴kuo⁰。
海城	a. 我吃过兔子肉，你吃没吃过？b. 我没吃过。 uɤ²¹tsʰɿ³⁵kuɤ⁰tʰu⁵¹tsɿ⁰iəu⁵¹, ȵi²¹tsʰɿ³⁵mei⁰tsʰɿ³⁵kuɤ⁰?b. uɤ²¹mei⁵¹tsʰɿ³⁵kuɤ⁰。
开原	a. 我吃过兔子肉，你吃过没？b. 没吃过。 uɤ²¹³⁻²¹tsʰɿ⁴⁴kuɤ⁰tʰu⁵³tsɿ⁰iou⁵¹, ȵi²¹³⁻²¹tsʰɿ⁴⁴kuɤ⁰ mei³⁵?b. mei³⁵tsʰɿ⁴⁴kuɤ⁰。
锦州	a. 我吃过兔子肉，你吃过吗？b. 我没吃过。 uo²¹tsʰɿ⁵⁵kuo⁰tʰu⁵¹tsə⁰iou⁵¹, ȵi²¹tsʰɿ⁵⁵kuo⁰ma⁵⁵?b. uo²¹mei²¹tsʰɿ⁵⁵kuo⁰。

盘锦	a. 我吃过兔子肉，你吃过没？b. 没吃过。 a. uo²¹tʂʰɿ⁵⁵kuo⁰tʰu⁵¹tsɿ⁰ʐou⁵¹, ȵi²¹tʂʰɿ⁵⁵kuo⁰mei³⁵?b. mei⁵¹tʂʰɿ⁵⁵kuo⁰。
兴城	a. 我吃过兔子肉，你吃过吗？b. 没吃过。 a. uo²¹tʂʰɿ⁴⁴kuo⁰tʰu⁵¹tsɿ⁰iou⁵¹, ȵi²¹tʂʰɿ⁴⁴kuo⁰ma⁰?b. mei³⁵tʂʰɿ⁴⁴kuo⁰。
绥中	a. 我吃过兔子肉，你吃过吗？b. 我没吃过。 a. uo²¹tʂʰɿ⁵⁵kuo⁵¹tʰu⁵¹tsɿ⁰ʐou⁵¹, ȵi²¹tʂʰɿ⁵⁵kuo⁵¹ma⁰?b. uo²¹mei tʂʰɿ⁵⁵kuo⁰。
义县	a. 我吃过兔子肉，你吃过吗？b. 没吃过。 a. uo²¹tʂʰɿ⁴⁴kuo⁰tʰu⁵¹tsɿ⁰ʐou⁵¹, ȵi²¹tʂʰɿ⁴⁴kuo⁰ma⁰? b. mei³⁵tʂʰɿ⁴⁴kuo⁰。
北票	a. 我吃过兔子肉，你吃过没？b. 没吃过。 a. uo²¹tʂʰɿ⁴⁴kuo⁰tʰu⁵¹tsɿ⁰ʐou⁵¹, ȵi²¹tʂʰɿ⁴⁴kuo⁰mei⁰? b. mei³⁵tʂʰɿ⁴⁴kuo⁰。
阜新	a. 我吃过兔子肉，你吃过吗？b. 没吃过。 a. uo²¹tʂʰɿ⁵⁵kuo⁵³tʰu⁵¹tsɿ⁰ʐou⁵¹, ȵi²¹tʂʰɿ⁵⁵kuo⁰ma⁰?b. mei³⁵tʂʰɿ⁵⁵kuo⁰。
黑山	a. 我吃过兔子肉，你吃过没？b. 没吃过。 a. uo²¹tʂʰɿ⁴⁴kuo⁰tʰu⁵¹tsɿ⁰iou⁵¹, ȵi²¹tʂʰɿ⁴⁴kuo⁰mei⁰?b. mei⁵³tʂʰɿ⁴⁴kuo⁰。
昌图	a. 我吃过兔子肉，你吃过吗？b. 我没吃过。 a. uo²¹tʂʰɿ³³kuo⁰tʰu⁵¹tsɿ⁰iou⁵¹, ȵi²¹tʂʰɿ³³kuo⁰ma⁰?b. uo²¹mei⁵¹tʂʰɿ³³kuo⁰。
大连	a. 我吃过兔子肉，你吃过吗？b. 没吃过。 a. uə³⁴tʃʰɿ²¹kuə⁵²tʰu⁵²ə⁰iəu⁵², ȵi³⁴tʃʰɿ²¹kuə⁰ma⁰?b. me³¹tʃʰɿ²¹kuə⁰。
金州 杏树	a 你逮没逮过兔子肉？我逮过。b. 没逮过。 a. ȵi³⁴tɛ²¹me⁰tɛ²¹kuə⁰tʰu⁵²ə⁰iəu⁵²?uə³⁴tɛ²¹kuə⁰。 b. mɛ⁵²tɛ²¹kuə⁰。
长海	a. 我逮过兔子肉，你逮过吗？b. 我没逮过。 a. uə²¹tai²¹kuə⁰tʰu⁵³tsɿ⁰iəu⁵³, ȵi²¹tai²¹kuə⁰ma⁰?b. uə²¹mei²⁴tai²¹kuə⁰。
庄河	a. 我逮过兔子肉，你逮过吗？b. 没，没逮过。 a. uə²¹tai²¹kuə⁰tʰu⁵¹ə⁰iəu⁵¹, ȵi²¹tai²¹kuə⁰ma⁰?b. mei²⁴,mei²⁴tai²¹kuə⁰。
盖州	a. 我吃过兔子肉，你吃没吃过？b. 没，没吃过。 a. uɤ²⁴tʂʰɿ²¹kuɤ⁰tʰu⁵¹tsɿ⁰iəu⁵¹, ȵi²⁴tʂʰɿ⁰meitʂʰɿ²¹kuɤ⁰?b. mei⁵¹,mei⁵¹tʂʰɿ²¹kuɤ⁰。
丹东	a. 我吃过兔子肉，你吃过了吗？b. 没有，我没吃过。 a. uo²¹tʂʰɿ²¹kuo⁰tʰu⁵¹tsɿ⁰iou⁵¹, ȵi²¹tʂʰɿ⁰kuo⁰lə⁰ma⁰?b. mei²⁴iou⁰,uo²¹mei²⁴tʂʰɿ²¹kuo⁰。
建平	a. 我吃过兔子肉，你吃过没有？b. 我没吃过。 a. vɤ²¹tʂʰɿ⁴⁴kuə⁰tʰu⁵³tsɿ⁰ʐəu⁵³, ȵi²¹tʂʰɿ⁴⁴kuə⁰mei³⁵iəu⁰? b. vɤ²¹mei³⁵tʂʰɿ⁴⁴kuə⁰。
凌源	a. 我吃过兔猫子肉，你吃没吃过？b. 没吃过。 a. vɤ²¹tʂʰɿ⁵⁵kuo⁰tʰu⁵³mau⁵⁵tsɿ⁰ʐou⁵¹, ȵi²¹tʂʰɿ⁰meitʂʰɿ⁵⁵kuo⁰?b. mei³⁵tʂʰɿ⁵⁵kuo⁰。

	0025 我洗过澡了，今天不打篮球了。
沈阳	我洗完澡儿了，今儿不打球儿了。 uo²¹ɕi²¹van³⁵tṣaur²¹lə⁰,tɕiər³³pu⁴¹ta²¹tɕʰiour³⁵lə⁰。
本溪	我洗过澡儿了，今儿不打球儿了。 uo²¹ɕi²¹kuo⁰tṣaur²¹la⁰,tɕiər⁴⁴pu⁵¹ta²¹tɕʰiour³⁵la⁰。
辽阳	我洗完澡了，今儿个不打球了。 uo³⁵ɕi²¹uan³⁵tṣau²¹lə⁰,tɕiər⁴⁴kə⁰pu⁵¹ta²¹tɕʰiou³⁵lə⁰。
海城	我洗完澡儿了，今天不去打球儿了。 uɤ³⁵ɕi²¹uan³⁵tṣaur²¹lɤ⁰,tɕin⁴⁴tʰian⁴⁴pu³⁵tɕʰy⁵¹ta²¹tɕʰiəu³⁵lɤ⁰。
开原	我洗完澡儿了，今儿个球儿就不打了。 uɤ³⁵ɕi²¹uan³⁵tṣaur²¹lə⁰,tɕiər⁴⁴kə⁰tɕʰiour³⁵tɕiou⁵³pu⁵³ta²¹lə⁰。
锦州	我都洗完澡儿了，今儿不打篮球儿了。 uo²¹tou⁵⁵ɕi²¹uan³⁵tṣaur²¹lə⁰,tɕiər⁵⁵pu⁵³ta²¹lan³⁵tɕʰiour³⁵lə⁰。
盘锦	我刚洗完澡儿，不打篮球儿了。 uo²¹kaŋ⁵⁵ɕi²¹uan³⁵tṣaur²¹,pu⁵¹ta²¹lan³⁵tɕʰiour³⁵la⁰。
兴城	我洗澡儿了，今儿个不打球儿了。 uo²¹ɕi³⁵tṣaur²¹lə⁰,tɕiər⁴⁴kə⁰pu⁵¹ta²¹tɕʰiour³⁵lə⁰。
绥中	我都洗完澡儿了，我不打篮球儿去了。 uo²¹tou³⁵ɕi²¹uan³⁵tṣaor²¹³lɤ⁰,uo²¹pu⁵¹ta²¹lan³⁵tɕʰiour³⁵tɕʰy⁵¹lɤ⁰。
义县	我刚洗完澡儿，今儿个不打球儿了。 uo²¹kaŋ⁴⁴ɕi²¹uan³⁵tṣaur²¹³,tɕiər⁴⁴kɤ⁰pu⁵³ta²¹tɕʰiour³⁵lɤ⁰。
北票	我洗完澡儿了，今儿个不打球儿了。 uo³⁵ɕi²¹uan³⁵tṣaur²¹lɤ⁰,tɕiər⁴⁴kɤ⁰pu⁵³ta²¹tɕʰiour³⁵lɤ⁰。
阜新	我刚洗完澡儿，不打球儿了。 uo²¹kaŋ⁵⁵ɕi²¹uan³⁵tṣaur²¹³,pu⁵¹ta²¹tɕʰiour³⁵lə⁰。
黑山	我刚洗完澡儿，今儿不打球儿了。 uo²¹kaŋ⁴⁴ɕi²¹uan³⁵tṣaur²¹³,tɕiər⁴⁴pu⁵³ta²¹tɕʰiour³⁵lɤ⁰。
昌图	我刚洗完澡儿，今儿个儿不玩儿了。 uo²¹kaŋ³³ɕi²¹uan³⁵tsaur²¹³,tɕiər³³kɤr⁰pu⁵³uɐr³⁵lə⁰。
大连	我洗完澡儿了，今天不打篮球儿了。 uə³⁴ɕi²¹uã³⁴tsɔr²¹la⁰,tɕĩ³⁴tʰiɛ̃⁵²pu⁵²ta²¹lã³⁴tɕʰiəur³⁴la⁰。
金州杏树	我洗完澡儿了，今不打球儿了。 uə³⁴ɕi²¹uã³¹tsɔr²¹la⁰,tɕiər³¹pu³⁴ta²¹tɕʰiəur⁵²la⁰。
长海	我洗过澡儿，今儿不打篮球儿。 uə²¹ʃɿ²⁴kuə⁰tsaur²¹⁴,ciər³¹pu⁵³ta²¹lan³¹cʰiəur⁵³。

庄河	我刚洗过澡儿了，今儿不能玩儿篮球儿了。 uə²¹kaŋ³¹ɕi²⁴kuə⁰tsaor²¹lə⁰,tɕiər³¹pu²¹nəŋ²⁴uɐr⁵¹lan⁵³tɕʰiəur⁵¹lə⁰。
盖州	我已经洗完澡儿了，今天不去打球儿了。 uɤ²¹i²⁴tɕiŋ⁴¹²ɕi²¹uan²⁴tsaur²¹lɤ⁰,tɕin²⁴tʰian⁴¹²pu²¹tɕʰy⁵¹ta²¹tɕʰiəur²⁴lɤ⁰。
丹东	我刚洗了澡，就不打篮球儿了吧。 uo²⁴kaŋ⁴¹¹ɕi²¹lə⁰tsau²¹³,tɕiou⁵¹pu²¹ta²¹lan²⁴tɕʰiour²⁴lə⁰pa⁰。
建平	我洗完澡儿了，今天我不去打篮球。 vɤ²¹ɕi²¹vã³⁵tsɔr²¹lə⁰,tɕĩ⁴⁴tʰiɛ̃⁴⁴vɤ²¹pu³⁵tɕʰy⁵¹ta²¹lã³⁵tɕʰiəu³⁵。
凌源	我刚洗过澡儿，今儿不打球儿了。 vɤ²¹kaŋ⁵⁵ɕi²¹kuo⁰tsaur²¹,tɕiər⁵⁵pu⁵³ta²¹tɕʰiour³⁵lɤ⁰。

	0026 我算得太快算错了，让我重新算一遍。
沈阳	我算太快了，算错了，我再算一遍。 uo²¹suan⁴¹tʰai⁴¹kʰuai⁴¹lə⁰,suan⁴¹tsʰuo⁴¹lə⁰。uo²¹tsai⁴¹suan⁴¹i³⁵pian⁰。
本溪	我算得太快，算错了，让我重算一遍。 uo²¹suan⁵¹tə⁰tʰai⁵³kʰuai⁵¹,suan⁵¹tsʰuo⁵¹lə⁰,iaŋ⁵¹uo²¹tʂʰuŋ³⁵suan⁵¹i³⁵pian⁵¹。
辽阳	我算得太快了，整错了，让我再算一遍吧。 uo²¹suan⁵¹tɤ⁰tʰai⁵¹kʰuai⁵¹lə⁰,tsəŋ⁵¹tsʰuo⁵¹lə⁰,iaŋ⁵¹uo²¹tsai⁵¹suan⁵¹i³⁵pian⁵¹pa⁰。
海城	我算得成快了，算错了，让我重新算一遍。 uɤ²¹suan⁵¹tɤ⁰tʂəŋ³⁵kʰuai⁵¹lɤ⁰, ʂuan⁵¹tʂʰuɤ⁵¹lɤ⁰,iaŋ⁵¹uɤ²¹tʂʰuŋ³⁵ɕin⁴⁴ʂuan⁵¹i³⁵pian⁵¹。
开原	我算得太快算错了，让我再算算。 uɤ²¹³suan⁵³tə⁰tʰai⁵³kʰuai⁵¹suan⁵³tʂʰuɤ⁵¹lə⁰,iaŋ⁵³uɤ²¹tsai⁵³suan⁵³suan⁰。
锦州	才根子我算忒快咧，整错了，再来一遍。 tʂʰai³⁵kən⁵⁵tsə⁰uo²¹ʂuan⁵³tʰuei⁵⁵kʰuai⁵¹lie⁰,tsəŋ²¹tʂʰuo⁵¹lə⁰,tai⁵³lai³⁵i³⁵pian⁵¹。
盘锦	我算太快算差了，再来一遍。 uo²¹suan⁵³tʰai⁵³kʰuai⁵¹suan⁵³tsʰa⁵¹lə⁰,tsai⁵³lai³⁵i³⁵pian⁵¹。
兴城	我算太快，算错了，重算一遍。 uo²¹ʂuan⁵¹tʰai⁵³kʰuai⁵¹,ʂuan⁵¹tʂʰuo⁵¹lə⁰,tʂʰuŋ³⁵suan⁵¹i³⁵pian⁵¹。
绥中	我算快了，算错了，我得重新算算。 uo²¹ʂuan⁵¹kʰuai⁵¹lɤ⁰, ʂuan⁵¹tʂʰuo⁵¹lɤ⁰,uo³⁵tei²¹tʂʰuəŋ³⁵ɕin⁵⁵ʂuan⁵¹ʂuan⁰。
义县	我算得太快了，算差了，再算一遍吧。 uo²¹suan⁵¹ti⁰tʰai⁵³kʰuai⁵¹lɤ⁰, ʂuan⁵¹tsʰa⁵¹lɤ⁰,tsai⁵³ʂuan⁵³i³⁵pian⁵¹pa⁰。
北票	我算得太快了，算错了，让我从新再算一遍。 uo²¹suan⁵¹ti⁰tʰai⁵³kʰuai⁵¹lɤ⁰,suan⁵³tsʰuo⁵¹lɤ⁰, zaŋ⁵³uo²¹tsʰuəŋ³⁵ɕiən⁴⁴tsai⁵³suan⁵³i³⁵pian⁵¹。

阜新	我算得太快算差了，再算一遍。 uo²¹suan⁵³tə⁰tʰai⁵³kʰuai⁵¹suan⁵³tʂʰa⁵¹lə⁰,tsai⁵³suan⁵¹i³⁵pian⁵¹。
黑山	我算得忒快了，算差了，让我再重算一遍。 uo²¹suan⁵³tɤ²¹tʰai³⁵kʰuai⁵¹lɤ⁰, ʂuan⁵³tʂʰa⁵¹lɤ⁰, iaŋ⁵³uo²¹tsai⁵³tʂʰuəŋ³⁵ʂuan⁵³i³⁵pian⁵¹。
昌图	我太毛了算错了，我再重算一遍。 uo²¹tʰai⁵¹mau³⁵lə⁰suan⁵³tsʰuo⁵¹lə⁰,uo²¹tsai⁵³tsʰuəŋ³⁵suan⁵¹i³⁵pian⁵¹。
大连	我算得太快算错了，再重新算一遍。 uə²¹sã⁵²tə⁰tʰɛ⁵²kʰuɛ⁵²sã⁵²tsʰuə⁵²la⁰,tsɛ⁵²tʂʰuŋ³⁴ɕĩ³¹sã⁵²i⁰piɛ̃⁵²。
金州 杏树	我算快了，算错了，再算一遍。 uə²¹sã⁵²kʰuɛ⁵²lə⁰,sã⁵²tsʰuə⁵²lə⁰,tsɛ⁵²sã⁵²i⁰piɛ̃⁵²。
长海	我算得太快了，算错了，让我重新再算一遍。 uo²¹san⁵³tə⁰tʰai⁵³kʰuai⁵³lə⁰,san⁵³tsʰuə⁵³lə⁰,iaŋ⁵³uə²¹tsʰuŋ²⁴ʃiən³¹tsai⁵³san⁵³i²¹pian⁵³。
庄河	我算得太快了，算错了，让我再来一遍吧。 uə²¹san⁵¹tə⁰tʰai⁵³kʰuai⁵¹lə⁰,suan⁵³tsʰuə⁵¹lə⁰,iaŋ⁵¹uə²¹tsai⁵¹lai²¹i²¹pian⁵¹pa⁰。
盖州	我算得太快算错了，我再重算一遍。 uɤ²¹suan⁵¹tɤ⁰tʰai⁵¹kʰuai⁵¹suan⁵¹tsʰuɤ⁵¹lɤ⁰,uɤ²¹tsai⁵¹tsʰuŋ²⁴suan⁵¹i²⁴pian⁵¹。
丹东	我算得太快算错了，再让我算一遍吧。 uo²¹suan⁵¹tə⁰tʰai⁵³kʰuai⁵¹suan⁵³tsʰuo⁵¹lə⁰,tsai⁵³iaŋ⁵¹uo²¹suan⁵¹i²¹pian⁵¹pa⁰。
建平	我算得挺快，还算差了，让我重新算一遍吧。 vɤ²¹suã⁵³tə⁰tʰiŋ²¹kʰuɛ⁵³,xɛ³⁵suã⁴²tʂʰa⁵³lə⁰,ʐã⁵³vɤ²¹tʂʰuŋ³⁵ɕĩ³⁵suã³⁵piɛ⁵³pa⁰。
凌源	我算得太快了，算错了，从新再算一遍吧。 vɤ²¹suan⁵¹tɤ⁰tʰai⁵³kʰuai⁵¹lɤ⁰,suan⁵³tsʰuo⁵¹lɤ⁰,tsʰuŋ³⁵ɕin⁵⁵tsai⁵³suan⁵³i³⁵piɛn⁵¹pa⁰。

	0027 他一高兴就唱起歌来了。
沈阳	他一高兴就唱上了。 tʰa³³i⁴¹kau³³ɕiŋ⁴¹tɕiou⁴¹tsʰaŋ⁴¹saŋ⁰lə⁰。
本溪	他一高兴就唱起歌儿来。 tʰa⁴⁴i³⁵kau⁴⁴ɕiŋ⁵¹tɕiou⁵¹tsʰaŋ⁵¹tɕʰi⁰kɤr⁴⁴lai⁰。
辽阳	他一高兴就唱歌儿。 tʰa⁴⁴i⁵¹kau⁴⁴ɕiŋ⁵¹tɕiou⁵¹tsʰaŋ⁵¹kɤr⁴⁴。
海城	他一乐呵儿就唱起歌儿来。 tʰa⁴⁴i³⁵lɤ⁵¹xɤr⁰tɕiəu⁵¹tsʰaŋ⁵¹tɕʰi²¹kɤr⁴⁴lai⁰。
开原	他，一高兴就唱歌儿。 tʰa⁴⁴,i⁵¹kau⁴⁴ɕiŋ⁵¹tɕiou⁵³tsʰaŋ⁵³kɤr⁴⁴。

锦州	他一高兴，这家还唱上了。 tʰa⁵⁵ i⁵³kau⁵⁵ɕiŋ⁵¹,tʂei⁵³tɕia⁵⁵xai³⁵tʂʰaŋ⁵¹ʂaŋ⁰lə⁰。
盘锦	他一乐儿呵就唱儿起歌儿来了。 tʰa⁵⁵ i³⁵lɤr⁵¹xə⁰tɕiou⁵³tʂʰãr⁵¹tɕʰi²¹kɤr⁵⁵lai³⁵lə⁰。
兴城	他一高兴就唱歌儿。 tʰa⁴⁴ i⁴⁴kau⁴⁴ɕiŋ⁵¹tɕiou⁵¹tʂʰaŋ⁵¹kɤr⁴⁴。
绥中	他一高兴就唱。 tʰa⁵⁵ i²¹kau⁵⁵ɕiəŋ⁵¹tɕiou⁵¹tʂʰaŋ⁵¹。
义县	他一乐呵儿就唱上了。 tʰa⁴⁴ i³⁵lɤ⁵¹xɤr⁰tɕiou⁵³tʂʰaŋ⁵¹ʂaŋ⁰lɤ⁰。
北票	他一高兴就唱上了。 tʰa⁴⁴ i⁵³kau⁴⁴ɕiəŋ⁵³tɕiou⁵³tʂʰaŋ⁵¹xaŋ⁰lɤ⁰。
阜新	他一乐呵就唱起来了。 tʰa⁵⁵ i³⁵lɤ⁵¹xə⁰tɕiou⁰tʂʰaŋ⁵³tɕʰi²¹lai³⁵lə⁰。
黑山	他一高兴就唱上了。 tʰa⁴⁴ i⁵³kau⁴⁴ɕiəŋ⁵³tou⁴⁴tʂʰaŋ⁵¹ʂaŋ⁰lɤ⁰。
昌图	他一高兴就唱来了。 tʰa³³ i⁵³kau³³ɕiəŋ⁵¹tɕiou⁵³tʂʰaŋ⁵¹tɕʰi²¹lai³⁵lə⁰。
大连	他一高兴就唱起歌儿来了。 tʰa³¹ i²¹kɔ³¹ɕiŋ⁵²tɕiəu⁵²tʃʰaŋ⁵²tɕʰi⁰kɤr³¹lɛ³⁴la⁰。
金州 杏树	他高兴了就唱歌儿。 tʰa³¹kɔ³¹ɕiŋ⁵²lə⁰tɕiəu⁵²tsʰaŋ⁵²kɤr³¹²。
长海	他一高兴就唱起歌儿来了。 tʰa⁵³ i²¹kau³¹ɕiŋ⁵³ɕiəu⁵³tʃʰaŋ⁵³cʰi⁰kɤr³¹lai⁰lə⁰。
庄河	他一高兴就唱起歌儿来了。 tʰa³¹ i²¹kao³¹ɕiŋ⁵¹tɕiəu⁵¹tsʰaŋ⁵¹tɕʰi⁰kər³¹lai⁰lə⁰。
盖州	他一高兴就唱歌儿。 tʰa⁴¹² i⁵¹kau⁴¹²ɕiŋ⁵¹tɕiəu⁵¹tsʰaŋ⁵¹kɤr⁴¹²。
丹东	他一高兴就唱起歌儿来了。 tʰa⁴¹¹ i²⁴kau⁴¹¹ɕiŋ⁵¹tɕiou⁵¹tʂʰaŋ⁵¹tɕʰi⁰kɤr⁴¹¹lai⁰la⁰。
建平	他一高兴就唱起歌来了。 tʰa⁴⁴ i⁵³kɔ⁴⁴ɕiŋ⁵³tɕiəu⁴²tʂã⁵³tɕʰi⁰kər⁴⁴lɛ⁰lə⁰。
凌源	他一高兴就唱起来了。 tʰa⁵⁵ i⁵³kau⁵⁵ɕiŋ⁵³tɕiou⁵³tʂʰaŋ⁵¹tɕʰi⁰lai⁰lɤ⁰。

	0028 谁刚才议论我老师来着？
沈阳	刚才谁说我老师来的？ kaŋ³³tsʰai³⁵sei³⁵suo³³uo²¹lau²¹sʅ³⁵lai⁰ti⁰?
本溪	刚才谁议论我老师了？ kaŋ⁴⁴tsʰai³⁵sei³⁵i⁵³luən⁵¹uo²¹lau²¹sʅ⁴⁴lə⁰?
辽阳	刚才谁说我老师了？ kaŋ⁴⁴tsʰai³⁵sei³⁵suo⁴⁴uo²¹lau²¹sʅ⁴⁴lə⁰?
海城	谁刚才讲究咱们老师来的？ ʂei³⁵kaŋ⁴⁴tsʰai³⁵tɕiaŋ²¹⁴tɕiəu⁰tʂan³⁵mən⁰lau³⁵sʅ⁴⁴lai³⁵ti⁰?
开原	才刚儿，谁说我老师来的？ tʂʰai³⁵kãr⁴⁴,sei³⁵suɤ⁴⁴uɤ³⁵lau²¹sʅ⁴⁴lai³⁵ti⁰?
锦州	才刚子，谁叨咕我老师来的？ tʂʰai³⁵kən⁵⁵tʂə⁰, ʂei³⁵tau³⁵ku⁰uo³⁵lao²¹sʅ⁵⁵lai⁰tie⁰?
盘锦	谁刚才说我老师来的？ sei³⁵kaŋ⁵⁵tʂʰai³⁵suo⁵⁵uo³⁵lau²¹sʅ⁵⁵lai³⁵ti⁰?
兴城	才刚儿，谁叨咕我老师来着？ tʂʰai³⁵kãr⁴⁴, ʂei³⁵tau³⁵ku⁰uo³⁵lau²¹sʅ⁴⁴lai³⁵tʂə⁰?
绥中	谁刚才搁那儿说我老师呢？ ʂei³⁵kaŋ³⁵tʂʰai³⁵kɤ²¹nar⁵¹suo⁰uo³⁵lao²¹sʅ⁵⁵nɤ⁰?
义县	才刚谁讲究我老师来的？ tsʰai³⁵kən⁴⁴ʂei³⁵tɕiaŋ²¹tɕiou⁰uo³⁵lau²¹sʅ⁴⁴lai³⁵ti⁰?
北票	谁刚才讲究我们老师来的？ ʂei³⁵kaŋ⁴⁴tsʰai³⁵tɕiaŋ²¹tɕiou⁰uo²¹mən⁰lau²¹sʅ⁴⁴lai⁰ti⁰?
阜新	谁刚才讲究我老师了？ ʂei³⁵kaŋ⁵⁵tsʰai³⁵tɕiaŋ²¹tɕiou⁰uo³⁵lau²¹sʅ⁵⁵lə⁰?
黑山	刚才谁讲究我老师来的？ kaŋ⁴⁴tʂʰai³⁵ʂei³⁵tɕiaŋ²¹tɕiou⁰uo³⁵lau²¹sʅ⁴⁴lai³⁵ti⁰?
昌图	谁刚才讲究我们老师来的？ ʂei³⁵kaŋ³³tsʰai³⁵tɕiaŋ²¹tɕiou⁰uo²¹mən⁰lau²¹sʅ³³lai³⁵tei⁰?
大连	谁刚才议论我的老师？ se³⁴kaŋ³¹tsʰɛ³⁴i⁵²lɔ̃⁰uə²¹ti⁰lɔ³⁴sʅ³¹²?
金州 杏树	谁刚刚儿讲讲俺老师？ se⁵²kaŋ³⁴kãr⁴¹tɕiaŋ²¹tɕiaŋ⁰ã²¹lɔ³⁴sʅ³¹²?
长海	刚才谁讲我老师？ kaŋ³¹tsʰai⁰ʃuei⁵³ciaŋ²⁴uə²¹lau²¹ʂʅ⁰?

庄河	刚才谁讲讲老师呢？ kaŋ³¹tsʰai⁰suei⁵¹tɕiaŋ²¹tɕiaŋ⁰lao²⁴sʅ³¹ne⁰?
盖州	谁刚才说我老师了？ sei²⁴kaŋ⁴¹²tsʰai²⁴suɤ⁴¹²uɤ²¹lau²⁴sʅ⁴¹²lɤ⁰?
丹东	谁刚才讲究老师了？ ʂei²⁴kaŋ⁴¹¹tsʰai²⁴tɕiaŋ²¹tɕiou⁵¹lau²⁴sʅ⁴¹¹lə⁰?
建平	谁刚才议论我们老师来着？ ʂei³⁵kã⁴⁴tsʰɛ⁰i⁴²luʑ⁵³vɤ²¹mɔ̃⁰lɔ²¹sʅ⁴⁴lɛ⁰tʂɔ⁰?
凌源	谁刚才讲究我老师来？ ʂei³⁵kaŋ⁵⁵tsʰai³⁵tɕiaŋ²¹tɕiou⁰vɤ³⁵lau²¹sʅ⁵⁵lai⁰?

	0029 只写了一半，还得写下去。
沈阳	就写了一半儿，还得写。 tɕiou⁴¹ɕie²¹lə⁰i³⁵peɹ⁴¹,xai⁴¹tei²¹ɕie²¹。
本溪	只写了一半儿，还得写。 tsʅ³⁵ɕie²²⁴lə⁰i³⁵peɹ⁵¹,xai³⁵tei⁰ɕie²²⁴。
辽阳	只写了一半儿，还得写。 tsʅ³⁵ɕie²¹lə⁰i³⁵peɹ⁵¹,xai³⁵tei²¹ɕie²¹³。
海城	就写了一半儿，还得接着写。 tɕiəu⁵¹ɕie²¹⁴lɤ⁰i³⁵peɹ⁵¹,xai³⁵tɤ²¹tɕie³⁵tʂɤ⁰ɕie²¹⁴。
开原	才写一半儿，还得写。 tsʰai³⁵ɕie²¹i³⁵peɹ⁵¹,xai³⁵tei²¹ɕie²¹³。
锦州	才写一半儿，还得接着往下写。 tʂʰai³⁵ɕie²¹i³⁵peɹ⁵¹,xai⁵³tei²¹tɕie⁵⁵tʂʰa³⁵uaŋ²¹ɕia⁵³ɕie²¹³。
盘锦	才写了一半儿，还得继续。 tsʰai³⁵ɕie²¹lə⁰i³⁵peɹ⁵¹,xai³⁵tɤ²¹tɕi⁵³ɕy⁵¹。
兴城	才写一半儿，还得写。 tʂʰai³⁵ɕie²¹i³⁵peɹ⁵¹,xai³⁵tei²¹ɕie²¹³。
绥中	才写一半儿，还得接着写。 tʂʰai³⁵ɕie²¹i³⁵peɹ⁵¹,xai³⁵tei²¹tɕie⁵⁵tʂɤ⁰ɕie²¹³。
义县	刚写一半儿，还得往下写。 kaŋ⁴⁴ɕie²¹i³⁵peɹ⁵¹,xai³⁵tei³⁵uaŋ²¹ɕia⁵³ɕie²¹³。
北票	才写一半儿，还得往下写。 tsʰai³⁵ɕie²¹i³⁵peɹ⁵¹,xai³⁵tɤ³⁵uaŋ²¹ɕia⁵³ɕie²¹³。

阜新	才写了一半儿，还得往下写。 tsʰai³⁵ɕiɛ²¹lə⁰i³⁵pɐr⁵¹,xai⁵³tei³⁵uaŋ²¹ɕia⁵³ɕiɛ²¹³。
黑山	刚写一半儿，还得接着写。 kaŋ⁴⁴ɕiɛ²¹i³⁵pɐr⁵¹,xai³⁵tei²¹tɕiɛ⁴⁴tʂɤ⁰ɕiɛ²¹³。
昌图	才写了一半儿，还得往下写。 tsʰai³⁵ɕiɛ²¹lə⁰i³⁵pɐr⁵¹,xai⁵³tei²¹uaŋ⁵¹ɕia⁵¹ɕiɛ²¹³。
大连	只写了一半儿，还得写下去。 tsʅ³⁴ɕiɛ²¹lə⁰i²¹pɐr⁵²,xɛ³⁴tə⁰ɕiɛ²¹ɕia⁵²tɕʰy⁵²。
金州杏树	才写了一半儿，还得往下写。 tsʰɛ⁵²ɕiɛ²¹lə⁰i²¹pɐr⁵²,xɛ⁵²tɤ⁵²uaŋ²¹ɕia⁵²ɕiɛ²¹³。
长海	只写了一半儿，还得写下去。 tʃʅ⁵³ɕiɛ²¹lə⁰i²¹pɐr⁵³,xai²⁴tə⁰ɕiɛ²¹ɕia⁵³ɕʰy⁰。
庄河	才写了一半儿，还得写。 tsʰai³¹ɕiɛ²¹lə⁰i²¹pɐr⁵¹,xai³¹tə⁰ɕiɛ²¹³。
盖州	只写了一半儿，还得写。 tsʅ²⁴ɕiɛ²¹lə⁰i²⁴pɐr⁵¹,xai⁵¹tɤ²⁴ɕiɛ²¹³。
丹东	就写了一半儿，还得往下写。 tɕiou⁵¹ɕiɛ²¹lə⁰i²¹pɐr⁵¹,xai²⁴tə⁰uaŋ⁵³ɕia⁵¹ɕiɛ²¹³。
建平	才写一半儿还得写下去。 tsʰɛ³⁵ɕiɛ²¹i³⁵pɐr⁵³xɛ³⁵tei⁰ɕiɛ⁰ɕia⁰tɕʰy⁰。
凌源	刚写一半儿，还得接着写。 kaŋ⁵⁵ɕiɛ²¹i³⁵pɐr⁵¹,xai³⁵tei²¹tɕiɛ⁵⁵tʂɤ⁰ɕiɛ²¹。

	0030 你才吃了一碗米饭，再吃一碗吧。
沈阳	你就吃一碗饭，再来碗吧。 ȵi²¹tɕiou⁴¹tsʅ³³i⁴¹van²¹fan⁴¹,tsai⁴¹lai³⁵van²¹pa⁰。
本溪	你才吃了一碗饭，再吃一碗。 ȵi²¹tsʰai³⁵tʂʅ⁴⁴lə⁰i⁵¹uan²¹fan⁵¹,tsai⁵¹tʂʅ⁴⁴i⁵¹uan²²⁴。
辽阳	他才吃一碗饭，再来一碗吧。 tʰa⁴⁴tsʰai³⁵tsʰʅ⁴⁴i⁵¹uan²¹fan⁵¹,tsai⁵¹lai³⁵i⁵¹uan²¹pa⁰。
海城	你才吃了一碗，再来一碗吧。 ȵi²¹tsʰai³⁵tsʰʅ³⁵lɤ⁰i⁵¹uan²¹⁴,tsai⁵¹lai³⁵i⁰uan²¹pa⁰。
开原	你才吃一碗饭，再吃一碗吧。 ȵi²¹³tsʰai³⁵tsʰʅ⁴⁴i⁵³uan²¹fan⁵¹,tsai⁵³tsʰʅ⁴⁴i⁵³uan²¹pa⁰。

语法例句对照

锦州	才吃一碗，再来一碗。 tʂʰai³⁵tʂʰʅ⁵⁵i⁵⁵uan²¹³,tai⁵³lai³⁵i⁵³uan²¹³。
盘锦	你才吃一碗，再来一碗吧。 ȵi²¹tsʰai³⁵tʂʰʅ⁵⁵i⁵¹uan²¹,tsai⁵³lai³⁵i⁵¹uan²¹pa⁰。
兴城	你才吃一碗，再吃一碗。 ȵi²¹tsʰai³⁵tʂʰʅ⁴⁴i⁴⁴uan²¹³,tsai⁵¹tʂʰʅ⁴⁴i⁵³uan²¹³。
绥中	就吃这一点儿啊？再盛一碗。 tɕiou⁵⁵tʂʰʅ⁵⁵tʂei⁵¹i²¹tiɚ²¹zạ⁰?tsai⁵¹tʂʰəŋ³⁵i⁵¹van²¹³。
义县	你才吃一碗饭，再吃一碗吧。 ȵi²¹tsʰai³⁵tʂʰʅ⁴⁴i⁵¹uan²¹fan⁵¹,tsai³tʂʰʅ⁴⁴i⁵³uan²¹pa⁰。
北票	你才吃一碗，再吃一碗。 ȵi²¹tsʰai³⁵tʂʰʅ⁴⁴i⁴⁴uan²¹³,tsai⁵³tʂʰʅ⁴⁴i⁴⁴uan²¹³。
阜新	你才吃了一碗饭，再吃一碗。 ȵi²¹tsʰai³⁵tʂʰʅ⁵⁵lə⁰i⁵³uan²¹fan⁵¹,tsai⁵³tʂʰʅ⁵⁵i⁵³uan²¹³。
黑山	你就吃一碗饭，再来点儿。 ȵi²¹tou⁵³tʂʰʅ⁴⁴i⁵³uan²¹fan⁵¹,tsai⁵³lai³⁵tiɚ²¹³。
昌图	你才吃一碗饭，再吃一碗吧。 ȵi²¹tsʰai³⁵tʂʰʅ³³i⁵³uan²¹fan⁵¹,tsai⁵³tʂʰʅ³³i⁵³uan²¹³pa⁰。
大连	你才吃了一碗干饭，再吃一碗吧。 ȵi²¹tsʰɛ³⁴tʃʰʅ²¹lə⁰i⁵²uã²¹kã³¹fã⁵²,tsɛ⁵²tʃʰʅ²¹i⁵²uã²¹pa⁰。
金州杏树	你才逮＝了一碗饭，再逮＝一碗吧。 ȵi²¹tsʰɛ⁵²tɛ⁵²lə⁰i⁵¹uã²¹fã⁵²,tsɛ⁵²tɛ²¹i⁵¹uã²¹pa⁰。
长海	你刚逮＝一碗米饭，再逮＝一碗。 ȵi²¹kaŋ³¹tai²¹i⁵³uan²¹⁴mi²¹fan⁵³,tsai²¹i⁵³uan²¹⁴。
庄河	你才逮＝一碗干饭儿，你再逮＝点儿吧。 ȵi²¹tsʰai³¹tai²¹i⁵¹uan²¹kan³¹fɚ⁵¹,ȵi²¹tsai⁵¹tai²¹tiɚ²¹pa⁰。
盖州	你才吃了一碗米饭，再吃一碗吧。 ȵi²¹tsʰai²⁴tʂʰʅ²¹lɤ⁰i⁵¹uan²⁴mi²¹fan⁵¹,tsai⁵¹tʂʰʅ²¹⁰i⁵¹uan²¹pa⁰。
丹东	你才吃了一碗干饭，再吃一碗吧。 ȵi²¹tsʰai²⁴tʂʰʅ²¹lə⁰i⁵¹uan²¹kan⁴¹¹fan⁵¹,tsai⁵¹tʂʰʅ²¹i⁵¹uan²¹pa⁰。
建平	你才吃了一碗干饭再吃一碗吧。 ȵi²¹tsʰɛ³⁵tʂʅ⁴⁴lə⁰i³⁵vã²¹kã³⁵fã⁰tsɛ⁵³tʂʅ⁴⁴i⁵³vã²¹。
凌源	你才吃一碗饭，再来一碗吧。 ȵi²¹tsʰai³⁵tʂʰʅ⁵⁵i⁵³van²¹fan⁵¹,tsai⁵³lai³⁵i⁵³van²¹pa⁰。

	0031 让孩子们先走，你再把展览仔仔细细地看一遍。
沈阳	让孩子先走，你再把展览好好看一遍。 iaŋ⁴¹xai³⁵tʂʅ⁰ɕian³³tsou²¹, n̪i²¹tsai⁴¹pa²¹tsan³⁵lan²¹xau²¹xau²¹kʰan⁴¹i³⁵pian⁰。
本溪	让孩子们先走，你把展览再仔细看一遍。 iaŋ⁵¹xai³⁵tʂʅ⁰mən⁰ɕian⁴⁴tsou²²⁴, n̪i³⁵pa²¹tsan³⁵lan²²⁴tsai⁵¹tsʅɕi⁵¹kʰan⁵¹i³⁵pian⁵¹。
辽阳	让孩子们先走吧，你再把展览好好看一看。 iaŋ⁵¹xai³⁵tʂʅ⁰mən⁰ɕian⁴⁴tʂou²¹pa⁰, n̪i²¹tʂai⁵¹pa²¹tsan³⁵lan²¹xau²¹xau⁰kʰan⁵¹i⁰kʰan⁰。
海城	让孩子们先走，你再把展览细看看。 iaŋ⁵¹xai³⁵tʂʅ⁰mən⁰ɕian⁴⁴tʂou²¹⁴, n̪i²¹tʂai⁵¹pa²¹tʂan³⁵lan²¹ɕi⁵³kʰan⁵¹kʰan⁰。
开原	让孩子们先走，你再把展览好好儿看看。 iaŋ⁵¹xai³⁵tʂʅ⁰mən⁰ɕian⁴⁴tʂou²¹³, n̪i²¹³tsai⁵¹pa²¹tʂan³⁵lan²¹³xau²¹xaur⁰kʰan⁵³kʰan⁰。
锦州	让孩儿们先走，你再好好儿看看展览。 iaŋ⁵³xɐr³⁵mən⁰ɕian⁵⁵tʂou²¹³, n̪i²¹tai⁵³xau²¹xaur⁵⁵kʰan⁵¹kʰan⁰tʂan³⁵lan²¹³。
盘锦	让孩儿们先走，你再好儿好儿看看展览。 iaŋ⁵¹xɐr³⁵mən⁰ɕian⁵⁵tʂou²¹³, n̪i²¹tsai⁵¹xaur²¹xaur⁵⁵kʰan⁵¹kʰan⁰tʂan³⁵lan²¹³。
兴城	让孩子们先走，你再好好看一遍展览。 iaŋ⁵¹xai³⁵tʂʅ⁰mən⁰ɕian⁴⁴tʂou²¹, n̪i²¹tʂai⁵¹xau²¹xau⁰kʰan⁵¹i³⁵pian⁵¹tʂan³⁵lan²¹³。
绥中	让孩子们搁头儿走，你再把展览细看看。 zaŋ⁵¹xai³⁵tʂʅ⁰mən⁰kɤ²¹tour³⁵tʂou³⁵, n̪i²¹tʂai⁵¹pa²¹tʂan³⁵lan²¹ɕi⁵¹kʰan⁵¹kʰan⁰。
义县	让孩子们先走，你再把展览好好儿看一遍。 zaŋ⁵³xai³⁵tʂʅ⁰mən⁰ɕian⁴⁴tʂou²¹³, n̪i²¹tʂai⁵³pa³⁵tʂan³⁵lan²¹xau²¹xaur⁴⁴kʰan⁵³i³⁵pian⁵¹。
北票	让孩子们先走，你再把展览好儿好儿看一遍。 zaŋ⁵³xai³⁵tʂʅ⁰mən⁰ɕian⁴⁴tʂou²¹³, n̪i²¹tʂai⁵³pa²¹tʂan³⁵lan²¹xaur²¹xaur⁴⁴kʰan⁵³i³⁵pian⁵¹。
阜新	让孩子们先走，你再好好儿看一遍展览。 zaŋ⁵³xai³⁵tʂʅ⁰mən⁰ɕian⁵⁵tʂou²¹³, n̪i²¹tʂai⁵³xaur²¹xaur⁵⁵kʰan⁵³i⁵¹pian⁵³tʂan³⁵lan²¹³。
黑山	叫孩子们先走，你把展览再好好儿看看。 tɕiau⁵³xai³⁵tʂʅ⁰mən⁰ɕian⁴⁴tʂou²¹³, n̪i³⁵pa²¹tʂan³⁵lan²¹tai⁵³xaur²¹xaur⁰kʰan⁵¹kʰan⁰。
昌图	叫孩子他们先走，你再把展览好好儿看看。 tɕiau⁵¹xai³⁵tʂʅ⁰tʰa³³mən⁰ɕian³³tʂou²¹³, n̪i²¹tʂai⁵¹pa²¹tʂan³⁵lan²¹³xau²¹xaur⁰kʰan⁵¹kʰan⁰。
大连	叫孩子们先走，你把展览再好好儿看一遍。 tɕiɔ⁵²xɛ³⁴ɐ⁰mə̃⁰ɕiɛ̃³¹tʂəu²¹³, n̪i³⁴pa²¹tʃa²¹lã²¹tsɛ⁵²xɔ²¹xɔr³¹kʰã⁵²i⁰piɛ⁵²。
金州杏树	叫孩子们先走，你把展览好松⁼儿看看。 tɕiɔ⁵²xɛ³⁴ɐ⁰mə̃⁰ɕiɛ̃³¹tʂəu²¹³, n̪i²¹pa²¹tʂã²¹lã²¹xɔ²¹sũr³¹kʰã⁵²kʰã⁰。
长海	叫孩子们先走，你再把展览仔细再看一遍。 ɕiau⁵³xai²⁴tʂʅ⁰mən⁰ʃian³¹tʂəu²¹⁴, n̪i²¹tʂai⁵³pa²⁴tʃan²⁴lan²¹⁴tʂʅ⁰ɕi⁵³tsai⁵³kʰan⁵³i²¹pian⁵³。

语法例句对照　　　　　　　　　　　　　　　　45

庄河	叫孩子先走，你再细致看一下展览。 tɕiao⁵¹xai⁵¹tsʅ⁰ɕian³¹tsəu²¹³, n̩i²¹tsai⁵¹ɕi⁵¹tsʅ⁰kʰan⁵¹i²¹ɕia⁵¹tsan²⁴lan²¹³。
盖州	让孩子们先回去，你再把展览仔仔细细看一遍。 iaŋ⁵¹xai²⁴tsʅ⁰mən⁰ɕian⁴¹²xuei²⁴tɕʰy⁵¹, n̩i²¹tsai⁵¹pa²¹tsan²⁴lan²¹tsʅ²⁴tsʅ²¹ɕi⁵¹ɕi⁵¹kʰan⁵¹i²⁴pian⁵¹。
丹东	让孩子们先走，你再把展览认真地看一遍。 iaŋ⁵¹xai²⁴tsʅ⁰mən⁰ɕian⁴¹¹tsou²¹³, n̩i²¹tsai⁵¹pa²¹tʂan²⁴lan²¹³in⁵¹tsən⁴¹¹tə⁰kʰan⁵¹i²¹pian⁵¹。
建平	让孩子先走，你再把展览让他细真儿地看一遍。 zã̠⁵³xɛ³⁵tsʅ⁰ɕiɛ̃⁴⁴tsəu²¹³, n̩i²¹tsɛ⁵³pa²¹tʂã̠³⁵lã̠²¹zã̠⁵³tʰa⁴⁴ɕi⁵³tsɚ⁴⁴ti⁰kʰã̠⁵³i³⁵piɛ̃⁵³。
凌源	让孩子们先走吧，你把展览再好儿好儿看一遍。 zaŋ⁵³xai³⁵tsʅ⁰mən⁰ɕiɛn⁵⁵tsou²¹pa⁰, n̩i³⁵pa²¹tʂan³⁵lan²¹tsai⁵³xaur²¹xaur⁵⁵kʰan⁵³i³⁵piɛn⁵¹。

	0032 他在电视机前看着看着睡着了。
沈阳	他在电视前看着看着就睡着了。 tʰa³³tsai²¹tian⁴¹sʅ⁴¹tɕʰian³⁵kʰan⁴¹tsə⁰kʰan⁴¹tsə⁰tɕiou⁴¹suei⁴¹tsau³⁵lə⁰。
本溪	他在电视机前看着看着睡着了。 tʰa⁴⁴tsai⁵¹tian⁵³sʅ⁵¹tɕi⁴⁴tɕʰian³⁵kʰan⁵¹tʂɤ⁰kʰan⁵¹tʂɤ⁰suei⁵¹tʂau³⁵la⁰。
辽阳	他在电视前看着看着就睡着了。 tʰa⁴⁴tʂai⁵¹tian⁵¹sʅ⁵¹tɕʰian³⁵kʰan⁵¹tʂə⁰kʰan⁵¹tʂə⁰tɕiou⁵¹suei⁵¹tʂau³⁵lə⁰。
海城	他在电视机前看着看着就迷糊儿了。 tʰa⁴⁴tʂai⁵³tian⁵³sʅ⁵¹tɕi⁴⁴tɕʰian³⁵kʰan⁵¹tʂɤ⁰kʰan⁵¹tʂɤ⁰tɕiəu⁵¹mi³⁵xur⁰lɤ⁰。
开原	他看着看着电视就睡着了。 tʰa⁴⁴kʰan⁵¹tʂə⁰kʰan⁵¹tʂə⁰tian⁵¹tɕiou⁵³suei⁵³tʂau³⁵lə⁰。
锦州	他看看电视，还迷糊着了。 tʰa⁵⁵kʰan⁵³kʰan⁵³tian⁵³sʅ⁵¹,xai³⁵mi⁴⁴xu⁰tʂau³⁵lə⁰。
盘锦	他看电视看着看着就眯着了。 tʰa⁵⁵kʰan⁵³tian⁵³sʅ⁵¹kʰan⁵¹tʂə⁰kʰan⁵¹tʂə⁰tɕiou⁵¹mi⁵⁵tʂau³⁵lə⁰。
兴城	他看电视，看着看着就睡着了。 tʰa⁴⁴kʰan⁵¹tian⁵¹sʅ⁵¹,kʰan⁵¹tʂə⁰kʰan⁵¹tʂə⁰tɕiou⁰suei⁵¹tʂau³⁵lə⁰。
绥中	他看看电视睡着了。 tʰa⁵⁵kʰan⁵¹kʰan⁰tian⁵¹sʅ⁵¹suei⁵¹ʂau⁵¹lɤ⁰。
义县	他看看电视就眯糊着了。 tʰa⁵³kʰan⁵³kʰan⁵³tian⁵³sʅ⁵³tɕiou⁵³mi⁴⁴xu⁰tʂau³⁵lɤ⁰。
北票	他看电视看着看着睡着了。 tʰa⁴⁴kʰan⁵³tian⁵³sʅ⁵³kʰan⁵¹tʂɤ⁰kʰan⁵¹tʂɤ⁰ʂuei⁵¹tʂau³⁵lɤ⁰。

阜新	他看电视看着看着就眯楞着了。 tʰa⁵⁵kʰan⁵³tian⁵³ʂʅ⁵¹,kʰan⁵¹tʂə⁰kʰan⁵¹tʂə⁰tɕiou⁵³mi⁵⁵lən⁰tʂau³⁵lə⁰.
黑山	他看电视看着看着睡着了。 tʰa⁴⁴kʰan⁵³tian⁵³ʂʅ⁵³kʰan⁵¹tʂʅ⁰kʰan⁵¹tʂʅ⁰ʂuei⁵¹tʂau³⁵lɣ⁰.
昌图	他看电视看着看着睡着了。 tʰa³³kʰan⁵³tian⁵³ʂʅ⁵¹kʰan⁵¹tʂə⁰kʰan⁵¹tʂə⁰suei⁵¹tʂau³⁵lə⁰.
大连	他在电视机前看着看着就睡着了。 tʰa³¹tsɛ⁵²tiɛ⁵²ʂʅ⁵²tɕi³¹tɕʰiɛ³⁴kʰã⁵²tʃə⁰kʰã⁵²tʃə⁰tɕiəu⁵²sue⁵²tʃɔ³⁴la⁰.
金州杏树	他看看电视还睡了。 tʰa³¹kʰã⁵²kʰã⁰tiɛ⁵²ʂʅ⁵²xɛ³¹sue⁵²lə⁰.
长海	他在电视机前看着就睡着了。 tʰa⁵³tsai⁵³tian⁵³ʃʅ⁵³ci³¹tʃʰian⁵³kʰan⁵³tʃɣ⁰ciəu⁵³suei⁵³tsau⁵³lə⁰.
庄河	他在电视机前看着看着就睡着了。 tʰa³¹tsai⁵¹tian⁵¹ʂʅ⁵¹tɕi³¹tɕʰian²⁴kʰan⁵¹tsə⁰kʰan⁵¹tsə⁰tɕiəu⁵¹suei⁵¹tsao²⁴lə⁰.
盖州	他在电视机前看着看着就睡着了。 tʰa⁴¹²tsai⁵¹tian⁵¹ʂʅ⁵¹tɕi⁴¹²tɕʰian²⁴kʰan⁵¹tsɣ⁰kʰan⁵¹tsɣ⁰tɕiəu⁵¹suei⁵¹tsau²⁴lɣ⁰.
丹东	他看着电视就睡着了。 tʰa⁴¹¹kʰan⁵¹tsɣ⁰tian⁵¹ʂʅ⁵¹tɕiou⁵¹suei⁵¹tʂau⁰lə⁰.
建平	他看电视看着看着就睡着了。 tʰa⁴⁴kʰɛ⁴⁴tiɛ⁴²ʂʅ⁵³kʰã⁵³tʂə⁰kʰã⁵³tʂə⁰tɕiəu⁴²suei⁵³tʂɔ³⁵lə⁰.
凌源	他看电视看着看着迷糊着了。 tʰa⁵⁵kʰan⁵³tien⁵³ʂʅ⁵³kʰan⁵¹tʂɣ⁰kʰan⁵¹tʂɣ⁰mi⁵⁵xu⁰tʂau³⁵lɣ⁰.

	0033 你算算看，这点钱够不够花？
沈阳	你算算，这俩钱儿够花不？ ȵi²¹suan⁴¹suan⁰, tsei⁴¹lia²¹tɕʰiɐr³⁵kou⁴¹xua³³pu⁰?
本溪	你算算看，这点儿钱够花不？ ȵi²¹suan⁵¹suan⁰kʰan⁵¹,tʂei⁵¹tiɐr⁵¹tɕʰian³⁵kou⁵¹xua⁴⁴pu⁰?
辽阳	你算一算，这点儿钱够花不？ ȵi²¹suan⁵¹i⁰ʂuan⁵¹,tʂei⁵¹tiar²¹tɕʰian⁵¹kou⁵¹xua⁴⁴pu⁰?
海城	你算算看，这点儿钱儿够不够花？ ȵi²¹ʂuan⁵¹ʂuan⁰kʰan⁵¹,tʂɣ⁵¹tiɐr³⁵kəu⁵¹pu⁰kəu⁵¹xua⁴⁴?
开原	你算算，这俩钱儿够花吗？ ȵi²¹³suan⁵³suan⁰,tsei²¹lia²¹tɕʰiɐr³⁵kou⁵³xua⁴⁴ma⁰?

语法例句对照　　　　47

锦州	你拿摸拿摸，这点儿钱够吗？ ȵi²¹na⁵⁵mə⁰na⁵⁵mə⁰,tʂei⁵¹tiɐr²¹tɕʰian³⁵kou⁵³ma⁵⁵?
盘锦	你拿摸拿摸看这俩钱儿够不够花？ ȵi²¹na⁵⁵mu⁵⁵na⁵⁵mə⁰kʰan⁵¹tʂei⁵¹lia²¹tɕʰiɐr³⁵kou⁵³pu⁰kou⁵³xua⁵⁵?
兴城	你合计合计，这点儿钱够不够花？ ȵi²¹xɤ³⁵tɕi⁰xɤ³⁵tɕi⁰,tʂei⁵¹tiɐr²¹tɕʰian³⁵kou⁵¹pu³⁵kou⁵¹xua⁴⁴?
绥中	算算，看看钱够不够？ ʂuan⁵¹ʂuan⁰,kʰan⁵¹kʰan⁰tɕʰian³⁵kou⁵¹pu³⁵kou⁵¹?
义县	你拿摸拿摸，这点儿钱你够花不够花？ ȵi²¹na⁴⁴mɤ⁰na⁴⁴mɤ⁰,tʂɤ⁵³tiɐr²¹tɕʰian³⁵ȵi²¹kou⁵³xua⁴⁴pu³⁵kou⁵³xua⁴⁴?
北票	你约摸约摸，这点儿钱儿够花不够花？ ȵi²¹iau⁴⁴mɤ⁰iau⁴⁴mɤ⁰,tʂɤ⁵³tiɐr²¹tɕʰiɐr³⁵kou⁵³xua⁴⁴pu³⁵kou⁵³xua⁴⁴?
阜新	你拿摸拿摸，这两个子儿够花吗？ ȵi²¹na⁵⁵mə⁰na⁵⁵mə⁰,tʂei⁵¹liaŋ²¹kə⁰tsər²¹³kou⁵³xua⁵⁵ma⁰?
黑山	你估摸一下这点儿钱够不够？ ȵi²¹ku⁴⁴mɤ⁰i³⁵ɕia⁵³tʂai⁵³tiɐr²¹tɕʰian³⁵kou⁵³pu³⁵kou⁵¹?
昌图	你估摸估摸这点儿钱儿够不够花？ ȵi²¹ku³³mə⁰ku³³mə⁰tʂɤ⁵¹tiɐr²¹tɕʰiɐr³⁵kou⁵¹pu⁰kou⁵¹xua³³?
大连	你算算看，这点钱够不够花？ ȵi²¹sã⁵²sã⁵²kʰã⁵²,tʃɤ⁵²tiɛ̃²¹tɕʰiɛ̃³⁴kəu⁵²pu⁰kəu⁵²xua³¹²?
金州 杏树	你看看这些钱够不够花？ ȵi²¹kʰã⁵²kʰã⁰tɕie⁵²ɕie³¹tɕʰiɛ̃⁵²kəu⁵²pu⁰kəu⁵²xua³¹²?
长海	你算算看，这点儿钱儿够不够用？ ȵi²¹san⁵³san⁰kʰan⁵³,tʃɤ⁵³tiɐr²¹tʃʰiɐr⁵³kəu⁵³pu⁰kəu⁵³yŋ⁵³?
庄河	你算一算，看看这点儿钱够不够花？ ȵi²¹suan⁵³i⁰suan⁵¹,kʰan⁵¹kʰan⁰tsei²¹tiɐr²¹tɕʰian³⁵kəu⁵¹pu⁰kəu⁵¹xua³¹?
盖州	你算一算，这点儿钱够不够花？ ȵi²¹suan⁵¹i⁰suan⁵¹,tsei⁵¹tiɐr²¹tɕʰian²⁴kəu⁵¹pu⁰kəu⁵¹xua⁴¹²?
丹东	你算算看，这点儿钱够不够花？ ȵi²¹suan⁵¹suan⁰kʰan⁵¹,tʂei⁵¹tiɐr²¹tɕʰian²⁴kou⁵¹pu⁰kou⁵¹xua⁴¹¹?
建平	你看看这点儿钱儿够花不？ ȵi²¹kʰã⁵³kʰã⁰tsei⁵³tiɐr²¹tɕʰiɐr³⁵kəu⁵³xua⁴⁴pu⁰?
凌源	你合计合计，这点儿钱够不够花？ ȵi²¹xɤ³⁵tɕi⁰xɤ³⁵tɕi⁰,tʂɤ⁵³tiɐr²¹tɕʰiɐn³⁵kou⁵³pu⁰kou⁵³xua⁵⁵?

	0034 老师给了你一本很厚的书吧？
沈阳	老师给你本儿厚书吧？ lau²¹sʅ³³kei²¹n̩i²¹pər²¹xou⁴¹su³³pa⁰?
本溪	老师给你一本儿很厚的书吧？ lau²¹sʅ⁴⁴kei³⁵n̩i²¹i⁵¹pər²²⁴xən²¹xou⁵¹ti⁰ʂu⁴⁴pa⁰?
辽阳	老师给你一本挺厚的书吧？ lau²¹sʅ⁴⁴kei³⁵n̩i²¹i⁵¹pən²¹tʰiŋ²¹xou⁵¹tə⁰ʂu⁴⁴pa⁰?
海城	老师给你一本儿成˜老厚的书吧？ lau³⁵sʅ⁴⁴kei³⁵n̩i²¹i⁵¹pər²¹tʂʰəŋ³⁵lau²¹xəu⁵¹ti⁰ʂu⁴⁴pa⁰?
开原	老师给你一本儿挺厚的书吧？ lau²¹sʅ⁴⁴kei³⁵n̩i²¹³i⁵¹pər²¹³tʰiŋ²¹xou⁵¹tə⁰su⁴⁴pa⁰?
锦州	老师给你一本儿挺厚的书，是吗？ lau²¹sʅ⁵⁵kei³⁵n̩i²¹i⁵³pər²¹tʰiŋ²¹xou⁵¹ti⁰ʂu⁵⁵, sʅ⁵³ma⁵⁵?
盘锦	老师给你一本儿挺厚的书吧？ lau²¹sʅ⁵⁵kei³⁵n̩i²¹i⁵³pər³⁵tʰiəŋ²¹xou⁵¹tə⁰ʂu⁴⁴pa⁰?
兴城	老师给你那本儿书挺厚吧？ lau²¹sʅ⁴⁴kei³⁵n̩i²¹nei⁵¹pər²¹ʂu⁴⁴tʰiŋ²¹xou⁵¹pa⁰?
绥中	老师给你拿了一本儿厚书吧？ lau²¹sʅ⁵⁵kei³⁵n̩i²¹na³⁵lɤ⁰i²¹pər²¹xou⁵¹ʂu⁵⁵pa⁰?
义县	老师给你一本儿挺厚的书吧？ lau²¹sʅ⁴⁴kei³⁵n̩i²¹i⁵³pər³⁵tʰiŋ²¹xou⁵¹ti⁰ʂu⁴⁴pa⁰?
北票	老师给你一本儿挺厚的书吧？ lau²¹sʅ⁴⁴kei³⁵n̩i²¹i⁵¹pər²¹tʰiəŋ²¹xou⁵¹tɤ⁰ʂu⁴⁴pa⁰?
阜新	老师给你一本儿挺厚的书吧？ lau²¹sʅ⁵⁵kei³⁵n̩i²¹i⁵³pər²¹³tʰiŋ²¹xou⁵¹tə⁰ʂu⁵⁵pa⁰?
黑山	老师给你挺厚一本儿书吧？ lau²¹sʅ⁴⁴kei³⁵n̩i²¹tʰiəŋ²¹xou⁵³i⁵³pər³⁵ʂu⁴⁴pa⁰?
昌图	老师给你一本儿挺厚的书吧？ lau²¹sʅ³³kei³⁵n̩i²¹i⁵³pər²¹³tʰiəŋ²¹xou⁵¹ti⁰ʂu³³pa⁰?
大连	老师给了你一本儿挺厚的书吧？ lɔ²¹sʅ³¹ke³⁴lə⁰n̩i²¹i⁵²pər²¹tʰiŋ²¹xou⁵²tə⁰ʃu³¹pa⁰?
金州 杏树	老师是不是给了你一本儿挺厚的书？ lɔ²¹sʅ³¹sʅ⁵²pu⁰sʅ⁵²ke²¹lə⁰n̩i²¹i⁵²pər²¹tʰiŋ²¹xəu⁵²tə⁰ɕy³¹²?
长海	老师给你一本儿很厚的书吧？ lau²⁴sʅ³¹kʰei²⁴n̩i²¹i⁵³pər²¹⁴xən²¹xəu⁵³tə⁰ʃy³¹pa⁰?

语法例句对照　　　　49

庄河	老师给你一本儿挺厚的书吧？ lao²⁴sʅ³¹kʰei²¹n̠i²¹i⁵¹pər²¹tʰiŋ²¹xəu⁵¹tə⁰su³¹pa⁰?
盖州	老师给了你一本儿很厚的书吧？ lau²⁴sʅ⁴¹²kei²¹lɤ⁰n̠i²¹i⁵¹pər²¹xən²¹xəu⁵¹tɤ⁰su⁴¹²pa⁰?
丹东	老师给了你一本儿大厚书吧？ lau²⁴sʅ⁴¹¹kei²¹lə⁰n̠i²¹i⁵¹pər²¹³ta⁵³xou⁵¹ʂu⁴¹¹pa⁰?
建平	老师给你一本儿挺厚的书吧？ lɔ²¹sʅ⁴⁴kei²¹n̠i²¹i⁵¹pər²¹tʰiŋ²¹xəu⁵¹ti⁰ʂu⁴⁴pa⁰?
凌源	老师给了你一本儿挺厚的书吧？ lau²¹sʅ⁵⁵kei²¹lɤ⁰n̠i²¹i⁵³pər²¹tʰiŋ²¹xou⁵¹tɤ⁰ʂu⁵⁵pa⁰?

	0035 那个卖药的骗了他一千块钱呢。
沈阳	那卖药儿的骗了他一千块钱呢。 nei⁴¹mai⁴¹iaur⁴¹ti⁰pʰian⁴¹lə⁰tʰa³³i⁴¹tɕʰian³³kʰuai⁴¹tɕʰian³⁵nə⁰。
本溪	那个卖药的骗了他一千块钱。 ne⁵¹kɤ⁰mai⁵³iau⁵¹ti⁰pʰian⁵¹lə⁰tʰa⁴⁴i⁵¹tɕʰian⁴⁴kʰuai⁵¹tɕʰian³⁵。
辽阳	那个卖药的骗他一千块钱呢。 nei⁵¹kə⁰mai⁵¹iau⁵¹tə⁰pʰian⁵¹tʰa⁴⁴i⁵¹tɕʰian⁴⁴kʰuai⁵¹tɕʰian³⁵nə⁰。
海城	那个卖药儿的骗了他一千块钱。 nai⁵¹kɤ⁰mai⁵³iaur⁵¹ti⁰pʰian⁵¹lɤ⁰tʰa⁴⁴i⁵¹tɕʰian⁴⁴kʰuai⁵¹tɕʰian³⁵。
开原	那个卖假药儿的绷走了他一千块钱呢。 nei⁵³kə⁰mai⁵¹tɕia²¹iaur⁵¹tə⁰pəŋ⁴⁴tsou²¹lə⁰tʰa⁴⁴i⁵¹tɕʰian⁴⁴kʰuai⁵¹tɕʰian³⁵n̠ia⁰。
锦州	那个卖假药儿的骗走他一千块钱呢。 nai⁵¹kə⁰mai⁵³tɕia²¹iaur⁵¹ti⁰pʰian⁵¹tsou²¹tʰa⁵⁵i⁵¹tɕʰian⁵⁵kʰuai⁵¹tɕʰian³⁵n̠ie⁰。
盘锦	那个卖药儿的糊弄他一千块钱呢。 nei⁵¹kə⁰mai⁵³iaur⁵¹tə⁰xu⁵¹luəŋ⁰tʰa⁵⁵i⁵¹tɕʰian⁵⁵kʰuai⁵¹tɕʰian³⁵nə⁰。
兴城	那个卖假药儿的诓走他一千块钱。 nai⁵¹kə⁰mai⁵¹tɕia²¹iaur⁵¹ti⁰kʰuaŋ⁴⁴tsou²¹tʰa⁴⁴i¹⁴tɕʰian⁴⁴kʰuai⁵¹tɕʰian³⁵。
绥中	那个卖药的骗了他一千块钱呢。 nei⁵¹kɤ⁰mai⁵³iau⁵¹tiɛ⁰pʰian⁵¹lɤ⁰tʰa⁵⁵i²¹tɕʰian⁵⁵kʰuai⁵¹tɕʰian³⁵n̠ie⁰。
义县	那个卖药的唬他一千块钱呢。 nei⁵¹kɤ⁰mai⁵³iau⁵¹ti⁰xu²¹tʰa⁴⁴i⁵³tɕʰian⁴⁴kʰuai⁵³tɕʰian³⁵n̠iɛ⁰。
北票	那个卖药儿的骗他一千块钱呢。 nai⁵¹kɤ⁰mai⁵³iaur⁵¹tɤ⁰pʰian⁵³tʰa⁴⁴i⁵³tɕʰian⁴⁴kʰuai⁵³tɕʰian³⁵n̠iɛ⁰。

阜新	那个卖药儿的糊弄他一千块钱呢。 nai⁵¹kə⁰mai⁵¹iaur⁵¹ti⁰xu⁵¹luŋ⁰tʰa⁵⁵i⁵¹tɕʰian⁵⁵kʰuai⁵³tɕʰian³⁵n̠ie⁰。
黑山	那个卖假药的骗走他一千块钱呢。 nei⁵¹kɤ⁰mai⁵³tɕia²¹iau⁵¹ti⁰pʰian⁵³tʂou²¹tʰa⁴⁴i⁵³tɕʰian⁴⁴kʰuai⁵³tɕʰian³⁵n̠ie⁰。
昌图	那个卖药的骗他一千元呢。 na⁵¹kə⁰mai⁵³iau⁵¹tə⁰pʰian⁵¹tʰa³³i⁵¹tɕʰian³³yan³⁵nə⁰。
大连	那个卖药的骗了他一千块钱呢。 n̠ie⁵²kə⁰mɛ⁵²iɔ⁵²tə⁰pʰiɛ̃⁵¹lə⁰tʰa³¹⁵⁴tɕʰiɛ̃³¹kʰuɛ⁰tɕʰiɛ̃⁵⁴n̠ie⁰。
金州 杏树	他叫卖药的骗了一千元钱。 tʰa³¹tɕiɔ⁵²mɛ⁵²yɛ²¹tə⁰pʰiɛ̃⁵²lə⁰i⁵²tɕʰiɛ̃⁵¹yɛ̃⁵²tɕʰiɛ̃⁵²。
长海	那个卖药的骗了他一千块钱。 na⁵³kɤ⁰mai⁵³yɛ²¹tə⁰pʰian⁵³lə⁰tʰa³¹i⁵³tʃʰian³¹kʰuai⁵³tʃʰian⁵³。
庄河	那个卖药的骗了他一千块钱。 nei⁵¹kə⁰mai⁵³yɛ⁵¹ti⁰pʰian⁵¹lə⁰tʰa³¹²¹tɕʰian³¹kʰuai⁵¹tɕʰian²⁴。
盖州	那个卖药儿的骗了他一千元。 nei⁵¹kɤ⁰mai⁵³iaur⁵¹tɤ⁰pʰian⁵¹lə⁰tʰa⁴¹²i⁵⁴tɕʰian⁴¹²yan²⁴。
丹东	那个卖药儿的骗了他一千块钱呢。 nei⁵¹kɤ⁰mai⁵³iaur⁵¹tə⁰pʰian⁵¹lə⁰tʰa⁴¹¹i²⁴tɕʰian⁴¹¹kʰuai⁵¹tɕʰian²⁴na⁰。
建平	那个卖药的哨了他一千块钱呢。 nei⁵³kə⁰mɛ⁴²iɔ⁵³ti⁰ʂɔ⁵³lə⁰tʰa⁴⁴i⁵³tɕʰiɛ⁴⁴kʰuɛ⁵³tɕʰiɛ̃³⁵n̠ie⁰。
凌源	那个卖药儿的糊弄他一千块钱呢。 nai⁵¹kɤ⁰mai⁵³iaur⁵¹ti⁰xu⁵¹luŋ⁰tʰa⁵⁵i⁵¹tɕʰien⁵⁵kʰuai⁵³tɕʰien³⁵n̠ie⁰。

	0036a. 我上个月借了他三百块钱。b. 我上个月借了他三百块钱。 **a. 借入。b. 借出。如与 a 句相同，注"同 a"即可。**
沈阳	a. 我上个月跟他借了三百块钱。b. 我上个月借了他三百块钱。 a. uo²¹saŋ⁴¹kə⁰ye⁴¹kən³³tʰa³³tɕie⁴¹lə⁰san³³pai²¹kʰuai⁰tɕʰian³⁵. b. uo²¹saŋ⁴¹kə⁰ye⁴¹tɕie⁴¹lə⁰tʰa³³san³³pai²¹kʰuai⁰tɕʰian³⁵.
本溪	a. 上个月我跟他借了三百块钱。b. 上个月我借他三百块钱。 a. saŋ⁵¹kɤ⁰yɛ⁵¹uo²¹kən⁴⁴tʰa⁴⁴tɕie⁵¹lə⁰san⁴⁴pai³⁵kʰuai⁵¹tɕʰian³⁵. b. saŋ⁵¹kɤ⁰yɛ⁵¹uo²¹tɕie⁵¹tʰa⁴⁴san⁴⁴pai³⁵kʰuai⁰tɕʰian³⁵.
辽阳	a. 我上月管他借三百块钱。b. 我上月借他三百块钱。 a. uo²¹saŋ⁵¹ye⁵¹kuan²¹tʰa⁴⁴tɕie⁵¹san⁴⁴pai²¹kʰuai⁰tɕʰian³⁵. b. uo²¹saŋ⁵¹ye⁵¹tɕie⁵¹tʰa⁴⁴san²¹pai²¹kʰuai⁵¹tɕʰian³⁵.

海城	a. 上个月他腾给我三百块钱。b. 上个月我借给他三百块钱。 a. ʂaŋ⁵¹kɤ⁰yɛ⁵¹tʰa⁴⁴tʰəŋ³⁵kei²¹uɤ²¹san⁴⁴pai²¹kʰuai⁵¹tɕʰian³⁵。 b. ʂaŋ⁵¹kɤ⁰yɛ⁵¹uɤ²¹tɕiɛ⁵¹kei²¹tʰa⁴⁴san⁴⁴pai²¹kʰuai⁵¹tɕʰian³⁵。
开原	a. 我上个月管他借三百块钱。b. 我上个月借给他三百块钱。 a. uɤ²¹³ʂaŋ⁵³kə⁰yɛ⁵¹kuan²¹tʰa⁴⁴tɕiɛ⁵¹san⁴⁴pai²¹³kʰuai⁵³tɕʰian³⁵。 b. uɤ²¹³ʂaŋ⁵³kə⁰yɛ⁵¹tɕiɛ⁵³kei²¹tʰa⁴⁴san⁴⁴pai²¹³kʰuai⁵³tɕʰian³⁵。
锦州	a. 我上个月管他借了三百块钱。b. 我上个月借给他三百块 a. uo²¹ʂaŋ⁵¹kə⁰yɛ⁵³kuan²¹tʰa⁵⁵tɕiɛ⁵¹lə⁰san⁵⁵pai²¹kʰuai⁵³tɕʰian³⁵。 b. uo²¹ʂaŋ⁵¹kə⁰yɛ⁵³tɕiɛ⁵³kei²¹tʰa⁴⁴ʂan⁵⁵pai²¹kʰuai⁵³tɕʰian³⁵。
盘锦	a. 我上个月跟他借了三百块钱儿。b. 我上个月借给他三百块钱儿。 a. uo²¹ʂaŋ⁵¹kə⁰yɛ⁵¹kən²¹tʰa⁵⁵tsai⁵⁵lə⁰san⁵⁵pai²¹kʰuai⁵¹tɕʰiɐr³⁵。 b. uo²¹ʂaŋ⁵¹kə⁰yɛ⁵¹tsai⁵⁵kei²¹tʰa⁴⁴ʂan⁵⁵pai²¹kʰuai⁵¹tɕʰiɐr³⁵。
兴城	a. 我上个月管他那儿借三百块钱。b. 上个月我借给他三百块钱。 a. uo²¹ʂaŋ⁵¹kə⁰yɛ⁵¹kuan²¹tʰa⁴⁴nar⁵¹tɕiɛ⁵¹san⁴⁴pai²¹kʰuai⁵¹tɕʰian³⁵。 b. ʂaŋ⁵¹kə⁰yɛ⁵¹uo²¹tɕiɛ⁵¹kei²¹tʰa⁴⁴san⁴⁴pai²¹kʰuai⁵¹tɕʰian³⁵。
绥中	a. 上个月我跟他手拿了三百块钱。b. 上个月他搁我手儿拿了三百块钱。 a. ʂaŋ⁵¹kɤ⁰yɛ⁵¹uo²¹kən⁵⁵tʰa⁵⁵ʂou²¹na³⁵lɤ⁰san⁵⁵pai²¹kʰuai⁵¹tɕʰian³⁵。 b. ʂaŋ⁵¹kɤ⁰yɛ⁵¹tʰa⁵⁵kɤ²¹uo³⁵ʂour²¹na³⁵lɤ⁰san⁵⁵pai²¹kʰuai⁵¹tɕʰian³⁵。
义县	a. 我上个月从他手儿借三百块钱。b. 我上个月借给他三百块钱。 a. uo²¹ʂaŋ⁵¹kɤ⁰yɛ⁵³tʂʰuŋ³⁵tʰa⁴⁴ʂour²¹tɕiɛ⁵³san⁴⁴pai²¹kʰuai⁵³tɕʰian³⁵。 b. uo²¹ʂaŋ⁵¹kɤ⁰yɛ⁵¹tɕiɛ⁵³kei²¹tʰa⁴⁴san⁴⁴pai²¹kʰuai⁵³tɕʰian³⁵。
北票	a. 上个月我管他借了三百块钱。b. 上个月我借给他三百块钱。 a. ʂaŋ⁵¹kɤ⁰yɛ⁵³uo²¹kuan²¹tʰa⁴⁴tɕiɛ⁵¹lɤ⁰san⁴⁴pai²¹kʰuai⁵³tɕʰian³⁵。 b. ʂaŋ⁵¹kɤ⁰yɛ⁵³uo²¹tɕiɛ⁵³kei²¹tʰa⁴⁴san⁴⁴pai²¹kʰuai⁵³tɕʰian³⁵。
阜新	a. 上个月我跟他借了三百块钱。b. 上个月我借给他三百块钱。 a. ʂaŋ⁵¹kə⁰yɛ⁵³uo²¹kən⁵⁵tʰa⁵⁵tɕiɛ⁵¹lə⁰san⁵⁵pai²¹kʰuai⁵³tɕʰian³⁵。 b. ʂaŋ⁵¹kə⁰yɛ⁵³uo²¹tɕyɛ⁵³kei²¹tʰa⁵san⁵⁵pai²¹kʰuai⁵³tɕʰian³⁵。
黑山	a. 上个月我管他借了三百块钱。b. 上个月我借给他三百块钱。 a. ʂaŋ⁵¹kɤ⁰yɛ⁵³uo³⁵kuan²¹tʰa⁴⁴tɕiɛ⁵¹lɤ⁰ʂan⁴⁴pai²¹kʰuai⁵³tɕʰian³⁵。 b. ʂaŋ⁵¹kɤ⁰yɛ⁵³uo²¹tɕiɛ⁵³kei²¹tʰa⁴⁴ʂan⁴⁴pai²¹kʰuai⁵³tɕʰian³⁵。
昌图	a. 上个月我管他借了三百元。b. 上个月我借给他三百元。 a. ʂaŋ⁵¹kə⁰yɛ⁵¹uo²¹kuan²¹³tʰa³³tɕiɛ⁵¹lə⁰san³³pai²¹yan³⁵。 b. ʂaŋ⁵¹kə⁰yɛ⁵¹uo²¹tɕiɛ⁵¹kei²¹tʰa³³san³³pai²¹yan³⁵。
大连	a. 我上个月跟他借了三百块钱。b. 我上个月借给他三百块钱。 a. uə²¹ʃaŋ⁵²kə⁰yɛ⁵²kə̃³⁴tʰa³¹tɕiɛ⁵²lə⁰sã³¹pe²¹kʰuɛ⁵²tɕʰiɛ̃³⁴。 b. uə²¹ʃaŋ⁵²kə⁰yɛ⁵²tɕiɛ⁵²ke²¹tʰa³¹sã³¹pe²¹kʰuɛ⁵²tɕʰiɛ̃³⁴。

金州 杏树	a. 我上个月儿跟他借了三百元钱。b. 上个月儿我借给他三百元钱。 a. uə²¹saŋ⁵²ə⁰yɛr²¹kə̃³¹tʰa³¹tɕiɛ⁵²lə⁰sã³¹pɛ²¹yɛ̃⁵²tɕʰiɛ̃⁵²。 b. saŋ⁵²ə⁰yɛr²¹uə²¹tɕiɛ⁵²keʰa³¹sã³¹pɛ²¹yɛ̃⁵²tɕʰiɛ̃⁵²。
长海	a. 我上个月借了他三百块钱。b. 我上个月借给他三百块钱。 a. uə²¹ʃaŋ⁵³kɤ⁰yɛ²¹tʃiɛ⁵³lə⁰tʰa⁵³san³¹pɤ²¹kʰuai⁵³tʃʰian⁵³。 b. uə²¹ʃaŋ⁵³kɤ⁰yɛ²¹tʃiɛ⁵³kʰei²¹tʰa⁵³san³¹pɤ²¹kʰuai⁵³tʃʰian⁵³。
庄河	a. 我上个月跟他借了三百块。b. 我上个月借给他三百块。 a. uə²¹saŋ⁵³kə⁰yɛ⁵¹kən³³tʰa³¹tɕiɛ⁵¹lə⁰san³¹pai²¹kʰuai⁵¹。 b. uə²¹saŋ⁵³kə⁰yɛ⁵¹tɕiɛ⁵¹kʰei²¹tʰa³¹san³¹pai²¹kʰuai⁵¹。
盖州	a. 我上个月跟他借了三百元。b. 上个月我借给他三百元。 a. uɤ²¹saŋ⁵¹kɤ⁰yɛ⁵¹kən²⁴tʰa⁴¹²tɕiɛ⁵¹lɤ⁰san⁴¹²pai²¹yan²⁴。 b. saŋ⁵¹kɤ⁰yɛ⁵¹uɤ²¹tɕiɛ⁵¹kei²⁴tʰa²⁴san⁴¹²pai²¹yan²⁴。
丹东	a. 我上个月问他借了三百块钱。b. 我上个月借给他三百块钱。 a. uo²¹ʂaŋ⁵¹kɤ⁰yɛ⁵¹uən⁵¹tʰa⁴¹¹tɕiɛ⁵¹lə⁰san⁴¹¹pai²⁴kʰuai⁵¹tɕʰian²⁴。 b. uo²¹ʂaŋ⁵¹kɤ⁰yɛ⁵¹tɕiɛ⁵¹kei²⁴tʰa⁴¹¹san⁴¹¹pai²⁴kʰuai⁵¹tɕʰian²⁴。
建平	a. 我上个月从他那儿倒三百块钱。b. 我上个月倒给他三百块钱儿。 a. vɤ²¹ʂã⁵³kə⁰yɛ⁰tsʰuŋ³⁵tʰa⁴⁴nar⁵³tɤ²¹sã⁴⁴pɛ²¹kʰuɛ⁵³tɕʰiɛ̃³⁵。 b. vɤ²¹ʂã⁵³kə⁰yɛ⁵³tɤ²¹kei²¹tʰa⁴⁴sã⁴⁴pɛ²¹kʰuɛ⁰tɕʰiɐr³⁵。
凌源	a. 上个月我跟他借了三百块钱。b. 上个月我借给他三百块钱。 a. ʂaŋ⁵¹kɤ⁰ye⁵³vɤ²¹kən⁵⁵tʰa⁵⁵tɕiɛ⁵¹lɤ⁰san⁵⁵pai⁵¹kʰuai⁵³tɕʰiɛn³⁵。 b. ʂaŋ⁵¹kɤ⁰ye⁵³vɤ²¹tɕiɛ⁵³kei²¹tʰa⁵⁵san⁵⁵pai²¹kʰuai⁵³tɕʰiɛn³⁵。

	0037a. 王先生的刀开得很好。**b.** 王先生的刀开得很好。 **a.** 王先生是医生（施事）。**b.** 王先生是病人（受事）。如与 a 句相同，注"同 a"即可。
沈阳	a. 王先生的刀开得好。b. 同 a vaŋ³⁵ɕian³³səŋ⁰ti⁰tau³³kʰai³³tə⁰xau²¹。
本溪	a. 王先生开的刀挺好。b. 王先生开刀开得挺好。 a. uaŋ³⁵ɕian⁴⁴ʂəŋ⁰kʰai⁴⁴ti⁰tau⁴⁴tʰiŋ³⁵xau²²⁴。 b. uaŋ³⁵ɕian⁴⁴ʂəŋ⁰kʰai⁰tau⁴⁴kʰai⁴⁴ti⁰tʰiŋ³⁵xau²²⁴。
辽阳	a. 王先生的刀开得挺好。b. 王先生的刀开得挺好。 a. uaŋ³⁵ɕian⁴⁴ʂəŋ⁰tə⁰tau⁴⁴kʰai⁵¹tə⁰tʰiŋ²⁴xau²¹³。 b. uaŋ³⁵ɕian⁴⁴ʂəŋ⁰tə⁰tau⁴⁴kʰai⁵¹tə⁰tʰiŋ²⁴xau²¹³。
海城	a. 王先生的刀开得成好了。b. 王先生的刀开得成好了。 a. uaŋ³⁵ɕian⁴⁴ʂəŋ⁰tɤ⁰tau⁴⁴kʰai⁴⁴tɤ⁰tʂʰəŋ³⁵xau²¹lɤ⁰。 b. uaŋ³⁵ɕian⁴⁴ʂəŋ⁰tɤ⁰tau³³kʰai⁴⁴tɤ⁰tʂʰəŋ³⁵xau²¹lɤ⁰。

开原	a. 王先生，刀开得很好。b. 王先生的刀开得很好。 a. uaŋ³⁵ɕian⁴⁴ʂəŋ⁰,tau⁴⁴kʰai⁴⁴tə⁰xən³⁵xau²¹³。 b. uaŋ³⁵ɕian⁴⁴ʂəŋ⁰tə⁰tau⁴⁴kʰai⁴⁴tə⁰xən³⁵xau²¹³。
锦州	a. 王大夫手术做挺好。b. 王先生手术挺成功。 a. uaŋ³⁵tai⁵¹fu⁰ʂou²¹ʂu⁵³tsuo⁵³tʰiŋ³⁵xau²¹³。 b. uaŋ³⁵ɕian⁵⁵ʂəŋ⁰ʂou²¹ʂu⁵³tʰiŋ²¹tʂʰəŋ³⁵kuŋ⁵⁵。
盘锦	a. 王大夫手术做得挺好。b. 老王手术做得挺成功。 a. uaŋ³⁵tai⁵¹fu⁰ʂou²¹ʂu⁵¹tsuo⁵¹tə⁰tʰiəŋ³⁵xau²¹³。 b. lau²¹uaŋ³⁵ʂou²¹ʂu⁵¹tsuo⁵¹tə⁰tʰiəŋ²¹tʂʰəŋ³⁵kuəŋ⁵⁵。
兴城	a. 王大夫的手艺好。b. 王先生的手术挺成功。 a. uaŋ³⁵tai⁵¹fu⁰ti⁰ʂou²¹i⁵¹xau²¹³。b. uaŋ³⁵ɕian⁴⁴ʂəŋ⁴⁴tə⁰ʂou²¹ʂu⁵¹tʰiŋ²¹tʂʰəŋ³⁵kuŋ⁴⁴。
绥中	a. 王先生刀开得挺ʐ。b. 王先生刀开得挺好。 a. vaŋ³⁵ɕian⁵⁵ʂəŋ⁰tau⁵⁵kʰai⁵⁵tie⁰tiəŋ³⁵xau²¹³。b. 同 a
义县	a. 王先生的手术做得挺好。b. 同 a。 a. uaŋ³⁵ɕian⁴⁴ʂəŋ⁴⁴tʐ⁰ʂou²¹ʂu⁵³tsuo⁵¹tʐ⁰tʰiŋ³⁵xau²¹³。b. 同 a。
北票	a. 王先生的手术做得挺好。b. 同 a a. uaŋ³⁵ɕian⁴⁴ʂəŋ⁰tʐ⁰ʂou²¹ʂu⁵³tsuo⁵¹tʐ⁰tʰiəŋ³⁵xau²¹³。b. 同 a
阜新	a. 王大夫的手术做得忒好了。b. 王先生的手术做得挺漂亮。 a. uaŋ³⁵tai⁵¹fu⁰tə⁰ʂou²¹ʂu⁵³tsuo⁵¹tə⁰tʰuei³⁵xau²¹lə⁰。 b. uaŋ³⁵ɕian⁵⁵ʂəŋ⁰tə⁰ʂou²¹ʂu⁵¹tsuo⁵¹tə⁰tʰiŋ²¹pʰiau⁵¹liaŋ⁰。
黑山	a. 王先生的手术做得挺好。b. 同 a。 a. uaŋ³⁵ɕian⁴⁴ʂəŋ⁴⁴tʐ⁰ʂou²¹ʂu⁵³tsuo⁵¹tʐ⁰tʰiəŋ³⁵xau²¹³。b. 同 a。
昌图	a. 王先生的手术做得挺好。b. 同 a a. uaŋ³⁵ɕian³³ʂəŋ⁰ti⁰ʂou²¹ʂu⁵³tsuo⁵¹ti⁰tʰiəŋ³⁵xau²¹³。b. 同 a
大连	a. 王先生的刀开得很好。b. 王先生的刀开得很好。 a. uaŋ³⁴ɕiɛ̃³¹səŋ⁰ti⁰tɔ³¹kʰɛ³¹tə⁰xɚ³⁴xɔ²¹³。b. 同 a。
金州杏树	a. 王大夫技术真高刀开得真好。b. 医生给王先生做的手术很成功。 a. uaŋ⁵²tɛ⁵²fu⁰tɕi³¹ɕy⁰tsə³⁴kɔ³¹²tɔ³¹kʰɛ³¹tə⁰tsə³¹xɔ²¹³。 b. i³⁴səŋ³¹ke²¹uaŋ³⁴ɕiɛ̃³¹səŋ⁰tsuə⁵²tə⁰səu³¹ɕy⁵²xɚ²¹tsʰəŋ³⁴kuŋ³¹²。
长海	a. 王先生的刀开得很好。b. 王先生的刀开得好。 a. uaŋ²⁴ʃian³¹səŋ⁰tə⁰tau³¹kʰai³¹tə⁰xən²⁴xau²¹⁴。 b. uaŋ²⁴ʃian³¹səŋ⁰tə⁰tau³¹kʰai³¹tə⁰xau²¹⁴。
庄河	a. 王先生开刀开得很好。b. 王先生刀开得很好。 a. uaŋ²⁴ɕian³¹səŋ⁰kʰai³¹tao³¹kʰai³¹tə⁰xən²⁴xao²¹³。 b. uaŋ²⁴ɕian³¹səŋ⁰tao³¹kʰai³¹tə⁰xən²⁴xao²¹³。

盖州	a. 王先生的手术做得很好。b. 王先生的手术做得非常成功。 a. uaŋ²⁴ɕian⁴¹²səŋ⁰tʀ⁰səu²¹su⁵¹tsuʀ⁵¹tʀ⁰xən²⁴xau²¹³。 b. uaŋ²⁴ɕian⁴¹²səŋ⁰tə⁰səu²¹su⁵¹tsuʀ⁵¹tə⁰fei⁴¹²tshaŋ²⁴tshəŋ²⁴kuŋ⁴¹²。
丹东	a. 王先生的刀开得真好。b. 王先生的刀开得挺好。 a. uaŋ²⁴ɕian⁴¹¹səŋ⁰tə⁰tau⁴¹¹khai⁴¹¹tə⁰tʂən⁴¹¹xau²¹³。 b. uaŋ²⁴ɕian⁴¹¹səŋ⁰tə⁰tau⁴¹¹khai⁴¹¹tə⁰thiŋ²⁴xau²¹³。
建平	a. 王大夫开刀这个艺术是挺好。b. 王先生这个手术挺成功。 a. vã³⁵tɛ⁵³fu⁰khɛ⁴⁴tɔ⁴⁴tʂei⁵³kə⁰i⁵³ʂu⁰ʂɿ⁵³thiŋ³⁵xɔ²¹³。 b. vã³⁵ɕiɛ⁴⁴ʂəŋ⁰tʂei⁵³kə⁰ʂəu⁵³ʂɿ⁵³tiŋ²¹tʂhəŋ³⁵kuŋ⁴⁴。
凌源	a. 王先生的手术做得挺好。b. 同 a。 a. vaŋ³⁵ɕiɛn⁵⁵ʂəŋ⁰tʀ⁰ʂou²¹su⁵¹tsuo⁵¹tʀ⁰thiŋ³⁵xau²¹。b. 同 a。

	0038 我不能怪人家，只能怪自己。
沈阳	我怪不了别人儿，只能怪自个儿。 uo²¹kuai⁴¹pu⁰liau²¹piɛ³⁵iər³⁵, tʂɿ²¹nəŋ³⁵kuai⁴¹tsɿ⁴¹kʀr²¹。
本溪	我不怪别人，只怪自己。 uo²¹pu³⁵kuai⁵¹piɛ³⁵zən³⁵,tʂɿ²¹kuai⁵³tsɿ⁵¹tɕi⁰。
辽阳	我不怪人家，只怪自个儿。 uo²¹pu³⁵kuai⁵¹in³⁵tɕia⁰,tʂɿ²¹kuai⁵¹tsɿ⁵¹kʀr²¹³。
海城	我不能赖别人，只能赖自个儿了。 uʀ²¹pu⁵¹nəŋ³⁵lai⁵¹piɛ³⁵in³⁵,tʂɿ²¹nəŋ³⁵lai⁵³tsɿ⁵¹kər²¹lʀ⁰。
开原	我不怨人家，怨就怨自个儿。 uʀ²¹³pu³⁵yan⁵¹in⁵¹tɕiɛ⁰,yan⁵¹tɕiou⁵³yan⁵¹tsɿ⁵³kʀr²¹³。
锦州	我不怪别人儿，就怪自个儿。 uo²¹pu³⁵kuai⁵³piɛ³⁵iər³⁵,tɕiou⁵³kuai⁵³tɕi⁵³kʀr²¹³。
盘锦	不怨别人，就怨自个儿。 pu³⁵yan⁵¹piɛ³⁵iən³⁵,tɕiou⁵³yan⁵¹tsɿ⁵¹kʀr²¹³。
兴城	我不怪别人，就怪我自个儿。 uo²¹pu³⁵kuai⁵¹piɛ³⁵in³⁵,tɕiou⁵¹kuai⁵¹uo²¹tɕiŋ⁴⁴kər⁴⁴。
绥中	我自己个做得不对，不能赖别人儿。 uo²¹tɕi⁵¹tɕi⁵¹kʀ²¹³tʂuo⁵¹tiɛ⁰pu⁵¹tuei⁵¹,pu⁵¹nəŋ³⁵lai⁵¹piɛ³⁵zər³⁵。
义县	我不怪人家，就怪自个儿。 uo²¹pu³⁵kuai³⁵zən³⁵tɕia⁰,tɕiou⁵³kuai⁵¹tsɿ⁵³kʀr²¹³。

语法例句对照

北票	我不能怨人家，只能怨己个儿。 uo²¹pu⁵³nəŋ³⁵yan⁵³zən³⁵tɕia⁴⁴,tʂʅ²¹nəŋ³⁵yan⁵³tɕi⁵³kɤr²¹³。
阜新	我不怪别人，就怪自个儿。 uo²¹pu³⁵kuai⁵¹piɛ³⁵zən³⁵,tɕiou⁵³kuai⁵¹tsʅ⁵¹kɤr²¹³。
黑山	我不能怨别人儿，只能怨自个儿。 uo²¹pu⁵³nəŋ³⁵yan⁵³piɛ³⁵iər³⁵,tʂʅ²¹nəŋ³⁵yan⁵³tɕi⁵³kɤr²¹³。
昌图	我不能怨人家，只能怨自个儿。 uo²¹pu⁵³nəŋ³⁵yan⁵¹iən³⁵tɕia⁰,tʂʅ²¹nəŋ³⁵yan⁵¹tsʅ⁵¹kɤr²¹³。
大连	我不能怪人家，只能怪自己。 uə³⁴pu²¹nəŋ³⁴kuɛ⁵²ĩ³⁴tɕia³¹²,tʂʅ²¹nəŋ³⁴kuɛ⁵²tsʅ⁵²tɕi²¹³。
金州杏树	我不怪别人，就怪自个儿。 uə²¹pu²¹kuɛ⁵²piɛ³⁴ĩ³¹²,tɕiəu⁵²kuɛ⁵²tsʅ⁵²kɤr²¹³。
长海	我不怪别人，只怪自己。 uə²¹pu²¹kuai⁵³piɛ²⁴iən³¹,tʃʅ²¹kuai⁵³tsʅ⁵³ci⁰。
庄河	我不能怨人家，只能怨自己。 uə²¹pu²¹nəŋ⁰yan⁵¹in²⁴tɕia³¹,tsʅ²¹nəŋ⁰yan⁵¹tsʅ⁵¹tɕi⁰。
盖州	我不能怨人家，只能怨自个儿。 uɤ²¹pu⁵¹nəŋ²⁴yan⁵¹in²⁴tɕia⁰,tsʅ²¹nəŋ²⁴yan⁵¹tsʅ⁵¹kɤr²¹³。
丹东	我不能怪人家，就怪自己。 uo²¹pu⁵¹nəŋ²⁴kuai⁵¹in²⁴tɕia⁰,tɕiou⁵³kuai⁵¹tsʅ⁵¹tɕi⁰。
建平	我不能怪人家，我得怪各个儿。 vɤ²¹pu⁵³nəŋ³⁵kuɛ⁵²zə̃³⁵tɕia, vɤ³⁵tei²¹kuɛ⁴²kɤ⁵³kɤr²¹³。
凌源	我不能怨人家，只能怨自个儿。 vɤ²¹pu⁵³nəŋ³⁵yan⁵³zən³⁵tɕia⁰,tsʅ²¹nəŋ³⁵yan⁵³tsʅ⁵³kɤr²¹。

	0039a. 明天王经理会来公司吗？b. 我看他不会来。
沈阳	a. 明儿个王经理来公司不？b. 我看够呛。 a. miə̃r³⁵kə⁰vaŋ³⁵tɕiŋ³³li²¹lai³⁵kuŋ³³sʅ³³pu⁰？b. uo²¹kʰan⁴¹kou⁴¹tɕʰiaŋ⁴¹。
本溪	a. 明天王经理会来公司吗？b. 我看他不会来。 a. miŋ³⁵tʰian⁴⁴uaŋ³⁵tɕiŋ⁴⁴li²²⁴xuei⁵¹lai³⁵kuŋ⁴⁴sʅ⁴⁴ma⁰？ b. uo²¹kʰan⁵¹tʰa⁴⁴pu⁰xuei⁵¹lai³⁵。
辽阳	a. 明儿个王经理能来公司不？b. 我看他够呛能来。 a. miə̃r³⁵kə⁰uaŋ³⁵tɕiŋ⁴⁴li²¹nəŋ³⁵lai³⁵kuŋ⁴⁴sʅ⁴⁴pu⁰？ b. uo²¹kʰan⁵¹tʰa⁴⁴kou⁵¹tɕʰiaŋ⁵¹nəŋ³⁵lai³⁵。

海城	a. 明个儿王经理能来公司吗？b. 我约摸他不能来。 a. miɛ³⁵kɤr⁰uaŋ³⁵tɕiŋ⁴⁴li²¹nəŋ³⁵lai³⁵kuŋ⁴⁴sʅ⁴⁴ma⁰？ b. uɤ²¹yɛ⁴⁴mɤ⁰tʰa⁴⁴pu⁵¹nəŋ³⁵lai³⁵。
开原	a. 明儿个王经理能上公司来不？b. 我看不能来。 a. miɚ³⁵kə⁰uaŋ³⁵tɕiŋ⁴⁴li²¹³nəŋ³⁵saŋ⁵¹kuŋ⁴⁴sʅ⁴⁴lai³⁵pu⁰？b. uɤ²¹³kʰan⁵¹pu⁵³nəŋ³⁵lai³⁵。
锦州	a. 王经理明儿来吗？b. 我估摸他不能来。 a. uaŋ³⁵tɕiŋ⁵⁵li²¹miɚ³⁵lai³⁵ma⁵⁵？ b. uo²¹ku⁵⁵mə⁰tʰa⁵⁵pu⁵³nəŋ³⁵lai³⁵。
盘锦	a. 王经理明儿能来吗？b. 我估摸他不能来。 a. uaŋ³⁵tɕiəŋ⁵⁵li²¹miɚ³⁵nəŋ³⁵lai³⁵ma⁰？ b. uo²¹ku⁵⁵mə⁰tʰa⁵⁵pu⁵³nəŋ³⁵lai³⁵。
兴城	a. 明儿个王经理能来公司吗？b. 我估摸他不能来。 a. miɚ³⁵kə⁰uaŋ³⁵tɕiŋ⁴⁴li²¹³nəŋ³⁵lai³⁵kuŋ⁴⁴sʅ⁴⁴ma⁰？ b. uo²¹ku⁴⁴mə⁰tʰa⁴⁴pu⁴⁴nəŋ³⁵lai³⁵。
绥中	a. 明天王经理能来公司吗？b. 我看够呛。 a. miəŋ³⁵tʰian⁵⁵uaŋ³⁵tɕiəŋ⁵⁵li²¹³nəŋ³⁵lai³⁵kuəŋ⁵⁵sʅ⁵⁵ma⁰？b. uo²¹kʰan⁵¹kou⁵¹tɕʰiaŋ⁵¹。
义县	a. 明儿个儿王经理来吗？b. 我估摸他来不了。 a. miɚ³⁵kɤr⁰uaŋ³⁵tɕiŋ⁴⁴li²¹lai³⁵ma⁰？ b. uo²¹ku⁴⁴mɤ⁰tʰa⁴⁴lai³⁵pu⁵³liau²¹³。
北票	a. 明个王经理能来吗？b. 我估摸着他不能来。 a. miəŋ³⁵kɤuaŋ³⁵tɕiəŋ⁴⁴li²¹nəŋ³⁵lai³⁵ma⁰？ b. uo²¹ku⁴⁴mɤ⁰tʂɤ⁰tʰa⁴⁴pu⁰nəŋ³⁵lai³⁵。
阜新	a. 明个王经理来吗？b. 我估摸着他不能来。 a. miŋ³⁵kə⁰uaŋ³⁵tɕiŋ⁵⁵li²¹lai³⁵ma？ b. uo²¹ku⁵⁵mu⁰tʂə⁰tʰa⁵⁵pu⁰nəŋ³⁵lai³⁵。
黑山	a. 明儿个儿王经理能来吗？b. 我估摸他来不了。 a. miɚ³⁵kɤr⁰uaŋ³⁵tɕiəŋ⁴⁴li²¹nəŋ³⁵lai³⁵ma⁰？ b. uo²¹ku⁴⁴mɤ⁰tʰa⁴⁴lai³⁵pu⁵³liau²¹³。
昌图	a. 明儿个儿王经理能来吗？b. 我估摸着他不能来。 a. miɚ³⁵kɤr⁰uaŋ³⁵tɕiəŋ³³li²¹³nəŋ³⁵lai³⁵ma⁰？ b. uo²¹ku³³mə⁰tʂə⁰tʰa³³pu⁰nəŋ³⁵lai³⁵。
大连	a. 明天王经理能来公司吗？b. 大概不能来了。 a. miŋ³⁴tʰiɛ³¹uaŋ³⁴tɕiŋ³¹lɛ⁰nəŋ³⁴lɛ³⁴kuŋ³¹ma⁰？ b. ta⁵²kɛ⁵²pu²¹nəŋ³⁴lɛ³⁴la⁰。

语法例句对照

金州 杏树	a. 明天王经理能来公司吗？b. 他不能来。 a. miŋ³⁴tʰiɛ̃³¹uaŋ³⁴tɕiŋ³¹le²¹nəŋ³⁴lɛ³¹kuŋ³⁴sɿ³¹ma⁰? b. tʰa³¹pu²¹nəŋ³⁴lɛ³¹².
长海	a. 明天王经理能来公司吗？b. 我看不会来。 a. miŋ²⁴tʰian³¹uaŋ²⁴ɕiŋ³¹li²¹⁴nəŋ⁵³lai³¹kuŋ³³sɿ³¹ma⁰? b. uə²¹kʰan⁵³pu²¹xuei⁵³lai³¹.
庄河	a. 明天王经理会来公司吗？b. 我看他不会来的。 a. miŋ²⁴tʰian²⁴uaŋ²⁴tɕiŋ³³li⁰xuei⁵¹lai³¹kuŋ³³sɿ³¹ma⁰? b. uə²¹kʰan⁵¹tʰa³¹pu²¹xuei⁵¹lai³¹tə⁰.
盖州	a. 明天王经理能来公司吗？b. 我看他不能。 a. miŋ²⁴tʰian⁴¹²uaŋ²⁴tɕiŋ⁴¹²li²¹nəŋ²⁴lai²⁴kuŋ²⁴sɿ⁴¹²ma⁰? b. uɤ²¹kʰan⁵¹tʰa⁴¹²pu⁵¹nəŋ²⁴.
丹东	a. 明天王经理能来公司吗？b. 我约莫他不能来。 a. miŋ²⁴tʰian⁴¹¹uaŋ²⁴tɕiŋ⁴¹¹li⁰nəŋ²⁴lai²⁴kuŋ⁴⁴sɿ⁴¹¹ma⁰? b. uo²¹yɛ⁴¹¹mə⁰tʰa⁴¹¹pu²¹nəŋ²⁴lai²⁴.
建平	a. 明儿个王经理能来公司吗？b. 我看他不能来。 a. miə̃r³⁵kə⁰vã³⁵tɕiŋ⁴⁴li²¹nəŋ³⁵lɛ³⁵kuŋ⁴⁴sɿ⁴⁴ma⁰? b. vɤ²¹kʰā⁵³tʰa⁴⁴pu⁵³nəŋ³⁵lɛ³⁵.
凌源	a. 明儿个儿王经理来吗？b. 我估摸着他来不了。 a. miə̃r³⁵kɤr⁰vaŋ³⁵tɕiŋ⁵⁵li²¹lai³⁵ma⁰? b. vɤ²¹ku⁵⁵mɤ⁰tʂɤ⁰tʰa⁵⁵lai³⁵pu⁵³liau²¹.

	0040 我们用什么车从南京往这里运家具呢？
沈阳	俺们用啥车从南京往这拉家具啊？ an²¹mən⁰yŋ⁴¹sa³⁵tʂʰɤ³³tsʰuŋ³⁵nan³⁵tɕiŋ³³vaŋ²¹tsɤ⁴¹la³³tɕia³³tɕy⁴¹a⁰?
本溪	我们用什么车从南京往这儿运家具呢？ uo²¹mən⁰yŋ⁵¹ʂən³⁵mə⁰tʂʰɤ⁴⁴tsʰuŋ³⁵nan³⁵tɕiŋ⁴⁴uaŋ⁵³tʂər⁵¹yn⁵¹tɕia⁴⁴tɕy⁵¹n̩i⁰?
辽阳	我们用啥车从南京往这儿运家具啊？ uo²¹mən⁰yŋ⁵¹sa³⁵tsʰɤ⁴⁴tsʰuŋ³⁵nan³⁵tɕiŋ⁴⁴uaŋ²¹tsɤr⁵¹yn⁵¹tɕia⁴⁴tɕy⁴⁴ia⁴⁴?
海城	咱们搁啥车搁南京往回拉家具呢？ tʂan³⁵mən⁰kɤ⁴⁴ʂa³⁵tʂʰɤ⁴⁴kɤ²¹nan³⁵tɕiŋ⁴⁴uaŋ²¹xuei³⁵la⁴⁴tɕia⁴⁴tɕy⁵¹nɤ⁰?
开原	用啥车从南京往这儿搬家具？ yŋ⁵¹ʂa³⁵tʂʰɤ⁴⁴tsʰuŋ³⁵nan³⁵tɕiŋ⁴⁴uaŋ²¹tsɤr⁵¹pan⁴⁴tɕia⁴⁴tɕy⁵¹?
锦州	咱搁啥车去南京拉家具？ tʂan³⁵kɤ⁵⁵ʂa³⁵tʂʰɤ⁴⁴tɕʰy⁵³nan³⁵tɕiŋ⁵⁵la⁵⁵tɕia⁵⁵tɕy⁵¹?

盘锦	咱们用啥车把家具从南京拉回来？ tʂan³⁵mən⁰yəŋ⁵³ʂa³⁵tʂʰɤ⁵⁵pa²¹tɕia⁴⁴tɕy⁵¹tʂʰuaŋ³⁵nan³⁵tɕiəŋ⁵⁵la⁵⁵xuei⁰lai⁰?
兴城	咱用啥车把家具从南京拉回来？ tʂan³⁵yŋ⁵¹ʂa³⁵tʂʰɤ⁴⁴pa²¹tɕia⁴⁴tɕy⁵¹tʂʰuŋ³⁵nan³⁵tɕiŋ⁴⁴la⁴⁴xuei³⁵lai⁰?
绥中	搁南京往这儿运家具，咱们搁啥车运呢？ kɤ⁵⁵nan³⁵tɕiəŋ⁵⁵uaŋ²¹tʂər⁵¹yn⁵¹tɕia⁵⁵tɕy⁵¹,tʂan³⁵mən⁰kɤ⁵⁵ʂa³⁵tʂʰɤ⁵⁵yn⁵¹n̠iɛ⁰?
义县	咱们用啥车从南京往这儿运家具呢？ tʂan³⁵mən⁰yŋ⁵³ʂa³⁵tʂʰɤ⁴⁴tsʰuŋ³⁵nan³⁵tɕiŋ⁴⁴uaŋ²¹tʂɐr⁵³in⁵¹tɕia⁴⁴tɕy⁵¹nɤ⁰?
北票	咱们用啥车从南京往这儿拉家具呢？ tsan³⁵mən⁰yəŋ⁵³ʂa³⁵tʂʰɤ⁴⁴tsʰuəŋ³⁵nan³⁵tɕiəŋ⁴⁴uaŋ²¹tʂɐr⁵³la⁴⁴tɕia⁴⁴tɕy⁵¹n̠iɛ⁰?
阜新	咱们用啥车从南京往这儿倒腾家具？ tsan³⁵mən⁰yŋ⁵³ʂa³⁵tʂʰɤ⁵⁵tsʰuŋ³⁵nan³⁵tɕiŋ⁵⁵uaŋ²¹tʂər⁵¹tau³⁵təŋ⁰tɕia⁵⁵tɕy⁵¹?
黑山	我们搁啥车从南京往这儿拉家具呢？ m²¹mən⁰kɤ⁴⁴ʂa³⁵tʂʰɤ⁴⁴tsʰuəŋ³⁵nan³⁵tɕiəŋ⁴⁴uaŋ²¹tʂɐr⁵³la⁴⁴tɕia⁴⁴tɕy⁵¹n̠iɛ⁰?
昌图	我们用啥车搁南京往这儿拉家具呢？ uo²¹mən⁰yəŋ⁵¹ʂa³⁵tʂʰɤ³³kɤ³³nan³⁵tɕiəŋ³³uaŋ²¹³tʂɤr⁵¹la³³tɕia³³tɕy⁵¹n̠iɛ⁰?
大连	我们用什么车从南京往这里运家具？ uə²¹mə̃⁰yŋ⁵²ʃə̃³⁴mə⁰tʃʰɤ³¹tsʰuŋ³¹nã³⁴tɕiŋ³¹uaŋ²¹tɕiɛ⁵²le⁰ỹ⁵²tɕia³¹tɕy⁵²?
金州杏树	从南京往这里运家具用什么车呢？ tsʰuŋ⁵²nã³⁴tɕiŋ³¹uaŋ⁵²tɕiɛ⁵²le⁰ỹ⁵²tɕia³¹tɕy⁵²yŋ⁵²sɔ̃³⁴mə⁰tɕʰiɛ³¹n̠iɛ⁰?
长海	我们用什么车从南京往这儿运家具？ uə²¹mən⁰yŋ³¹ʃən³¹mə⁰tʃʰɤ³¹tsʰuŋ³¹nan²⁴ciŋ³¹uaŋ⁵³tʂɤr⁵³yn⁵³cia³¹cy⁵³?
庄河	我们用什么车把家具从南京拉回来呢？ uə²¹mən⁰yŋ⁵¹sən²⁴mə⁰tsʰə³¹pa²¹tɕia³¹tɕy⁵¹tsʰuŋ²⁴nan²⁴tɕiŋ³¹la³¹xuei²⁴lai³¹n̠i⁰?
盖州	我们用什么车把家具从南京拉回来？ uɤ²¹mən⁰yŋ⁵¹sən²⁴mɤ⁰tsʰɤ⁴¹²pa²⁴tɕia⁴¹²tɕy⁵¹tsʰuŋ²⁴nan²⁴tɕiŋ²⁴la⁴¹²xuei²⁴lai⁰?
丹东	咱们使唤什么车从南京往这儿运家具呢？ tsan²¹mən⁰ʂɿ²¹xuan⁵¹xəŋ²⁴mə⁰tsʰɤ⁴¹¹tsʰuŋ²⁴nan²⁴tɕiŋ⁴¹¹uaŋ²¹tʂɤr⁵¹yn⁵¹tɕia⁴¹¹tɕy⁵¹nə⁰?
建平	我们找啥车从南京往这里搬家具呢？ vɤ²¹mə⁰tʂɔ²¹ʂa³⁵tʂɤ⁴⁴tsʰuŋ³⁵nã³⁵tɕiŋ⁴⁴vã²¹tʂɤ⁵³li²¹pã⁴⁴tɕia⁴⁴tɕy⁵³n̠i⁰?
凌源	咱们用啥车从南京往这儿运家具呢？ tsan³⁵mən⁰yŋ⁵³ʂa³⁵tʂʰɤ⁵⁵tsʰuŋ³⁵nan³⁵tɕiŋ⁵⁵vaŋ²¹tʂɐr⁵³yn⁵¹tɕia⁵⁵tɕy⁵¹n̠iɛ⁰?

	0041 他像个病人似的靠在沙发上。
沈阳	他跟个病人似的在沙发上一靠。 tʰa³³kən³³kə⁰piŋ⁴¹in³⁵sʅ⁴¹ti⁰tsai⁴¹sa³³fa³³saŋ⁰i³⁵kʰau⁴¹。
本溪	他像个病人似的靠在沙发上。 tʰa⁴⁴ɕiaŋ⁵¹kɤ⁰piŋ⁵¹ʐən³⁵sʅ⁵¹ti⁰kʰau⁵¹tsai⁵¹sa⁴⁴fa⁰ʂaŋ⁰。
辽阳	他像个病人靠在沙发上。 tʰa⁴⁴ɕiaŋ⁵¹kə⁰piŋ⁵¹in³⁵kʰau⁵¹tsai⁵¹sa⁴⁴faŋ⁰。
海城	他像个病人似的赸歪在沙发上。 tʰa⁴⁴ɕiaŋ⁵¹kɤ⁰piŋ⁵¹in³⁵sʅ⁵¹tɤ⁰tɕʰiɛ³⁵uai⁰tsai⁵¹sa⁴⁴faŋ⁰。
开原	他靠在沙发上，像来病了似的。 tʰa⁴⁴kʰau⁵³tsai⁰sa⁴⁴faŋ⁰, ɕiaŋ⁵¹lai³⁵piŋ⁵³lə⁰sʅ⁵³ti⁰。
锦州	他侧在沙发上，像个病人似的。 tʰa⁵⁵tsai⁵⁵tsai⁵³sa⁵⁵fa⁵⁵ʂaŋ⁵¹, ɕiaŋ⁵¹kə⁰piŋ⁵¹in³⁵sʅ⁵¹ti⁰。
盘锦	他像个病号儿似的靠在沙发上。 tʰa⁵⁵ɕiaŋ⁵¹kə⁰piəŋ⁵³xaur⁵¹sʅ⁵¹tə⁰kʰau⁵¹tsai⁰sa⁵⁵fa⁵⁵ʂaŋ⁰。
兴城	他靠在沙发上，好像有病了。 tʰa⁴⁴kʰau⁵¹tsai⁰sa⁴⁴fa⁴⁴ʂaŋ⁰, xau²¹ɕiaŋ⁵¹iou²¹piŋ⁵¹lə⁰。
绥中	他好像有病了，搁沙发上一靠。 tʰa⁵⁵xau²¹ɕiaŋ⁵¹iou²¹piəŋ⁵¹lɤ⁰,kɤ²¹sa⁵⁵fa⁵⁵ʂaŋ⁰i³⁵kʰau⁵¹。
义县	他像个病秧子似的靠在沙发上。 tʰa⁴⁴ɕiaŋ⁵¹kɤ⁰piŋ⁵³iaŋ⁴⁴tsʅ⁰sʅ⁵¹ti⁰kʰau⁵¹tsai⁵³sa⁴⁴fa⁴⁴ʂaŋ⁰。
北票	他像个病秧子似的侧歪在沙发上。 tʰa⁴⁴ɕiaŋ⁵¹kɤ⁰piəŋ⁵³iaŋ⁴⁴tsʅ⁰sʅ⁵¹tɤ⁰tsai⁴⁴uai⁰tsai⁵³sa⁴⁴fa⁴⁴ʂaŋ⁵¹。
阜新	他侧歪在沙发上，像个病篓子似的。 tʰa⁵⁵tsai⁵⁵uai⁰tsai⁵³ʂa⁵⁵fa⁵⁵ʂaŋ⁵¹, ɕiaŋ⁵¹kə⁰piŋ⁵³lou²¹tsə⁰sʅ⁵¹tia⁰。
黑山	他像个病秧子似的侧歪在沙发上。 tʰa⁴⁴ɕiaŋ⁵¹kɤ⁰piəŋ⁵³iaŋ⁴⁴tsʅ⁰sʅ⁵¹ti⁰tsai⁴⁴uai⁴⁴tsai⁵³sa⁴⁴fa⁴⁴ʂaŋ⁰。
昌图	他像个病秧子似的靠在沙发上。 tʰa³³ɕiaŋ⁵¹kə⁰piəŋ⁵¹iaŋ³³tsʅ⁰sʅ⁵¹ti⁰kʰau⁵¹tsai⁰sa³³fa³³saŋ⁰。
大连	他像个病人似的靠在沙发上。 tʰa³¹ɕiaŋ⁵²kə⁰piŋ⁵²ĩ³⁴sʅ⁵²ti⁰kʰɔ⁵²tsɛ⁰sa³¹fa²¹ʃaŋ⁰。
金州 杏树	他像个病人似的靠在沙发上。 tʰa³¹ɕiaŋ⁵²kə⁰piŋ⁵²ĩ³¹sʅ⁵²ti⁰kʰɔ⁵²tsɛ⁰sa³¹fa²¹saŋ⁰。
长海	他像病人一样靠在沙发上。 tʰa⁵³ʃiaŋ⁵³piŋ⁵³iən³¹i²¹iaŋ⁵³kʰau⁰tsai⁵³sa³¹fa⁰ʃaŋ⁰。

庄河	他像个病人一样靠在沙发上。 tʰa³¹ɕiaŋ⁵¹kə⁰piŋ⁵³in⁵¹i²¹iaŋ⁵¹kʰao⁵³tsai⁵¹sa³¹fa⁰ʂaŋ⁰。
盖州	他像个病人似的在沙发上靠着。 tʰa⁴¹²ɕiaŋ⁵¹kɤ⁰piŋ⁵¹in⁰sɿ⁵¹tɤ⁰tsai⁵¹sa²⁴fa⁴¹²ʂaŋ⁰kʰau⁵¹tsɤ⁰。
丹东	他像个病人一样靠在沙发上。 tʰa⁴¹¹ɕiaŋ⁵¹kɤ⁰piŋ⁵¹in²⁴i²¹iaŋ⁵¹kʰau⁵³tsai⁵¹ʂa⁴¹¹fa⁰ʂaŋ⁰。
建平	他像个病秧子似的靠在沙发上。 tʰa⁴⁴ɕiã⁵³kə⁰piŋ⁴⁴iã⁴⁴tsɿ⁰sɿ⁵³ti⁰kʰɔ⁵³tsɛ⁰ʂa⁴⁴fa⁴⁴ʂã⁵³。
凌源	他侧歪在沙发上，像个病秧子似的。 tʰa⁵⁵tʂai⁵⁵vai⁰tsai⁵³ʂa⁵⁵fa⁵⁵ʂaŋ⁰, ɕiaŋ⁵¹kɤ⁰piŋ⁵³iaŋ⁵⁵tsɿ⁰ʂɿ⁵¹ti⁰。

	0042 这么干活连小伙子都会累坏的。
沈阳	这么干活儿小伙儿也得累坏。 tsɤ⁴¹mə⁰kan⁴¹xuor³⁵ɕiau²¹xuor²¹ie²¹tei²¹lei⁴¹xuai⁴¹。
本溪	这么干活儿连小伙子都会累坏。 tʂe⁵¹mə⁰kan⁵¹xuor³⁵lian³⁵ɕiau³⁵xuo²²⁴tsɿ⁰tou⁴⁴xuei⁵¹lei⁵¹xuai⁵¹。
辽阳	这么干活儿小伙儿都得累坏。 tsɤ⁵¹mə⁰kan⁵¹xuor³⁵ɕiau³⁵xuor²¹tou⁴⁴tei²¹lei⁵¹xuai⁰。
海城	这么干活儿连小伙儿都能累坏。 tʂɤ⁵¹mɤ⁰kan⁵¹xuɤr³⁵lian³⁵ɕiau³⁵xuɤr²¹təu⁴⁴nəŋ³⁵lei⁵³xuai⁵¹。
开原	活儿这么干，就连小伙子都得累坏了。 xuɤr³⁵,tʂən⁵³mə⁰kan⁵¹,tɕiou⁵³lian³⁵ɕiau³⁵xuɤ²¹tʂo⁰tou⁴⁴tei²¹³lei⁵³xuai⁵³lə⁰。
锦州	这么干活儿连小伙儿都受不了。 tʂən⁵³kan⁵³xuor³⁵lian³⁵ɕiau³⁵xuor²¹tou⁵⁵ʂou⁵¹pu⁰liau²¹³。
盘锦	这么干活儿连小儿伙儿都得累完了。 tʂən⁵¹kan⁵¹xuor³⁵lian³⁵ɕiaur³⁵xuor²¹tou⁵⁵tɤ²¹lei⁵¹uan³⁵lə⁰。
兴城	这么干活儿，连小伙子都受不了。 tʂɤ⁵¹mə⁰kan⁵¹xuor³⁵,lian³⁵ɕiau³⁵xuo²¹tsɿ⁰tou⁴⁴ʂou⁵¹pu⁴⁴liau²¹³。
绥中	这么干连年轻小伙儿都受不了。 tʂən⁵¹muo⁰kan⁵¹lian³⁵ȵian³⁵tɕʰiaŋ⁵⁵ɕiau³⁵xuor²¹³tou⁵⁵ʂou⁵¹pu⁵¹liau²¹³。
义县	这么干活儿连小伙子都扛不住。 tʂən⁵³kan⁵³xuor³⁵lian³⁵ɕiau³⁵xuo²¹tsɿ⁰tou⁴⁴kʰaŋ²¹pu⁵¹tʂu⁵¹。
北票	这么干活儿连小伙子都得累坏咾。 tʂəŋ⁵³kan⁵³xuor³⁵lian³⁵ɕiau³⁵xuo²¹tsɿ⁰tou⁴⁴tɤ²¹lei⁵¹xuai⁵¹lau⁰。

阜新	这么干活儿连小伙子都得儿累了喽。 tsən⁵¹mən⁰kan⁵³xuor³⁵lian³⁵ɕiau³⁵xuɤr²¹ʐ̩⁰tou⁵⁵tiər²¹lei⁵³lou³⁵lou⁰。
黑山	这么干活儿连小伙子都得累坏喽。 tʂən⁵³kan⁵³xuor³⁵lian³⁵ɕiau³⁵xuo²¹tʂ̩⁰tou⁴⁴tei²¹lei⁵³xuai⁵¹lou⁰。
昌图	这么干活儿连年轻的都累坏了。 tʂɤ⁵¹mə⁰kan⁵¹xuor³⁵lian³⁵ɲian³⁵tɕʰiəŋ³³ti⁰tou³³lei⁵³xuai⁵¹lə⁰。
大连	这么干活儿连小伙子都会累坏的。 tɕiɛ⁵²mə⁰kã⁵²xuɤr³⁴liɛ³⁴ɕiɔ³⁴xuə²¹ə⁰tuei³¹xue⁵²le⁵²xuɛ⁵²ti⁰。
金州 杏树	这么干活儿连小伙儿都扛不了。 tsɔ̃⁵²mə⁰kã⁵²xuɤr⁵²liɛ⁵²ɕiɔ³⁴xuɤr²¹təu⁰kʰaŋ⁵²pu⁰liɔ²¹³。
长海	这么干活儿连小伙儿都会累坏的。 tʃɤ⁵³mə⁰kan⁵³xuər⁵³lianˀʃiau²⁴xuər²¹⁴təu³¹xuei⁵³lei⁵³xuai⁵³tə⁰。
庄河	这么干活儿连小伙儿也扛不了。 tsən⁵¹mə⁰kan⁵³xuər⁵¹lian³¹ɕiao²⁴xuər²¹³iɛ²¹kʰaŋ³¹pu⁰liao⁰。
盖州	这么干小伙儿也扛不了。 tsən⁵¹mɤ⁰kan⁵¹ɕiau²⁴xuɤr²⁴iɛ²¹kʰaŋ²⁴pu⁰liau²¹³。
丹东	这么干小伙子都扛不了。 tʂɤ⁵¹mə⁰kan⁵¹ɕiau²¹xuo²¹tʂ̩⁰tou⁴⁴kʰaŋ²⁴pu²⁴liau²¹³。
建平	就这么干活儿小伙子也得累坏了。 tɕiəu⁵³tʂuŋ⁵³mə⁰kã⁵³xuər⁰ɕiɔ³⁵xuə²¹tʂ̩⁰iɛ³⁵tei²¹lei⁴²xuɛ⁵³liɔ⁰。
凌源	这么干活儿连小伙子都得累坏喽。 tʂɤ⁵¹mɤ⁰kan⁵¹xuor³⁵liɛn³⁵ɕiau³⁵xuo²¹tʂ̩⁰tou⁵⁵tei²¹lei⁵³xuai⁵¹lou⁰。

	0043 他跳上末班车走了。我迟到一步，只能自己慢慢走回学校了。请设想几个大学生外出后返校的情景。
沈阳	他跳上最后一趟车走了。我慢了一步，只能自个儿慢慢走回学校了。 tʰa³³tʰiau⁴¹saŋ⁰tsuei⁴¹xou⁴¹i³⁵tʰaŋ⁴¹tsʰɤ³³tsou²¹lə⁰, uo²¹man⁴¹lə⁰i³⁵pu⁴¹, tʂ̩²¹nəŋ³⁵ tsʐ̩⁴¹kɤr²¹man⁴¹man⁴¹tsou²¹xuei³⁵ɕiau³⁵ɕiau⁴¹lə⁰。
本溪	他跳上末班车走了。我来迟了一步，只能自己慢慢地走回学校。 tʰa⁴⁴tʰiau⁴¹ʂaŋ⁰muo⁵¹pan⁴⁴tʂʰɤ⁴⁴tsou²²⁴la⁰。uo²¹lai³⁵tsʰ̩⁵³lə⁰i³⁵pu⁵¹,tʂ̩²¹nəŋ³⁵tsʐ̩⁵¹tɕi²²⁴man⁵³man⁵¹ti⁰tsou²¹xuei³⁵ɕyɛ³⁵ɕiau⁵¹。
辽阳	他上了最后那趟车走了，我慢了一步，只能各个儿慢慢走回学校了。 tʰa⁴⁴saŋ⁵¹lə⁰tsuei⁵¹xou⁵¹nei⁵¹tʰaŋ⁵¹tsʰɤ⁴⁴tsou²¹lə⁰,uo²¹man⁵¹lə⁰i³⁵pu⁵¹, tʂ̩²¹nəŋ³⁵kɤ³⁵kɤr²¹man⁵¹man⁵¹tsou²¹xuei³⁵ɕye³⁵ɕiau⁵¹lə⁰。

海城	他跳上最后一班车走了。我晚来一步，只能自己慢慢地走回学校了。 tʰa⁴⁴tʰiau⁵¹ʂaŋ⁰tsuei⁵³xəu⁵³i⁵¹pan⁴⁴tʂʰɤ⁴⁴tsəu²¹lɤ⁰。uɤ³⁵uan²¹lai¹i³⁵pu⁵¹,tʂʅ⁵¹nəŋ³⁵tʂʅ⁵¹tɕi²¹man⁵³man⁵¹ti⁰tsəu²¹xuei³⁵ɕye³⁵ɕiau⁵¹lɤ⁰。
开原	他赶上了最后一班车，我没赶上，就差一点儿，只好自个儿一点儿一点儿走回了学校。 tʰa⁴⁴kan²¹ʂaŋ⁵³lə⁰tsuei⁵³xou⁵¹i⁵³pan⁴⁴tʂʰɤ⁴⁴,uɤ²¹³mei³⁵kan²¹ʂaŋ⁵¹,tɕiou⁵³tʂʰa¹i³⁵tiɚ²¹³,tʂʅ³⁵xau²¹³tsʅ⁵³kɤr²¹³i⁵³tiɚ²¹³i⁵³tiɚ²¹³tsou²¹xuei³⁵lə⁰ɕye³⁵ɕiau⁵¹。
锦州	他坐末班车走了。我来晚一步，只能自个儿走回学校。 tʰa⁵⁵tsuo⁵³mɤ⁵³pan⁵⁵tʂʰɤ⁵⁵tsou²¹lə⁰。uo²¹lai²¹uan²¹i³⁵pu⁵¹,tʂʅ²¹nəŋ³⁵tɕi⁵³kɤr²¹tsou²¹xuei³⁵ɕye³⁵ɕiau⁵¹。
盘锦	他赶上晚车了。我没赶上，就得自个儿溜达回学校了。 tʰa⁵⁵kan²¹ʂaŋ⁰uan²¹tʂʰɤ⁵⁵la⁰。uo²¹mei⁵¹kan²¹ʂaŋ⁵¹,tɕiou⁵¹tɤ²¹tsʅ⁵¹kɤr²¹liou⁵⁵tə⁰xuei³⁵ɕyɛ³⁵ɕiau⁵¹la⁰。
兴城	他上末班车走了。我来晚一步，只能自己走回学校去了。 tʰa⁴⁴ʂaŋ¹mɤ⁵¹pan⁴⁴tʂʰɤ⁴⁴tsou⁵¹la⁰。 uo²¹lai³⁵uan²¹i³⁵pu⁵¹,tʂʅ⁵¹nəŋ³⁵tʂʅ⁵¹tɕi²¹tsou²¹xuei³⁵ɕyɛ³⁵ɕiau⁵¹tɕʰy⁰lə⁰。
绥中	他赶上了末儿班儿车，我晚到一步没赶上，只能自己个往回走。 tʰa⁵⁵kan²¹ʂaŋ⁵¹lɤ⁰mur⁵¹pɐr⁵⁵tʂʰɤ⁵⁵,uo²¹van²¹tau⁵¹i³⁵pu⁵¹mei²¹kan²¹ʂaŋ⁵¹,tʂʅ²¹nəŋ³⁵tɕi⁵¹tɕi²¹kɤ²¹³van²¹xuei³⁵tsou³⁵。
义县	他赶上末班儿车了。我晚了一步，只能自个儿遛达回学校了。 tʰa⁴⁴kan²¹ʂaŋ⁰mɤ⁵³pɐr⁴⁴tʂʰɤ⁴⁴lɤ⁰。 uo³⁵uan²¹lɤ⁰i⁵¹pu⁵¹,tʂʅ²¹nəŋ³⁵tʂʅ⁵³kɤr²¹liou⁴⁴ta⁰xuei³⁵ɕye³⁵ɕiau⁵¹lɤ⁰。
北票	他赶上末班儿车了。我差一点儿没赶上，只能自个儿走回学校了。 tʰa⁴⁴kan²¹xaŋ⁰mɤ⁵³pɐr⁴⁴tʂʰɤ⁴⁴lɤ⁰。 uo²¹tʂʰa⁵³i³⁵tiɚ²¹mei³⁵kan²¹ʂaŋ⁵¹,tʂʅ²¹nəŋ³⁵tɕi⁵³kɤr²¹tsou²¹xuei³⁵ɕye³⁵ɕiau⁵¹lɤ⁰。
阜新	他赶上末班车了。我晚了一步儿，只能自个儿遛达回学校了。 tʰa⁵⁵kan²¹ʂaŋ⁰mɤ⁵³pan⁵⁵tʂʰɤ⁵⁵la⁰。 uo³⁵uan²¹lə⁰i³⁵pur⁵¹,tʂʅ²¹nəŋ³⁵tʂʅ⁵³kɚr²¹liou⁵⁵ta⁰xuei³⁵ɕye³⁵ɕiau⁵¹lə⁰。
黑山	他赶上末班车了。我差一步儿没赶上，只好儿自个儿走回学校了。 tʰa⁴⁴kan²¹ʂaŋ⁰mɤ⁵³pan⁴⁴tʂʰɤ⁴⁴lɤ⁰。 uo²¹tʂʰa⁵³i³⁵pur⁵³mei³⁵kan²¹ʂaŋ⁵¹,tʂʅ³⁵xaur²¹tʂʅ⁵³kɤr²¹tsou²¹xuei³⁵ɕye³⁵ɕiau⁵¹lɤ⁰。
昌图	他赶上末班车了。我晚了点儿没赶上，只能自个儿走回学校了。 tʰa³³kan²¹ʂaŋ⁰mə⁵¹pan³³tʂʰɤ³³lə⁰。 uo³⁵uan²¹lə⁰tiɚ²¹³mei⁵³kan²¹ʂaŋ⁵¹,tʂʅ²¹nəŋ³⁵tʂʅ⁵¹kɤr²¹³tsou²¹xuei³⁵ɕyɛ³⁵ɕiau⁵¹lə⁰。
大连	他跳上末班车走了。我迟到一步，只能自己慢慢走回学校了。 tʰa³¹tʰiɔ⁵²ʃaŋ⁰mɤ⁵²pã³⁴tʃʰɤ³¹tsou²¹la⁰。 uə²¹tʃʰɤ³⁴tɔ⁵²i²¹pu⁵²,tʂʅ²¹nəŋ³⁴tʂʅ⁵²tɕi⁵²mã⁵²mã⁵²tsou²¹xue³⁴ɕyɛ³⁴ɕiɔ⁵²la⁰。

语法例句对照   63

金州 杏树	他跳上了落不了儿一班车。我就差一步，只好走回学校。 tʰa³¹tʰiɔ⁵²saŋ⁰lə⁰la⁵²pu⁰liɔr²¹i⁰pa³¹tɕʰie³¹²。uə²¹tɕiəu⁵²tsʰa⁴¹pu⁵²,tsɿ³⁴xɔ²¹tsəu³⁴ɕyɛ³¹ɕiɔ⁵²。
长海	他坐末班车走了。我迟到了一步，只能慢慢走到学校去。 tʰa⁵³tuə⁵³mɤ⁵³pan³¹tʃʰɤ³¹tsəu⁵³lə⁰。uə²¹tʃʰɿ⁵³tau⁵³lə⁰i²¹pu⁵²,tʃɿ²¹nəŋ⁵³man⁵¹man⁵³tsəu²¹tau⁵³ɕyɛ²¹ɕiau⁵³cʰy⁰。
庄河	他赶上了末班车。我来晚了一步，我只能自己慢慢地走回学校。 tʰa³¹kan²¹saŋ⁵¹lə⁰mə⁵¹pan³³tsʰə³¹。uə²¹lai⁵¹uan²¹lə⁰i²¹pu⁵¹,uə²¹tsɿ²¹nəŋ⁰tsɿ⁵¹tɕi²¹man⁵¹man⁰tə⁰tsəu²¹xuei⁰ɕyɛ²¹ɕiao⁵¹。
盖州	他坐上末班车走了。我没赶趟儿，只能自个儿走回学校了。 tʰa⁴¹²tsuɤ⁵¹saŋ⁰mɤ⁵¹pan²⁴tsʰɤ⁴¹²tsəu²¹lɤ⁰。uɤ²¹mei⁵¹kan⁵¹tʰãr⁵¹,tsɿ²¹nəŋ²⁴tsɿ⁵¹kɤr²⁴tsəu²¹xuei²⁴ɕyɛ²⁴ɕiau⁵¹lɤ⁰。
丹东	他赶上末班车走了，我就差一步，就得慢慢儿走回学校了。 tʰa⁴¹¹kan⁵¹saŋ⁵¹mɤ⁵¹pan⁴⁴tʂʰɤ⁴¹¹tsou²¹lə⁰,uo²¹tɕiou⁵³tʂʰa⁵¹i⁰pu⁵¹,tɕiou⁵³tə⁰man⁵¹mɐr⁰tsou²¹xuei²⁴ɕyɛ²⁴ɕiau⁵¹lə⁰。
建平	他跳上最后一趟儿班儿车就走了，我差一步没坐上，只能各个儿慢慢的走回学校了。 tʰa⁴⁴tʰiɔ⁵³ʂã⁰tsuei⁴²xəu⁵³i¹³⁵tʰãr⁵³pɐr⁴⁴tʂʰɤ⁴⁴tɕiəu⁵³tsəu²¹lə⁰,vɤ²¹tʂʰa⁵³i³⁵pu⁵³mei³⁵tsuə⁵³ʂã⁵³,tsɿ²¹nəŋ³⁵kɤ⁵³kɐr²¹mã⁴⁴mã⁴⁴ti⁰tsəu²¹xuei³⁵ɕiɔ³⁵ɕiɔ⁵³lə⁰。
凌源	他赶上末班儿车啦。我差了一步儿，只能自个儿遛达回学校了。 tʰa⁵⁵kan²¹ʂaŋ⁰mɤ⁵³pɐr⁵⁵tʂʰɤ⁵⁵la⁰。vɤ²¹tʂʰa⁵³liau²¹i³⁵pur⁵¹,tsɿ²¹nəŋ³⁵tsɿ⁵³kɤr²¹liou⁵⁵ta⁰xuei³⁵ɕyɛ³⁵ɕiau⁵¹lɤ⁰。

	0044 这是谁写的诗？谁猜出来我就奖励谁十块钱。
沈阳	这诗谁写的？谁猜出来我给谁十块钱。 tsei⁴¹sɿ³³sei³⁵ɕiɛ²¹ti⁰?sei³⁵tsʰuai³³tsʰu⁰lai⁰uo²¹kei²¹sei³⁵sɿ³⁵kʰuai⁴¹tɕʰian³⁵。
本溪	这是谁写的诗？谁猜出来我就给谁十块钱。 tsɤ⁵¹sɿ⁵¹sei³⁵ɕiɛ²¹ti⁰sɿ⁴⁴?sei³⁵tsʰai⁴⁴tʂʰu⁴⁴lai⁰uo²¹tɕiou⁵¹kei²¹sei³⁵sɿ³⁵kʰuai⁵¹tɕʰian³⁵。
辽阳	这谁写的诗？谁猜出来我给谁十块钱。 tʂɤ⁵¹sei³⁵ɕiɛ²¹tə⁰sɿ⁴⁴? ʂei³⁵tsʰai⁴⁴tʂʰu⁴⁴lai⁰uo³⁵kei²¹ʂei³⁵sɿ³⁵kʰuai⁵¹tɕʰian³⁵。
海城	这谁写的诗？谁猜对了我就奖励谁十块钱。 tʂɤ⁵¹ʂei³⁵ɕiɛ²¹ti⁰sɿ⁴⁴? ʂei³⁵tʂʰuai⁵¹tuei⁵¹lɤ⁰uɤ²¹tɕiəu⁵¹tɕiaŋ⁵¹li⁵¹ʂei³⁵sɿ³⁵kʰuai⁵¹tɕʰian³⁵。
开原	这诗是谁写的？谁要猜出来我就给他十块钱。 tsei⁵³sɿ⁴⁴sɿ⁵¹sei³⁵ɕiɛ²¹tə⁰? ʂei³⁵iau⁵¹tsʰai⁴⁴tʂʰu⁴⁴lai⁰uɤ²¹³tɕiou⁵¹kei²¹tʰa⁴⁴sɿ³⁵kʰuai⁵¹tɕʰian³⁵。
锦州	这诗谁写的？谁猜出来我就给他十块钱。 tsei⁵³sɿ⁵⁵ʂei³⁵ɕiɛ²¹ti⁰? ʂei³⁵tʂʰai⁵⁵tʂʰu⁵⁵lai⁰uo²¹tɕiou⁵³kei²¹tʰa⁵⁵sɿ³⁵kʰuai⁵³tɕʰian³⁵。

盘锦	谁写的诗？谁猜出来我给他十块钱儿。 sei³⁵ɕiɛ²¹tə⁰sʅ⁵⁵ʂei³⁵tʂʰai⁵⁵tʂʰu⁵⁵lai⁰,uo³⁵kei²¹tʰa⁵⁵sʅ³⁵kʰuai⁵¹tɕʰiɐr⁰。
兴城	这诗谁写的？谁猜出来，我奖励他十块钱。 tʂei⁵¹ʂʅ⁴⁴sei³⁵ɕiɛ²¹ti⁰？ʂei³⁵tʂʰai⁴⁴tʂʰu⁴⁴lai⁰,uo³⁵tɕiaŋ²¹li⁵¹tʰa³⁵sʅ³⁵kʰuai⁵¹tɕʰian³⁵。
绥中	这首诗是谁写的？谁要是猜着就奖励十块钱。 tʂei⁵¹ʂou²¹sʅ⁵⁵sʅ⁵¹sei³⁵ɕiɛ²¹tiɛ⁰？ʂei³iau⁵¹sʅ⁵¹tʂʰai⁵⁵ʂou⁰tɕiou⁵¹tɕiaŋ²¹li⁵¹sʅ³⁵kʰuai⁵¹tɕʰian³⁵。
义县	这首诗谁写的？谁猜出来我给谁十块钱。 tʂɤ⁵³ʂou²¹sʅ⁴⁴sei³⁵ɕiɛ²¹ti⁰？ʂei³⁵tʂʰai⁴⁴tʂʰu⁴⁴lai⁰uo³⁵kei²¹ʂei³⁵sʅ³⁵kʰuai⁵¹tɕʰian³⁵。
北票	这诗谁写的？谁猜出来我给他十块钱。 tʂɤ⁵³sʅ⁴⁴ʂei³⁵ɕiɛ²¹tɤ⁰？ʂei³⁵tʂʰai⁴⁴tʂʰu⁴⁴lai³⁵uo³⁵kei²¹ʂei³⁵sʅ³⁵kʰuai⁵³tɕʰian³⁵。
阜新	什么人写的诗？谁想出来我就赏他十块钱。 ʂən³⁵mə⁰zən³⁵ɕiɛ²¹ti⁰sʅ⁵⁵？ʂei³⁵ɕiaŋ²¹tʂʰu⁵⁵lai⁰uo²¹tɕiou⁵¹ʂaŋ²¹tʰa⁰sʅ³⁵kʰuai⁵³tɕʰian³⁵。
黑山	这诗谁写的？谁猜出来我给他十块钱。 tʂei⁵³sʅ⁴⁴ʂei³⁵ɕiɛ²¹ti⁰？ʂei³⁵tʂʰai⁴⁴tʂʰu⁴⁴lai⁰uo³⁵kei²¹tʰa⁴⁴sʅ³⁵kʰuai⁵³tɕʰian³⁵。
昌图	这谁写的诗？谁猜出来就给谁十元。 tʂɤ⁵¹ʂei³⁵ɕiɛ²¹ti⁰sʅ³³？ʂei³⁵tʂʰai³³tʂʰu³³lai⁰tɕiou⁵¹kei²¹ʂei³⁵sʅ³⁵yan³⁵。
大连	这是谁写的诗？你们谁猜出来我就奖励谁十块钱。 tɕiɛ⁵²se⁵²seʅ⁴²ɕiɛ²¹ti⁰sʅ³¹²？ni²¹mə̃⁰se³⁴tsʰɛ³¹tʃʰu²¹lɛ⁰uə²¹tɕiəu⁵²tɕiaŋ⁵²lɛ⁰se³⁴ʃʅ³⁴kʰuɛ⁵²tɕʰiɛ̃³⁴。
金州 杏树	谁能猜对这本儿书是谁写的？我就奖他十元钱。 se⁵²nəŋ³⁴tsʰɛ³¹te⁵²tɕiɛ⁵²pər⁰ɕy³¹sʅ³⁵se⁵²ɕiɛ²¹tə⁰？uə²¹tɕiəu⁵²tɕiaŋ²¹tʰa³¹ɕi⁵²yɛ̃⁵²tɕʰiɛ̃⁵²。
长海	这是谁的诗？谁能猜出来我给他十块钱。 tʃɤ⁵³ʃʅ⁵³ʃuei⁵³tə⁰ʃʅ³¹？ʃuei⁵³nəŋ⁵³tsʰai³¹tʃʰy²⁴lai⁰uə²¹kʰei²⁴tʰa⁵³ʃʅ⁵³kʰuai⁵³tʃʰian⁵³。
庄河	这是谁写的诗？谁能猜出来我奖励他十块钱。 tsə³⁵sʅ⁵¹suei⁵¹ɕiɛ²¹tə⁰sʅ⁵¹？suei⁵¹nəŋ²¹tsʰai³¹tsʰu³³lai⁰uə²¹tɕiaŋ²¹li³¹ɕi³¹kʰuai⁵¹tɕʰian³¹。
盖州	这首诗谁写的？谁能猜出来奖励十元。 tsei⁵¹səu²⁴sʅ⁴¹²sei²⁴ɕiɛ²¹tɤ⁰？sei²⁴nəŋ²⁴tsʰai⁴¹²tsʰu²⁴lai⁰tɕiaŋ²¹li⁰sʅ²⁴yan²⁴。
丹东	这是谁写的诗？谁猜对了我就给谁十块钱。 tʂɤ⁵³sʅ⁵¹ʂei²⁴ɕiɛ²¹tə⁰sʅ⁴¹¹？ʂei²⁴tsʰai⁴¹¹tuei⁵¹lə⁰uo²¹tɕiou⁵¹kei²¹ʂei²⁴sʅ²⁴kʰuai⁵¹tɕʰian²⁴。
建平	这是谁写的诗？谁要猜出来，我就奖他十块钱儿。 tʂɤ⁵³sʅ⁰sʅ³⁵ɕiɛ²¹tə⁰sʅ⁴⁴？ʂei³iɔ³tsʰɛ²¹tʂʰu⁴⁴lɛ⁰,vɤ²¹tɕiəu⁵³tɕiã²¹tʰa⁴⁴sʅ³⁵kʰuɛ⁵³tɕʰiɐr³⁵。
凌源	这诗谁写的？谁猜对咾给谁十块钱。 tʂɤ⁵³sʅ⁵⁵ʂei³⁵ɕiɛ²¹tɤ⁰？ʂei³⁵tsʰai⁵¹tuei⁵¹lau⁰kei²¹ʂei³⁵sʅ³⁵kʰuai⁵³tɕʰiɛn³⁵。

	0045 我给你的书是我教中学的舅舅写的。
沈阳	我给你那本儿书，是我搁中学当老师的舅舅写的。 uo²¹kei³⁵n̩i²¹nei⁴¹pər²¹su³³,ʂʅ⁴¹uo²¹kɤ³⁵tsuŋ³³ɕye³⁵taŋ³³lau²¹ʂʅ³³tiºtɕiou⁴¹tɕiouºɕie²¹tiº。
本溪	我给你的书是我教中学的舅舅写的。 uo²¹kei³⁵n̩i²¹tiºʂu⁴⁴ʂʅ⁵¹uo²¹tɕiau⁴⁴tʂuŋ⁴⁴ɕye³⁵tiºtɕiou⁵¹tɕiouºɕie²¹tiº。
辽阳	我给你的书是我在中学教书的舅舅写的。 uo²¹kei³⁵n̩i²¹təºʂu⁴⁴ʂʅ⁵¹uo²¹tsai⁵¹tʂuŋ⁴⁴ɕye³⁵tɕiau⁴⁴ʂu⁴⁴təºtɕiou⁵¹tɕiouºɕie²¹təº。
海城	我给你的书是我舅舅写的，我舅舅是教中学的。 uɤ²¹kei³⁵n̩i²¹tɤºʂu⁴⁴ʂʅ⁵¹uɤ²¹tɕiou⁵¹tɕiəuºɕie²¹tiº,uɤ²¹tɕiou⁵¹tɕiəuʂʅ⁵¹tɕiau⁴⁴tʂuŋ⁴⁴ɕye³⁵tiº。
开原	我给你那书是我舅舅写的，他是中学老师。 uɤ²¹³kei³⁵n̩i²¹³nei⁵³ʂu⁴⁴ʂʅ⁵¹uɤ²¹tɕiou⁵¹ɕie²¹təº,tʰa⁴⁴ʂʅ⁵¹tʂuŋ⁴⁴ɕye³⁵lau²¹ʂʅ⁴⁴。
锦州	我给你的书是我舅写的，他是中学老师。 uo²¹kei³⁵n̩i⁰tiºʂu⁵⁵ʂʅ⁵¹uo²¹tɕiou⁵³ɕie²¹təº,tʰa⁵⁵ʂʅ⁵³tʂuŋ⁵⁵ɕye³⁵lau²¹ʂʅ⁵⁵。
盘锦	我给你的书是我舅写的，他搁中学教学。 uo³⁵kei³⁵n̩i²¹təºʂu⁵⁵ʂʅ⁵¹uo²¹tɕiou⁵¹ɕie²¹təº,tʰa⁵⁵kɤ²¹tsuaŋ⁵⁵ɕye³⁵tɕiauºɕyɛ³⁵。
兴城	我给你的书是我舅写的，他是中学老师。 uo²¹kei³⁵n̩i²¹³tiºʂu⁴⁴ʂʅ⁵¹uo²¹tɕiou⁵¹ɕie²¹təº,tʰa⁴⁴ʂʅ⁵¹tʂuŋ⁴⁴ɕye³⁵lau²¹ʂʅ⁴⁴。
绥中	我给你的书是我舅写的，我舅是教中学的老师。 uo²¹kei³⁵n̩i²¹tɤºʂu⁵⁵ʂʅ⁵¹uo²¹tɕiou⁵¹ɕie²¹tieº,uo²¹tɕiou⁵¹ʂʅ⁵¹tɕiau⁵⁵tʂuaŋ⁵⁵ɕyɛ³⁵tieºlau²¹ʂʅ⁵⁵。
义县	我给你的书是我舅写的，我舅是教中学的。 uo³⁵kei³⁵n̩i²¹tɤºʂu⁴⁴ʂʅ⁵³uo²¹tɕiou⁵³ɕie²¹tiº,uo²¹tɕiou⁵³ʂʅ⁵³tɕiau⁴⁴tʂuŋ⁴⁴ɕye³⁵tiº。
北票	我给你的书是我舅写的，我舅是中学老师。 uo²¹kei³⁵n̩i²¹tɤºʂu⁴⁴ʂʅ⁵³uo²¹tɕiou⁵³ɕie²¹tɤº,uo²¹tɕiou⁵³ʂʅ⁵³tʂuaŋ⁴⁴ɕye³⁵lau²¹ʂʅ⁴⁴。
阜新	我给你的书是我舅写的，他在中学教书。 uo³⁵kei³⁵n̩i²¹tiºʂu⁵⁵ʂʅ⁵³uɤ²¹tɕiou⁵³ɕiɛ⁵³tiaº,tʰa⁵⁵tsai²¹tʂuŋ⁵⁵ɕye³⁵tɕiau⁵⁵ʂu⁵⁵。
黑山	我给你的书是我舅写的，他是中学老师。 uo²¹kei³⁵n̩i²¹tɤºʂu⁴⁴ʂʅ⁵³uo²¹tɕiou⁵³ɕie²¹tiº,tʰa⁴⁴ʂʅ⁵³tʂuaŋ⁴⁴ɕye³⁵lau²¹ʂʅ⁴⁴。
昌图	我给你的书是我舅写的，我舅搁中学教书呢。 uo³⁵kei²¹n̩i²¹tiºʂu³³ʂʅ⁵¹uo²¹tɕiou⁵¹ɕie²¹tiº,uo²¹tɕiou⁵¹kɤ²¹³tʂuaŋ³³ɕye³⁵tɕiau³³ʂu³³n̩iɛº。
大连	我给你的书是我教中学的舅舅写的。 uə²¹ke³⁴n̩i²¹tiºʃu³¹ʂʅ⁵²uə²¹tɕio³⁴tsuŋ³¹ɕye³⁴tºtɕiəu⁵²tɕiəuºɕie²¹tiɛº。
金州 杏树	这本儿书是我教中学的舅舅写的。 tɕiɛ⁵²pər²¹ɕy³¹ʂʅ⁵²uə²¹tɕio³⁴tsuŋ³¹ɕye³⁴təºtɕiəu⁵²tɕiəuºɕie²¹təº。
长海	我给你的书是我教中学的舅舅写的。 uə²¹kʰei²¹n̩i²¹təºʃy³¹ʃʅ⁵³uə²¹ciau³¹tsuŋ³¹ɕye⁵³təºciəu⁵³ciəuºɕie²¹təº。

庄河	我给你那本儿书是我教中学舅舅写的。 uə²¹kʰei³¹n̩i²¹nei⁵¹pər²¹su³¹sʅ⁵¹uə²¹tɕiao³¹tsuŋ³¹ɕyɛ⁵¹tɕiəu⁵¹tɕiəu⁰ɕie²¹tɤ⁰。
盖州	我给你的书是我教中学的舅舅写的。 uɤ²¹kei²¹n̩i²¹tɤ⁰su⁴¹²sʅ⁵¹uɤ²¹tɕiau²¹tsuŋ⁴¹²ɕyɛ²⁴tɤ⁰tɕiəu⁵¹tɕiəu⁰ɕie²¹tɤ⁰。
丹东	我给你的书是我教中学的舅舅写的。 uo²¹kei²¹n̩i²¹tə⁰su⁴¹¹sʅ⁵¹uo²¹tɕiau⁴⁴tʂuŋ⁴¹¹ɕyɛ²⁴tə⁰tɕiou⁵¹tɕiou⁰ɕie²¹tə⁰。
建平	我给你的书是我教中学的舅舅写的。 vɤ³⁵kei³⁵n̩i²¹ti⁰su⁴⁴sʅ⁵³vɤ²¹tɕiɔ⁴⁴tʂuŋ⁴⁴ɕiɔ³⁵tə⁰tɕiəu⁵³tɕiəu⁰ɕie²¹tə⁰。
凌源	我给你的书是我舅写的，他在中学当老师。 vɤ³⁵kei³⁵n̩i²¹tɤ⁰sʅ⁵⁵sʅ⁵³vɤ²¹tɕiou⁵³ɕie²¹tɤ⁰,tʰa⁵⁵tai²¹tʂuŋ⁵⁵ɕye³⁵taŋ⁵⁵lau²¹sʅ⁵⁵。

	0046 你比我高，他比你还要高。	
沈阳	你比我高，他比你还高。 n̩i²¹pi³⁵uo²¹kau³³,tʰa³³pi²¹n̩i²¹xai⁴¹kau³³。
本溪	你比我高，他比你还高。 n̩i³⁵pi³⁵uo³⁵kau⁴⁴,tʰa⁴⁴pi²¹n̩i²²⁴xai³⁵kau⁴⁴。
辽阳	你比我高，他比你还高。 n̩i³⁵pi³⁵uo²¹kau⁴⁴,tʰa⁴⁴pi³⁵n̩i²¹xai³⁵kau⁴⁴。
海城	你比我高，他比你还高。 n̩i³⁵pi³⁵uɤ²¹kau⁴⁴,tʰa⁴⁴pi³⁵n̩i²¹xai³⁵kau⁴⁴。
开原	你比我高，他比你还高。 n̩i³⁵pi²¹uɤ²¹³kau⁴⁴,tʰa⁴⁴pi²¹n̩i²¹³xai³⁵kau⁴⁴。
锦州	你比我高，他比你还高。 n̩i²¹pi³⁵uo²¹kau⁵⁵,tʰa⁵⁵pi³⁵n̩i²¹xai³⁵kau⁵⁵。
盘锦	你比我高，他比你还高。 n̩i³⁵pi³⁵uo²¹kau⁵⁵,tʰa⁵⁵pi³⁵n̩i²¹xai⁵¹kau⁵⁵。
兴城	你比我高，他比你还高。 n̩i³⁵pi³⁵uo²¹kau⁴⁴,tʰa⁴⁴pi³⁵n̩i²¹xai³⁵kau⁴⁴。
绥中	你比我高，他比你还高。 n̩i³⁵pi²¹uo²¹³kau⁵⁵,tʰa⁵⁵pi³⁵n̩i²¹³xai³⁵kau⁵⁵。
义县	你比我高，他比你还高。 n̩i³⁵pi³⁵uo²¹kau⁴⁴,tʰa⁴⁴pi³⁵n̩i²¹xai³⁵kau⁴⁴。
北票	你比我高，他比你还高。 n̩i²¹pi³⁵uo²¹kau⁴⁴,tʰa⁴⁴pi³⁵n̩i²¹xai³⁵kau⁴⁴。

阜新	你个头儿比我猛，他比你还猛。 ȵi²¹kɤ⁵³tʰour³⁵pʰi³⁵uo³⁵məŋ²¹³,tʰa⁵⁵pʰi³⁵ȵi²¹xai³⁵məŋ²¹³。
黑山	你比我高，他比你还高。 ȵi³⁵pʰi³⁵uo²¹kau⁴⁴,tʰa⁴⁴pi³⁵ȵi²¹xai⁵³kau⁴⁴。
昌图	你比我高，他比你还高呢。 ȵi³⁵pʰi²¹uo²¹³kau³³,tʰa³³pʰi²¹ȵi²¹xai⁵¹kau³³nə⁰。
大连	你比我高，他比你还高。 ȵi²¹³pi³⁴uə³⁴kɔ³¹²,tʰa³¹²pi⁵²ȵi²¹xɛ³⁴kɔ³¹²。
金州 杏树	你比我高，他比你还高。 ȵi²¹pi³⁴uə²¹kɔ³¹²,tʰa³¹pi³⁴ȵi²¹xɛ⁵²kɔ³¹²。
长海	你比我高，他比你还高。 ȵi²⁴pi²¹uə²¹kau⁵³,tʰa⁵³pi²¹ȵi²¹xai⁵³kau⁵³。
庄河	你比我高，他比你还高。 ȵi²⁴pi²⁴uə²¹kao³¹,tʰa³¹pi²⁴ȵi²⁴xai²⁴kao³¹。
盖州	你比我高，他比你还高。 ȵi²¹pi²⁴uɤ²⁴kau⁴¹²,tʰa⁴¹²pi²⁴ȵi²¹xai⁵¹kau⁴¹²。
丹东	你比我高，他比你还高。 ȵi²¹pi²¹uo²⁴kau⁴¹¹,tʰa⁴¹¹pi²¹ȵi²¹xai²⁴kau⁴¹¹。
建平	你比我高啊，他比你还高。 ȵi³⁵pi²¹vɤ²¹kɔ⁴⁴ŋa⁰,tʰa⁴⁴pi²¹ȵi²¹xɛ³⁵kɔ⁴⁴。
凌源	你比我高，他比你还高。 ȵi²¹pi³⁵vɤ²¹kau⁵⁵,tʰa⁵⁵pi²¹ȵi²¹xai³⁵kau⁵⁵。

	0047 老王跟老张一样高。
沈阳	老王跟老张一边儿高。 lau²¹vaŋ³⁵kən³³lau²¹tsaŋ³³i⁴¹pieɻ³³kau³³。
本溪	老王跟老张一样高。 lau²¹uaŋ³⁵kən⁴⁴lau²¹tsaŋ⁴⁴i³⁵iaŋ⁵¹kau⁴⁴。
辽阳	老王跟老张一边儿高。 lau²¹uaŋ³⁵kən⁴⁴lau²¹tsaŋ⁴⁴i⁵¹pieɻ⁴⁴kau⁴⁴。
海城	老王跟老张一边儿高。 lau²¹uaŋ³⁵kən⁴⁴lau²¹tʂaŋ⁴⁴i⁵¹pieɻ³⁵kau⁴⁴。
开原	老王和老张一边儿高。 lau²¹uaŋ³⁵xɤ³⁵lau²¹tsaŋ⁴⁴i⁵³pieɻ⁴⁴kau⁴⁴。

锦州	老王跟老张一边儿高。 lau²¹uaŋ³⁵kən⁵⁵lau²¹tʂaŋ⁵⁵i⁵³piɚ⁵⁵kau⁵⁵。
盘锦	老王跟老张一边儿高。 lau²¹uaŋ³⁵kən⁵⁵lau²¹tʂaŋ⁵⁵i⁵¹piɚ⁵⁵kau⁵⁵。
兴城	老王跟老张一边儿高。 lau²¹uaŋ³⁵kən⁴⁴lau²¹tʂaŋ⁴⁴i⁴⁴piɚ⁴⁴kau⁴⁴。
绥中	老王和老张一边儿高。 lau²¹vaŋ³⁵xɤ³⁵lau²¹tʂaŋ⁵⁵i²¹piɚ⁵⁵kau⁵⁵。
义县	老王和老张一边儿高。 lau²¹uaŋ³⁵xɤ⁴⁴lau²¹tʂaŋ⁴⁴i⁵³piɚ⁴⁴kau⁴⁴。
北票	老王和老张一边儿高。 lau²¹uaŋ³⁵xɤ³⁵lau²¹tʂaŋ⁴⁴i⁵³pɚ⁴⁴kau⁴⁴。
阜新	老王跟老张一边儿高。 lau²¹uaŋ³⁵kən⁵⁵lau²¹tʂaŋ⁵⁵i⁵³piɚ⁵⁵kau⁵⁵。
黑山	老王和老张一边儿高。 lau²¹uaŋ³⁵xɤ⁴⁴lau²¹tʂaŋ⁴⁴i⁵³piɚ⁴⁴kau⁴⁴。
昌图	老王和老张一边儿高。 lau²¹uaŋ³⁵xɤ³⁵lau²¹tʂaŋ³³i⁵¹piɚ³³kau³³。
大连	老王跟老张一般儿高。 lɔ²¹uaŋ³⁴kə̃³¹lɔ³⁴tʃaŋ³¹i²¹pɚ³⁴kɔ³¹²。
金州 杏树	老王老张一般儿高。 lɔ²¹uaŋ⁵²lɔ³⁴tsaŋ³¹i²¹pɚ³¹kɔ³¹²。
长海	老王跟老张一般儿高。 lau²¹uaŋ⁵³kən³¹lau²⁴tʃaŋ³¹i⁵³pɚ³¹kau⁵³。
庄河	老王跟老张一般儿高。 lao²⁴uaŋ³¹kən³¹lao²⁴tsaŋ³¹i²⁴pɚ³³kao³¹。
盖州	老王跟老张一边儿高。 lau²¹uaŋ²⁴kən⁴¹²lau²⁴tsaŋ⁴¹²i⁵¹piɚ²⁴kau⁴¹²。
丹东	老王跟老张一般儿高。 lau²¹uaŋ²⁴kən⁴¹¹lau²⁴tsaŋ⁴¹¹i²¹pɚ⁵¹kau⁴¹¹。
建平	老王跟老张一般儿高。 lɔ²¹vã³⁵kə̃⁴⁴lɔ²¹tʂã⁴⁴i⁵³pɚ⁴⁴kɔ⁴⁴。
凌源	老王和老张他俩一边儿高。 lau²¹vaŋ³⁵xɤ³⁵lau²¹tʂaŋ⁵⁵tʰa⁵⁵lia²¹i⁵³piɚ⁵⁵kau⁵⁵。

	0048 我走了，你们俩再多坐一会儿。
沈阳	我走了，你俩再坐会儿。 uo²¹tsou²¹lə⁰, ȵi²¹lia²¹tsai³⁵tsuo⁴¹xuər²¹。
本溪	我走了，你们俩再坐一会儿吧。 uo³⁵tsou²²⁴la⁰, ȵi²¹mən⁰lia²²⁴tsai⁵¹tʂuo⁵¹i³⁵xuər⁵¹pa⁰。
辽阳	我走啦，你俩再坐一会儿。 uo³⁵tʂou²¹la⁰, ȵi³⁵lia²¹tsai⁵¹tʂuo⁵¹i⁵¹xuər⁰。
海城	我走了，你俩再待一会儿。 uɤ³⁵tʂəu²¹lɤ⁰, ȵi³⁵lia²¹tsai⁵¹tai⁴⁴i⁰xuər²¹⁴。
开原	我走了，你俩多坐一会儿。 uɤ³⁵tsou²¹lə⁰, ȵi³⁵lia²¹³tuɤ⁴⁴tʂuɤ⁵¹i⁵³xuər²¹³。
锦州	我走了啊，恁俩再待会儿。 uo³⁵tsou²¹lə⁰a⁰, ȵin³⁵lia²¹tai⁵³tai⁵⁵xuər²¹³。
盘锦	我走了，你俩再待一会儿。 uo³⁵tsou²¹lə⁰, ȵi³⁵lia²¹tsai⁵¹tai⁵⁵i⁵¹xuər²¹。
兴城	我走了，恁俩再多待一会儿。 uo³⁵tsou²¹lə⁰, ȵin³⁵lia²¹tsai⁵¹tuo⁴⁴tai⁴⁴i³⁵xuər⁵¹。
绥中	你俩再坐会儿，我先走了。 ȵi³⁵lia²¹³tsai⁵¹tʂuo⁵¹xuər⁵¹,uo²¹ɕian⁵⁵tsou²¹la⁰。
义县	我走了，你俩多待一会儿。 uo³⁵tsou²¹lɤ⁰, ȵi³⁵lia²¹tuo⁴⁴tai⁴⁴i³xuər²¹³。
北票	我走了，你们俩再多待一会儿。 uo³⁵tsou²¹lɤ⁰, ȵi³⁵lia²¹tsai⁵³tuo⁴⁴tai⁴⁴i⁵³xuər²¹³。
阜新	我走了，你们俩再待会儿。 uo³⁵tsou²¹la⁰, ȵin²¹mən⁰lia²¹tsai⁵³tai⁵⁵xuər²¹³。
黑山	我走了，恁俩再多待会儿吧。 uo³⁵tsou²¹lɤ⁰,nən³⁵lia²¹tsai⁵³tuo⁴⁴tai⁴⁴xuər²¹pa⁰。
昌图	我走了，你们俩再待一会儿。 uo³⁵tsou²¹lə⁰, ȵi²¹mən⁰lia²¹³tsai⁵¹tai³³i⁵¹xuər²¹³。
大连	我先走了，你们俩再多坐一会儿。 uə³⁴ɕiɛ̃³¹tsəu²¹la⁰, ȵi²¹mə̃⁰lia²¹tsɛ⁵²tuə³¹tsuə⁵²i⁰xuər²¹³。
金州 杏树	我走了，恁俩再坐会儿。 uə³⁴tsəu²¹la⁰,nã³⁴lia²¹tsɛ⁵²tsuə⁵²xuər⁰。
长海	我走了，你们俩再坐一会儿。 uə²¹tsəu²¹lə⁰, ȵi²¹mən⁰lia²¹⁴tsai⁵³tuə⁵³i²¹xuər⁵³。

庄河	我先走了，恁俩再坐一会儿。 uə²¹ɕian³¹tsəu²¹lə⁰,nan²⁴lia²¹tsai⁵³tsuə⁵¹i²¹xuər⁵¹。	
盖州	我先走了，你们俩再坐会儿。 uɤ²⁴ɕian⁴¹²tsəu²¹lɤ⁰, n̩i²¹mən⁰lia²¹tsai²¹tsuɤ⁵¹xuər²¹³。	
丹东	我走了，恁们俩再多坐一会儿吧。 uo²¹tsou²¹la⁰,nan²⁴mən⁰lia²¹³tsai²¹tuo⁴¹¹tsuo⁵¹i²¹xuər⁵¹pa⁰。	
建平	我走了你俩再多待会儿。 vɤ³⁵tsəu²¹lə⁰n̩i³⁵lia²¹tsɛ⁵³tuə⁴⁴tɛ⁴⁴xuər⁵³。	
凌源	我走啦，你们俩再多待一会儿。 vɤ³⁵tsou²¹la⁰, n̩i²¹mən⁰lia²¹tsai⁵⁵tuo⁵⁵tai⁵⁵i⁰xuər²¹。	

	0049 我说不过他，谁都说不过这个家伙。	
沈阳	我说不过他，谁都说不过这家伙。 uo²¹suo³³pu³⁵kuo⁴¹tʰa⁰, sei³⁵tou³³suo³³pu³⁵kuo⁴¹tsei⁴¹tɕia³³xuo⁰。	
本溪	我说不过他，谁都说不过这家伙。 uo²¹ʂuo⁴⁴puʰkuo⁰tʰa⁴⁴,sei³⁵tou⁴⁴ʂuo⁴⁴puʰkuo⁰tse⁵¹tɕia⁴⁴xuo⁰。	
辽阳	我说不过他，谁都说不过这家伙 uo²¹suo⁴⁴puʰkuo⁵¹tʰa⁴⁴,sei³⁵tou⁴⁴suo⁴⁴puʰkuo⁵¹tsei⁴⁴tɕia⁴⁴xuo⁰。	
海城	我唠不过他，谁也唠不过他。 uɤ²¹lau⁵¹pu³⁵kuɤ⁵¹tʰa⁴⁴, ʂei³⁵iɛ²¹lau⁵¹pu³⁵kuɤ⁵¹tʰa⁴⁴。	
开原	我说不过他，谁能说过这家伙呀。 uɤ²¹³ʂuɤ⁴⁴pu³⁵kuɤ⁵³tʰa⁴⁴,sei³⁵nəŋ³⁵suɤ⁴⁴kuɤ⁵³tʂei⁵¹tɕia⁴⁴xuɤ⁰ia⁰。	
锦州	我说不过他，没人儿能说过他。 uo²¹ʂuo⁵⁵pu³⁵kuo⁵³tʰa⁵⁵,mei²¹zɚ³⁵nəŋ³⁵ʂuo⁵⁵kuo⁵³tʰa⁵⁵。	
盘锦	我白话不过他，谁都白话不过他。 uo²¹pai³⁵xuo⁰pu³⁵kuo⁵¹tʰa⁰, sei³⁵tou⁴⁴pai³⁵xuo⁰pu³⁵kuo⁵¹tʰa⁰。	
兴城	我说不过他，谁也说不过他。 uo²¹ʂuo⁴⁴pu³⁵kuo⁵¹tʰa⁴⁴, ʂei³⁵iɛ²¹ʂuo⁴⁴pu³⁵kuo⁵¹tʰa⁴⁴。	
绥中	我可说不过他，谁也说不过他。 uo³⁵kʰɤ²¹ʂuo⁵⁵pu³⁵kuo⁵¹tʰa⁵⁵, ʂei³⁵iɛ²¹ʂuo⁵⁵pu³⁵kuo⁵¹tʰa⁵⁵。	
义县	我白话不过他，谁也白话不过他。 uo²¹pai³⁵xuo⁰pu³⁵kuo⁵³tʰa⁴⁴, ʂei³⁵iɛ²¹pai³⁵xuo⁰pu³⁵kuo⁵³tʰa⁴⁴。	
北票	我说不过他，谁也说不过他。 uo²¹ʂuo⁴⁴pu³⁵kuo⁵³tʰa⁴⁴, ʂei³⁵iɛ²¹ʂuo⁴⁴pu³⁵kuo⁵³tʰa⁴⁴。	

语法例句对照

阜新	我白话不过他，没人能白话过他。 uo²¹pai³⁵xuºpu³⁵kuɤ⁵³tʰa⁵⁵,mei³⁵ʐɚ³⁵nəŋ³⁵pai³⁵xuºkuɤ⁵³tʰa⁵⁵。
黑山	我说不过他，谁也说不过他。 uo²¹ʂuo⁴⁴puº⁵kuo⁵³tʰa⁴⁴, ʂei³⁵iɛ²¹ʂuo⁴⁴puº⁵kuo⁵³tʰa⁴⁴。
昌图	我说不过他，谁也说不过他。 uo²¹ʂuo³³puºkuo⁵¹tʰa³³, ʂuei³⁵iɛ²¹ʂuo³³puºkuo⁵¹tʰa³³。
大连	我说不过他，谁都说不过这家伙。 uə³⁴ʃuə²¹puºkuə⁵²tʰa³¹², se³⁴təu³¹ʃuə²¹puºkuə⁵²tʃɤ⁵²tɕia³¹xuəº。
金州 杏树	这家伙管谁说不过他。 tɕiɛ⁵²tɕia³¹xuəºkuã²¹se⁵²ɕyɛ²¹puº⁵²kuə⁵²tʰaº。
长海	我说不过他，谁都说不过这个家伙。 uə²¹ʃuə³¹puºkuəºtʰa⁵³, ʃuei⁵³təu³¹ʃuə²¹puºkuəºtʃɤ⁵³kɤ⁵³ɕia³¹xuəº。
庄河	我说不过他，谁都说不过这个家伙。 uə²¹sua³¹puºkuəºtʰa³¹,suei⁵¹təu³³suə²¹puºkuəºtsei⁵¹kəºtɕia³¹xuəº。
盖州	不单我说不过他，谁也说不过他。 pu⁵¹tan⁴¹²uɤ²⁴suɤ²¹pu²⁴kuɤ⁵¹tʰa⁴¹²,sei²⁴iɛ²⁴suɤ²¹pu²⁴kuɤ⁵¹tʰa⁴¹²。
丹东	我说不过他，谁都说不过这个家伙。 uo²¹ʂuo²¹pu²¹kuoºtʰa⁴¹¹, ʂei²⁴touº⁴ʂuo²¹puºkuoºtʂei⁵¹kɤºtɕia⁴¹¹xuoº。
建平	我要说不过他，谁也别想说过他。 vɤ²¹iɔ⁵³ʂuə⁴⁴puºkuə⁵³tʰa⁴⁴, ʂei³⁵iɛ²¹pie³⁵ɕiã̠²¹ʂuə⁴⁴kuəºtʰa⁴⁴。
凌源	这个家伙我说不过他，谁也说不过他。 tʂei⁵¹kɤºtɕia⁵⁵xuoºvɤ²¹ʂuo⁵⁵puː³⁵kuoºtʰa⁵⁵, ʂei³⁵iɛ²¹ʂuo⁵⁵puː³⁵kuo⁵³tʰa⁵⁵。

	0050 上次只买了一本书，今天要多买几本。
沈阳	上次就买了一本儿书，今儿多买几本儿。 saŋ⁴¹tsʰɿ⁴¹tɕiou⁴¹mai²¹ləºiː¹pər²¹suː³³,tɕiər³³tuo³³mai²¹tɕi²¹pər²¹。
本溪	上次只买了一本儿书，今儿多买几本儿。 saŋ⁵³tsʰɿ⁵¹tʂɿ³⁵mai²²⁴ləºiː⁵¹pər⁵¹suː⁴⁴,tɕiər⁴⁴tuo⁴⁴mai³⁵tɕi²⁵pər²²⁴。
辽阳	上次就买了一本书，今儿个多买几本儿。 saŋ⁵¹tsʰɿ⁵¹tɕiou⁵¹mai²¹ləºiː¹pən²¹suː⁴⁴,tɕiər⁴⁴kəºtuo⁴⁴mai²¹tɕi³⁵pər²¹。
海城	上次就买一本儿，今个儿多买几本儿。 ʂaŋ⁵³tʂʰɿ⁵³tɕiəu⁵¹mai²¹iː⁵¹pər²¹⁴,tɕie⁴⁴kɤɤºtuɤ⁴⁴mai³⁵tɕi²⁵pər²¹⁴。
开原	上次就买一本儿书，今天多买几本儿。 ʂaŋ⁵³tʂʰɿ⁵¹tɕiou⁵³mai²¹³iː⁵³pər²¹suː⁴⁴,tɕin⁴⁴tʰian⁴⁴tuɤ⁴⁴mai²¹tɕi³⁵pər²¹³。

锦州	上回就买一本儿书，这回得多买几本儿。 ʂaŋ⁵³xuei⁵³tɕiou⁵³mai²¹i⁵³pər²¹ʂu⁵⁵,tʂei⁵³xuei⁵³tei²¹tuo⁵⁵mai²¹tɕi³⁵pər²¹³。
盘锦	上回就买了一本儿书，今儿得多买几本儿。 ʂaŋ⁵³xuei³⁵tɕiou⁵¹mai²¹lə⁰i⁵¹pər²¹ʂu⁵⁵,tɕiər⁵⁵tɤ²¹tuo⁵⁵mai²¹tɕi³⁵pər²¹³。
兴城	上回就买一本儿书，这回就得多买几本儿。 ʂaŋ⁵¹xuei³⁵tɕiou⁵¹mai²¹⁴⁴pər²¹ʂu⁴⁴,tʂei⁵¹xuei³⁵tɕiou⁵¹tei²¹tuo⁴⁴mai²¹tɕi³⁵pər²¹³。
绥中	上次就买了一本儿书，这次多买几本儿。 ʂaŋ⁵¹tʂʰɿ⁵¹tɕiou⁵¹mai²¹lɤ⁰i⁵¹pər²¹ʂu⁵⁵,tʂei⁵¹tʂʰɿ⁵¹tuo⁵⁵mai²¹tɕi³⁵pər²¹³。
义县	上回就买一本儿书，今儿个得多买几本儿。 ʂaŋ⁵³xuei³⁵tɕiou⁵³mai²¹i⁵³pər²¹ʂu⁴⁴,tɕiər⁴⁴kɤ⁰tei²¹tuo⁴⁴mai³⁵tɕi³⁵pər²¹³。
北票	上回就买一本儿书，这回得多买两本儿。 ʂaŋ⁵³xuei³⁵tɕiou⁵³mai²¹i⁵³pər²¹ʂu⁴⁴,tʂei⁵³xuei⁵³tei²¹tuo⁴⁴mai²¹liaŋ³⁵pər²¹³。
阜新	上回就买了一本儿书，今儿个得多买几本儿。 ʂaŋ⁵³xuei³⁵tɕiou⁵³mai²¹lə⁰i⁵³pər²¹ʂu⁵⁵,tɕiər²¹kə⁰tei²¹tuo⁵⁵mai²¹tɕi³⁵pər²¹³。
黑山	上回只买一本儿书，这回得多买几本儿。 ʂaŋ⁵³xuei³⁵tʂɿ³⁵mai²¹i⁵³pər²¹ʂu⁴⁴,tʂɤ⁵³xuei⁵³tei²¹tuo⁴⁴mai²¹tɕi³⁵pər²¹³。
昌图	上回就买一本儿，今儿个儿就多买几本儿。 ʂaŋ⁵¹xuei³⁵tɕiou⁵¹mai²¹i⁵¹pər²¹³,tɕiər³³kɤ⁰tɕiou⁵¹tuo³³mai²¹tɕi²¹pər²¹³。
大连	上次只买了一本儿书，今天要多买几本儿。 ʃaŋ⁵²tsʰɿ⁵²tsɿ³⁴mɛ²¹lə⁰i³⁴pər²¹ʃu³¹²,tɕĩ³⁴tʰiɛ̃³¹iɔ⁵²tuə³¹mɛ²¹tɕi²¹pər⁰。
金州杏树	上回就买了一本儿书，今儿再多买几本儿。 saŋ⁵²xue³¹tɕiəu⁵²mɛ²¹lə⁰i⁵²pər²¹ɕy³¹²,tɕiər³¹tse⁵²tuə³¹mɛ³⁴tɕi²¹pər⁰。
长海	上次只买了一本儿书，今儿多买几本儿。 ʃaŋ⁵³tsʰɿ⁰tʃɿ²⁴mai²¹lə⁰i⁵³pər²¹ʃy³¹,ciər³¹tuə²¹mai²⁴ci²⁴pər²¹⁴。
庄河	上次就买了一本儿书，今儿再多买几本儿。 saŋ⁵³tsʰɿ⁵¹tɕiəu⁵¹mai²¹lə⁰i⁵¹pər²¹su³¹,tɕiər³¹tsai⁵¹tuə³¹mai²⁴tɕi²¹pər²¹³。
盖州	上次只买了一本儿书，今天一定要多买几本儿。 saŋ⁵¹tsʰɿ⁵¹tsɿ²⁴mai²¹lɤ⁰i⁵¹pər²⁴su⁴¹²,tɕin²⁴tʰian⁴¹²i²¹tiŋ⁵¹iau⁵¹tuɤ⁴¹²mai²⁴tɕi²⁴pər²¹³。
丹东	上次就买一本儿书，今天要多买几本儿。 ʂaŋ⁵³tsʰɿ⁵¹tɕiou⁵¹mai²¹lə⁰i⁵¹pər²⁴su⁴¹¹,tɕin⁴⁴tʰian⁴¹¹iau⁵¹tuo⁴¹¹mai²⁴tɕi²⁴pər²¹³。
建平	上回就买一本书，这回得多买几本儿。 ʂã⁵³xuei³⁵tɕiəu⁵³mɛ²¹i³⁵pə̃²¹ʂu³⁵,tʂei⁵³xuei⁵³tei²¹tuo⁴⁴mɛ³⁵tɕi²¹³。
凌源	上回就买了一本儿书，今儿个儿得多买几本儿。 ʂaŋ⁵³xuei³⁵tɕiou⁵³mai²¹lɤ⁰i⁵³pər²¹ʂu⁵⁵,tɕiər⁵⁵kɤr⁰tei²¹tuo⁵⁵mai²¹tɕi³⁵pər²¹。

口头文化卷

概　　述

一　本卷内容

本卷为口头文化，以调查点为单位展示 20 个调查点的歌谣、故事（规定故事或其他故事）、自选条目。2012 年启动的中国有声语言数据库辽宁试点项目大连和金州杏树两点，未对口头文化相关内容进行转写，因此本卷不包含这两个调查点。

由于"中国语言资源保护工程"不要求把《调查手册》"陆口头文化"中调查到的所有语料转写为汉字和国际音标，限于人力和时间，我们也没有转写所有语料，而是对调查材料进行了取舍。大致情况如下：

"歌谣"只选取已经转写汉字和国际音标的条目。

"故事"只选取已经转写汉字和国际音标的条目，包括规定故事或其他故事。在完成规定时间语料转写的前提下，各点转写的故事内容不同，部分点只转写规定故事或其他故事二者之一，部分点将两个故事全部转写。为了统一，本卷将"规定故事""其他故事"合并为"故事"，具体内容以各点实际转写情况为准。

"自选条目"只选取已经转写汉字和国际音标的条目。

选取的所有内容，我们都根据原始音视频逐条、逐句做了核对。

二　编排方式

以调查点为序，每个点再根据"歌谣、故事、自选条目"的内容罗列。调查点排列方式同语音卷。

每条包括方言、音标等内容。由于辽宁各调查点方言与普通话比较相近，所以不再列出所有材料的意译，只对一些较难理解或有特殊读音的词做简要注释。

所有条目大致按句分行。每一句的方言说法在前，音标在后，音标用"[ ]"框起。句中个别关键词语在该句音标后注释。

三　凡例

本卷使用比较普遍的一些符号说明如下：

"ʰ"送气符号。例如：pʰ tʰ tsʰ等。

"="（上标） 表示前面的字是同音替代而不是本字。例如：喃⁼这个我看了你们这个我看了｜搁⁼这边儿在这边儿

四 轻声音变

单元音韵母 ɤ 在轻声音节中，有的方言点弱化成央 ə，有的方言点仍然是后 ɤ，根据实际发音记为央 ə 或者后 ɤ。

沈 阳

一 歌谣

（一）

大雨哗哗下，北京来电话； [ta⁴¹y²¹xua³³xua³³ɕia⁴¹,pei²¹tɕiŋ³³lai³⁵tian⁴¹xua⁴¹]
要我去当兵，我还没长大。 [iau⁴¹uo²¹tɕʰy⁴¹taŋ³³piŋ³³,uo³³xai³⁵mei³⁵tʂaŋ²¹ta⁴¹]

（二）

小白兔，白又白， [ɕiau²¹pai³⁵tʰu⁴¹,pai³⁵iou⁴¹pai³⁵]
两只耳朵竖起来； [liaŋ²¹tʂʅ³³ər²¹tuo⁰ʂu⁴¹tɕʰi²¹lai³⁵]
爱吃萝卜爱吃菜， [ai⁴¹tʂʰʅ³³luo³⁵pə⁰ai⁴¹tʂʅ³³tsʰai⁴¹]
蹦蹦跳跳真可爱。 [pəŋ⁴¹pəŋ⁴¹tʰiau⁴¹tʰiau⁴¹tʂən³³kʰɤ²¹ai⁴¹]

（三）

小老鼠，上灯台； [ɕiau²¹lau³⁵ʂu²¹,ʂaŋ⁴¹təŋ³³tʰai³⁵]
偷油吃，下不来； [tʰou³³iou³⁵tʂʰʅ³³,ɕia⁴¹pu⁰lai³⁵]
叽里咕噜滚下来。 [tɕi³³lə⁰ku³³lu³³kuən²¹ɕia⁴¹lai³⁵]

（四）

啪儿头，啪儿头，下雨不愁； [pər³³tʰou³⁵,pər³³tʰou³⁵,ɕia⁴¹y²¹pu⁰tʂʰou³⁵]
人家有伞，我有啪儿头。 [zən³⁵tɕia³³iou³³san²¹,uo²¹iou²¹pər³³tʰou³⁵]

（五）

一九二九不出手， [i³³tɕiou²¹ər⁴¹tɕiou²¹pu⁴¹tʂʰu³³ʂou²¹]
三九四九冰上走； [san³³tɕiou²¹sʅ⁴¹tɕiou²¹piŋ³³ʂaŋ⁴¹tsou²¹]
五九六九，沿河看柳； [u³⁵tɕiou²¹liou⁴¹tɕiou²¹,ian³⁵xɤ³⁵kʰan⁴¹liou²¹]
七九河开，八九燕来； [tɕʰi³³tɕiou²¹xɤ³⁵kʰai³³,pa³³tɕiou²¹ian⁴¹lai³⁵]
九九加一九，耕牛遍地走。 [tɕiou³⁵tɕiou²¹tɕia³³i⁴¹tɕiou²¹,kəŋ³³ȵiou³⁵pian⁴¹ti⁴¹tsou²¹]

（六）

月儿明，风儿静，	[ye⁴¹ɚr³⁵miŋ³⁵,fəŋ³³ər³⁵tɕiŋ⁴¹]
树叶遮窗棂啊，	[ʂu⁴¹ier⁴¹tʂɤ³³tʂʰuaŋ³³liŋ³⁵a⁰]
蛐蛐儿叫铮¯铮¯，	[tɕʰy³³tɕʰy³³ər³⁵tɕiau⁴¹tʂəŋ³³tʂəŋ³³]
好比那琴弦儿声；	[xau²¹pi²¹na⁴¹tɕʰin³⁵ɕiɐr³⁵ʂəŋ³³]
琴弦儿轻，风儿动听，	[tɕʰin³⁵ɕiɐr³⁵tɕʰiŋ³³,fəŋ³³ər³⁵tuŋ⁴¹tʰiŋ³³]
摇篮轻摆动啊；	[iau³⁵lan³⁵tɕʰiŋ³³pai²¹tuŋ⁴¹a⁰]
娘的宝宝，睡在梦中	[ȵiaŋ³⁵ti⁰pau²¹pau⁰,ʂuei⁴¹tsai⁴¹məŋ⁴¹tʂuŋ³³]
睡了那个睡在梦中。	[ʂuei⁴¹lə⁰nei⁴¹kə⁰ʂuei⁴¹tsai⁴¹məŋ⁴¹tʂuŋ³³]

（歌谣发音人：肖宛珍）

二　故事

牛郎和织女

今天讲一个牛郎和织女的故事。[tɕin³³tʰian³³tɕiaŋ²¹⁻³⁵i⁰kə⁴¹ȵiou³⁵laŋ³⁵xɤ³⁵tʂʅ³³ny²¹tə⁰ku⁴¹ʂʅ⁰]

话说啊，在这一个小村庄里啊，[xua⁴¹ʂuo³³ia⁰,tsai⁴¹tʂei⁴¹i⁻³⁵kə⁰ɕiau⁴¹tʂuən³³tʂuaŋ³³li²¹a⁰]

住了一个十七八岁的一个小伙子，叫牛郎。[tʂu⁴¹lə⁰i⁻³⁵kə⁰ʂʅ³⁵tɕʰi³³pa³³ʂuei⁴¹tə⁰i⁻³⁵kə⁰ɕiau³⁵ xuo²¹tsʅ⁰,tɕiau⁴¹ȵiou⁴¹laŋ³⁵]

这孩子啊，样样都好，为人憨厚朴实，[tsei⁴¹xai³⁵tsʅ⁰a⁰,iaŋ⁴¹iaŋ⁴¹tou⁰xau²¹,vei³⁵ʐən³³xan³³ xou⁴¹pʰu²¹ʂʅ³⁵]

平时啊，也帮助左邻右舍的。[pʰiŋ³⁵ʂʅ³⁵a⁰,ie²¹paŋ³³tʂu⁴¹tsuo²¹lin³⁵iou³⁵ʂɤ⁴¹tə⁰]

但这孩子就是命太苦了，[tan⁴¹tʂei⁴¹xai³⁵tsʅ⁰tɕiou⁵¹miŋ⁴¹tʰai⁴¹kʰu²¹lə⁰]

从小儿啊，父母就过世得早，[tsʰuŋ³⁵ɕiaur²¹a⁰,fu⁴¹mu⁴¹tɕiou⁴¹kuo⁴¹ʂʅ⁴¹tə⁰tsau²¹]

一个人啊，靠着打柴维生度日啊。[i³⁵kə⁰ʐən³³na⁰,kʰau⁴¹tʂɤ⁰ta²¹tsʰai³⁵vei³⁵ʂəŋ³³tu⁴¹ʐʅ⁴¹a⁰]

说单表这一天啊，牛郎就拿着刀，[ʂuo³³tan³³piau²¹tsei⁴¹i⁴¹tʰian³³na⁰,ȵiou³⁵laŋ³⁵tɕiou⁴¹na³⁵ tʂə⁰tau³³]

拿着这个家伙什儿，上山又砍柴去了。[na³⁵tʂə⁰tsei⁴¹kə⁰tɕia³³xuo⁰ʂər⁴¹,ʂaŋ⁴¹ʂan³³iou⁴¹ kʰan²¹tʂʰai³⁵tɕʰy⁴¹lə⁰]

在下山的路上啊，就看到一头老黄牛。[tsai⁴¹ɕia⁴¹ʂan³³tə⁰lu⁴¹ʂaŋ⁴¹a⁰,tɕiou⁴¹kʰan⁴¹tau⁰ i⁴¹tʰou³⁵lau²¹xuaŋ³⁵ȵiou³⁵]

这老黄牛躺在这路上这一看啊，这奄奄一息了，[tsɤ⁴¹lau²¹xuaŋ³⁵ȵiou³⁵tʰaŋ³³tsai⁴¹tʂɤ⁴¹ lu⁴¹ʂaŋ⁴¹tʂɤ⁰i⁻³⁵kʰan⁴¹a⁰,tʂɤ⁴¹ian³³ian³³i³³⁻⁴¹ɕi⁰lə⁰]

这一看是来病儿了呀。[tʂɤ⁴¹i⁻³⁵kʰan⁴¹ʂʅ⁰lai³⁵piɚr⁴¹lə⁰ia⁰]

这牛郎心里就挺难受的，说我得要，我得看看，[tʂɤ⁴¹ȵiou³⁵laŋ³⁵ɕin³³li²¹tɕiou⁴¹tʰiŋ²¹nan³⁵ ʂou⁴¹tə⁰,suo³³uo²¹tei²¹iau⁴¹,uo²¹tei²¹kʰan⁴¹kʰan⁰]

看能不能治它，帮帮它啊。[kʰan⁴¹nəŋ³⁵pu⁰nəŋ³⁵tsʅ⁴¹tʰa⁰,paŋ³³paŋ⁰tʰa³³ia⁰]

他就摸这老黄牛的毛儿,就摸着老黄牛说了:"老黄牛啊,[tʰa³³tɕiou⁴¹ma³³tʂei⁴¹lau²¹ xuaŋ³⁵n̥iou⁰tə⁰maur³⁵,tɕiou⁴¹ma³³tʂə⁰lau²¹xuaŋ³⁵n̥iou⁰suo³³lə⁰,lau²¹xuaŋ³⁵n̥iou⁰a⁰]
你等着你等着,我去给你打点儿水喝。"[n̥i³⁵təŋ²¹tʂə⁰n̥i³⁵təŋ²¹tʂə⁰,uo²¹tɕy⁴¹kei²¹n̥i²¹ta³⁵ tier²¹ʂuei²¹xɤ³³]
这小伙子啊,就给它打了点儿水喝,又、又给它打了点儿草。[tʂei⁴¹ɕiau³⁵xuo⁰tʂʅ⁰ia⁰, tɕiou⁴¹kei²¹tʰa⁰ta²¹lə⁰tier²¹ʂuei⁰xɤ³³,iou⁴¹、iou⁴¹kei²¹tʰa⁰ta²¹lə⁰tier²¹tʂʰau⁴¹]
这老黄牛就吃了。[tʂei⁴¹lau²¹xuaŋ³⁵n̥iou⁰tɕiou⁴¹tʂʰʅ³³lə⁰]
牛郎就在这块儿的给它简易地搭了个牛棚,[n̥iou³⁵laŋ³⁵tɕiou⁰tsai⁴¹tʂei⁴¹kʰuɐr²¹tə⁰kei³⁵ tʰa⁰tɕian²¹⁴¹i⁰tə⁰ta²¹lə⁰kə⁰n̥iou³⁵pʰəŋ³⁵]
省得日头晒啊,越晒不越难受嘛。[ʂəŋ²¹tə⁰ʐʅ⁴¹tʰou⁰sai⁴¹a⁰,ye⁴¹sai⁴¹pu⁰ye⁴¹nan³⁵ʂou⁴¹ma⁰]
这往返好几天啊,从家啊,到山里头,[tsei⁴¹vaŋ²¹fan²¹xau³⁵tɕi⁴¹tʰian³³na⁰,tsʰuŋ³⁵tɕia³³ia⁰, tau⁴¹san³³li²¹tʰou⁰]
因为这牛太大,他也不可能把牛牵回家,[in³³vei³⁵tsei⁴¹n̥iou³⁵tʰai⁴¹ta⁴¹,tʰa³³ie⁰pu⁴¹kʰɤ²¹ nəŋ³⁵pa²¹n̥iou³⁵tɕʰian³³xuei³⁵tɕia³³]
这牛现在也起不来。[tsei⁴¹n̥iou³⁵ɕian⁴¹tsai⁴¹ie³⁵tɕʰi²¹pu⁰lai³⁵]
往返这两三天以后啊,这牛慢慢儿能站起来了,[vaŋ²¹fan²¹tsei⁴¹liaŋ²¹san³³tʰian³³i²¹xou⁴¹a⁰, tsei⁴¹n̥iou³⁵man⁴¹mɐr⁰nəŋ³⁵tsan⁴¹tɕʰi²¹lai³⁵lə⁰]
站起来了,牛郎就对这牛说了:"老黄牛啊,老黄牛,[tʂan⁴¹tɕʰi²¹lai³⁵lə⁰,n̥iou³⁵laŋ³⁵tɕiou⁴¹ tuei⁴¹tsei⁴¹n̥iou³⁵suo³³lə⁰:lau²¹xuaŋ³⁵n̥iou⁰a⁰,lau²¹xuaŋ³⁵n̥iou⁰]
说我呀,就我一个人啊,你要是不嫌弃的话,[ʂuo³³uo²¹ia⁰,tɕiou⁴¹uo²¹⁻³⁵kə⁰ʐən³⁵na⁰,n̥i²¹ iau⁴¹ʂʅ⁴¹pu⁴¹ɕian²¹tɕʰi⁴¹tə⁰xua⁴¹]
你就跟我走吧,跟我回家过日子。"[n̥i²¹tɕiou⁴¹kən³³uo³⁵tsou²¹pa⁰,kən³³uo²¹xuei³⁵tɕia³³ kuo⁴¹ʐʅ⁴¹tʂʅ⁰]
这老黄牛啊,像听懂了牛郎的话一样,点了点头,[tsei⁴¹lau²¹xuaŋ³⁵n̥iou³⁵a⁰,ɕiaŋ⁴¹tʰiŋ³³ tuŋ²¹lə⁰n̥iou³⁵laŋ³⁵tə⁰xua⁴¹iaŋ⁴¹,tian⁴¹lə⁰tian²¹tʰou³⁵]
就跟着牛郎回家了。[tɕiou⁴¹kən³³tʂə⁰n̥iou³⁵laŋ³⁵xuei³⁵tɕia³³lə⁰]
回家以后啊,这牛郎和这头牛啊,相依为命地过日子,[xuei³⁵tɕia³³i⁴¹xou⁴¹a⁰,tsei⁴¹n̥iou³⁵ laŋ³⁵xɤ³⁵tsei⁴¹tʰou³⁵n̥iou³⁵a⁰,ɕiaŋ³³⁻³¹vei³⁵miŋ⁴¹tə⁰kuo⁴¹ʐʅ⁴¹tʂʅ⁰]
老牛还能给他耕耕地啥的,[lau²¹n̥iou⁰xai³⁵nəŋ³⁵kei⁴¹tʰa⁰kəŋ³³kəŋ³³ti⁴¹ʂa³⁵tə⁰]
这日子一天过一天过得能好起来点儿了。[tʂɤ⁴¹ʐʅ⁴¹tʂʅ⁰i⁴¹tʰian³³kuo⁴¹i⁰tʰian³³kuo⁴¹tə⁰ nəŋ³⁵xau³⁵tɕʰi²¹lai³⁵tier²¹lə⁰]
两年的光景以后啊,有一天晚上,老黄牛突然间就说话了。[liaŋ²¹n̥ian⁰tə⁰kuaŋ³³tɕiŋ²¹ i²¹xou⁴¹a⁰,iou²¹⁻⁴¹tʰian³³van³³ʂaŋ⁰,lau²¹xuaŋ³⁵n̥iou⁰tʰu⁴¹ʐan³⁵tɕian⁰tɕiou⁴¹suo⁰xua⁴¹lə⁰]
说:"牛郎啊,我啊,本是天上的金牛星下凡。[ʂuo³³n̥iou³⁵laŋ³⁵a⁰,uo⁰a⁰,pən²¹ʂʅ⁴¹tʰian³³ ʂaŋ⁴¹tə⁰tɕin³³n̥iou³⁵ɕin³³ɕia⁴¹fan³⁵]
其实我好了以后啊应该重返天庭,但是我看你啊,[tɕʰi³⁵ʂʅ³⁵uo²¹xau²¹lə⁰i²¹xou⁴¹a⁰iŋ³³kai³³ tʂʰuŋ³⁵fan²¹tʰian³³tʰiŋ³⁵,tan⁴¹ʂʅ⁴¹uo²¹kʰan⁴¹n̥i²¹a⁰]

一个人太孤苦伶仃了,我就合计再陪你几年的光景儿。[i³⁵ kɤ⁰ zən³⁵ tʰai⁴¹ ku³³ kʰu²¹ liŋ³⁵ tiŋ³³ lə⁰,uo²¹ tɕiou⁴¹ xɤ³⁵ tɕi⁴¹ tsai⁴¹ pʰei⁰ n̠i⁰ tɕi⁰ n̠ian⁰ tə⁰ kuaŋ³³ tɕiə̃r²¹]

明天早上啊,玉皇大帝的姑(娘),玉皇大帝的女儿啊,[miŋ³⁵ tʰian³³ tsau²¹ ʂaŋ⁴¹ a⁰,y⁴¹ xuaŋ³⁵ ta⁴¹ ti⁴¹ tə⁰ ku⁰(n̠ian⁰),y⁴¹ xuaŋ³⁵ ta⁴¹ ti⁴¹ tə⁰ n̠y⁰ ər⁰ a⁰]

会到咱那个村东头儿的湖里来洗澡儿。[xuei⁴¹ tau⁴¹ tsan³⁵ nei⁴¹ kɤ⁰ tʂuan³³ tuŋ³³ tʰour³⁵ tə⁰ xu³⁵ li²¹ lai³⁵ ɕi³⁵ tʂaur²¹]

你也到了结婚的年龄了,我要报你的恩啊。你明天到那去以后啊,[n̠i³⁵ ie²¹ tau⁴¹ lə⁰ tɕie⁰ xuan⁰ tə⁰ n̠ian³⁵ liŋ³⁵ lə⁰,uo⁰ iau⁰ pau⁰ n̠i⁰ tə⁰ ən⁰ na⁰,n̠i⁰ miŋ³⁵ tʰian⁰ tau⁰ na⁰ tɕʰy⁰ i⁴¹ xou⁰ a⁰]

挑起一件儿衣服你就往回跑,切记莫回头啊。[tʰiau³³ tɕʰi¹·³⁵ tɕier¹·³³ fu⁰ n̠i²¹ tɕiou⁴¹ vaŋ²¹ xuei³⁵ pʰau²¹,tɕʰie⁰ tɕi⁰ mɤ⁴¹ xuei⁰ tʰou⁰ a⁰]

到家以后,谁来找你,她就是你的妻子。"[tau⁴¹ tɕia³³·²¹ xou⁴¹,sei³⁵ lai⁰ tsau³⁵ n̠i²¹,tʰa³³ tɕiou⁴¹ ʂʅ⁴¹ n̠i⁰ tə⁰ tɕʰi³³ tsʅ²¹]

牛郎暗暗记下了,第二天起个大早,牛郎就去了。[n̠iou³⁵ laŋ⁰ an⁴¹ an⁰ tɕi⁴¹ ɕia⁰ lə⁰,ti⁴¹ ər⁰ tʰian³³ tɕʰi⁰ kə⁰ ta⁴¹ tsau²¹,n̠iou⁰ laŋ⁰ tɕiou⁰ tɕʰy⁴¹ lə⁰]

去了以后啊,隐隐约约、朦朦胧胧当中,[tɕʰy⁴¹ lə⁰ i²¹ xou⁴¹ a⁰,in²¹ in⁰ ye³³ ye⁰,məŋ³⁵ məŋ³⁵ luŋ³⁵ luŋ⁰ taŋ³³ tʂuŋ³³]

就看见真的有女子在洗澡儿。[tɕiou⁴¹ kʰan⁴¹ tɕian⁴¹ tsən⁰ tə⁰ iou⁰ n̠y⁰ tsʅ²¹ tsai⁴¹ ɕi³⁵ tʂaur²¹]

牛郎拿竹竿儿啊,挑了件儿粉红色的衣服,[n̠iou³⁵ laŋ³⁵ na⁰ tsu⁰ kɤr⁰ a⁰,tʰiau²¹ lə⁰ tɕier⁴¹ fən²¹ xuŋ³⁵ sɤ⁴¹ tə⁰ i³³ fu⁰]

抱在怀里,就跑回了家。晚上的时候啊,就有人来扣门了。[pau⁴¹ tsai⁴¹ xuai⁰ li²¹,tɕiou⁴¹ pʰau⁰ xuei⁰ lə⁰ tɕia⁰。van⁴¹ ʂaŋ⁰ tə⁰ ʂʅ⁰ xou⁰ a⁰,tɕiou⁰ iou⁰ zən⁰ lai³⁵ kʰou⁴¹ mən³⁵ lə⁰]

偷走衣服的、被偷走衣服的这个仙女儿是谁呢,是织女。[tʰou³³ tsou²¹·³³ i⁰ fu⁰ tə⁰,pei⁰ tʰou³³ tsou²¹·³³ i⁰ fu⁰ tə⁰ tsei⁰ kə⁰ ɕian⁰ n̠ər²¹ ʂʅ⁰ ʂei³⁵ nə⁰,ʂʅ¹ tsʅ⁰ n̠y²¹]

织女一看牛郎啊,就暗生喜欢了,两个人就做了夫妻。[tsʅ³³ n̠y²¹ i¹·³⁵ kʰan⁴¹ n̠iou⁰ laŋ⁰ a⁰,tɕiou⁴¹ an⁴¹ ʂəŋ³³ ɕi⁰ xuan⁰ lə⁰,liaŋ⁰ kə⁰ zən⁰ tɕiou⁰ tsuo⁰ lə⁰ fu⁰ tɕʰi³³]

两三年以后啊,牛郎和织女育有一男一女两个孩子,[liaŋ²¹ san³³ n̠ian³⁵·²¹ xou⁴¹ a⁰,n̠iou³⁵ laŋ³⁵ xɤ³⁵ tsʅ³³ n̠y⁴¹ y⁰ iou¹·²¹ nan⁰ i⁰ n̠y⁰ liaŋ⁰ kə⁰ xai⁰ tsʅ⁰]

一家人啊,是过得其乐融融。但是啊,织女私自下凡的事儿啊,[i⁴¹ tɕia³³ zən³⁵ na⁰,ʂʅ⁰ kuo⁰ tə⁰ tɕʰi³³ lɤ⁰ zuŋ⁰ zuŋ³⁵,tan⁰ ʂʅ⁰ a⁰,tsʅ⁰ n̠y⁰ sʅ⁰ tsʅ⁰ ɕia⁰ fan⁰ tə⁰ ʂər⁰ a⁰]

被玉皇大帝知道了,玉皇大帝是震怒啊。顿时间啊,飞沙走石啊,[pei⁴¹ y⁴¹ xuaŋ³⁵ ta⁴¹ ti⁴¹ tsʅ⁰ tau⁰ lə⁰,y⁰ xuaŋ⁰ ta⁴¹ ti⁴¹ ʂʅ⁰ tsən⁰ nu⁴¹ a⁰,tuən⁰ ʂʅ⁰ tɕian⁰ a⁰,fei⁰ sa⁰ tsou⁰ ʂʅ³⁵ a⁰]

昏天暗地啊,倾盆大雨就下来了,电闪雷鸣啊。[xuən³³ tʰian³³·⁴¹ ti⁴¹ a⁰,tɕʰiŋ⁰ pʰən³⁵ ta⁰ y²¹ tɕiou⁰ ɕia⁴¹ lai⁰ lə⁰,tian⁴¹ san²¹ lei⁰ miŋ⁰ a⁰]

牛郎这个时候刚从外边干活儿回家,就听着这孩子喊娘。[n̠iou³⁵ laŋ³⁵ tsei⁴¹ kə⁰ ʂʅ³⁵ xou⁴¹ kaŋ⁰ tsʰuŋ⁴¹ vai⁴¹ pian⁴¹ kan⁰ xuor⁰ xuei⁰ tɕia⁰,tɕiou⁰ tʰiŋ⁰ tʂə⁰ tʂɤ⁰ xai⁰ tsʅ⁰ xan⁰ n̠iaŋ³⁵]

他进屋一看啊,织女已经不知道去哪儿了,这孩子哇哇叫唤。[tʰa³³ tɕin⁴¹ u³³·³⁵ kʰan⁴¹ na⁰,tsʅ³³ n̠y²¹·²¹ i⁰ tɕin³³ pu⁴¹ tsʅ⁰ tau⁴¹ tɕʰy⁰ nar²¹ lə⁰,tʂɤ⁴¹ xai⁰ tsʅ⁰ va⁰ va³³ tɕiau⁰ xuan⁰]

这牛郎就犯合计了,说织女哪儿去了呢?[tsei⁴¹ȵiou³⁵laŋ³⁵tɕiou⁴¹fan⁰xɤ³⁵tɕi⁰lə⁰,suo³³tsʅ³³ȵy²¹nar²¹tɕʰy⁰lə⁰nə⁰?]

这个时候老黄牛说话了,老黄牛说:"说牛郎啊,[tʂei⁴¹kə⁰ʂʅ³⁵xou⁰lau²¹xuaŋ³⁵ȵiou³⁵suo³³xua⁴¹lə⁰,lau²¹xuaŋ³⁵ȵiou³⁵suo³³,suo³³:ȵiou³⁵laŋ³³a⁰]

说织女下凡的事儿啊,已经被玉皇大帝知道了。[suo³³tsʅ³³ȵy²¹ɕia³³fan⁰tə⁰ʂər⁴¹a⁰,i²¹tɕiŋ³³pei⁴¹y⁴¹xuaŋ³⁵ta⁴¹ti³³tsʅ³³tau⁰lə⁰]

织女已经被王母娘娘带走了,你赶紧去追吧,[tsʅ³³ȵy²¹i²¹tɕiŋ³³pei⁴¹vaŋ³⁵mu⁰ȵiaŋ³⁵ȵiaŋ⁰tai⁴¹tʂou²¹lə⁰,ȵi²¹kan³⁵tɕin²¹tɕʰy⁴¹tsuei³³pa⁰]

我这两个牛角啊,可以化作两个筐,能助你上天。"[uo²¹tʂei⁴¹liaŋ²¹kə⁰ȵiou³⁵tɕiau²¹a⁰,kʰɤ³⁵i²¹xua³³tʂuo⁴¹liaŋ²¹kə⁰kʰuaŋ³³,nəŋ³⁵tsu⁴¹ȵi²¹saŋ⁴¹tʰian³³]

说完,两个牛角砰隆一声,掉地上了,变成了两个筐。[suo³³van³⁵,liaŋ²¹kə⁰ȵiou³⁵tɕiau²¹pʰəŋ³³luŋ³³i⁴¹səŋ³³,tiau⁴¹ti⁴¹ʂaŋ⁰lə⁰,pian⁴¹tʂʰən³⁵lə⁰liaŋ²¹kə⁰kʰuaŋ³³]

牛郎啊,把这孩子啊放到筐里边儿,挑起了扁担就往出追。[ȵiou³⁵laŋ³⁵a⁰,pa²¹tʂɤ⁴¹xai³⁵tsʅ⁰a⁰faŋ³³tau⁰kʰuaŋ³³li²¹pieɹ,tʰiau³³tɕʰi²¹lə⁰pian⁴¹tan³³tɕiou⁴¹vaŋ³⁵tʂʰu³⁵tsuei³³]

这个时候,筐像长了翅膀一样,脚下呼呼生风。[tsei⁴¹kə⁰ʂʅ³⁵xou⁰,kʰuaŋ³³ɕiaŋ⁴¹tsaŋ²¹lə⁰tʂʰʅ⁴¹paŋ²¹·iaŋ⁴¹,tɕiau²¹ɕia⁴¹xu³³xu⁰səŋ³³fəŋ³³]

飞到天上以后啊,就隐隐约约看到了织女。[fei³³tau⁰tʰian³³ʂaŋ⁰i³³xou⁰a⁰,tɕiou⁴¹in⁰·in²¹ye³³ye³³kʰan⁴¹tau⁴¹lə⁰tsʅ³³ȵy²¹]

眼看着就要追上的时候,王母娘娘看见了。[ian²¹kʰan⁴¹tʂə⁰tɕiou⁴¹iau⁴¹tsuei³³saŋ⁰tə⁰ʂʅ³⁵xou⁰,vaŋ³⁵mu⁰ȵiaŋ³⁵ȵiaŋ⁰kʰan⁴¹tɕian⁴¹lə⁰]

王母娘娘摘下了头上的簪子,[vaŋ³⁵mu²¹ȵiaŋ³⁵ȵiaŋ⁰tsai³³ɕia⁴¹lə⁰tʰou³⁵ʂaŋ⁰tə⁰tsan³³tsʅ⁰,]

在牛郎和织女之间轻轻地划了一条线,[tsai⁴¹ȵiou³⁵laŋ³⁵xɤ³⁵tsʅ³³ȵy²¹tsʅ³³tɕian³³tɕʰiŋ³³tɕʰiŋ³³tə⁰xua⁴¹lə⁰i⁴¹tʰiau³⁵ɕian⁴¹]

这条线啊,顿时就变成了滔滔的大河,拦住了牛郎的去路。[tsei⁴¹tʰiau³⁵ɕian⁴¹a⁰,tuən⁴¹sʅ³³tɕiou⁴¹pian⁴¹tʂʰən³⁵lə⁰tʰau³³tʰau⁰tə⁰ta⁴¹xɤ³⁵,lan³⁵tsu⁴¹lə⁰ȵiou³⁵laŋ³⁵tə⁰tɕʰy⁴¹lu⁴¹]

孩子哇哇哭啊,喊娘啊,织女是撕心裂肺啊。[xai³⁵tsʅ⁰va³³va³³kʰu³³a⁰,xan²¹ȵiaŋ³⁵a⁰,tsʅ³³ȵy²¹sʅ³³sʅ³³ɕin³³lie⁴¹fei⁴¹a⁰]

王母娘娘看到这儿啊,动了恻隐之心,就这么动了恻隐之心,[vaŋ³⁵mu²¹ȵiaŋ³⁵ȵiaŋ⁰kʰan⁴¹tau⁰tʂəɹ⁴¹a⁰,tuŋ⁴¹lə⁰tʂʰɤ⁴¹in²¹tsʅ³³ɕin³³,tɕiou⁴¹tʂən⁰mə⁰tuŋ⁴¹lə⁰tʂʰɤ⁴¹in²¹tsʅ³³ɕin³³]

就告诉喜鹊,说喜鹊啊,你去传话告诉牛郎吧,[tɕiou⁴¹kau⁴¹su⁰ɕi²¹tɕʰye⁴¹,suo³³ɕi²¹tɕʰye⁴¹a⁰,ȵi²¹tɕʰy⁴¹tʂʰuan³⁵xua⁴¹kau⁴¹su⁰ȵiou³⁵laŋ³⁵pa⁰]

每个月的七日,我允许他们见一次。[mei²¹kə⁰ye⁴¹tə⁰tɕʰi³³ʐʅ⁴¹,uo²¹ʐuən²¹ɕy²¹tʰa³³mən⁰tɕian⁴¹i⁴¹tsʰʅ⁴¹]

喜鹊就去了,就把这个消息告诉牛郎了。[ɕi²¹tɕʰye⁴¹tɕiou⁴¹tɕʰy⁴¹lə⁰,tɕiou⁴¹pa²¹tsei⁴¹kə⁰ɕiau³³ɕi⁰kau⁴¹su⁰ȵiou³⁵laŋ³⁵lə⁰]

可是喜鹊啊,去的路上啊,就把这个消息给传错了,[kʰɤ²¹sʅ⁰ɕi²¹tɕʰye⁴¹a⁰,tɕʰy⁴¹tə⁰lu⁴¹ʂaŋ⁴¹a⁰,tɕiou⁴¹pa²¹tsei⁴¹kə⁰ɕiau³³ɕi⁰kei²¹tsʰuan³⁵tʂʰuo⁴¹lə⁰]

传成了每年的七月七才能见一次。[tsʰuan³⁵ tʂʰəŋ³⁵ lə⁰ mei²¹ nian³⁵ tə⁰ tɕʰi³³ ye⁴¹ tɕʰi³³ tsʰai³⁵ nəŋ³⁵ tɕian⁴¹˙³⁵ i⁰ tsʰɿ⁴¹]

王母娘娘知道以后就罚喜鹊,说每年的七夕,[vaŋ³⁵ mu²¹ nian³⁵ nian⁰ tsɿ³³ tau⁰˙²¹ xou⁴¹ tɕiou⁴¹ fa³⁵ ɕi²¹ tɕʰye⁴¹,ʂuo³³ mei²¹ nian³⁵ tə⁰ tɕʰi³³ ɕi³³]

你要搭成一座天桥让他们相见。[ni²¹ iau⁴¹ ta³³ tʂʰəŋ³⁵˙³⁵ tsuo⁴¹ tʰian³³ tɕʰiau³⁵ zaŋ⁴¹ tʰa³³ mən⁰ ɕiaŋ³³ tɕian⁴¹]

所以啊,每年的七夕啊,就能看到牛郎和织女他们相见。[ʂuo³⁵ i²¹ a⁰,mei²¹ nian³⁵ tə⁰ tɕʰi³³ ɕi³³ a⁰,tɕiou⁴¹ nəŋ³⁵ kʰan⁵¹ tɕian⁵¹ niou³⁵ laŋ³⁵ xɤ⁵¹ tʂɿ³³ ny²¹ tʰa³³ mən⁰ ɕiaŋ³³ tɕian⁴¹]

现在据说啊,就是童男童女儿,站在树底下,[ɕian⁴¹ tsai⁴¹ tɕy⁴¹ ʂuo³³ xa⁰,tɕiou⁴¹ ʂɿ⁰ tʰuŋ³⁵ nan³⁵ tʰuŋ³⁵ nyər⁴¹,tʂan⁴¹ tsai⁵¹ su⁴¹ ti⁵¹ ɕia⁰³]

到七夕那天晚上啊,能听到牛郎和织女互诉衷肠,[tau⁴¹ tɕʰi³³ ɕi³³ nei⁴¹ tʰian³³ van²¹ ʂaŋ⁵¹ a⁰, nəŋ³⁵ tʰiŋ³³ tau⁰ niou³⁵ laŋ³⁵ xɤ⁵¹ tʂɿ³³ ny⁵¹ xu⁵¹ su⁵¹ tʂuŋ⁵¹ tʂʰaŋ³⁵]

如果天空飘起了雨啊,那是织女在哭。[zu³⁵ kuo²¹ tʰian³³ kʰuŋ³³ pʰiau³³ tɕʰi²¹ lə⁰ y²¹ a⁰,na⁴¹ ʂɿ⁴¹ tʂɿ³³ ny²¹ tsai⁴¹ kʰu³³]

(故事发音人：谭丽敏)

三　自选条目

（一）

狗撵鸭子——呱呱叫。[kou³⁵ nian²¹ ia³³ tsɿ⁰,kua³³ kua³³ tɕiau⁴¹]

（二）

背手扇扇子——装大尾巴鹰。[pei⁴¹ sou²¹ san³³ san⁴¹ tsɿ⁰,tsuaŋ³³ ta⁴¹˙²¹ i⁰ pa⁰ iŋ³³]

（三）

外国人撇标枪——发洋剑（贱）。[vai⁴¹ kuo²¹ in³⁵ pʰie²¹ piau³³ tɕʰiaŋ³³,fa³³ iaŋ³⁵ tɕian⁴¹]

（四）

猪鼻子插大葱——装象儿（像）。[tsu³³ pi³⁵ tsɿ⁰ tsʰa²¹ ta⁴¹ tsʰuŋ³³,tsuaŋ³³ ɕiãr⁴¹]

（五）

不怕慢,就怕站。[pu³⁵ pʰa⁴¹ man⁴¹,tɕiou⁴¹ pʰa⁴¹ tsan⁴¹]

（六）

女大十八变,越变越好看。[ny²¹ ta⁴¹ sɿ³⁵ pa³⁵ pian⁴¹,ye⁴¹ pian⁴¹ ye⁴¹ xau²¹ kʰan⁴¹]

（七）

天上的龙肉,地下的驴肉。[tʰian³³saŋ⁰ti⁰luŋ³⁵iou⁴¹,ti⁴¹ɕia⁰ti⁰ly³⁵iou⁴¹]

（八）

千滚豆腐万滚鱼。[tɕʰian³³kuən²¹tou⁴¹fu⁰van⁴¹kuən²¹y³⁵]

（九）

百菜不如白菜。[pai²¹tsʰai⁴¹pu⁴¹lu³⁵pai³⁵tsʰai⁰]

（十）

吃不穷、穿不穷，[tsʰʅ³³pu⁰tɕʰyŋ³⁵,tsʰuan³³pu⁰tɕʰyŋ³⁵]
算计不到就受穷。[suan⁴¹tɕi⁰pu³⁵tau⁴¹tɕiou³⁵sou⁴¹tɕʰyŋ³⁵]

（口头文化发音人：那天祥）

本 溪

一 歌谣

（一）

乌牛一对儿，　　　　　　　[u⁴⁴ȵiou³⁵i³⁵tuər⁵¹]
黄牛一双。　　　　　　　　[xuaŋ³⁵ȵiou³⁵⁵¹suaŋ⁴⁴]
一去破茬，回来掏墒。　　　[i³⁵tɕʰy⁵¹pʰɤ⁵¹tʂa³⁵,xuei³⁵lai³⁵tʰau⁴⁴saŋ⁴⁴]
春种秋收，　　　　　　　　[tsʰuən⁴⁴tsuŋ⁵¹tɕʰiou⁴⁴sou⁴⁴]
万食进仓。　　　　　　　　[uan⁵¹sŗ³⁵tɕin⁵¹tsʰaŋ⁴⁴]

（二）

青山养畜膘肥壮，　　　　　[tɕʰiŋ⁴⁴san⁴⁴iaŋ³⁵tsʰu³⁵piau⁴⁴fei³⁵tsuaŋ⁵¹]
黄牛犁地五谷香。　　　　　[xuaŋ³⁵ȵiou³⁵li³⁵ti⁵¹u⁵¹ku²¹ɕiaŋ⁴⁴]
骡马牛羊满山坡，　　　　　[luo³⁵ma³⁵ȵiou³⁵iaŋ³⁵man²¹san⁴⁴pʰɤ⁴⁴]
金鸡满架猪肥胖。　　　　　[tɕin⁴⁴tɕi⁴⁴man²¹tɕia⁵¹tsu⁴⁴fei³⁵pʰaŋ⁵¹]
农家自有农家乐儿，　　　　[nuŋ³⁵tɕia⁴⁴tsŗ⁵¹iou²¹nuŋ³⁵tɕia⁴⁴lɤr⁵¹]
辛苦换来六畜旺。　　　　　[ɕin⁴⁴kʰu²²⁴xuan⁵¹lai³⁵liou⁵¹tsʰu³⁵uaŋ⁵¹]

（三）

车老板儿，　　　　　　　　[tsʰɤ⁴⁴lau³⁵pɚ²²⁴]
握长鞭，　　　　　　　　　[uo⁵¹tsʰaŋ³⁵pian⁴⁴]
官道赶车跑得欢。　　　　　[kuan⁴⁴tau⁵¹kan²¹tsʰɤ⁴⁴pʰau²¹tɤ⁰xuan⁴⁴]
捎脚拉着行路客，　　　　　[sau⁴⁴tɕiau²²⁴la⁴⁴tsau⁰ɕiŋ³⁵lu⁵¹kʰɤ⁵¹]
车上拉着粮和棉。　　　　　[tsʰɤ⁴⁴saŋ⁰la⁰tsau⁰liaŋ³⁵xɤ³⁵mian³⁵]
大车年行万里路，　　　　　[ta⁵¹tsʰɤ⁴⁴ȵian³⁵ɕiŋ³⁵uan⁵¹li²¹lu⁵¹]
祝君千载保平安。　　　　　[tsu⁵¹tɕyn⁴⁴tɕʰian⁴⁴tsai²²⁴pau⁴⁴pʰiŋ³⁵an⁴⁴]

(四)

雪飘如蝶飞,	[ɕyɛ²¹pʰiau⁴⁴zṳ³⁵tiɛ³⁵fei⁴⁴]
驰骋共撒围。	[tsʰʅ³⁵tsʰəŋ³⁵kuŋ⁵¹sa²¹uei³⁵]
踏遍千重山,	[tʰa⁵³pʰian⁵¹tɕʰian⁴⁴tsʰuŋ³⁵san⁴⁴]
猎夫凯歌儿还。	[liɛ⁵¹fu⁴⁴kʰai²¹kɤr⁴⁴xuan³⁵]

(五)

关东山,	[kuan⁴⁴tuŋ⁴⁴san⁴⁴]
三门亲,	[san⁴⁴mən³⁵tɕʰin⁴⁴]
女婿丈人亲连襟。	[ny²¹ɕy³⁵tsaŋ⁵¹zən³⁵tɕʰin⁴⁴lian³⁵tɕin⁰]
关东山,	[kuan⁴⁴tuŋ⁴⁴san⁴⁴]
姑舅亲,	[ku⁴⁴tɕiou⁵¹tɕʰin⁴⁴]
一辈结亲辈辈亲。	[i³⁵pei⁵¹tɕiɛ³⁵tɕʰin⁴⁴pei⁵³pei⁵¹tɕʰin⁴⁴]
姑舅亲,	[ku⁴⁴tɕiou⁵¹tɕʰin⁴⁴]
辈辈亲,	[pei⁵³pei⁵¹tɕʰin⁴⁴]
打断骨头连着筋。	[ta²¹tuan ku³⁵tʰou⁰lian³⁵tsɤ⁰tɕin⁴⁴]
关东山,	[kuan⁴⁴tuŋ⁴⁴san⁴⁴]
两姨亲,	[liaŋ²¹˙³⁵i tɕʰin⁴⁴]
一辈结亲两辈亲。	[i³⁵pei⁵¹tɕiɛ³⁵tɕʰin⁴⁴liaŋ²¹pei⁵¹tɕʰin⁴⁴]
两姨亲,	[liaŋ²¹˙³⁵i tɕʰin⁴⁴]
不算亲,	[pu³⁵suan⁵¹tɕʰin⁴⁴]
姨娘死了断了亲。	[i³⁵ɲiaŋ³⁵sʅ²¹la⁰tuan⁵¹la⁰tɕʰin⁴⁴]

(歌谣发音人：孟秀华)

二 故事

刘邦占坟

刘邦是一个嘎儿瞎,臭溜屁,[liou³⁵paŋ⁴⁴sʅ⁵¹i³⁵kɤ⁰kar²¹ɕia⁴⁴,tsʰou⁵¹liou⁰pʰi⁵¹]
乱吃乱喝儿,不干正事儿。[lan⁵¹tsʰʅ⁴⁴lan⁵¹xɤr⁴⁴,pu³⁵kan⁵¹tsən⁵³ʂər⁵¹]
他爹爹是一个风水先生儿,[tʰa⁴⁴tiɛ⁴⁴tiɛ⁰sʅ⁵¹i³⁵kɤ⁵¹fəŋ⁴⁴suei²¹ɕian⁴⁴ʂər⁰]
整天忙着帮别人家占坟占地。[tsən²¹tʰian⁴⁴maŋ³⁵tʂɤ⁰paŋ⁴⁴piɛ³⁵zən⁵¹tɕia⁴⁴tsan⁵¹fən³⁵tsan⁵³ti⁵¹]
刘邦就说：[liou³⁵paŋ⁴⁴tɕiou⁵¹suo⁴⁴,]
"爹爹,你整天帮别人家占坟占地的,[tiɛ⁴⁴tiɛ⁰,ni²¹tsən²¹tʰian⁴⁴paŋ⁴⁴piɛ³⁵zən⁵¹tɕia⁴⁴tsan⁵¹fən³⁵tsan⁵³ti⁵¹tə⁰]
也不好给咱家占一个好地方儿。"[iɛ²¹pu⁵¹xau²²⁴kei²¹tsan⁵¹tɕia⁴⁴tsan⁵¹i³⁵kɤ⁵¹xau²¹ti⁵¹fãr⁴⁴]
他爹爹说：[tʰa⁴⁴tiɛ⁴⁴tiɛ⁰suo⁴⁴]

"可也是哈,[kʰɤ³⁵iɛ²¹sʅ⁵¹xa⁰]

真是有一个好地方儿,[tsən⁴⁴sʅ⁵¹iou²¹·³⁵kɤ⁵¹xau²¹ti⁵¹fãr⁰]

你要是能占着,咱家准能出皇上。" [ni²¹iau⁵¹sʅ⁰nəŋ³⁵tsan⁵¹tʂɤ⁰,tsan²¹tɕia⁴⁴tsuən²¹nəŋ³⁵ tsʰu⁴⁴xuaŋ³⁵saŋ⁰]

刘邦说:[liou³⁵paŋ⁴⁴suo⁴⁴]

"只要是好地方儿,我就能占上。" [tsʅ³⁵iau⁵¹sʅ⁵¹xau²¹ti⁵¹fãr⁰,uo²¹tɕiou⁰nəŋ³⁵tsan⁵¹saŋ⁰]

他爹爹说,[tʰa⁴⁴tiɛ⁴⁴tiɛ⁰suo⁴⁴]

自己姥姥家大门口儿,[tsʅ⁵¹tɕi²¹lau²¹lau⁰tɕia⁴⁴ta⁵¹mən³⁵kʰour²²⁴]

就是个好地方儿。[tɕiou⁵³sʅ⁵¹kɤ⁰xau²¹ti⁵¹fãr⁰]

我死了,你把我埋在那地方儿,[uo³⁵sʅ²¹lə⁰,ni³⁵pa³⁵uo²¹mai⁴⁴tsai⁴⁴nei⁵³ti⁵¹fãr⁰]

打夯子的时候儿,[ta²¹xaŋ⁴⁴tsʅ⁰tə⁰sʅ³⁵xour⁰]

挖着石板,[ua⁴⁴tʂɤ⁰sʅ³⁵pan²²⁴]

就别动了,就别挖了,就别往下挖了。[tɕiou⁵¹piɛ³⁵tuŋ⁵¹la⁰,tɕiou⁵¹piɛ⁵⁵ua⁴⁴la⁰,tɕiou⁵¹piɛ³⁵ uaŋ⁵³ɕia⁵¹ua⁴⁴la⁰]

刘邦把这些话都记在了心里。[liou³⁵paŋ⁴⁴pa²¹tsɤ⁵¹ɕiɛ⁴⁴xua⁵¹tou⁴⁴tɕi⁵³tsai⁵¹lə⁰ɕin⁴⁴li⁰]

盼着他爹,早点儿死。[pʰan⁵¹tʂɤ⁰tʰa⁴⁴tiɛ⁴⁴,tsau³⁵tiɐr³⁵sʅ²²⁴]

有一天,他爹爹真的有病死了。[iou²¹i⁵¹tʰian⁴⁴,tʰa⁴⁴tiɛ⁴⁴tiɛ⁰tsən⁴⁴tə⁰iou⁴⁴piŋ⁵¹sʅ²¹la⁰]

刘邦也没告诉他家的亲戚,朋友,[liou³⁵paŋ⁴⁴iɛ²¹mei³⁵kau⁵¹su⁰tʰa⁴⁴tɕia⁴⁴tə⁰tɕʰin⁴⁴tɕʰin⁰, pʰəŋ³⁵iou⁰]

当天晚上,扛着他爹,[taŋ⁴⁴tʰian⁴⁴uan²¹saŋ⁰,kʰaŋ³⁵tʂɤ⁰tʰa⁴⁴tiɛ⁴⁴]

扛着他死爹就来到了他姥姥儿家门口儿,[kʰaŋ³⁵tʂɤ⁰tʰa⁴⁴sʅ⁵¹tiɛ⁴⁴tɕiou⁵¹lai³⁵tau⁵¹lə⁰tʰa⁴⁴ lau²¹laur⁰tɕia⁴⁴mən³⁵kour²²⁴]

把他爹的衣服扒了个溜光儿,[pa²¹tʰa⁴⁴tiɛ⁴⁴tə⁰i⁰fu⁰pa⁴⁴lə⁰kɤ⁰liou⁴⁴kuãr⁴⁴]

脑袋上套个绳子,[nau²¹tai⁰saŋ⁰tʰau⁵¹kɤ⁰səŋ³⁵tsʅ⁰]

挂在了他姥姥儿家的那个大门上。[kua⁵³tsai⁵¹lə⁰tʰa⁴⁴lau²¹laur⁰tɕia⁴⁴ti⁰na⁵¹kɤ⁰ta⁵¹mən³⁵ saŋ⁰]

转身就回家了。[tʂuan²¹ʂən⁴⁴tɕiou⁵¹xuei³⁵tɕia⁴⁴lə⁰]

第二天早晨,[ti⁵³ər⁵¹tʰian⁴⁴tsau²¹tʂʰən⁰]

他二姨起来,做饭,[tʰa⁴⁴ər⁵¹·³⁵i⁰tɕʰi²¹lai⁰,tsuo⁵³fan⁵¹]

发现了门外边儿有动静儿。[fa⁴⁴ɕian⁵¹lə⁰mən³⁵uai⁵¹piɐr⁰iou⁰tuŋ⁵¹tɕiɤ̃r⁰]

打开门一看,[ta²¹kʰai⁴⁴mən³⁵·⁰i⁰kʰan⁵¹]

吓得妈呀一声,[ɕia⁵¹tə⁰ma⁴⁴ia⁰i⁵¹səŋ⁴⁴]

就跑回了屋儿。[tɕiou⁵¹pʰau⁰xuei³⁵lə⁰ur⁴⁴]

说外边儿有个吊死鬼,[suo⁴⁴uai⁵¹piɐr⁰iou²¹kɤ⁰tiau⁵¹sʅ³⁵kuei²²⁴]

他姥姥儿姥爷,[tʰa⁴⁴lau²¹laur⁰lau²¹iɛ⁰,]

姥娘出门儿一看,[lau²¹niaŋ⁵⁵tsʰu⁴⁴mər³⁵·⁰i⁰kʰan⁵¹]

这个现世报,[tʂei⁵¹kɤ⁰ɕian⁵³sʅ⁵³pau⁵¹]

这不是自己家的姑爷儿嘛,[tsɤ⁵¹pu³⁵ʂʅ⁵¹tsʅ⁵¹tɕi²¹tɕia⁴⁴tə⁰ku⁴⁴iɚ⁰ma⁰]

怎么连个裤衩子也不穿就吊死了。[tsən²¹mɤ²¹lian³⁵kɤ⁰kʰu⁵¹tsʰa²¹tsʅ⁰iɛ²¹pu⁵¹tsʰuan⁴⁴ tɕiou⁵¹tiau⁵¹sʅ²¹lə⁰]

就赶紧的,给自己的外孙子,送信儿,[tɕiou⁵¹kan³⁵tɕin²¹tə⁰,kei²¹tsʅ⁵¹tɕi²¹tə⁰uai⁵¹suən⁴⁴tsʅ⁰, suŋ⁵³ɕiɚr⁵¹]

要不然这个,二流子说不定怎么讹咱家呢。[iau⁵³pu⁵¹ian³⁵tse⁵¹kɤ⁰,ɚr⁵¹liou³¹tsʅ⁰suo⁴⁴pu³⁵ tiŋ⁰tsən²¹mə⁰ɤ³⁵tsan³⁵tɕia⁴⁴nə⁰]

来人第二天,来人,来到了刘邦家。[lai³⁵in³⁵ti⁵³ɚr⁰tʰian⁴⁴,lai³⁵in³⁵,lai³⁵tau⁵¹lə⁰liou³⁵paŋ⁴⁴ tɕia⁴⁴]

一看日头都上到了老高了,[i⁰kʰan⁵¹ʐʅ⁵¹tʰou⁰tou⁴⁴saŋ⁵¹tau⁰lə⁰lau³⁵kau⁴⁴lə⁰]

这刘邦还蒙头大睡的呢,[tʂɤ⁵¹liou³⁵paŋ⁴⁴xai³⁵məŋ⁰tʰou⁰ta⁵³suei⁵¹ti⁰ni⁰]

就给刘邦推醒,说:[tɕiou⁵¹kei²¹liou³⁵paŋ⁴⁴tʰuei⁴⁴ɕiŋ²²⁴,suo⁴⁴]

"快起来,[kʰuai⁵¹tɕʰi²¹lai⁰]

姥姥儿和姥爷,姥娘,叫你马上过去。"[lau²¹laur⁰ɤ³⁵lau³⁵iɛ⁰,lau²¹ȵiaŋ⁰,tɕiau⁵¹ȵi²¹ma²¹ ʂaŋ⁰kuo⁵¹tɕʰy⁰]

刘邦一听,[liou³⁵paŋ⁴⁴i⁰tʰiŋ⁴⁴]

就说:[tɕiou⁵¹suo⁴⁴]

"我是一个姥娘不爱,舅舅不疼的一个主儿,[uo²¹sʅ⁵¹i³⁵kɤ⁵¹lau²¹ȵiaŋ⁰pu³⁵ai⁵¹,tɕiou⁵¹tɕiou⁰ pu⁵¹tʰəŋ³⁵ti⁰i⁰³⁵kɤ⁵¹tʂur²²⁴]

我去找那二皮脸干啥,不去。"[uo²¹tɕʰy⁵¹tsau²¹na⁵¹ɚr⁵¹pʰi³⁵lian²²⁴kan⁵¹xa⁰,pu³⁵tɕʰy⁵¹]

来人说:[lai³⁵in³⁵suo⁴⁴]

"快去吧,你姥爷家出大事儿了。"[kʰuai⁵³tɕʰy⁵¹pa⁰,ȵi²¹lau²¹iɛ⁰tɕia⁴⁴tsʰu⁴⁴ta⁵³ʂɚr⁵¹lə⁰]

刘邦心里有数,[liou³⁵paŋ⁴⁴ɕin⁴⁴li⁰iou²¹su⁵¹]

慢慢腾腾地穿上衣服,[man⁵¹man⁰tʰəŋ⁴⁴tʰəŋ⁰tə⁰tsʰuan⁴⁴saŋ⁰i⁴⁴fu⁰]

就跟来人来到了姥爷家,[tɕiou⁵¹kən⁴⁴lai³⁵in³⁵lai³⁵tau⁵¹lə⁰lau³⁵iɛ⁰tɕia⁴⁴]

来到了姥娘家大门口儿,[lai³⁵tau⁵¹lə⁰lau³⁵ȵiaŋ⁰tɕia⁴⁴ta⁵¹mən³⁵kʰour²²⁴]

看见爹吊在,吊在门框儿上的爹爹。[kʰan⁵³tɕian⁵¹tiɛ⁴⁴tiau⁵³tsai⁵¹,tiau⁵³tsai⁵¹mən³⁵kʰuãr⁵¹ʂa ŋ⁰tə⁰tiɛ⁴⁴tiɛ⁰]

抱着爹爹的腿嚎啕大哭,[pau²¹tʂɤ⁰tiɛ⁴⁴tiɛ⁴⁴tə⁰tʰuei²²⁴xau³⁵tʰau⁵¹kʰu⁴⁴]

谁拽也拽不起来。[sei³⁵tʂuai⁵¹iɛ²¹tʂuai⁵¹pu⁰tɕʰi⁵¹lai⁰]

亲戚朋友,急忙儿把他爹爹放下来。[tɕʰin⁴⁴tɕʰin⁴⁴pʰəŋ³⁵iou⁰,tɕi⁵¹mãr³⁵pa²¹tʰa⁴⁴tiɛ⁴⁴tiɛ⁰fa ŋ⁵¹ɕia⁰lai⁰]

这刘邦才止住哭声。[tʂɤ⁵¹liou³⁵paŋ⁴⁴tsʰai³⁵tsʅ²¹tsu⁵¹kʰu⁴⁴ʂəŋ⁴⁴]

就说他姥爷,[tɕiou⁵¹suo⁴⁴tʰa⁴⁴lau²¹iɛ⁰]

我怎么说,[uo³⁵tʂən²¹mə⁰suo⁴⁴]

今天对我这么好呢,[tɕin⁴⁴tʰian⁴⁴tuei⁵¹uo⁰tsən⁰mə⁰xau²¹nən⁰]

原来是你们把我爹爹逼死了。[yan³⁵lai³⁵sʅ⁵¹ȵi⁰mən⁰pa⁰uo²¹tiɛ⁴⁴tiɛ⁰pi³⁵sʅ²¹lə⁰]

我得去见官,咱们得去见官。[uo²¹tei⁰tɕʰy⁵³tɕian⁵¹kuan⁴⁴,tsan³⁵mən⁰tei⁰tɕʰy⁵³tɕian⁵¹kuan⁴⁴]
我得替爹爹报仇。[uo²¹teiᶜtʰi⁵¹tiɛ⁴⁴tiɛ⁰pau⁵¹tsʰou⁰]
这,刘邦的姥姥儿和姥爷一听,[tʂɤ⁵¹,liou³⁵paŋ⁴⁴tə⁰lau²¹laurˣɤ³⁵lau²¹iɛ⁰i⁰tʰiŋ⁴⁴]
说:"邦儿啊,[suo⁴⁴pãr⁴⁴ia⁰]
咱们,都是这亲戚里道儿的,[tsan³⁵mən⁰,tou⁴⁴sɿ⁵¹tʂɤ⁰tɕʰin⁴⁴tɕʰin⁰li⁰tiau⁰ti⁰]
谁能逼死他爹爹啊,[sei³⁵nəŋ³⁵pi³⁵sɿ²¹tʰa⁴⁴tiɛ⁰tiɛ⁰a⁰]
我也不知道他是怎么死的啊。[uo²¹iɛ⁰pu⁵¹tsɿ⁰tau⁰tʰa⁴⁴sɿ⁵¹tsən²¹mə⁰sɿ²¹ti⁰a⁰]
你就别去报官了。[n̠i²¹tɕiou⁵¹piɛ³⁵tɕʰy⁵³pau⁵¹kuan⁴⁴lə⁰]
你要地,姥娘给。[n̠i²¹iau⁵³ti⁵¹,lau⁰n̠iaŋ⁰kei²²⁴]
你要钱,姥娘给。"[n̠i²¹iau⁵¹tɕʰian³⁵,lau²¹n̠iaŋ⁰kei²²⁴]
刘邦一听,[liou³⁵paŋ⁴⁴·⁰iˑ⁰tʰiŋ⁴⁴]
说:[suo⁴⁴]
"不报官也行,[pu³⁵pau⁵¹kuan⁴⁴iɛ²¹ɕin³⁵]
但是我得有一个条件。"[tan⁵³sɿ⁵¹uo²¹tə⁰iou²¹iˑ⁰kɤ⁵¹tʰiau³⁵tɕian⁵¹]
说什么条件哪?姥姥儿一说什么条件哪?刘邦儿就说了:[suo⁴⁴sən³⁵mə⁰tʰiau³⁵tɕian⁵¹na⁰?lau²¹laur⁰i⁰suo⁴⁴sən³⁵mə⁰tʰiau³⁵tɕian⁵¹na⁰?liou³⁵pãr⁴⁴tɕiou⁵¹suo⁴⁴lə⁰]
"人死不能离地,[in³⁵sɿ²¹pu⁵¹nəŋ³⁵li³⁵ti⁵¹]
哪儿死哪儿埋。"[nar³⁵sɿ²¹nar²¹mai³⁵]
这姥爷一听,这不是熊人的嘛,[tʂɤ⁵¹lau²¹iɛ⁰i⁰tʰiŋ³⁵,tʂɤ⁵¹pu⁰sɿ⁵¹ɕyŋ³⁵zən³⁵ti⁰ma⁰]
就跟刘邦商量说:[tɕiou⁵¹kən⁴⁴liou³⁵paŋ⁴⁴saŋ³⁵liaŋ⁰suo⁴⁴]
"那个,邦儿啊,[ne⁵¹kə⁰,pãr⁴⁴a⁰]
咱们,能不能换个地方儿,[tsan³⁵mən⁰,nəŋ³⁵pu⁰nəŋ³⁵xuan⁵¹kɤ⁰ti⁵¹fãr⁰]
找个好一点儿的地方儿把你爹爹下葬?"[tsau²¹kɤ⁰xau²¹·⁵¹iˑ⁰tier²¹tə⁰ti⁵¹fãr⁰pa²¹n̠i⁰tiɛ⁴⁴tiɛ⁰ɕia⁵³tsaŋ⁵¹]
刘邦说的,[liou³⁵paŋ⁴⁴ʂuo⁴⁴ti⁰]
不行,[pu⁵¹ɕiŋ³⁵]
要么就搁这儿下葬,[iau⁵¹mə⁰tɕiou⁵¹kɤ²¹tʂər⁰ɕia⁵³tsaŋ⁵¹]
要么就见官。[iau⁵¹mə⁰tɕiou⁵¹tɕian⁵¹kuan⁴⁴]
他姥爷一听,[tʰa⁴⁴lau²¹iɛ⁰i⁰tʰiŋ⁴⁴]
把心一横,[pa²¹ɕin⁴⁴ˑ⁵¹i⁰xəŋ³⁵]
寻思,行。[ɕin³⁵sɿ⁰,ɕiŋ³⁵]
就答应你吧。[tɕiou⁵¹ta⁴⁴iŋ⁰n̠i²¹pa⁰]
完了,这个时候儿呢,[uan³⁵lə⁰,tse⁵¹kɤ⁰sɿ³⁵xour⁵¹n̠i⁰]
刘邦就把这个,[liou³⁵paŋ⁴⁴tɕiou⁵¹pa²¹tʂɤ⁵¹kɤ⁰]
亲戚邻居,姥娘姥爷,[tɕʰin⁴⁴tɕʰin⁰lin³⁵tɕy⁰,lau²¹n̠iaŋ⁰lau²¹iɛ⁰]
大伙儿卖呆儿的,[ta⁵¹xuor⁰mai⁵¹tɚ⁴⁴ti⁰]
都给撵走了。[tou⁴⁴kei⁰n̠ian³⁵tsou²²⁴lə⁰]

自己拿起了锹镐,就在那儿刨起坑来。[tsɿ⁵¹tɕi²¹na³⁵tɕʰi⁰lə⁰tɕʰiau⁴⁴kau²²⁴,tɕiou⁵¹tsai⁵¹nar⁵¹ pʰau³⁵tɕʰi⁰kʰəŋ⁴⁴lai⁰]

刨着刨着,真刨出来一块儿大石板。[pʰau³⁵tʂɤ⁰pʰau³⁵tʂɤ⁰,tsən⁴⁴pʰau³⁵tʂʰu⁴⁴lai⁰·³⁵kʰuɐr⁵¹ ta⁵¹sɿ³⁵pan²²⁴]

刘邦心说,[liou³⁵paŋ⁴⁴ɕin⁴⁴suo⁴⁴]

我爹爹不让我掀开石板看看,[uo²¹tiɛ⁴⁴tiɛ⁰pu³⁵iaŋ⁵¹uo²¹ɕian⁴⁴kʰai⁴⁴·³⁵pan²¹kʰan⁵¹kʰan⁰]

我非要掀开看看,[uo²¹fei³¹iau⁵¹ɕian⁴⁴kʰai⁴⁴kʰan⁵¹kʰan⁰]

看看里边儿到底有什么。[kʰan⁵¹kʰan⁰li²¹piɐr⁰tau⁵¹ti⁰iou²¹sən³⁵mə⁰]

刘邦就把石板掀个缝儿,[liou³⁵paŋ⁴⁴tɕiou⁵¹pa²¹·³⁵pan²¹ɕian⁴⁴kɤ⁰fə̃r⁵¹]

这一瞅,[tsɛ⁵¹i⁰tsʰou²²⁴]

哎呀妈呀,咋这么多龙啊,[ai³⁵ia⁰ma⁴⁴ia⁰,tsa²¹tsɤ⁵¹mə⁰tuo⁴⁴luŋ³⁵a⁰]

他就趴那地上一边儿数一边,趴着底下,[tʰa⁴⁴tɕiou⁵¹pʰa⁴⁴na⁵³ti·²¹ʂaŋ i⁵¹piɐr⁰ʂu i⁵¹piɐr,pʰa³¹ tsɤ⁰ti²¹ɕia⁰]

掀个缝儿就数,[ɕian⁴⁴kɤ⁰fə̃r⁵¹tɕiou⁵¹su²²⁴]

一个,两个,三个,七个,八个,九个,[i⁴⁴kɤ⁵¹,liaŋ⁴⁴kɤ⁵¹,san³¹kɤ⁵¹,tɕʰi³⁵kɤ⁵¹,pa³⁵kɤ⁵¹,tɕiou²¹kɤ⁵¹]

正数着呢,[tsən⁵¹su²¹tʂɤ⁵¹nə⁰]

忽然之间,轰隆一声巨响,[xu⁴⁴zan³⁵tsɿ⁴⁴tɕian⁴⁴,xu¹lu⁰·⁵¹səŋ⁴⁴tɕy⁵¹ɕiaŋ²²⁴]

就跑出了一条龙,[tɕiou⁵¹pʰau²¹tʂʰu³⁵lə⁰i⁵¹tʰiau³⁵luŋ³⁵]

刘邦吓得赶忙把石板给盖上了,[liou³⁵paŋ⁴⁴ɕia⁵¹tə⁰kan²¹maŋ⁰pa²¹·sɿ³⁵pan²¹kei⁴⁴kai⁵¹saŋ⁵¹lə⁰]

把爹爹埋在了上面儿。[pa²¹tiɛ⁴⁴tiɛ⁰mai³⁵tsai⁵¹lə⁰saŋ⁵¹miɐr⁰]

(故事发音人：孟秀华)

三　自选条目

(一)

出门不弯腰,　　　[tsʰu³⁵mən³⁵pu⁵¹uan⁴⁴iau⁴⁴]
进门没柴烧。　　　[tɕin⁵¹mən³⁵mei⁵¹tsʰai³⁵sau⁴⁴]

(二)

狗是百步王,　　　[kou²¹sɿ⁵¹pai²¹pu⁵¹uaŋ³⁵]
只在门前狂。　　　[tsɿ²¹tsai⁵¹mən³⁵tɕʰian³⁵kʰuaŋ³⁵]

(三)

二心不定,　　　　[ər⁵¹ɕin⁴⁴pu¹⁴tiŋ⁵¹]
穷个溜净。　　　　[tɕʰyŋ³⁵kɤ⁰liou⁴⁴tɕiŋ⁰]

（四）

空袋子立不住。　　　　[kʰuŋ⁴⁴tai⁵¹tsɿ⁰li⁵¹pu⁰tsu⁵¹]

（五）

出门儿没老少，　　　　[tsʰu³⁵mər³⁵mei³⁵lau²¹sau⁵¹]
吃亏儿少不了。　　　　[tsʰɿ³⁵kʰuər⁴⁴ʂau²¹pu⁵¹liau⁰]

（六）

要过富，　　　　　　　[iau⁵³kuo⁵³fu⁵¹]
半夜就穿裤。　　　　　[pan²¹iɛ⁵¹tɕiou⁵¹tsʰuan⁴⁴kʰu⁵¹]

（七）

饭吃三碗，　　　　　　[fan⁵¹tsʰɿ⁴⁴san⁴⁴uan²²⁴]
闲事少管。　　　　　　[ɕian³⁵sɿ⁵¹sau³⁵kuan²²⁴]

（八）

不刮春风，　　　　　　[pu⁵¹kua²¹tsʰuən⁴⁴fəŋ⁴⁴]
难得秋雨。　　　　　　[nan³⁵tɤ³⁵tɕʰiou³⁵y²²⁴]

（九）

囤粮如积金。　　　　　[tʰuən³⁵liaŋ³⁵ʐu³⁵tɕi³⁵tɕin⁴⁴]

（十）

不气不愁，　　　　　　[pu³⁵tɕʰi⁵¹pu⁵¹tsʰou³⁵]
能活白头。　　　　　　[nəŋ³⁵xuo³⁵pai³⁵tʰou³⁵]

（十一）

下雨别壕沟，　　　　　[ɕia⁵¹y²²⁴piɛ³⁵xau³⁵kou⁴⁴]
刮风捡石头。　　　　　[kua²¹fəŋ⁴⁴tɕian²¹sɿ³⁵tʰou⁰]

（十二）

发财致富，　　　　　　[fa⁴⁴tsʰai³⁵tsɿ⁵³fu⁵¹]
要栽果树。　　　　　　[iau⁵¹tsai⁴⁴kuo²¹ʂu⁵¹]

（十三）

吃饭不靠天，　　　　　[tsʰɿ⁴⁴fan⁵¹pu³⁵kʰau⁵¹tʰian⁴⁴]

全靠两只肩。 [tɕʰyan³⁵kʰau⁵¹liaŋ²¹tsʅ⁴⁴tɕian⁴⁴]

　　（十四）

买鸡看腿儿, [mai²¹tɕi⁴⁴kʰan⁵¹tʰuər²²⁴]
买鸭看嘴儿。 [mai²¹ia³⁵kʰan⁵¹tsuər²²⁴]

　　（十五）

雷阵雨, [lei³⁵tsən⁵¹y²²⁴]
三过响。 [san³¹kuo⁵¹ɕiaŋ²²⁴]

　　（十六）

瓦块儿云, [ua²¹kʰuɐr⁵¹yn³⁵]
晒死人。 [sai⁵¹sʅ²¹in³⁵]

　　（十七）

不怕初一阴, [pu²¹pʰa⁵¹tsʰu⁴⁴·⁴⁴in⁴⁴]
就怕初二下。 [tɕiou⁵³pʰa⁵¹tsʰu⁴⁴ər⁵¹ɕia⁵¹]

　　（十八）

紧走石头慢走桥。 [tɕin³⁵tsou²²⁴sʅ³⁵tʰou⁰man⁵¹tsou²¹tɕʰiau³⁵]

　　（十九）

老不舍心,少不舍力。 [lau²¹pu⁵¹sɤ²¹ɕin⁴⁴,sau⁵³pu⁵¹sɤ²¹li⁵¹]

　　（二十）

二八月,乱穿衣。 [ər⁵¹pa³⁵yɛ⁵¹,luan⁵¹tsʰuan⁴⁴·⁴⁴i⁴⁴]

（自选条目发音人：孟秀华）

辽 阳

一 歌谣

正月里来是新年儿啊呀，[tsəŋ⁴⁴ye⁵¹li⁰lai⁰sʐ⁵¹ɕin⁴⁴ȵiar⁵¹a⁴⁴ia³⁵]
大年初一头一天儿啊，[ta⁵¹ȵian³⁵tsʰu⁴¹⁴⁴tʰou³⁵·⁵¹tʰiar⁴⁴a⁴⁴]
家家团圆儿会啊，[tɕia⁴⁴tɕia⁰tʰuan³⁵yar³⁵xuei⁵¹a⁴⁴]
少的给老的拜年啊。[sau⁵¹ti⁰kei²¹lau²¹ti⁰pai⁴⁴ȵiar³⁵a⁴⁴]
也不论男和女啊，[ie²¹pu⁰luən⁵¹nan³⁵xɤ³⁵ȵy²¹a⁴⁴]
啊诶呦呦呦呦诶呦呦啊，[ei³⁵iou⁴⁴iou⁴⁴iou⁴⁴iou⁴⁴ei³⁵iou⁴⁴iou⁴⁴a⁴⁴]
都把那新衣服穿哪，[tou⁴⁴pa²¹na⁰ɕin⁴⁴·⁴⁴i⁴⁴fu³⁵tʂʰuan⁴⁴na⁰]
诶呦呦呦呦，[ei³⁵iou⁴⁴iou⁴⁴iou⁴⁴iou⁴⁴]
都把那新衣服穿哪啊啊！[tou⁴⁴pa²¹na⁰ɕin⁴⁴·⁴⁴i⁴⁴fu³⁵tʂʰuan⁴⁴na⁰a⁴⁴a⁴⁴]
正月里来是新年儿啊呀，[tsəŋ⁴⁴ye⁵¹li⁰lai⁰sʐ⁵¹ɕin⁴⁴ȵiar⁵¹a⁴⁴ia³⁵]
大年初一头一天儿啊，[ta⁵¹ȵian³⁵tsʰu⁴¹⁴⁴tʰou³⁵·⁴⁴tʰiar⁴⁴a⁴⁴]
家家团圆儿会呀啊，[tɕia⁴⁴tɕia⁰tʰuan³⁵yar³⁵xuei⁵¹ia⁴⁴a⁴⁴]
少的给老的拜年呀啊，[sau⁵¹ti⁰kei²¹lau²¹ti⁰pai⁴⁴ȵiar³⁵ia⁴⁴a⁴⁴]
也不论男和女啊，[ie²¹pu⁰luən⁵¹nan³⁵xɤ³⁵ȵy²¹a⁴⁴]
诶呦呦呦呦诶呦呦啊，[ei³⁵iou⁴⁴iou⁴⁴iou⁴⁴iou⁴⁴ei³⁵iou⁴⁴iou⁴⁴a⁴⁴]
都把那新衣服穿哪，[tou⁴⁴pa²¹na⁰ɕin⁴⁴·⁴⁴i⁴⁴fu³⁵tʂʰuan⁴⁴na⁰]
诶呦呦呦呦，[ei³⁵iou⁴⁴iou⁴⁴iou⁴⁴iou⁴⁴]
都把那新衣服穿哪啊啊。[tou⁴⁴pa²¹na⁰ɕin⁴⁴·⁴⁴i⁴⁴fu³⁵tʂʰuan⁴⁴na⁰a⁴⁴a⁴⁴]

（歌谣发音人：姚秋萍）

二 故事

辽阳石人的传说

辽阳有个小南门儿，[liau³⁵iaŋ³⁵iou²¹kə⁰ɕiau²¹nan³⁵mər³⁵]
小南门里有一家烧锅。[ɕiau²¹nan³⁵mər³⁵li⁰iou²¹·⁵¹tɕia⁴⁴ʂau⁴⁴kuo⁰]
有一天呢，[iou²¹i⁵¹tʰian⁴⁴nɤ⁰]
掌柜的呢就发现，[tsaŋ²¹kuei⁵¹tɤ⁴⁴nɤ⁰tɕiou⁵¹fa⁴⁴ɕian⁵¹]

有一口缸里的酒，[iou²¹i⁵¹kʰou²¹kaŋ⁴⁴li⁰tɤ⁰tɕiou²¹]

少了能有一拃多深。[sau²¹lɤ⁰nəŋ³⁵iou²¹i⁵¹tsa³⁵tuo⁴⁴sən⁴⁴]

他就以为是掌柜的给偷走了，[tʰa⁴⁴tɕiou⁵¹·²¹uei³⁵ʂɿ⁵¹tsaŋ⁵¹kuei⁵¹tɤ⁰kei²¹tʰou⁴⁴tsou²¹lɤ⁰]

就开始暗中监视。[tɕiou⁵¹kʰai⁴⁴ʂɿ²¹an⁵¹tʂuŋ⁴⁴tɕian⁴⁴ʂɿ⁵¹]

到了晚上呢，[tau⁵¹lɤ⁰uan²¹ʂaŋ⁰nɤ⁰]

他就躲在那个酒缸那个屋里头犄角旮旯处等着，[tʰa⁴⁴tɕiou⁵¹tuo²¹tʂai⁵¹nei⁵¹kɤ⁰tɕiou²¹kaŋ⁴⁴nei⁵¹kɤ⁰u⁴⁴li⁵¹tʰou⁴⁴tɕi³⁵tɕiau²¹ka³⁵la³⁵tʂʰu⁵¹təŋ⁵¹tʂɤ⁰]

等到半夜呢，[təŋ²¹tau⁵¹pan⁵¹ie⁵¹nɤ⁰]

就听到外边儿有咕咚咕咚的脚步声。[tɕiou⁵¹tʰiŋ⁴⁴tau⁵¹uai⁵¹piar⁴⁴iou²¹ku⁴⁴tuŋ⁴⁴ku⁴⁴tuŋ⁴⁴tɤ⁰tɕiau²¹pu⁵¹ʂən⁴⁴]

过了一会儿，[kuo⁵¹lɤ⁰i⁵¹xuər²¹]

就进来一个膀大腰圆儿的一个黑大个儿，[tɕiou⁵¹tɕin⁵¹lai⁰·³⁵i⁵¹kɤ⁰paŋ²¹ta⁵¹iau⁴⁴yar³⁵tɤ⁰i³⁵kɤ⁵¹xei⁴⁴ta⁵¹kɤr⁵¹]

这个黑大个儿呢，[tʂei⁵¹kɤ⁰xei⁴⁴ta⁵¹kɤr⁵¹nɤ⁰]

进屋呢就朝这个酒缸走去啦，[tɕin⁵¹u⁴⁴nɤ⁰tɕiou⁵¹tʂʰau³⁵tʂei⁵¹kɤ⁰tɕiou²¹kaŋ⁴⁴tsou⁴⁴tɕʰy⁵¹la⁰]

到那个酒缸根把脑袋往下一伸，[tau⁵¹nai⁵¹kɤ⁰tɕiou²¹kaŋ⁴⁴kən⁴⁴pa²¹nau⁴⁴tai⁴⁴uaŋ²¹ɕia⁵¹·⁵¹i⁵¹sən⁴⁴]

就开始吱吱儿地喝上了。[tɕiou⁵¹kʰai⁵¹ʂɿ²¹tʂɿ⁴⁴tʂər⁰tɤ⁰xɤ⁴⁴ʂaŋ⁰lɤ⁰]

等喝够了呢，[təŋ²¹xɤ⁴⁴kou⁴⁴lɤ⁰ȵie⁰]

就把脑袋抬起来用手把嘴一抿转身就走了。[tɕiou⁵¹pa²¹nau²¹tai⁵¹tʰai⁵¹tɕʰi⁵¹lai⁰yŋ⁵¹sou²¹pa³⁵tʂuei²¹·⁵¹i⁵¹min²¹tʂuan⁴⁴ʂən⁵¹tɕiou⁵¹tsou²¹lɤ⁰]

这个掌柜的，[tʂei⁵¹kɤ⁰tʂaŋ²¹kuei⁵¹tɤ⁰]

就想看看究竟这个是谁。[tɕiou⁵¹ɕiaŋ²¹kʰan⁵¹kʰan⁵¹tɕiou⁴⁴tɕiŋ⁵¹tʂei⁵¹kɤ⁰ʂɿ⁵¹sei³⁵]

完了就跟他走到小南门儿，[uan³⁵lɤ⁰tɕiou⁵¹kən⁴⁴tʰa⁴⁴tsou⁵¹tau⁵¹ɕiau⁵¹nan³⁵mər³⁵]

过了小南门儿，[kuo⁵¹lɤ⁰ɕiau⁵¹nan³⁵mər³⁵]

到了大打白（村名），[tau⁵¹lɤ⁰ta⁵¹ta⁵¹pai³⁵]

这个大个子就没了，[tsei⁵¹kɤ⁰ta⁵¹kɤ⁵¹tsɿ⁰tɕiou⁵¹mei³⁵lɤ⁰]

这个东家就只好回来。[tʂei⁵¹kɤ⁰tuŋ⁴⁴tɕia⁵¹tɕiou⁵¹tʂɿ⁵¹xau⁵¹xuei³⁵lai⁵¹]

等到第二天晚上，[təŋ²¹tau⁵¹·⁵¹ti⁵¹ər⁵¹tʰian⁴⁴uan²¹ʂaŋ⁰]

东家呢就是还在那屋待着等着，[tuŋ⁴⁴tɕia⁵¹nɤ⁰tɕiou⁵¹ʂɿ⁵¹xai⁵¹tsai⁵¹nei⁵¹u⁴⁴tai⁵¹tʂɤ⁰təŋ⁵¹tʂɤ⁰]

到了半夜呢倒准时，[tau⁵¹lɤ⁰pan⁵¹ie⁵¹·ȵie⁵¹tau⁵¹tʂuan²¹ʂɿ³⁵]

这个黑大个儿又来了，[tʂei⁵¹kɤ⁰xei⁴⁴ta⁵¹kɤr⁵¹iou⁵¹lai⁵¹lɤ⁰]

又到那口缸跟前儿喝上酒了，[iou⁵¹tau⁵¹nei⁵¹kʰou²¹kaŋ⁴⁴kən⁴⁴tɕʰiar⁵¹xɤ⁴⁴ʂaŋ⁰tɕiou²¹lɤ⁰]

喝完酒呢就转身又走。[xɤ⁴⁴uan³⁵tɕiou⁵¹nɤ⁰tɕiou⁵¹tʂuan⁵¹ʂən⁴⁴iou⁵¹tsou²¹]

这个东家呢就开始跟，[tʂei⁵¹kɤ⁰tuŋ⁴⁴tɕia⁵¹ȵie⁰tɕiou⁵¹kʰai⁴⁴ʂɿ²¹kən⁴⁴]

跟到大打白，[kən⁴⁴tau⁵¹ta⁵¹ta⁵¹pai³⁵]

走到一片坟地，[tsou²¹tau⁵¹i³⁵pʰian⁵¹fən³⁵ti⁵¹]

这个黑大个子就又没了。[tsei⁵¹kɤ⁰xei⁴⁴ta⁵¹kɤ⁵¹tsɿ⁰tɕiou⁵¹iou⁵¹mei³⁵lɤ⁰]

这个东家呢就左找右找,[tʂei⁵¹kɤ⁰tuŋ⁴⁴tɕia⁰nɤ⁰tɕiou⁵¹tsuo³⁵tʂau²¹iou⁰tʂau²¹]
也没看到这个人儿。[ie²¹mei³⁵kʰan⁵¹tau⁰tʂei⁵¹kɤ⁰iər³⁵]
一瞅呼喇想起来了,[i⁵¹tʂʰou²¹xu³⁵la⁰ɕiaŋ²¹tɕʰi⁰lai³⁵lɤ⁰]
啊呀这坟原先是王爷的坟,[a⁴⁴ia²¹tʂei⁵¹fən³⁵yan⁰ɕian⁴⁴ʂʅ³⁵uaŋ⁰ie⁰tɤ⁰fən³⁵]
王爷坟这边儿还有石马石羊,[uaŋ³⁵ie⁰fən⁰tʂei⁰piar⁴⁴xai³⁵iou²¹ʂʅ³⁵ma²¹ʂʅ³⁵iaŋ³⁵]
还有两个石人儿,[xai³⁵iou²¹liaŋ²¹kɤ⁰ʂʅ³⁵iər³⁵]
那个东家呢就在这瞅呢,[nei⁵¹kɤ⁰tuŋ⁴⁴tɕia⁰nɤ⁰tɕiou⁵¹tsai²¹tʂei⁵¹tʂʰou⁰nɤ⁰]
瞅来瞅去,[tʂʰou²¹lai³⁵tʂʰou²¹tɕʰy⁵¹]
啊呀就闻到有酒味儿,[a²¹ia⁴⁴tɕiou⁴⁴uən⁰tau⁵¹iou³⁵tɕiou⁰uər⁵¹]
走到石人儿跟前儿,[tsou²¹tau⁵¹ʂʅ⁰iər⁰kən⁴⁴tɕʰiar³⁵]
就闻到有酒味儿。[tɕiou⁵¹uən³⁵tau⁵¹iou⁰tɕiou²¹uər⁵¹]
就呼喇想起来了这个石人儿呢,[tɕiou⁵¹xu⁴⁴la³⁵ɕiaŋ²¹tɕʰi⁰lai³⁵lɤ⁰tʂei⁰kɤ⁰ʂʅ³⁵iər⁰nɤ⁰]
活着的时候呢,[xuo³⁵tʂau⁰tɤ⁰ʂʅ³⁵xou⁰nɤ⁰]
是王爷府里的一个管家。[ʂʅ⁵¹uaŋ³⁵ie⁰fu²¹li⁰tɤ⁰i⁰³⁵kɤ⁰kuan²¹tɕia⁰]
他活着的时候,[tʰa⁴⁴xuo³⁵tʂau⁰tɤ⁰ʂʅ³⁵xou⁰]
经常到他家蹭酒喝,[tɕiŋ³⁵tʂʰaŋ³⁵tau⁵¹tʰa⁴⁴tɕia⁴⁴tsʰən⁵¹tɕiou²¹xɤ⁴⁴]
死了以后呢还这么作恶,[sʅ²¹lɤ⁰i²¹xou⁵¹nɤ⁰xai³⁵tʂɤ⁵¹mɤ⁰tsuo⁰ɤ⁵¹]
这个东家呢心里暗想:[tʂei⁵¹kɤ⁰tuŋ⁴⁴tɕia⁰nɤ⁰ɕin⁴⁴li²¹an⁵¹ɕiaŋ²¹]
好,你等着![xau²¹,n̪i²¹təŋ²¹tʂau⁰]
第三天呢,[ti⁵¹san⁴⁴tʰian⁴⁴nɤ⁰]
这个黑大个子准时又来了,[tʂei⁵¹kɤ⁰xei⁴⁴ta⁵¹kɤ⁰tʂʅ⁰tʂuən²¹ʂʅ³⁵iou⁵¹lai³⁵lɤ⁰]
等他走到那个缸前的时候,[təŋ²¹tʰa⁴⁴tsou²¹tau⁵¹nei⁵¹kɤ⁰kaŋ⁴⁴tɕʰian³⁵tɤ⁰ʂʅ³⁵xou⁰]
刚把脑袋伸向那个酒缸,[kaŋ⁴⁴pa²¹nau²¹tai⁵¹ʂən⁴⁴ɕiaŋ⁰nei⁵¹kɤ⁰tɕiou²¹kaŋ⁴⁴]
这个东家呢,[tʂei⁵¹kɤ⁰tuŋ⁴⁴tɕia⁰n̪ie⁰]
抡起砍肉的大砍刀,[luən³⁵tɕʰi²¹kʰan⁵¹iou⁰tɤ⁰ta⁵¹kʰan²¹tau⁴⁴]
照他脑袋上就砍下去了。[tʂau⁵¹tʰa⁴⁴nau²¹tai⁰ʂaŋ⁰tɕiou⁰kʰan²¹ɕia⁰tɕʰy⁰lɤ⁰]
这个黑大个子呢听到动静,[tʂei⁵¹kɤ⁰xei⁴⁴ta⁵¹kɤ⁰tʂʅ⁰n̪ie⁰tʰiŋ⁴⁴tau⁵¹tuŋ⁵¹tɕiŋ⁰]
猛地抬起头,[məŋ²¹ti⁰tʰai³⁵tɕʰi⁰tʰou³⁵]
这个刀呢就砍偏了,[tʂei⁵¹kɤ⁰tau⁰n̪ie⁰tɕiou⁰kʰan²¹pʰian³⁵lɤ⁰]
把这个黑大个子的耳朵,[pa²¹tʂei⁵¹kɤ⁰xei⁴⁴ta⁵¹kɤ⁰tʂʅ⁰tɤ⁴⁴ər²¹tuo⁰]
砍下来一个。[kʰan²¹ɕia⁵¹lai⁰i⁰³⁵kɤ⁰]
这个黑大个子也不知道疼,[tʂei⁵¹kɤ⁰xei⁴⁴ta⁵¹kɤ⁰tʂʅ⁰ie²¹pu⁰tʂʅ⁴⁴tau⁵¹tʰəŋ³⁵]
走了,[tsou²¹lɤ⁰]
几乎啦跑出去了。[tɕi⁴⁴xu⁰la³⁵pʰau²¹tʂʰu⁴⁴tɕʰy⁵¹lɤ⁰]
这个东家呢就跟了出去,[tʂei⁵¹kɤ⁰tuŋ⁴⁴tɕia⁰nɤ⁰tɕiou⁵¹kən⁴⁴lɤ⁰tʂʰu⁴⁴tɕʰy⁰]
等跟到王爷坟的时候,[təŋ²¹kən⁴⁴tau⁵¹uaŋ³⁵ie⁰fən³⁵ti⁰ʂʅ³⁵xou⁰]
这个东家呢,[tʂei⁵¹kɤ⁰tuŋ⁴⁴tɕia⁰nɤ⁰]

就走到石人儿跟前儿,[tɕiou⁵¹tsou²¹tau⁵¹ʂʅ³⁵iər³⁵kən⁴⁴tɕʰiar³⁵]
发现石人儿的耳朵掉了一块儿。[fa⁴⁴ɕian⁵¹ʂʅ³⁵iər³⁵tɤ⁴⁴ər²¹tuo⁵¹lɤ⁰i³⁵kʰuar⁵¹]
据听说,[tɕy⁵¹tʰiŋ⁴⁴suo⁴⁴]
这个石人儿现在被送到了博物馆。[tʂei⁵¹kɤ⁰ʂʅ³⁵iər³⁵pei⁵¹suŋ⁵¹tau⁵¹lɤ⁰pɤ³⁵u⁵¹kuan²¹]

（故事发音人：曹丽娥）

三 自选条目

（一）

老天爷,   [lau²¹tʰian⁴⁴ie³⁵]
别下雨,   [pie³⁵ɕia⁵¹y²¹]
包子馒头都给你。   [pau⁴⁴tsʅ⁰man³⁵tʰou⁰tou⁴⁴kei²¹ni²¹]

（二）

花大姐,   [xua⁴⁴ta⁵¹tɕie²¹]
花大姐,   [xua⁴⁴ta⁵¹tɕie²¹]
没有骨头没有血。   [mei³⁵iou²¹ku²¹tʰou⁰mei³⁵iou²¹ɕie²¹]

（三）

豆豆飞,   [tou⁵¹tou⁵¹fei⁴⁴]
豆豆飞,   [tou⁵¹tou⁵¹fei⁴⁴]
丫头小子一大堆。   [ia⁴⁴tʰou⁰ɕiau²¹tsʅ⁰i³⁵ta⁵¹tuei⁴⁴]

（四）

拉拉雨,   [la⁴⁴la⁴⁴y²¹]
拉拉雨,   [la⁴⁴la⁴⁴y²¹]
日头出来嗑瓜子。   [i⁵¹tʰou⁰tsʰu³⁵lai⁰kʰɤ⁴⁴kua⁴⁴tsʅ⁰]

（五）

老天爷,   [lau²¹tʰian⁴⁴ie³⁵]
快快下,   [kʰuai⁵¹kʰuai⁵¹ɕia⁵¹]
高粱谷子没长大。   [kau⁴⁴liaŋ⁰ku²¹tsʅ⁰mei³⁵tsaŋ²¹ta⁵¹]

（六）

一出拳,   [i⁴⁴tʂʰu⁴⁴tɕʰyan³⁵]
二出剪,   [ər⁵¹tʂʰu⁴⁴tɕian²¹]

三溜溜， [san⁴⁴liou⁵¹liou⁵¹]
四刀砍， [sʅ⁵¹tau⁴⁴kʰan²¹]
五老八， [u³⁵lau²¹pa⁴⁴]
六刀杀， [liou⁵¹tau⁴⁴ʂa⁴⁴]
七刀送你回老家。 [tɕʰi⁴⁴tau⁴⁴suŋ⁵¹ɲi²¹xuei³⁵lau²¹tɕia⁴⁴]

（七）

十坛醋泡一根黄瓜——真酸。 [sʅ³⁵tʰan³⁵tsʰu⁵¹pʰau⁵¹i⁵¹kən⁴⁴xuaŋ³⁵kua⁰, tsən⁴⁴suan⁴⁴]

（八）

光屁股打狼——胆大不要脸。 [kuaŋ⁴⁴pʰi⁵¹ku²¹ta²¹laŋ³⁵, tan²¹ta⁵¹pu³⁵iau⁵¹lian²¹]

（九）

掌鞋不用钉子——针（真）行。 [tʂaŋ²¹ɕie³⁵pu³⁵yŋ⁵¹tiŋ⁴⁴tsʅ⁰, tsən⁴⁴ɕiŋ³⁵]

（十）

吃冰棍儿拉冰棍儿——没化（话）。 [tsʰʅ⁴⁴piŋ⁴⁴kuər⁵¹la⁴⁴piŋ⁴⁴kuər⁵¹, mei³⁵xua⁵¹]

（自选条目发音人：曹丽娥）

海 城

一 歌谣

（一）

新郎倌儿，　　　　　　　　[ɕin⁴⁴laŋ³⁵kuɐr⁴⁴]
咬一咬，　　　　　　　　　[iau²¹·⁵¹i⁰iau²¹⁴]
心里甜得像蜜枣。　　　　　[ɕin⁴⁴li⁰tʰian³⁵tɤ⁰ɕiaŋ⁵³mi⁵¹tʂau²¹⁴]
新媳妇儿，　　　　　　　　[ɕin⁴⁴ɕi³⁵fər⁰]
咬一咬，　　　　　　　　　[iau²¹·⁵¹i⁰iau²¹⁴]
不出一年，　　　　　　　　[pu⁵¹tʂʰu³⁵·⁵¹i⁰ȵian³⁵]
添个小儿。　　　　　　　　[tʰian⁴⁴kɤ⁰ɕiaur²¹⁴]

（二）

月亮走，　　　　　　　　　[yɛ⁵¹liaŋ⁰tʂəu²¹⁴]
我也走。　　　　　　　　　[uɤ³⁵iɛ²⁴tʂəu²¹⁴]
我和月亮握握手儿，　　　　[uɤ²¹⁴xɤ³⁵yɛ⁵¹liaŋ⁰uɤ⁵¹uə⁰ʂəur²¹⁴]
一起走到大门口儿。　　　　[i⁵¹tɕʰi³⁵tʂəu²¹⁴tau²¹ta⁵¹mən³⁵kʰəur²¹⁴]
爬上树，　　　　　　　　　[pʰa³⁵ʂaŋ⁰ʂu⁵¹]
摘石榴儿。　　　　　　　　[tʂai⁴⁴ʂʅ³⁵liəur⁰]
树上有三个大姐会梳头。　　[ʂu⁵¹ʂaŋ⁰iəu²¹⁴ʂan³⁵kɤ⁰ta⁵¹tɕiɛ²¹⁴xuei⁵¹ʂu⁴⁴tʰəu³⁵]

（三）

小伙伴儿，　　　　　　　　[ɕiau³⁵xuɤ²¹pɐr⁵¹]
不要走，　　　　　　　　　[pu³⁵iau⁵¹tʂəu²¹⁴]
咱们一起拍拍手。　　　　　[tʂan³⁵mən⁰·⁵¹i⁰tɕʰi²¹pʰai⁴⁴pʰai⁰ʂəu²¹⁴]
一边儿拍，　　　　　　　　[i⁵¹piɐr⁴⁴pʰai⁴⁴]
一边儿说，　　　　　　　　[i⁵¹piɐr⁴⁴ʂuɤ⁴⁴]
看看谁的花点儿多。　　　　[kʰan⁵¹kʰan⁰ʂei³⁵tɤ⁰xua⁴⁴tiɐr²¹tuɤ⁴⁴]

（歌谣 1-3 发音人：高世伟）

(四)

易拉罐儿，	[i⁵¹la⁴⁴kuɐr⁵¹]
堆小车儿。	[tuei⁴⁴ɕiau²¹tʂʰɤr⁴⁴]
你是兄弟，	[ȵi²¹ʂʅ⁵¹ɕyŋ⁴⁴ti⁰]
我是哥儿。	[uɤ²¹ʂʅ⁵¹kɤr⁴⁴]
唱着秧歌儿游四方，	[tʂʰaŋ⁵¹tʂɤ⁰iaŋ⁴⁴kɤr⁴⁴iəu³⁵ʂʅ⁵¹faŋ⁴⁴]
骑着大马去烧香。	[tɕʰi³⁵tʂɤ⁰ta⁵¹ma²¹tɕʰy⁵¹ʂau⁴⁴ɕiaŋ⁴⁴]

(五)

小黑豆儿，	[ɕiau²¹xei⁴⁴təur⁵¹]
热¯热¯嘴儿，	[ʐɤ⁵¹ʐɤ⁰tʂuər²¹⁴]
讷¯讷¯杀鸡，	[nɤ⁵¹nɤ⁰ʂa⁴⁴tɕi⁴⁴] 讷讷：指母亲，满语。
我扯腿儿。	[uɤ²¹tʂʰɤ³⁵tʰuər²¹⁴]
鸡膛儿挂在了盆沿儿上，	[tɕi⁴⁴tʰãr³⁵kua⁵³tsai⁵¹lɤ⁰pʰən³⁵iɐr⁵¹ʂaŋ⁰]
猫叼去，	[mau⁴⁴tiau⁴⁴tɕʰy⁰]
狗撵上，	[kəu³⁵ȵian²¹ʂaŋ⁰]
老太太嘚嘚一晚上。	[lau²¹tʰai⁵¹tʰai⁰tɤ⁴⁴tɤ⁰⁵¹i⁰uan²¹ʂaŋ⁰]

(六)

小公鸡，	[ɕiau²¹kuŋ⁴⁴tɕi⁴⁴]
上南台，	[ʂaŋ⁵¹nan³⁵tʰai³⁵]
望望媳妇儿回没回来。	[uaŋ⁵¹uaŋ⁰ɕi³⁵fɚr⁰xuei³⁵mei⁰xuei³⁵lai³⁵]
回来了，	[xuei³⁵lai³⁵lɤ⁰]
她老姨，	[tʰa⁴⁴lau²¹i³⁵]
抱个孩儿。	[pau⁵¹kɤ⁰xɐr³⁵]
蒸的驹儿，	[tʂəŋ⁴⁴tɤ⁰tɕyər⁴⁴]
挂的线儿，	[kua⁵¹tɤ⁰ɕiɐr⁵¹]
线儿上挂了一串钱儿。	[ɕiɐr⁵¹ʂaŋ⁰kua⁵¹lɤ⁰i³⁵tʂʰuan⁵¹tɕʰiɐr³⁵]

(七)

拉大锯，	[la³⁵ta⁵³tɕy⁵¹]
扯大锯，	[tʂʰɤ²¹ta⁵³tɕy⁵¹]
姥姥儿门口儿唱大戏。	[lau²¹laur⁰mən³⁵kʰəur²¹⁴tʂʰaŋ⁵³ta⁵³ɕi⁵¹]
接闺女，	[tɕiɛ³⁵kuei⁰ȵy⁰]
唤女婿，	[xuan⁵¹ȵy²¹ɕy⁰]
小外甥，	[ɕiau²¹uai⁵¹ʂəŋ⁰]

也要去，　　　　　　　　[iɛ²¹iau⁵³tɕʰy⁵¹]
姥姥儿拿个臭鸡蛋，　　[lau²¹laur⁰na³⁵kɤ⁰tʂʰəu⁵¹tɕi⁴⁴tan⁵¹]
蒸不熟，　　　　　　　[tʂəŋ⁴⁴pu⁵¹ʂu³⁵]
烧不烂，　　　　　　　[ʂau⁴⁴pu³⁵lan⁵¹]
急得外甥团团转。　　　[tɕi³⁵tɤ⁰uai⁵¹ʂəŋ⁰tʰuan³⁵tʰuan³⁵tʂuan⁵¹]
烧熟了，　　　　　　　[ʂau⁴⁴ʂəu³⁵lɤ⁰]
上哪儿吃，　　　　　　[ʂaŋ⁵¹nar²¹tʂʰʅ⁴⁴]
上牛圈，　　　　　　　[ʂaŋ⁵¹ɲiəu³⁵tɕyan⁵¹]
旮旯儿吃。　　　　　　[kɤ⁴⁴lar²¹tʂʰʅ⁴⁴]
跟谁吃，　　　　　　　[kən⁴⁴ʂei³⁵tʂʰʅ⁴⁴]
跟巴拉狗儿吃。　　　　[kən⁴⁴pa³⁵lɤ⁰kəur²¹tʂʰʅ⁴⁴]

（歌谣 4-7 发音人：张平）

二　故事

海城"仙人洞"的传说

在海城，[tʂai⁵¹xai²¹tʂʰəŋ³⁵]
孤山满族镇孤山村儿，[ku⁴⁴ʂan⁴⁴man²¹tʂu³⁵tʂən⁵¹ku⁴⁴ʂan⁴⁴tsʰuər⁴⁴]
东南一公里的地方儿，[tuŋ⁴⁴nan³⁵i⁵¹kuŋ⁴⁴li²¹tɤ⁰ti⁵¹fãr⁴⁴]
青云山脚下，[tɕʰiŋ⁴⁴yn³⁵ʂan⁴⁴tɕiau²¹ɕia⁵¹]
有一个"仙人洞"。[iəu²¹i³⁵kɤ⁰"ɕian⁴⁴zən³⁵tuŋ⁵¹"]
洞口儿坐北朝南，[tuŋ⁵¹kʰəur²¹tʂuɤ⁵¹pei²¹tʂʰau³⁵nan³⁵]
依山靠水。[i⁴⁴ʂan⁴⁴kʰau⁵¹ʂuei²¹⁴]
在当地，[tʂai⁵¹taŋ⁴⁴ti⁵¹]
有一个"珍宝迷心窍，[iəu²¹i³⁵kɤ⁵¹"tʂən⁴⁴pau²¹mi³⁵ɕin⁴⁴tɕʰiau⁵¹]
葬身洞中河"的传说。[tsaŋ⁵¹ʂən²¹tuŋ⁵¹tʂuŋ⁴⁴xɤ³⁵"tɤ⁰tʂʰuan³⁵ʂuɤ⁴⁴]
相传很久以前，[ɕiaŋ⁴⁴tʂʰuan³⁵xən³⁵tɕiəu²¹·²¹tɕʰian³⁵]
青云山附近，[tɕʰiŋ⁴⁴yn³⁵ʂan⁴⁴fu⁵³tɕin⁵¹]
有一个放牛的小牧童。[iəu²¹i³⁵kɤ⁰faŋ⁵¹ɲiəu³⁵tɤ⁰ɕiau²¹mu⁵¹tʰuŋ³⁵]
有一天早上，[iəu²¹i⁰tʰian⁴⁴tsau²¹ʂaŋ⁰]
小牧童刚把黄牛赶上山坡儿，[ɕiau²¹mu⁵¹tʰuŋ³⁵kaŋ⁴⁴pa³⁵xuaŋ³⁵ɲiəu³⁵kan²¹ʂaŋ⁰ʂan⁴⁴pʰɤr⁴⁴]
就看见一个小红孩儿，[tɕiəu⁵³kʰan⁵¹tɕian⁰·³⁵kɤ⁰ɕiau²¹xuŋ³⁵xɐr³⁵]
蹦蹦哒哒地朝他跑过来。[pəŋ⁵¹pəŋ⁰ta⁰ta⁴⁴tɤ⁰tʂʰau³⁵tʰa⁴⁴pʰau²¹kuɤ²¹lai⁰]
小牧童就问小红孩儿：[ɕiau²¹mu⁵¹tʰuŋ³⁵tɕiəu⁵³uən⁵¹ɕiau²¹xuŋ³⁵xɐr³⁵]
"你家住在哪里？"[ɲi²¹tɕia⁴⁴tʂu⁵¹tsai⁰na³⁵li²¹⁴]
小红孩儿说：[ɕiau²¹xuŋ³⁵xɐr³⁵ʂuɤ⁴⁴]

"我家住在山洞里。"[uɤ²¹tɕia⁴⁴tʂu⁵¹tsai⁰ʂan⁴⁴tuŋ⁵¹li²¹⁴]
小牧童又说：[ɕiau²¹mu⁵¹tʰuŋ³⁵iəu⁵¹ʂuɤ⁴⁴]
"那山洞里也能住人？"[na⁵¹ʂan⁴⁴tuŋ⁵¹li³⁵iɛ²¹nəŋ³⁵tʂu⁵¹zən³⁵]
小红孩儿说：[ɕiau²¹xuŋ³⁵xɚ³⁵ʂuɤ⁴⁴]
"山洞里真的能住人，[ʂan⁴⁴tuŋ⁵¹li²¹tʂən⁴⁴tɤ⁰nəŋ³⁵tʂu⁵¹zən³⁵]
那里边儿有可高的大山，[na⁵¹li²¹pieɹ⁴⁴iəu³⁵kʰɤ²¹kau⁴⁴tɤ⁰ta⁵¹ʂan⁴⁴]
高高的树，[kau⁴⁴kau⁴⁴tɤ⁰ʂu⁵¹]
还有河，[xai³⁵iəu²¹xɤ³⁵]
可漂亮了。[kʰɤ²¹pʰiau⁵³liaŋ⁵¹la⁰]
还有山庄儿，[xai³⁵iəu²¹ʂan⁴⁴tʂuãɹ⁴⁴]
可整洁了。"[kʰɤ³⁵tʂəŋ²¹tɕiɛ⁵¹la⁰]
小牧童就想进去看一看，[ɕiau²¹mu⁵¹tʰuŋ³⁵tɕiəu⁵¹ɕiaŋ²¹tɕin⁵¹tɕʰy⁰kʰan⁵¹·⁰kʰan⁵¹]
小红孩儿领着小牧童，[ɕiau²¹xuŋ³⁵xɚ³⁵liŋ²¹tʂɤ⁰ɕiau²¹mu⁵¹tʰuŋ³⁵]
两个人来到山洞里。[liaŋ²¹kɤ⁰zən³⁵lai⁵¹tau⁵¹ʂan⁴⁴tuŋ⁵¹li²¹⁴]
进去山洞一看，[tɕin⁵¹tɕʰy⁰ʂan⁴⁴tuŋ⁵¹i³⁵kʰan⁵¹]
果然看到山庄儿，[kuɤ²¹zan³⁵kʰan⁵¹tau⁰ʂan⁴⁴tʂuãɹ⁴⁴]
整洁立整儿，[tʂəŋ²¹tɕiɛ³⁵li⁵¹tʂə̃ɹ⁰]
树随着风在飘，[ʂu⁵¹ʂuei³⁵tʂɤ⁰fəŋ⁴⁴tsai⁵¹pʰiau⁴⁴]
房屋儿红墙碧瓦的。[faŋ³⁵·uɹ⁴⁴xuŋ³⁵tɕʰiaŋ³⁵pi⁵¹ua²¹tɤ⁰]
两个人往前走，[liaŋ²¹kɤ⁰zən³⁵uaŋ²¹tɕʰian³⁵tsəu²¹⁴]
就看到一条河。[tɕiəu⁵³kʰan⁵¹tau⁰i⁵¹tʰiau³⁵xɤ³⁵]
这个河河水很急，[tʂei⁵¹kɤ⁰xɤ³⁵xɤ³⁵ʂuei³⁵xən²¹tɕi³⁵]
河面儿很宽，[xɤ³⁵mieɹ⁵¹xən²¹kʰuan⁴⁴]
波浪翻滚着，[pɤ⁴⁴laŋ⁵¹fan⁴⁴kuən²¹tʂɤ⁰]
轰隆隆地响着，[xuŋ⁴⁴luŋ⁴⁴luŋ⁴⁴tɤ⁰ɕiaŋ²¹tʂɤ⁰]
震着山谷。[tʂən⁵¹tʂɤ⁰ʂan⁴⁴ku²¹⁴]
等两个人走到河边儿，[təŋ³⁵liaŋ²¹kɤ⁰zən³⁵tsəu²¹tau⁰xɤ³⁵pieɹ⁴⁴]
发现河水突然就没了。[fa⁴⁴ɕian⁵¹xɤ³⁵ʂuei²¹tʰu⁴⁴zan³⁵tɕiəu⁵¹mei³⁵la⁰]
小红孩儿就跟小牧童说：[ɕiau²¹xuŋ³⁵xɚ³⁵tɕiəu⁵¹kən⁴⁴ɕiau²¹mu⁵¹tʰuŋ³⁵ʂuɤ⁴⁴]
"这条河是一条间歇河，[tʂei⁵¹tʰiau³⁵xɤ³⁵ʂɿ⁵³·⁵¹i⁵¹tʰiau³⁵tɕian⁴⁴ɕiɛ⁴⁴xɤ³⁵]
河水有的时候儿有，[xɤ³⁵ʂuei³⁵iəu³⁵tɤ⁰ʂɿ³⁵xəuɹ·iəu²¹⁴]
有的时候儿就没了。[iəu²¹tɤ⁰ʂɿ³⁵xəuɹ⁰tɕiəu⁵¹mei³⁵la⁰]
你赶紧跟我过河吧。"[ȵi³⁵kan³⁵tɕin²¹kən⁴⁴uɤ²¹kuɤ⁵¹xɤ³⁵pa⁰]
两个人走到河的对岸，[liaŋ²¹kɤ⁰zən³⁵tsəu²¹tau⁰xɤ³⁵tɤ⁰tuei⁵³an⁵¹]
河水又突然间出现了，[xɤ³⁵ʂuei³⁵iəu⁵¹tʰu⁴⁴zan³⁵tɕian⁴⁴tʂʰu⁴⁴ɕian⁵¹lɤ⁰]
从山谷的石头缝儿里，[tsʰuŋ³⁵ʂan⁴⁴ku²¹tɤ⁰ʂɿ³⁵tʰəu⁰fəɹ⁵¹li⁰]
呼呼地就涌出来。[xu⁴⁴xu⁴⁴tɤ⁰tɕiəu⁵¹yŋ²¹tʂʰu⁴⁴lai³⁵]

不一会儿，[pu⁵¹i³⁵xuər⁵¹]
这条河，[tṣei⁵¹tʰiau³⁵xɤ³⁵]
就又是波涛汹涌了。[tɕiəu⁵³iəu⁵¹⁰pɤ⁴⁴tʰau⁴⁴ɕyŋ⁴⁴yŋ²¹lɤ⁰]
小红孩儿领着小牧童，[ɕiau²¹xuŋ³⁵xer³⁵liŋ²¹tṣɤ⁰ɕiau²¹mu⁵¹tʰuŋ³⁵]
往前走，[uaŋ²¹tɕʰian³⁵tṣəu²¹⁴]
来到一座寺庙，[lai³⁵tau⁵¹i³⁵tsuɤ⁵³sɿ⁵³miau⁵¹]
是金宝寺。[ṣɿ⁵¹tɕin⁴⁴pau²¹sɿ⁵¹]
走进去一看，[tṣəu²¹tɕin⁵¹tɕʰy⁰i³⁵kʰan⁵¹]
前面儿摆了一排佛，[tɕʰian³⁵miɛr⁴⁴pai⁵¹lɤ⁰i⁵¹pʰai³⁵fɤ³⁵]
全都是金子做的。[tɕʰyan³⁵təu⁴⁴sɿ⁰tɕin⁴⁴tsɿ⁵¹tsuɤ⁵¹tɤ⁰]
大小不一，[ta⁵¹ɕiau²¹pu⁵¹i⁴⁴]
形态都不一样儿。[ɕiŋ³⁵tʰai⁵¹təu⁴⁴pu⁵¹i³⁵iãr⁵¹]
左边儿是珍宝玉器，[tsuɤ²¹piɛr⁴⁴sɿ⁵¹tṣən⁴⁴pau⁵¹y⁵³tɕʰi⁵¹]
右边儿都是金块儿，[iəu⁵¹piɛr⁴⁴təu⁴⁴sɿ⁵¹tɕin⁴⁴kʰuɛr⁵¹]
堆着像小山哪似的，[tuei⁴⁴tṣɤ⁰ɕiaŋ⁵¹ɕiau²¹ṣan⁴⁴na⁰sɿ⁵¹tɤ⁰]
金光闪闪的。[tɕin⁴⁴kuaŋ⁴⁴ṣan³⁵ṣan²¹tɤ⁰]
这些都看完了，[tṣei⁵¹ɕiɛ⁴⁴təu⁴⁴kʰan⁵¹uan³⁵lɤ⁰]
小红孩儿送小牧童回家，[ɕiau²¹xuŋ³⁵xer³⁵suŋ⁵¹ɕiau²¹mu⁵¹tʰuŋ³⁵xuei³⁵tɕia⁴⁴]
送出了山洞，[suŋ⁵¹tṣʰu⁴⁴lɤ⁰ṣan⁴⁴tuŋ⁵¹]
才往回走。[tṣʰai³⁵uaŋ²¹xuei³⁵tṣəu²¹⁴]
小牧童回家之后，[ɕiau²¹mu⁵¹tʰuŋ³⁵xuei³⁵tɕia⁴⁴tṣɿ⁴⁴xəu⁵¹]
就把这件事儿，[tɕiəu⁵¹pa²¹tṣei⁵¹tɕian⁵³ṣər⁵¹]
跟家里人都讲了。[kən⁴⁴tɕia⁴⁴li²¹zən²¹təu⁴⁴tɕiaŋ²¹lɤ⁰]
大伙儿都觉得挺稀奇，[ta⁵¹xuɤr²¹təu⁴⁴tɕyɛ³⁵tɤ⁰tʰiŋ²¹ɕi⁵¹tɕʰi³⁵]
这件事儿时间长了，[tṣei⁵³tɕian⁵³ṣər⁵¹sɿ³⁵tɕian⁴⁴tṣʰaŋ³⁵lɤ⁰]
就传扬出去了。[tɕiəu⁵¹tṣʰuan³⁵iaŋ³⁵tṣʰu⁴⁴tɕʰy⁵¹lɤ⁰]
当地有个大力士，[taŋ⁴⁴ti⁴⁴iəu²¹kɤ⁰ta⁵¹li⁵³sɿ⁵¹]
就想把珍宝盗出来，[tɕiəu⁵¹ɕiaŋ³⁵pa²¹tṣən⁴⁴pau²¹tau⁵¹tṣʰu⁴⁴lai³⁵]
自己用。[tsɿ⁵¹tɕi²¹yŋ⁵¹]
他仗着自己，[tʰa⁴⁴tsaŋ⁴⁴tṣɤ⁰tsɿ⁵¹tɕi³⁵]
武功高力气大，[u²¹kuŋ⁴⁴kau⁴⁴li⁵³tɕʰi⁵³ta⁵¹]
别人劝他也不听。[piɛ³⁵zən³⁵tɕʰyan⁵¹tʰa⁴⁴iɛ²¹pu⁵¹tʰiŋ⁴⁴]
有一天，[iəu²¹⁰i⁵¹tʰian⁴⁴]
他就领着他的猎狗，[tʰa⁴⁴tɕiəu⁰liŋ²¹tṣɤ⁰tʰa⁴⁴tɤ⁰liɛ⁵¹kəu²¹]
进到山洞里。[tɕin⁵¹tau⁵¹ṣan⁴⁴tuŋ⁵¹li²¹⁴]
在过那条间歇河的时候儿，[tṣai⁵³kuɤ⁵¹nei⁵¹tʰiau³⁵tɕian⁴⁴ɕiɛ⁴⁴xɤ³⁵tɤ⁰sɿ³⁵xəur⁰]
还走到一半儿的时候，[xai³⁵tṣəu²¹tau⁵¹i⁵¹pɛr⁵¹tɤ⁰sɿ³⁵xəu⁰]

水就出来了，[ʂuei²¹tɕiəu⁵¹tʂʰu⁴⁴lai⁰lɤ⁰]
把他给淹没了。[pa²¹tʰa⁴⁴kei²¹ian⁴⁴mɤ⁵¹lɤ⁰]
这个故事，[tʂei⁵¹kɤ⁰ku⁵¹sʅ⁰]
就叫海城仙人洞的传说。[tɕiəu⁵³tɕiau⁵¹xai²¹tʂʰəŋ³⁵ɕian⁴⁴zən³⁵tuŋ⁵¹tɤ⁰tʂʰuan³⁵ʂuɤ⁴⁴]

（发音人：王隽）

三　自选条目

（一）

人比人得死，[zən³⁵pi²¹zən³⁵tei³⁵sʅ²¹⁴]
货比货得扔。[xuɤ⁵¹pi²¹xuɤ⁵¹tei²¹ləŋ⁴⁴]

（二）

咬人的狗不露齿。[iau²¹zən³⁵tɤ⁰kəu²¹⁴pu³⁵ləu⁵¹tʂʰʅ²¹⁴]

（三）

没有金刚钻儿，[mei³⁵iəu²¹tɕin⁴⁴kaŋ⁴⁴tʂuɐr⁵¹]
别揽瓷器活儿。[piɛ³⁵lan²¹tʂʰʅ³⁵tɕʰi⁵¹xuɤr³⁵]

（四）

大路通天，[ta⁵³lu⁵¹tʰuŋ⁴⁴tʰian⁴⁴]
各走一边。[kɤ⁵¹tʂəu²¹˙i⁵¹pian⁴⁴]

（五）

打蛇打七寸。[ta²¹ʂɤ³⁵ta²¹tɕʰi⁴⁴tʂʰuən⁵¹]

（六）

打不着狐狸，[ta²¹pu⁰tʂau³⁵xu³⁵li⁰]
惹一身骚。[zɤ²¹˙i⁵¹ʂəu⁴⁴ʂau⁴⁴]

（七）

有理走遍天下，[iəu³⁵li³⁵tʂəu²¹pian⁵¹tʰian⁴⁴ɕia⁵¹]
无理寸步难行。[u³⁵li²¹tʂʰuən⁵³pu⁵¹nan³⁵ɕiŋ³⁵]

（八）

没做亏心事儿，[mei³⁵tʂuɤ⁵¹kʰuei⁴⁴ɕin⁴⁴ʂər⁵¹]

不怕鬼叫门。[pu³⁵pʰa⁵¹kuei²¹tɕiau⁵¹mən³⁵]

（九）

秤砣虽小，[tʂʰəŋ⁵¹tʰuɤ³⁵ʂuei⁴⁴ɕiau²¹⁴]
压千金。[ia⁴⁴tɕʰian⁴⁴tɕin⁴⁴]

（十）

朝中有人儿好做官儿。[tʂʰau³⁵tʂuŋ⁴⁴iəu²¹iər³⁵xau²¹tsuɤ⁵¹kuɐr⁴⁴]

（十一）

冬吃萝卜夏吃姜，[tuŋ⁴⁴tʂʰɿ⁴⁴luɤ³⁵pɤ⁰ɕia⁵¹tʂʰɿ⁴⁴tɕiaŋ⁴⁴]
不用大夫开药方儿。[pu³⁵yŋ⁵³tai⁵¹fu⁰kʰai⁴⁴iau⁵¹fãr⁴⁴]

（十二）

猫三狗四儿，[mau⁴⁴ʂan⁴⁴kəu²¹ʂər⁵¹]
桃三杏四李五年。[tʰau³⁵ʂan⁴⁴ɕiŋ⁵³ʂɿ⁵¹li³⁵u²¹ɲian³⁵]

（十三）

早霞不出门，[tʂau²¹ɕia³⁵pu⁵¹tʂʰu³⁵mən³⁵]
晚霞行千里。[uan²¹ɕia³⁵ɕiŋ³⁵tɕʰian⁴⁴li²¹⁴]

（十四）

在家处处好，[tsai⁵¹tɕia⁴⁴tʂʰu⁵³tʂʰu⁵¹xau²¹⁴]
出门儿事事难。[tʂʰu⁴⁴mər³⁵ʂɿ⁵³ʂɿ⁵¹nan³⁵]

（十五）

打死犟嘴的，[ta³⁵ʂɿ²¹tɕiaŋ⁵¹tʂuei²¹ti⁰]
淹死会水的。[ian⁴⁴ʂɿ²¹xuei⁵¹ʂuei²¹ti⁰]

（十六）

吃不穷，[tʂʰɿ⁴⁴pu⁰tɕʰyŋ³⁵]
穿不穷，[tʂʰuan⁴⁴pu⁰tɕʰyŋ³⁵]
算计不到就受穷。[ʂuan⁵¹tɕi⁵¹pu⁰tau⁵¹tɕiəu³⁵ʂəu⁵¹tɕʰyŋ³⁵]

（十七）

大官儿好见，[ta⁵¹kuɐr⁴⁴xau²¹tɕian⁵¹]
小鬼儿难缠。[ɕiau³⁵kuər²¹nan³⁵tʂʰan³⁵]

（十八）

儿行千里母担忧，[ər³⁵ɕiŋ³⁵tɕʰian⁴⁴li³⁵mu²¹tan⁴⁴iəu⁴⁴]
母行千里儿不愁。[mu²¹ɕiŋ³⁵tɕʰian⁴⁴li·²¹ər³⁵pu⁵¹tʂʰəu³⁵]

（十九）

人怕见面，[zən³⁵pʰa⁵³tɕian⁵³mian⁵¹]
树怕扒皮。[ʂu⁵³pʰa⁵¹pa⁴⁴pʰi³⁵]

（二十）

好事不出门，[xau²¹ʂɿ⁵³pu⁵¹tʂʰu³⁵mən³⁵]
坏事传千里。[xuai⁵³ʂɿ⁵¹tʂʰuan³⁵tɕʰian⁴⁴li·²¹⁴]

（二十一）

懒驴上磨屎尿多。[lan²¹ly³⁵ʂaŋ⁵³mɤ⁵¹ʂɿ²¹ȵiau⁵¹tuɤ⁴⁴]

（二十二）

交人交心，[tɕiau⁴⁴zən³⁵tɕiau⁴⁴ɕin⁴⁴]
浇花浇根儿。[tɕiau⁴⁴xua⁴⁴tɕiau⁴⁴kər⁴⁴]

（自选条目1-22 发音人：高世伟）

（二十三）

不听老人言，[pu⁵¹tʰiŋ⁴⁴lau²¹zən³⁵ian³⁵]
吃亏在眼前。[tʂʰɿ⁴⁴kʰuei⁴⁴tsai⁵¹ian²¹tɕʰian³⁵]

（二十四）

不做亏心事儿，[pu³⁵tsuɤ⁵¹kʰuei⁴⁴ɕin⁴⁴ʂər⁵¹]
不怕鬼敲门。[pu³⁵pʰa⁵¹kuei²¹tɕʰiau⁴⁴mən³⁵]

（二十五）

腊七腊八，[la⁵¹tɕʰi⁴⁴la⁵¹pa⁴⁴]
冻掉下巴。[tuŋ⁵³tiau⁵³ɕia⁵¹pa⁰]

（二十六）

打一个巴掌，[ta²¹˙³⁵i³⁵kɤ⁰pa⁴⁴tʂaŋ⁰]
给一个甜枣儿。[kei²¹˙³⁵i³⁵kɤ⁰tʰian³⁵tsaur²¹⁴]

（二十七）

瞎猫碰上死耗子。[ɕia⁴⁴mau⁴⁴pʰəŋ⁵¹ʂaŋ⁰sʅ²¹xau⁵¹tʂʅ⁰]

（二十八）

一个篱笆一个桩儿，[i³⁵kɤ⁰li³⁵pa⁰i³⁵kɤ⁰tʂuãr⁴⁴]
一个好汉三个帮。[i³⁵kɤ⁰xau²¹xan⁵¹ʂan³⁵kɤ⁰paŋ⁴⁴]

（自选条目23-28发音人：唐祎明）

开　原

一　歌谣

（一）

你拍一,我拍一,　　　　　　　　[ɲi²¹pʰai⁴⁴˙⁴⁴,uɤ²¹pʰai⁴⁴˙⁴⁴]
一个小孩儿去抓鸡。　　　　　　[i³⁵kə⁰ɕiau²¹xɐr³⁵tɕʰy⁵¹tʂua⁴⁴tɕi⁴⁴]
你拍二,我拍二,　　　　　　　　[ɲi²¹pʰai⁴⁴ər⁵¹,uɤ²¹pʰai⁴⁴ər⁵¹]
两个小孩儿丢手绢儿。　　　　　[liaŋ²¹kə⁰ɕiau²¹xɐr³⁵tiou⁴⁴sou²¹tɕyɐr⁵¹]
你拍三,我拍三,　　　　　　　　[ɲi²¹pʰai⁴⁴san⁴⁴,uɤ²¹pʰai⁴⁴san⁴⁴]
三个小孩儿吃饼干。　　　　　　[san³⁵kə⁰ɕiau²¹xɐr³⁵tʂʰʅ⁴⁴piŋ²¹kan⁴⁴]
你拍四,我拍四,　　　　　　　　[ɲi²¹pʰai⁴⁴sʅ⁵¹,uɤ²¹pʰai⁴⁴sʅ⁵¹]
四个小孩儿写大字。　　　　　　[sʅ⁵³kə⁰ɕiau²¹xɐr³⁵ɕiɛ²¹³ta⁵³tsʅ⁵¹]
你拍五,我拍五,　　　　　　　　[ɲi²¹pʰai⁴⁴u²¹³,uɤ²¹pʰai⁴⁴u²¹³]
五个小孩儿斗地主。　　　　　　[u²¹kə⁰ɕiau²¹xɐr³⁵tou⁵¹ti⁵³tsu²¹³]
你拍六,我拍六,　　　　　　　　[ɲi²¹pʰai⁴⁴liou⁵¹,uɤ²¹pʰai⁴⁴liou⁵¹]
六个小孩儿来吃肉。　　　　　　[liou⁵¹kə⁰ɕiau²¹xɐr³⁵lai³⁵tʂʰʅ⁴⁴iou⁵¹]
你拍七,我拍七,　　　　　　　　[ɲi²¹pʰai⁴⁴tɕʰi⁴⁴,uɤ²¹pʰai⁴⁴tɕʰi⁴⁴]
七个小孩儿叠飞机。　　　　　　[tɕʰi³⁵kə⁰ɕiau²¹xɐr³⁵tiɛ³⁵fei⁴⁴tɕi⁴⁴]
你拍八,我拍八,　　　　　　　　[ɲi²¹pʰai⁴⁴pa⁴⁴,uɤ²¹pʰai⁴⁴pa⁴⁴]
八个小孩儿吹喇儿叭。　　　　　[pa³⁵kə⁰ɕiau²¹xɐr³⁵tsʰuei⁴⁴lar²¹pa⁰]
你拍九,我拍九,　　　　　　　　[ɲi²¹pʰai⁴⁴tɕiou²¹³,uɤ²¹pʰai⁴⁴tɕiou²¹³]
九个小孩儿绕街走。　　　　　　[tɕiou²¹kə⁰ɕiau²¹xɐr³⁵iau³⁵kai⁴⁴tsou²¹³]
你拍十,我拍十,　　　　　　　　[ɲi²¹pʰai⁴⁴ʂʅ³⁵,uɤ²¹pʰai⁴⁴ʂʅ³⁵]
十个小孩儿喂猪食。　　　　　　[ʂʅ³⁵kə⁰ɕiau²¹xɐr³⁵uei⁵¹tsu⁴⁴ʂʅ³⁵]

（二）

大麻子有病,二麻子来。　　　　[ta⁵³ma³⁵tsʅ⁰iou²¹piŋ⁵¹,ər⁵³ma³⁵tsʅ⁰lai³⁵]
三麻子买药,四麻子熬。　　　　[san⁴⁴ma³⁵tsʅ⁰mai²¹iau⁵¹,sʅ⁵³ma³⁵tsʅ⁰au³⁵]

五麻子买板儿,六麻子钉。　　[u²¹ma³⁵tʂʅ⁰mai⁵³pɐr²¹³,liou⁵³ma³⁵tʂʅ⁰tiŋ⁵¹]
七麻子挖坑,八麻子埋。　　　[tɕʰi⁴⁴ma³⁵tʂʅ⁰ua⁴⁴kʰəŋ⁴⁴,pa⁴⁴ma³⁵tʂʅ⁰mai³⁵]
九麻子坐炕上哭起来。　　　　[tɕiou²¹ma³⁵tʂʅ⁰tsuɤ⁵¹kʰaŋ⁵³ʂaŋ⁵¹kʰu⁴⁴tɕʰi²¹lai³⁵]
十麻子问他哭什么,　　　　　[ʂʅ³⁵ma³⁵tʂʅ⁰uən⁵³tʰa⁴⁴kʰu⁴⁴ʂən³⁵mə⁰]
他说大麻子死了我没来。　　　[tʰa⁴⁴ʂuɤ⁴⁴ta⁵³ma³⁵tʂʅ⁰sʅ²¹lə⁰uɤ²¹mei⁵³lai³⁵]
远远地埋,深深地埋,　　　　[yan³⁵yan²¹³ti⁰mai³⁵,sən⁴⁴sən⁴⁴ti⁰mai³⁵]
别让大麻子跑出来。　　　　　[piɛ³⁵iaŋ⁵¹ta⁵³ma³⁵tʂʅ⁰pʰau²¹tʂʰu⁴⁴lai³⁵]

(三)

学习李向阳,坚决不投降。　　[ɕyɛ³⁵ɕi³⁵li²¹ɕiaŋ⁵³iaŋ³⁵,tɕian⁴⁴tɕyɛ⁵³pu⁵¹tʰou³⁵ɕiaŋ³⁵]
敌人来抓我,我就跳山墙。　　[ti³⁵zən³⁵lai³⁵tsua⁴⁴uɤ²¹³,uɤ²¹tɕiou⁵³tʰiau⁵³ʂan⁴⁴tɕʰiaŋ³⁵]
山墙不顶用,我就钻地洞。　　[san⁴⁴tɕʰiaŋ³⁵pu⁵³tiŋ²¹yŋ⁵¹,uɤ²¹tɕiou⁵³tsuan⁵³ti⁰tuŋ⁵¹]
地洞有炸子儿,炸死小日本儿。[ti⁵³tuŋ⁵¹iou²¹tʂa⁵³tʂər²¹³,tʂa⁵³sʅ²¹³ɕiau²¹zʅ⁵³pər²¹³]

(四)

小皮球,乒乓劈,马莲开花二十一。[ɕiau²¹pʰi³⁵tɕʰiou³⁵,pʰiŋ⁴⁴pʰaŋ⁴⁴pʰi⁴⁴,ma²¹lian³⁵kʰai⁴⁴xua⁴⁴ ər⁵³sʅ³⁵·⁴⁴i³⁵·⁴⁴]
二五六,二五七,二八二九三十一。[ər⁵³u²¹liou⁵¹,ər⁵³u²¹tɕʰi⁴⁴,ər⁵³pa⁴⁴ər⁵³tɕiou²¹³san⁴⁴sʅ³⁵·⁴⁴i³⁵·⁴⁴]
三五六,三五七,三八三九四十一。[san⁴⁴u²¹liou⁵¹,san⁴⁴u²¹tɕʰi⁴⁴,san⁴⁴pa⁴⁴san⁴⁴tɕiou²¹³sʅ⁵³ sʅ³⁵·⁴⁴i³⁵·⁴⁴]
四五六,四五七,四八四九五十一。[sʅ⁵³u²¹liou⁵¹,sʅ⁵³u²¹tɕʰi⁴⁴,sʅ⁵³pa⁴⁴sʅ⁵³tɕiou²¹³u²¹sʅ³⁵·⁴⁴i³⁵·⁴⁴]
五五六,五五七,五八五九六十一。[u³⁵u²¹liou⁵¹,u³⁵u²¹tɕʰi⁴⁴,u²¹pa⁴⁴u³⁵tɕiou²¹liou⁵³sʅ³⁵·⁴⁴i³⁵·⁴⁴]
六五六,六五七,六八六九七十一。[liou⁵³u²¹liou⁵¹,liou⁵³u²¹tɕʰi⁴⁴,liou⁵³pa⁴⁴liou⁵³tɕiou²¹³tɕʰi⁴⁴ sʅ³⁵·⁴⁴i³⁵·⁴⁴]
七五六,七五七,七八七九八十一。[tɕʰi⁴⁴u²¹liou⁵¹,tɕʰi⁴⁴u²¹tɕʰi⁴⁴,tɕʰi⁴⁴pa⁴⁴tɕʰi⁴⁴tɕiou²¹³pa⁴⁴ sʅ³⁵·⁴⁴i³⁵·⁴⁴]
八五六,八五七,八八八九九十一。[pa⁴⁴u²¹liou⁵¹,pa⁴⁴u²¹tɕʰi⁴⁴,pa⁴⁴pa⁴⁴pa⁴⁴tɕiou²¹³tɕiou²¹sʅ³⁵·⁴⁴i³⁵·⁴⁴]
九五六,九五七,九八九九八十一。[tɕiou³⁵u²¹liou⁵¹,tɕiou³⁵u²¹tɕʰi⁴⁴,tɕiou²¹pa⁴⁴tɕiou⁴⁴tɕiou²¹³ pa⁴⁴sʅ³⁵·⁴⁴i³⁵·⁴⁴]

(五)

丢丢丢手绢儿,　　　　　　　[tiou tiou tiou sou tɕyɐr]
轻轻地放在小朋友后边儿,　　[tɕʰiŋ tɕʰiŋ ti faŋ tsai ɕiau pʰəŋ iou ti xou piɐr]
大家不要告诉他。　　　　　　[ta tɕia pu iau kau ʂu tʰa]
快点儿快点儿抓住他。　　　　[kʰuai tiɐr kʰuai tiɐr tsua tʂu tʰa]
快点儿快点儿抓住他。　　　　[kʰuai tiɐr kʰuai tiɐr tsua tʂu tʰa]

(表演唱)

（六）

拉大锯扯大锯，姥姥儿家唱大戏。	[la³⁵ta⁵³tɕy⁵¹tsʰɤ²¹ta⁵³tɕy⁵¹,laur²¹laur⁰tɕia⁴⁴tsʰaŋ⁵¹ta⁵³ɕi⁵¹]
接姑娘,唤女婿。	[tɕiɛ⁴⁴ku⁴⁴ȵiaŋ⁰,xuan⁵³ȵy²¹³ɕy⁰]
小外甥,也要去,他姥儿姥儿不让去。	[ɕiau²¹uai⁵³ʂəŋ⁰,iɛ²¹iau⁵³tɕʰy⁵¹,tʰa⁴⁴laur²¹laur⁰pu³⁵iaŋ⁵³tɕʰy⁵¹]
他哭一大场,爱吃糖。	[tʰa⁴⁴kʰu⁴⁴·³⁵i⁰ta⁵³tʂʰaŋ³⁵,ai⁵³tʂʰʅ⁴⁴tʰaŋ³⁵]
没钱买,哭一场。	[mei³⁵tɕʰian³⁵mai²¹³,kʰu⁴⁴·⁵³i⁰tsʰaŋ³⁵]
窗台儿有俩饽饽,叫猫叼去了。	[tʂʰuaŋ⁴⁴tʰɐr³⁵iou³⁵lia²¹pɤ⁴⁴pə⁰,tɕiau⁵³mau⁴⁴tiau⁴⁴tɕʰy⁵¹lə⁰]
猫上树了,树叫火烧了。	[mau⁴⁴saŋ⁵³su⁵¹lə⁰,su⁵¹tɕiau⁵³xuɤ²¹sau⁴⁴lə⁰]
火叫泔水熄了,泔水叫牛喝了。	[xuɤ²¹tɕiau⁵¹kai⁴⁴suei⁰ɕi⁴⁴lə⁰,kai⁴⁴suei⁰tɕiau⁵³ȵiou³⁵xɤ⁴⁴lə⁰]
牛上山拉白菜去了,白菜让鸡鸽了。	[ȵiou³⁵saŋ⁵³san⁴⁴la⁴⁴pai³⁵tsʰai⁰tɕʰy⁵³lə⁰,pai⁰tʂʰai⁰iaŋ⁵³tɕi⁴⁴tɕʰian⁴⁴lə⁰]
鸡上架了,架倒了,噼里啪啦把小鸡子吓跑了。	[tɕi⁴⁴saŋ⁵³tɕia⁵¹lə⁰,tɕia⁵³tau²¹³lə⁰,pʰi⁴⁴li⁰pʰa⁴⁴la⁴⁴pa³⁵ɕiau²¹tɕi⁴⁴tsə⁰ɕia⁵³pʰau²¹³lə⁰]

（七）

| 豆腐,豆腐。 | [tou²¹fɤ³⁵,tou²¹fɤ³⁵] |

（八）

| 豆腐脑儿嘞,豆腐脑儿嘞。 | [tou⁵³fə⁰naur⁴⁴lei⁵¹,tou⁵³fə⁰naur⁴⁴lei⁵¹] |

（九）

| 新来的冰串儿,三分儿五分儿的。 | [ɕin⁴⁴lai³⁵ti⁰piŋ⁴⁴tʂʰuɐr⁵¹,san⁴⁴fər⁴⁴u²¹fər⁰ti⁰] |

（十）

| 糖葫芦,甜脆的糖葫芦。 | [tʰaŋ³⁵xu³⁵lu⁰,tʰian³⁵tsʰuei⁵¹ti⁰tʰaŋ³⁵xu³⁵lu⁰] |
| 糖葫芦,甜脆的糖葫芦。 | [tʰaŋ³⁵xu³⁵lu⁰,tʰian³⁵tsʰuei⁵¹ti⁰tʰaŋ³⁵xu³⁵lu⁰] |

（十一）

| 磨剪子嘞,戗菜刀。 | [mɤ³⁵tɕian²¹tsʅ⁰lei⁵¹,tɕʰiaŋ⁴⁴tsʰai²¹tau⁴⁴] |
| 磨剪子嘞,戗菜刀。 | [mɤ³⁵tɕian²¹tsʅ⁰lei⁵¹,tɕʰiaŋ⁴⁴tsʰai²¹tau⁴⁴] |

（歌谣1-11 发音人：杨光）

（十二）

秃丫头,上花楼,打绒线,扎枕头。　　[tʰu⁴⁴ia⁴⁴tʰou⁰,saŋ⁵³xua⁴⁴lou³⁵,ta²¹yŋ³⁵ɕian⁵¹,tsa⁴⁴tsən²¹tʰou³⁵]

扎几头,扎八头。　　[tsa⁴⁴tɕi²¹tʰou³⁵,tsa⁴⁴pa⁴⁴tʰou³⁵]

公两头,婆两头。　　[kuŋ⁴⁴liaŋ²¹tʰou³⁵,pʰɤ³⁵liaŋ²¹tʰou³⁵]

丈夫两头,我俩头。　　[tsaŋ⁵³fu⁰liaŋ²¹tʰou³⁵,uɤ³⁵liaŋ²¹tʰou³⁵]

（十三）

一生一世忽悠悠,争名夺利几时休。　　[i⁵³səŋ⁴⁴i³⁵sʅ⁵¹xu⁴⁴iou⁴⁴iou⁴⁴,tsəŋ⁴⁴miŋ³⁵tuɤ³⁵li⁵¹tɕi²¹sʅ³⁵ɕiou⁴⁴]

骑着驴骡看着马,身居宰相望王侯。　　[tɕʰi³⁵tsə⁰ly³⁵luɤ³⁵kʰan⁵³tʂə⁰ma²¹³,sən⁴⁴tɕy⁴⁴tsai²¹ɕian⁵¹uaŋ⁵³uaŋ³⁵xou³⁵]

儿孙子弟图富贵,哪有一个肯回头。　　[ər⁴⁴ʂun²¹tsʅ⁴⁴ti⁵¹tʰu³⁵fu⁵³kuei⁵¹,na³⁵iou²¹³⁻³⁵i⁰kə⁰kʰən²¹xuei³⁵tʰou³⁵]

（十四）

小板凳儿,四条腿儿,我给奶奶嗑瓜子儿。　　[ɕiau³⁵pan²¹tə̃r⁵¹,sʅ⁵³tʰiau³⁵tʰuər²¹³,uɤ³⁵kei³⁵nai²¹nai⁰kʰɤ⁵³kua⁴⁴tʂər²¹³]

奶奶嫌我嗑得脏,我给奶奶做面汤。　　[nai²¹nai⁰ɕian³⁵uɤ²¹³kʰɤ⁵³tə⁰tsaŋ⁴⁴,uɤ³⁵kei³⁵nai²¹nai⁰tsuɤ⁵³mian⁵¹tʰaŋ⁴⁴]

面汤里搁点油儿,奶奶吃得直点头。　　[mian⁵³tʰaŋ⁴⁴li²¹³kɤ⁴⁴tian²¹iour³⁵,nai²¹nai⁰tʂʅ⁴⁴tə⁰tsʅ³⁵tian²¹tʰou³⁵]

（十五）

黄瓜架儿,两头儿平,她妈不给打绒绳儿。　　[xuaŋ³⁵kua⁰tɕiar⁵¹,liaŋ²¹tʰour³⁵pʰiŋ³⁵,tʰa⁴⁴ma⁴⁴pu⁵³kei²¹³ta²¹yŋ²¹ʂə̃r³⁵]

打了绒绳儿不随心,她妈不给扯手巾。　　[ta²¹lə⁰yŋ³⁵ʂə̃r³⁵pu⁵³suei³⁵ɕin⁴⁴,tʰa⁴⁴ma⁴⁴pu⁵³kei²¹³tsʰɤ³⁵sou²¹tɕin⁴⁴]

扯了手巾四样叠,她妈不给做花鞋。　　[tsʰɤ²¹lə⁰sou²¹tɕin⁴⁴sʅ⁵³iaŋ⁵³tie³⁵,tʰa⁴⁴ma⁴⁴pu⁵³kei²¹³tsuɤ⁵³xua⁴⁴ɕiɛ³⁵]

做了花鞋歪歪底儿,她妈不给扯裤腿儿。　　[tsuɤ⁵³lə⁰xua⁴⁴ɕiɛ³⁵uai⁴⁴uai⁴⁴tiər²¹³,tʰa⁴⁴ma⁴⁴pu⁵³kei²¹³tsʰɤ²¹kʰu⁵³tʰuər²¹³]

扯了裤腿儿二尺八,她妈不给找婆家。　　[tsʰɤ²¹lə⁰kʰu⁵³tʰuər²¹³ər⁵³tʂʅ²¹pa⁴⁴,tʰa⁴⁴ma⁴⁴pu⁵³kei²¹³tsau²¹pʰɤ³⁵tɕia⁰]

找了婆家离家远,哭来哭去哭瞎眼。[tsau²¹lə⁰pʰɤ³⁵tɕia⁰li³⁵tɕia⁴⁴yan²¹³,kʰu⁴⁴lai³⁵kʰu⁴⁴tɕʰy⁵¹kʰu⁴⁴ɕia⁴⁴ian²¹³]

（歌谣 12-15 发音人：胡杰）

二　故事

牛郎和织女

在很早很早以前,[tsai⁵¹xən³⁵tsau²¹³xən³⁵tsau²¹³˙²¹tɕʰian³⁵]
有这么一个穷小子,[iou²¹³tsən⁵³mə⁰i³⁵kə⁰tɕʰyŋ³⁵ɕiau²¹tsʅ⁰]
叫牛郎。[tɕiau⁵¹ȵiou³⁵laŋ³⁵]
他呢,[tʰa⁴⁴ȵiɛ⁰]
穷得丁当的,[tɕʰyŋ³⁵ti⁰tiŋ⁴⁴taŋ⁴⁴ti⁰]
家里什么都没有。[tɕia⁴⁴li⁰sən³⁵mə⁰tou⁴⁴mei⁴⁴iou²¹³]
无依无靠,[u³⁵˙⁴⁴i³⁵u³⁵kʰau⁵¹]
孤苦伶仃,[ku⁴⁴kʰu²¹³liŋ³⁵tiŋ⁴⁴]
就有一头老黄牛与他相依为命,[tɕiou⁵³iou²¹³˙⁵³tʰou³⁵lau²¹xuaŋ³⁵ȵiou³⁵y²¹tʰa⁴⁴ɕiaŋ⁴⁴˙i⁴⁴uei³⁵miŋ⁵¹]
过着耕田的生活。[kuɤ⁵³tʂə⁰kən⁴⁴tʰian³⁵tə⁰sən⁴⁴xuɤ³⁵]
其实呢,[tɕʰi⁴⁴sʅ³⁵ȵiɛ⁰]
这个老黄牛就是天上的金牛星下凡。[tsei⁵³kə⁰lau²¹xuaŋ³⁵ȵiou³⁵tɕiou⁵³sʅ⁵¹tʰian⁴⁴ʂaŋ⁵³tə⁰tɕin⁴⁴ȵiou⁴⁴ɕiŋ⁴⁴ɕia⁴⁴fan³⁵]
老黄牛看到牛郎呢,[lau²¹xuaŋ³⁵ȵiou³⁵kʰan⁵³tau⁵¹ȵiou³⁵laŋ³⁵ȵiɛ⁰]
小伙子朴实善良,[ɕiau³⁵xuɤ²¹tsʅ⁰pʰu²¹sʅ³⁵san⁵³liaŋ³⁵]
就想给他找个媳妇儿成个家。[tɕiou⁵³ɕiaŋ³⁵kei²¹tʰa⁴⁴tsau²¹kə⁰ɕi¹fər⁰tʂʰən³⁵kə⁰tɕia⁴⁴]
有一天呢,[iou²¹³˙i¹tʰian⁴⁴ȵiɛ⁰]
老黄牛得知天宫的织女下凡,[lau²¹xuaŋ³⁵ȵiou³⁵tɤ⁵tsʅ⁴⁴tʰian⁴⁴kuŋ⁴⁴tə⁰tsʅ³⁵ny²¹³ɕia⁵³fan³⁵]
到河边儿去洗澡儿,[tau⁵¹xɤ³⁵piɘr⁴⁴tɕʰy⁵¹ɕi⁰tʂaur²¹³]
于是呢,[y³⁵sʅ⁵¹ȵiɛ⁰]
老黄牛就给牛郎托个梦,[lau²¹xuaŋ³⁵ȵiou³⁵tɕiou⁵³kei²¹³ȵiou³⁵laŋ³⁵tʰuɤ⁴⁴kə⁰məŋ⁵¹]
让他到湖边儿去。[iaŋ⁵³tʰa⁴⁴tau⁵¹xu³⁵piɘr⁴⁴tɕʰy⁵¹]

牛郎呢,[ȵiou³⁵laŋ³⁵ȵiɛ⁰]
迷迷糊儿糊儿的梦中呢,[mi³⁵mi⁰xur⁴⁴xur⁴⁴tə⁰məŋ⁵³tʂuŋ⁴⁴ȵiɛ⁰]
就来到了河边儿,[tɕiou⁵¹lai³⁵tau⁵¹lə⁰xɤ³⁵piɘr⁴⁴]
看到树上挂着衣裳,[kʰan⁵³tau⁵¹su⁵¹ʂaŋ⁵¹kua⁵³tʂə⁰˙i⁴⁴saŋ⁰]
拿起来一件儿就往家跑,[na³⁵tɕʰi⁰lai³⁵˙³⁵tɕiɘr⁵¹tɕiou⁵¹uaŋ⁵³tɕia⁴⁴pʰau²¹³]
跑回到家里。[pʰau²¹xuei³⁵tau⁰tɕia⁴⁴li²¹³]

这件儿衣裳就是其中的一个仙女儿,[tsei⁵³tɕiɚr⁵¹i⁴⁴saŋ⁰,tɕiou⁵³sʅ⁵¹tɕʰi⁴⁴tsuŋ⁴⁴tə⁰·³⁵kə⁰ɕian⁴⁴n̩yər²¹³]

名叫织女的衣裳。[miŋ³⁵tɕiau⁵¹tsʅ³⁵n̩y²¹³ti⁰·⁴⁴saŋ⁰]

织女在黑天来到了老黄牛的家,[tsʅ³⁵n̩y²¹³tsai⁴⁴xei⁵¹tʰian⁴⁴lai⁴⁴tau⁵³lə⁰lau²¹xuaŋ³⁵n̩iou³⁵tə⁰tɕia⁴⁴]

俩人儿呢,[lia²¹iər³⁵n̩ia⁰]

一到儿屋儿一见钟情,[i³⁵taur⁵³ur⁴⁴·³⁵tɕian⁵¹tʂuŋ⁴⁴tɕʰiŋ³⁵]

于是呢,[y³⁵sʅ⁵¹n̩iɛ⁰]

就成了夫妻,[tɕiou⁵¹tsʰəŋ³⁵lə⁰fu⁴⁴tɕʰi⁴⁴]

过上了幸福的生活。[kuɤ⁵³ʂaŋ⁵³lə⁰ɕiŋ⁵³fu²¹tə⁰səŋ⁴⁴xuɤ³⁵]

三年之后呢,[san⁴⁴n̩ian³⁵tsʅ⁴⁴xou⁵¹n̩iɛ⁰]

生下一男一女,[səŋ⁴⁴ɕia⁵³·⁵¹i⁴⁴nan³⁵i⁵¹n̩y²¹³]

家庭和睦美满。[tɕia⁴⁴tʰiŋ³⁵xɤ³⁵mu⁴⁴mei⁴⁴man²¹³]

这件儿事呢,[tsei⁵³tɕiɚr⁵³sʅ⁵¹n̩iɛ⁰]

让天宫的玉皇大帝和王母娘娘知道了,[iaŋ⁵¹tʰian⁴⁴kuŋ⁴⁴ti⁰·⁵³y⁴⁴xuaŋ³⁵ta⁵³ti⁴⁴xɤ³⁵uaŋ³⁵mu²¹n̩iaŋ³⁵n̩iaŋ⁰tsʅ⁴⁴tau⁰lə⁰]

就要把织女召回天宫。[tɕiou³⁵iau⁵¹pa²¹tsʅ³⁵n̩y²¹tsau⁵³xuei³⁵tʰian⁴⁴kuŋ⁴⁴]

于是呢,[y²¹sʅ⁵¹n̩iɛ⁰]

有一天刮起了风,[iou²¹·⁵³i⁴⁴tʰian⁴⁴kua³⁵tɕʰi²¹lə⁰fəŋ⁴⁴]

下起了大雨,[ɕia⁵¹tɕʰi²¹lə⁰ta⁵¹y²¹³]

织女就不见了。[tsʅ³⁵n̩y²¹tɕiou⁵¹pu³⁵tɕian⁵¹lə⁰]

牛郎不知所措,[n̩iou³⁵laŋ³⁵pu⁵³tsʅ⁴⁴suɤ⁵³tsʰɤ⁵¹]

两个孩子哭着喊娘。[liaŋ²¹kə⁰xai³⁵tsʅ⁰kʰu⁴⁴tʂə⁰xan⁴⁴n̩iaŋ³⁵]

老黄牛看在眼里,[lau²¹xuaŋ³⁵n̩iou⁴⁴kʰan⁵¹tsai⁵¹ian⁴⁴li²¹³]

就跟牛郎说：[tɕiou⁵³kən⁴⁴n̩iou³⁵laŋ³⁵suɤ⁴⁴]

"你把我的犄角拿下来,[n̩i³⁵pa³⁵uɤ²¹ti⁰tɕi⁴⁴tɕiau⁴⁴na³⁵ɕia⁵³lai³⁵]

变成两个筐,[pian⁵³tʂʰəŋ³⁵liaŋ²¹kə⁰kʰuaŋ⁴⁴]

挑着孩子,[tʰiau⁴⁴tʂə⁰xai³⁵tʂʅ⁰]

去到天宫找织女去吧。"[tɕʰy⁵³tau⁵¹tʰian⁴⁴kuŋ⁴⁴tsau⁴⁴tsʅ³⁵n̩y²¹tɕʰy⁵¹pa⁰]

于是两个犄角掉下来之后,[y³⁵sʅ⁵¹liaŋ²¹kə⁰tɕi⁴⁴n̩iɛ⁰tiau⁵³ɕia⁵³lai³⁵tsʅ⁴⁴xou⁵¹]

变成两个筐,[pian⁵³tʂʰəŋ³⁵liaŋ²¹kə⁰kʰuaŋ⁴⁴]

把孩子装到筐里,[pa²¹³xai³⁵tsʅ⁰tsuaŋ⁴⁴tau⁵¹kʰuaŋ⁴⁴li²¹³]

挑着孩子。[tʰiau⁴⁴tʂə⁰xai³⁵tsʅ⁰]

有一阵风,[iou²¹³·³⁵i⁴⁴tsən⁵¹fɚr⁴⁴]

一阵风刮起来了,[i³⁵tsən⁵¹fəŋ⁴⁴kua³⁵tɕʰi²¹lai³⁵lə⁰]

飘飘然,[pʰiau⁴⁴pʰiau⁴⁴ian³⁵]

就像长了翅膀似的，[tɕiou⁵³ɕiaŋ⁵¹tʂaŋ²¹lə⁰tsʰɿ⁵³paŋ²¹sɿ⁵³ti⁰]
直奔天空。[tsɿ³⁵pən⁵¹tʰian⁴⁴kʰuŋ⁴⁴]
眼看呢，[ian²¹kʰan⁵¹ȵiɛ⁰]
就要找到了织女，[tɕiou³⁵iau⁵¹tsau²¹tau⁵³lə⁰tsɿ³⁵ȵy²¹³]
王母娘娘拿下了银针，[uaŋ³⁵mu³⁵ȵiaŋ³⁵ȵiaŋ⁰na³⁵ɕia⁵³lə⁰in³⁵tʂən⁴⁴]
在他俩这中间划了一下，[tsai⁵¹tʰa⁴⁴lia²¹tsei⁵¹tsuŋ⁴⁴tɕian⁵¹xua³⁵lə⁰i³⁵ɕia⁵¹]
变成了一条大河，[pian⁵³tʂʰəŋ³⁵lə⁰i⁵³tʰiau³⁵ta⁵³xɤ³⁵]
俩人召见不了了。[lia²¹iər³⁵tʂau⁰tɕian⁵¹pu⁵³liau²¹³lə⁰]
就在这个时候呢，[ɕiou³⁵tsai⁵³tʂei⁵³kə⁰ʂɿ⁵³xou⁵³ȵiɛ⁰]
这河边儿的喜鹊很感动，[tsei⁵¹xɤ³⁵piər⁴⁴tə⁰ɕi²¹tɕʰyɛ⁵¹xən³⁵kan²¹tuŋ⁵¹]
他们成千上万的，[tʰa⁴⁴mən⁰tsʰəŋ³⁵tɕʰian⁴⁴saŋ⁵¹uan⁵¹ti⁰]
一个一个的衔着对方的尾巴，[i³⁵kə⁰i³⁵kə⁰ti⁰ɕian³⁵tʂə⁰tuei⁵³faŋ⁴⁴tə⁰uei²¹pa⁰]
搭起了鹊桥，[ta⁴⁴tɕʰi²¹lə⁰tɕʰyɛ⁵³tɕʰiau³⁵]
在每年的七月初七，[tsai⁵¹mei²¹ȵian³⁵tei⁰tɕʰi³⁵yɛ⁵¹tʂʰu⁴⁴tɕʰi⁴⁴]
让牛郎和织女相见。[ian⁵¹ȵiou laŋ³⁵xɤ³⁵tsɿ³⁵ȵy²¹³ɕiaŋ⁴⁴tɕian⁵¹]
这就是牛郎织女的故事。[tsɤ⁵¹tɕiou⁵¹sɿ⁵¹ȵiou laŋ³⁵tsɿ³⁵ȵy²¹tə⁰ku⁵³sɿ⁰]

（故事发音人：杨光）

孔夫子猜字儿

孔夫子是地上的圣人，[kʰuŋ²¹fu⁴⁴tsɿ²¹³sɿ⁵¹ti⁵³saŋ⁵¹tə⁰səŋ⁵³zən³⁵]
如来佛是天上的圣人。[zu³⁵lai³⁵fɤ³⁵sɿ⁵¹tʰian⁴⁴saŋ⁵¹tə⁰səŋ⁵³zən³⁵]
有一次，[iou²¹ i³⁵tsʰɿ⁵¹]
王母娘娘开蟠桃会，[uaŋ³⁵mu³⁵ȵiaŋ³⁵ȵiaŋ⁰kʰai⁴⁴pʰan⁴⁴tʰau⁰xuei⁵¹]
请来了各路神仙，[tɕʰin²¹lai³⁵lə⁰kɤ⁵³lu⁵¹sən³⁵ɕian⁰]
听说孔夫子很有才，[tʰiŋ⁴⁴suɤ⁴⁴kʰuŋ²¹fu⁴⁴tsɿ²¹³xən²¹ iou²¹tsʰai³⁵]
把他也请上了天。[pa²¹tʰa⁴⁴iɛ³⁵tɕʰiŋ²¹saŋ⁵¹lə⁰tʰian⁴⁴]

如来佛看见了孔夫子就挺生气的，[zu³⁵lai³⁵fɤ³⁵kʰan⁵³tɕian⁵¹lə⁰kʰuŋ²¹fu⁴⁴tsɿ²¹³tɕiou⁵¹tʰiŋ⁵³səŋ⁴⁴tɕʰi⁵¹tə⁰]
他觉得孔夫子的样子很寒酸，[tʰa⁴⁴tɕyɛ²¹tə⁰kʰuŋ²¹fu⁴⁴tsɿ²¹³tə⁰iaŋ⁵³tsɿ⁰xən²¹xan³⁵suan⁴⁴]
一句话，[i³⁵tɕy⁵³xua⁵¹]
如来佛压根儿就没瞧得起孔夫子。[zu³⁵lai³⁵fɤ³⁵ia⁵³kər⁴⁴tɕiou⁵³mei⁵¹tɕʰiau³⁵tə⁰tɕʰi²¹³kʰuŋ²¹fu⁴⁴tsɿ²¹³]
孔夫子呢，[kʰuŋ²¹fu⁴⁴tsɿ²¹³nə⁰]
根本也不佩服如来佛。[kən⁴⁴pən²¹³iɛ²¹pu³⁵pʰei⁵³fu⁰zu³⁵lai³⁵fɤ³⁵]
怎么办呢?[tsən²¹mə⁰pan⁵³nə⁰]
比学问吧。[pi²¹ɕyɛ³⁵uən⁵¹pa⁰]

孔夫子先开口说道："[kʰuŋ²¹fu⁴⁴tsɿ²¹³ɕian⁴⁴kʰai⁴⁴kʰou²¹³suɤ⁴⁴tau⁵¹]
我说如来佛呀,[uɤ²¹suɤ⁴⁴ʐu³⁵lai³⁵fɤ³⁵ia⁰]
您是天上的圣人,[n̠in³⁵sɿ⁵¹tʰian⁴⁴saŋ⁵¹tə⁰səŋ⁵³ʐən³⁵]
我是地上的圣人,[uɤ²¹sɿ⁵¹ti⁵¹saŋ⁵¹tə⁰səŋ⁵³ʐən³⁵]
咱们两个从来就没分过高低上下,[tsan³⁵mən⁰liaŋ²¹kə⁰tsʰuŋ³⁵lai³⁵tɕiou⁵³mei⁵¹fən⁴⁴ kuɤ⁵¹kau⁴⁴ti⁴⁴saŋ⁵³ɕia⁵¹]
今儿个不妨在众位神仙面前比试比试我们的能耐,[tɕiər⁴⁴kə⁰pu⁵³faŋ²¹³tsai⁵¹tsuŋ⁵³ uei⁵¹sən³⁵ɕian mian tɕʰian³⁵pi²¹sɿ⁵¹pi²¹sɿ⁵¹uɤ²¹mən tə⁰nəŋ³⁵nai⁵¹]
您看如何?"[n̠in³⁵kʰan⁵¹ʐu³⁵xɤ³⁵]
如来佛一听,[ʐu³⁵lai³⁵fɤ³⁵i⁵³tʰiŋ⁴⁴]
正中下怀,[tsəŋ⁵³tsuŋ⁵¹ɕia⁵¹xuai³⁵]
忙说："好啊,[maŋ³⁵suɤ⁴⁴xau²¹ua⁵¹]
比吧。"[pi²¹pa⁰]
孔夫子眼珠子一转,[kʰuŋ²¹fu⁴⁴tsɿ²¹³ian²¹tsu⁴⁴tsɿ⁰ i³⁵tsuan⁵¹]
计上心来,[tɕi⁵³saŋ⁵¹ɕin⁴⁴lai³⁵]
说道：[suɤ⁴⁴tau⁵¹]
"老佛祖啊,[lau²¹fɤ³⁵tsu²¹³ua⁰]
咱们比是比,[tsan³⁵mən⁰pi²¹sɿ⁵³pi²¹³]
可不能白比,[kʰɤ²¹³pu⁰nəŋ³⁵pai³⁵pi²¹³]
这么办吧,[tsɤ⁵³mə⁰pan⁵³pa⁰]
假如老佛祖您要是赢了我,[tɕia²¹ʐu³⁵lau²¹fɤ³⁵tsu²¹³n̠in³⁵iau⁵³sɿ⁰ iŋ³⁵lə⁰uɤ²¹³]
就弹我一个脑瓜崩儿,[tɕiou⁵³tʰan³⁵uɤ²¹³·³⁵i⁵¹kɤ⁵¹nau²¹kua⁴⁴pə̃r⁴⁴]
我呢,[uɤ²¹nə⁰]
要是赢了您没说的也弹您一个脑瓜崩儿。[iau⁵³sɿ⁵¹iŋ³⁵lə⁰n̠in³⁵mei⁵¹suɤ⁴⁴tə⁰iɛ²¹tʰan³⁵ n̠in³⁵i⁵¹kɤ⁵¹nau²¹kua⁴⁴pə̃r⁴⁴]
我说老佛祖啊,[uɤ²¹suɤ⁴⁴lau²¹fɤ³⁵tsu²¹³ua⁰]
您是天上的圣人,[n̠in³⁵sɿ⁰tʰian⁴⁴saŋ⁵¹tə⁰sən⁵³ʐən³⁵]
您就多谦让点儿,[n̠in³⁵tɕiou⁵¹tuɤ⁴⁴tɕʰian⁴⁴iaŋ⁵¹tiar²¹³]
我呢,[uɤ²¹nə⁰]
先给您破个字儿,[ɕian⁴⁴kei²¹n̠in³⁵pʰɤ⁵³kə⁰tsər⁵¹]
要是您猜对了算我输怎么样。"[iau⁵³sɿ⁵¹n̠in³⁵tsʰai⁴⁴tuei⁵¹lə⁰suan⁵³uɤ²¹su⁴⁴tsən²¹mə⁰iaŋ⁵¹]
"你就破吧。"[n̠i²¹tɕiou⁵³pʰɤ⁵¹pa⁰]
如来佛心想就凭我如来佛还赢不了你孔夫子。[ʐu³⁵lai³⁵fɤ³⁵ɕin⁴⁴ɕiaŋ²¹³tɕiou⁵³pʰiŋ³⁵ uɤ²¹³ʐu³⁵lai³⁵fɤ³⁵xai iŋ³⁵pu⁰liau n̠i²¹kʰuŋ²¹fu⁴⁴tsɿ²¹³]
孔夫子张口破了一个字儿,[kʰuŋ²¹fu⁴⁴tsɿ²¹³tsaŋ⁴⁴kʰou²¹³pʰɤ⁵³lə⁰i⁵³kɤ⁵³tsər⁵¹]
"山压山。"[san⁴⁴ia⁴⁴san⁴⁴]
如来佛一听十分好笑,[ʐu³⁵lai³⁵fɤ³⁵i⁵³tʰiŋ⁴⁴sɿ³⁵fən⁴⁴xau²¹ɕiau⁵¹]

我说孔丘啊,[uɤ²¹suɤ⁴⁴kʰuŋ²¹tɕʰiou⁴⁴ua⁰]
你就别在我面前念经了,[ɲi²¹tɕiou⁵¹pie³⁵tsai⁵¹uɤ²¹mian⁵³tɕʰian³⁵ɲian⁵³tɕiŋ⁴⁴lə⁰]
这是个"出"字儿,[tsɤ⁵³sʅ⁵¹kə⁰tsʰu⁴⁴tʂɚ⁵¹]
谁不知道呢。[sei³⁵puʅ⁵³tsʅ⁴⁴tau⁵¹nə⁰]
孔夫子笑道：[kʰuŋ²¹fu⁴⁴tsʅ²¹³ɕiau⁵³tau⁵¹]
"嗨,[xai⁵¹]
佛祖啊,[fɤ³⁵tsu²¹ua⁰]
这个字儿可不念出,[tsei⁵³kə⁰tʂɚ⁵¹kʰɤ²¹pu³⁵ɲian⁵¹tsʰu⁴⁴]
应该念'重'才对。"[iŋ⁴⁴kai⁴⁴ɲian⁵³tsuŋ⁵¹tsʰai³⁵tuei⁵¹]
如来佛说道：[zu³⁵lai³⁵fɤ³⁵suɤ⁴⁴tau⁵¹]
"怎么念'重'？"[tsən²¹mə⁰ɲian⁵³tsuŋ⁵¹]
孔夫子嘿嘿一笑,[kʰuŋ²¹fu⁴⁴tsʅ²¹³xei⁴⁴xei⁴⁴·³⁵i⁰ɕiau⁵¹]
说道：[suɤ⁴⁴tau⁵¹]
"佛祖试想,[fɤ³⁵tsu²¹sʅ⁵³ɕiaŋ²¹³]
山上加山为何不重也？"[san⁴⁴saŋ⁵¹tɕia⁴⁴san⁴⁴uei⁵³xə²¹pu³⁵tsuŋ⁵¹iɛ²¹³]
如来佛一听,[zu³⁵lai³⁵fɤ³⁵i⁵³tʰiŋ⁴⁴]
孔夫子说的也对,[kʰuŋ²¹fu⁴⁴tsʅ²¹³suɤ⁴⁴tə⁰iɛ²¹tuei⁵¹]
没办儿法儿输定了,[mei³⁵pɚ⁵¹fɑɚ²¹³su⁴⁴tiŋ⁵¹lə⁰]
弹吧。[tʰan³⁵pa⁰]
孔夫子心里这个乐呀,[kʰuŋ²¹fu⁴⁴tsʅ²¹³ɕin⁴⁴li²¹³tsɤ⁵³kə⁰lɤ⁵¹ia⁰]
他运足了气儿,[tʰa⁴⁴yn⁵³tsu⁵³lə⁰tɕʰiɚ⁵¹]
不由分说,[pu⁵³iou³⁵fən⁴⁴suɤ⁴⁴]
就听"嘣"的一声,[tɕiou⁵³tʰiŋ⁴⁴pəŋ⁴⁴tə⁰·⁵³i⁰səŋ⁴⁴]
如来佛这个疼啊。[zu³⁵lai³⁵fɤ³⁵tsɤ⁵³kə⁰tʰəŋ³⁵a⁰]
用手再摸,[yŋ⁵³sou²¹³tsai⁵³mɤ⁴⁴]
唉呦！[ei⁴⁴iou⁵¹]
不好了。[pu⁵³xau²¹³lə⁰]
脑上被弹起了一个圆溜儿溜儿的大包。[nau²¹saŋ⁵¹pei⁵¹tʰan³⁵tɕʰi²¹³lə⁰·³⁵i⁰kɤ⁰yan³⁵liour⁴⁴liour⁴⁴tə⁰ta⁵³pau⁴⁴]
如来佛这个气啊。[zu³⁵lai³⁵fɤ³⁵tsɤ⁵³kə⁰tɕʰi⁵³ia⁰]
好啊,[xau²¹ua⁵¹]
你孔老二。[ɲi²¹³kʰuŋ³⁵lau²¹ɚ⁵¹]
轮到如来佛了,[luən³⁵tau⁵¹zu³⁵lai³⁵fɤ³⁵lə⁰]
如来佛随口破了一个字儿,[zu³⁵lai³⁵fɤ³⁵suei³⁵kʰou²¹³pʰɤ⁵³lə⁰·³⁵i⁰kə⁰tʂɚ⁵¹]
"寸身。"[tsʰuən⁵¹sən⁴⁴]
孔夫子忙说："佛祖啊,[kʰuŋ²¹fu⁴⁴tsʅ²¹³maŋ³⁵suɤ⁴⁴fɤ³⁵tsu²¹³ua⁴⁴]
您又输了,[ɲin³⁵iou⁵¹su⁴⁴lə⁰]

这是个射字儿谁不认得啊。"[tʂei⁵¹sɿ⁵³ kə⁰ sɤ⁵³tsɤ⁵¹ sei³⁵ pu³⁵in⁵³tɤ³⁵ia⁰]
如来佛哈哈大笑，"[zu³⁵lai³⁵fɤ³⁵ xa⁴⁴xa⁵³ ta⁵³ɕiau⁵¹]
我说孔夫子啊,[uɤ²¹suɤ⁴⁴ kʰuŋ²¹fu⁴⁴tsɿ²¹³ a⁰]
你枉有圣人之称,[ɲi²¹³uaŋ³⁵iou²¹³ səŋ⁵³zən³⁵tsɿ⁴⁴tsʰəŋ⁴⁴]
怎么连个矮字儿都不认得。"[tsən²¹mə⁰lian³⁵ kɤ⁰ai²¹tsɤ²¹tou⁴⁴pu⁵³in⁵³tɤ³⁵]
"明明是射,[miŋ³⁵miŋ³⁵sɿ⁵³sɤ⁵¹]
为何念矮?"[uei⁵³xɤ³⁵nian⁵³ai²¹³]
如来佛笑道：[zu³⁵lai³⁵fɤ³⁵ɕiau⁵³tau⁵¹]
"一寸之身,[i³⁵tsʰuən⁵¹tsɿ⁴⁴sən⁴⁴]
安得不矮?[an⁴⁴tɤ³⁵pu⁵³ai²¹³]
孔丘,[kʰuŋ²¹tɕʰiou⁴⁴]
快伸过头来,[kʰuai⁵¹sən⁴⁴kuɤ⁵¹tʰou³⁵lai⁰]
让俺弹则个。"[iaŋ⁵³an²¹³tʰan³⁵tsɿ⁵¹kə⁰]
孔夫子一听,[kʰuŋ²¹fu⁴⁴tsɿ²¹³ i⁵³tʰiŋ⁴⁴]
心想输是输定了,[ɕin⁴⁴ɕiaŋ²¹³su⁴⁴sɿ⁵³su tiŋ⁵¹lə⁰]
弹吧。[tʰan³⁵pa⁰]
可他再瞅如来佛,[kʰɤ²¹tʰa⁴⁴tsai⁵³tsʰou²¹³zu³⁵lai³⁵fɤ³⁵]
可把孔夫子给吓坏了,[kʰɤ³⁵pa²¹³kʰuŋ²¹fu⁴⁴tsɿ²¹³kei²¹³ɕia⁵³xuai⁵¹lə⁰]
如来佛正在那儿运气呢,[zu³⁵lai³⁵fɤ³⁵tsəŋ⁵³tsai⁰nar⁰yn⁵³tɕʰi⁵¹nə⁰]
指头憋得老粗了,[tsɿ²¹tʰou⁰piɛ⁴⁴tə⁰lau²¹tsʰu⁴⁴la⁰]
孔夫子的心里直哆嗦。[kʰuŋ²¹fu⁴⁴tsɿ²¹³tə⁰ɕin⁴⁴li²¹³tsɿ³⁵tuɤ⁴⁴suɤ⁰]
哎呀我的妈呀,[ei³⁵ia⁰uɤ²¹tə⁰ma⁴⁴ia⁰]
这要是让他弹了一下儿,[tsɤ⁵¹iau⁵³sɿ⁰iaŋ⁵³tʰa⁴⁴tʰan³⁵lə⁰i³⁵ɕiar⁵¹]
别说脑袋起包了,[piɛ³⁵suɤ⁴⁴nau⁴⁴tai⁰tɕʰi²¹pau⁴⁴lə⁰]
兴许脑袋被弹漏了。[ɕiŋ⁴⁴ɕy²¹³nau²¹tai⁰pei⁵¹tʰan³⁵lou⁵¹lə⁰]
怎么办呢?[tsən²¹mə⁰pan⁵¹nə⁰]
跑吧。[pʰau²¹pa⁰]
想到这儿,[ɕiaŋ²¹tau⁰tʂɤr⁵¹]
孔夫子趁如来佛运气儿的工夫,[kʰuŋ²¹fu⁴⁴tsɿ²¹³tsʰən⁵¹zu³⁵lai³⁵fɤ³⁵yn⁵³tɕʰiər⁵¹tə⁰kuŋ⁴⁴fu⁴⁴]
便悄悄地溜回了人间,[pian⁵¹tɕʰiau⁴⁴tɕʰiau⁴⁴tə⁰liou⁴⁴xuei⁵¹lə⁰in³⁵tɕian⁴⁴]
等如来佛运足了气儿,[təŋ²¹zu³⁵lai³⁵fɤ³⁵yn⁵³tsu³⁵lə⁰tɕʰiər⁵¹]
睁开了眼睛一看,[tsəŋ⁴⁴kʰai⁴⁴lə⁰ian²¹tɕiŋ⁴⁴i³⁵kʰan⁵¹]
孔夫子早没了。[kʰuŋ²¹fu⁴⁴tsɿ²¹³tsau⁴⁴mei³⁵lə⁰]
如来佛这个气啊,[zu³⁵lai³⁵fɤ³⁵tsɤ⁵³kə⁰tɕʰi⁵³ia⁰]
差点儿没把他气死。[tsʰa⁵³tiɐr²¹³mei³⁵pa²¹³tʰa⁴⁴tɕʰi⁵¹sɿ²¹³]

你没看见如来佛头顶总是有个肉瘤儿吗,[ɲi²¹³mei³⁵kʰan⁵³tɕian⁵¹zu³⁵lai³⁵fɤ³⁵tʰou³⁵ tiŋ²¹³tsuŋ²¹sʅ⁵¹iou²¹kɤ⁵¹iou⁵³liour³⁵ma⁰]

那是孔夫子给弹的，[na⁵³sʅ⁵¹kʰuŋ²¹fu⁴⁴tsʅ²¹³kei²¹tʰan³⁵tə⁰]

平时如来佛总是气冲冲的，[pʰiŋ³⁵sʅ³⁵ʐu³⁵lai³⁵fɤ³⁵tsuŋ²¹sʅ⁵¹tɕʰi⁵³tsʰuŋ⁴⁴tsʰuŋ⁴⁴tə⁰]

一点儿笑容都没有，[i⁵³tiɐr²¹³ɕiau⁵³yŋ³⁵tou⁴⁴mei³⁵iou²¹³]

那是因为孔夫子骗了他，[na⁵³sʅ⁵¹in⁴⁴uei⁵¹kʰuŋ²¹fu⁴⁴tsʅ²¹³pʰian⁵³lə⁰tʰa⁴⁴]

如来佛还在那儿生孔夫子的气呢。[ʐu³⁵lai³⁵fɤ³⁵xai³⁵tsai⁵³nɐr⁵¹sən⁴⁴kʰuŋ²¹fu⁴⁴tsʅ²¹³tə⁰tɕʰi⁵¹nə⁰]

（故事发音人：胡杰）

三　自选条目

（一）

抬头儿老婆，　　　　　　[tʰai³⁵tʰour³⁵lau²¹pʰə⁰]
低头儿汉。　　　　　　　[ti⁴⁴tʰour³⁵xan⁵¹]
矬人肚里三把刀，　　　　[tʂʰuɤ³⁵in³⁵tu⁵³li²¹³san⁴⁴pa²¹³tau⁴⁴]
连毛胡子不可交。　　　　[lian³⁵mau³⁵xu³⁵tsʅ⁰pu⁵³kʰɤ²¹tɕiau⁴⁴]
最毒不过一只眼儿，　　　[tsuei⁵³tu³⁵pu³⁵kuɤ⁵¹·⁵³i⁰tsʅ⁴⁴iɐr²¹³]
斜了眼子玩儿不过水蛇腰。[ɕiɛ³⁵lə²¹ian²¹tʂʅ⁰uɐr³⁵pu³⁵kuɤ⁵¹suei²¹sɤ³⁵iau⁴⁴]

（二）

我的朋友，　　　　　　　[uɤ²¹ti⁰pʰəŋ³⁵iou⁰]
我想对大家说。　　　　　[uɤ³⁵ɕiaŋ²¹³tuei⁵¹ta⁵³ɕia⁴⁴suɤ⁴⁴]
不要活得太累，　　　　　[pu³⁵iau⁵¹xuɤ³⁵ti⁰tʰai⁵³lei⁵¹]
不要身心太疲惫。　　　　[pu³⁵iau⁵¹sən⁴⁴ɕin⁴⁴tʰai⁵¹pʰi³⁵pei⁵¹]
想吃别怕贵，　　　　　　[ɕiaŋ²¹tʂʰʅ⁴⁴piɛ³⁵pʰa⁵¹kuei⁵¹]
想穿别怕费。　　　　　　[ɕiaŋ²¹tʂʰuan⁴⁴piɛ³⁵pʰa⁵¹fei⁵¹]
困了你就睡，　　　　　　[kʰuən⁵³lə⁰ni²¹³tɕiou⁵³ʂuei⁵¹]
心烦了找自己就约会。　　[ɕin⁴⁴fan³⁵lə⁰tʂau²¹³tsʅ⁵³tɕi²¹tɕiou⁵¹yɛ⁴⁴xuei⁵¹]
健康快乐就是大富大贵。[tɕian⁵³kʰaŋ⁴⁴kʰuai⁵¹lɤ⁵¹tɕiou⁵³ʂʅ⁵³ta⁵¹fu⁵¹ta⁵¹kuei⁵¹]

（三）

酒逢知己千杯少，　　　　[tɕiou²¹fəŋ³⁵tʂʅ⁴⁴tɕi²¹³tɕʰian⁴⁴pei⁴⁴ʂau²¹³]
能喝多少喝多少。　　　　[nəŋ³⁵xɤ⁴⁴tuɤ⁴⁴ʂau²¹³xɤ⁴⁴tuɤ⁴⁴sau²¹³]
喝多喝少喝正好儿，　　　[xɤ⁴⁴tuɤ⁴⁴xɤ⁴⁴ʂau²¹³xɤ⁴⁴tʂən⁵³xaur²¹³]
会喝不喝那不好。　　　　[xuei⁵¹xɤ⁴⁴pu⁵¹xɤ⁴⁴na⁵¹pu⁵³xau²¹³]

（四）

老太太喝粥——卑鄙无耻下流儿。　　[lau²¹tʰai⁵³tʰai⁰xɤ⁴⁴tsou⁴⁴, pei⁴⁴pi⁵¹u³⁵tʂʰʅ²¹³ɕia⁵³liour³⁵]

（五）

大姑娘坐轿——头一回。　　[ta⁵³ku⁴⁴ɲiaŋ⁰tsuɤ⁵³tɕiau⁵¹, tʰou³⁵i⁵³xuei³⁵]

（六）

新媳妇儿放屁——零揪。　　[ɕin⁴⁴ɕi²¹fər⁰faŋ⁵³pʰi⁵¹, liŋ³⁵tɕiou⁴⁴]

（七）

王二小放牛——不往好儿赶。　　[uaŋ³⁵ər⁵³ɕiaur²¹³faŋ⁵³ɲiou³⁵, pu³⁵uaŋ⁵¹xaur³⁵kan²¹³]

（八）

小马拉车儿——没长劲儿。　　[ɕiau³⁵ma²¹³la⁴⁴tʂʰɤr⁴⁴, mei³⁵tsʰaŋ³⁵tɕiər⁵¹]

（九）

耗子拉木箱——大头儿在后头。　　[xau⁵³tsʅ⁰la⁴⁴mu⁵³ɕiaŋ⁴⁴, ta⁵³tʰour³⁵tsai²¹xou⁵³tʰou⁰]

（十）

癞蛤蟆上菜墩儿——硬装大堆儿肉。　　[lai⁵³xa³⁵ma⁰saŋ⁵¹tsʰai⁵³tuər⁴⁴, ləŋ⁵³tsuaŋ⁴⁴ta⁵³tuər⁴⁴iou⁵¹]

（十一）

癞蛤蟆上脚面子——不咬人膈应人。　　[lai⁵³xa³⁵ma⁰saŋ⁵¹tɕiau²¹mian⁵³tsʅ⁰, pu⁵³iau²¹in³⁵kɤ⁵³iŋ⁵¹in³⁵]

（十二）

癞蛤蟆上马路——硬装进口小吉普。　　[lai⁵³xa³⁵ma⁰saŋ⁵¹ma²¹lu⁵¹, ləŋ⁵³tsuaŋ⁴⁴tɕin⁵³kʰou²¹³ɕiau²¹tɕi⁵³pʰu²¹³]

（十三）

老鸹落在猪身上——就看不到自己黑。　　[lau²¹kuɤ⁰luɤ⁵³tsai⁵³tsu⁴⁴ʂən⁴⁴ʂaŋ⁵¹, tɕiou⁵¹kʰan⁵³pu⁰tau⁵¹tsʅ⁵³tɕi²¹³xei⁴⁴]

(十四)

蚂蚁放屁——小气。　　　　　[ma³⁵·⁰i faŋ⁵³pʰi⁵¹,ɕiau²¹tɕʰi⁵¹]

(十五)

马尾巴串豆腐——提不起来。　[ma³⁵uei²¹pa⁰tʂʰuan⁴⁴tou⁵³fu⁰,tʰi³⁵pu⁰tɕʰi²¹lai³⁵]

(十六)

下雨天打孩子——闲着也是闲着。　[ɕia⁵³y²¹tʰian⁴⁴ta²¹xai³⁵tʂ⁰,ɕian³⁵tʂə⁰iɛ²¹ʂʅ⁵¹ɕian³⁵tʂə⁰]

(十七)

武大郎儿卖棉花——人软货囊。　[u²¹ta⁵³lãr³⁵mai⁵³mian³⁵xu⁰,ỉn³⁵yan²¹³xuɤ⁵³naŋ⁴⁴]

(十八)

豆儿包儿踩扁——不是好饼。　[tour⁵³paur⁴⁴tʂʰai³⁵pian²¹³,pu³⁵ʂʅ⁵¹xau³⁵piŋ²¹³]

(十九)

西瓜切两半儿——开圆(原)。　[ɕi⁴⁴kua⁰tɕʰiɛ⁴⁴liaŋ²¹pɐr⁵¹,kʰai⁴⁴yan³⁵]

(二十)

豁牙子啃西瓜——净道儿。　[xuɤ³⁵ia³⁵tʂʅ⁰kʰən²¹ɕi⁴⁴kua⁰,tɕiŋ⁵³taur⁵¹]

(二十一)

瞎子摸山里红——不大离儿。　[ɕia⁴⁴tʂʅ⁰mɤ⁴⁴ʂan⁴⁴li²¹xuŋ³⁵,pu³⁵ta⁵¹liər²¹³]

(二十二)

酱碟子扎猛子——不知深浅。　[tɕiaŋ⁵³tiɛ³⁵tʂʅ⁰tʂa³⁵mən²¹³tʂʅ⁰,pu⁵³tʂʅ⁴⁴ʂən⁴⁴tɕʰian²¹³]

(二十三)

老母猪还愿——俩不顶一个。　[lau³⁵mu²¹tʂu⁴⁴xuan³⁵yan⁵¹,lia²¹³pu⁵³tiŋ⁴⁴·³⁵i⁰kɤ⁵¹]

(二十四)

熊瞎子打立正——一手遮天。　[ɕyŋ³⁵ɕia⁴⁴tʂʅ⁰ta²¹li⁵³tʂəŋ⁵¹,i⁵³sou²¹³tʂɤ⁴⁴tʰian⁴⁴]

(二十五)

老母猪进菜地——拉脸儿造。　[lau³⁵mu²¹tʂu⁴⁴tɕin⁵³tsʰai⁵³ti⁵¹,la³⁵liɐr²¹tʂau⁵¹]

（二十六）

黑瞎子敲门——熊到家了。　　[xei⁴⁴ɕia⁴⁴tʂə⁰tɕʰiau⁴⁴mən³⁵,ɕyŋ³⁵tau⁵³tɕia⁴⁴la⁰]

（二十七）

二尺钩挠痒痒儿——是把硬 [ər⁵³tʂʅ²¹kou⁴⁴nau³⁵iaŋ²¹³iãr⁰,ʂʅ⁵³pa²¹³iŋ⁵³ʂour²¹³]
手儿。

（二十八）

和尚打伞——无发（法）无天。 [xɤ³⁵ʂaŋ³⁵ta³⁵san²¹³,u³⁵fa²¹³u³⁵tʰian⁴⁴]

（二十九）

瞎子打枪——没准儿。　　　[ɕia⁴⁴tʂə⁰ta²¹tɕʰiaŋ⁴⁴,mei³⁵tʂuər²¹³]

（三十）

嘴巴子抹石灰——白吃（痴）。 [tsuei²¹pa⁵³tʂʅ⁰mɤ²¹ʂʅ³⁵xuər⁴⁴,pai³⁵tsʰʅ⁴⁴]

（三十一）

后脊梁背茄子——起了外心了。[xou⁵³tɕin⁴⁴ȵiaŋ²¹³pei⁴⁴tɕʰiɛ³⁵tʂʅ⁰,tɕʰi²¹lə⁰uai⁵³ɕin⁴⁴lə⁰]

（三十二）

老虎拉车——谁赶（敢）。　　[lau³⁵xu²¹³la⁴⁴tʂʰɤ⁴⁴,sei⁴⁴kan²¹³]

（三十三）

鸡蛋皮擦屁股——嘁哧咔嚓。 [tɕi⁴⁴tan⁵¹pʰi³⁵tsʰa⁴⁴pʰi⁵³ku⁰,tɕʰi⁴⁴tsʰʅ⁰kʰa³⁵tsʰa⁵¹]

（三十四）

茅楼儿碗茬儿——臭瓷儿（词儿）。[mau⁴⁴lour³⁵uan³⁵tʂʰar²¹³,tʂʰou⁵³tsʰər³⁵]

（三十五）

大海的石头——暗礁（交）。　[ta⁵³xai²¹³ti⁰ʂʅ³⁵tʰou⁰,an⁵³tɕiau⁴⁴]

（三十六）

五零二——明胶（交）。　　　[u²¹liŋ³⁵ər⁵¹,miŋ³⁵tɕiau⁴⁴]

（三十七）

破瓶子——嘴儿好。　　　　[pʰɤ⁵³pʰiŋ³⁵tsʅ⁰,tsuər³⁵xau²¹³]

（三十八）

裤腰带挂暖壶——有水瓶（平）。　　　[kʰu⁵³iau⁴⁴tai⁵¹kua⁵¹nan²¹xu³⁵,iou²¹³suei²¹pʰiŋ³⁵]

（三十九）

飞机上甩大鼻涕——远儿去了。　　　[fei⁴⁴tɕi⁴⁴saŋ⁵¹suai²¹³ta⁵³pi³⁵tʰi⁰,yɚ²¹tɕʰy⁵¹lə⁰]

（四十）

大拇手指头卷煎饼——自个吃自个。　[ta⁵³mu⁰ʂou²¹tʂʅ³⁵tʰou⁰tɕyan²¹³tɕian⁴⁴piŋ⁰,tʂʅ⁵³kɤ²¹³tʂʰʅ⁴⁴tʂʅ⁵³kɤ²¹³]

（四十一）

吃冰棍儿拉冰棍儿——没化儿（话儿）。[tsʰʅ⁴⁴piŋ⁴⁴kuər⁵¹la⁴⁴piŋ⁴⁴kuər⁵¹,mei³⁵xuar⁵¹]

（四十二）

母鸡——没鸣（名）。　　　　　　　　[mu²¹tɕi⁴⁴,mei³⁵miŋ³⁵]

（四十三）

冻豆腐——难拌（办）。　　　　　　　[tuŋ⁵¹tou⁵³fə⁰,nan³⁵pan⁵¹]

（四十四）

乱线——没头儿。　　　　　　　　　　[luan⁵³ɕian⁵¹,mei³⁵tʰour³⁵]

（四十五）

猪八戒摔耙子——不伺候猴儿。　　　　[tʂu⁴⁴pa⁴⁴tɕiɛ⁵¹suai⁴⁴pʰa³⁵tʂə⁰,pu³⁵tʂʰʅ⁵³xuan⁵¹xour³⁵]

（四十六）

大伯子背兄弟媳妇儿——费力不讨好儿。[ta⁵³pai⁴⁴tʂʅ⁰pei⁴⁴ɕyŋ⁴⁴ti⁰ɕi²¹fər⁰,fei⁵³li⁵¹pu⁵¹tʰau³⁵xaur²¹³]

（四十七）

老太太踩鸡屎——全抿（免）。　　　　[lau²¹tʰai⁵³tʰai⁰tsʰai²¹tɕi⁴⁴sʅ²¹³,tɕʰyan³⁵min²¹³]

（四十八）

老太太上鸡窝——笨蛋。　　　　　　　[lau²¹tʰai⁵³tʰai⁰saŋ⁵³tɕi⁴⁴uɤ⁴⁴,pən⁵³tan⁵¹]

（自选条目 1-48 发音人：杨光）

(四十九)

巧儿我采桑叶来养蚕，	[tɕʰiau ər uɤ tsʰai saŋ iɛ lai iaŋ tsʰan]
蚕做茧儿把自己缠。	[tsʰan tsuɤ tɕian ər pa tsʅ tɕi tsʰan]
恨我爹他不该把婚姻包办，	[xən uɤ tiɛ tʰa pu kai pa xuən in pau pan]
怨只怨断案不公拆散了姻缘。	[yan tʂʅ yan tuan an pu kuŋ tsʰai san liau in yan]
那一日裁判员错断了案，	[na i ʐʅ tsʰai pʰan yan tsʰuɤ tuan liau an]
为什么还不见政府来传。	[uei sən mɤ xai pu tɕian tsəŋ fu lai tsʰuan]
愁得我饭到口难往下咽，	[tsʰou tə uɤ fan tau kʰou nan uaŋ ɕia ian]
急得我睡梦里心神不安。	[tɕi tə uɤ suei məŋ li ɕin sən pu an]
众乡亲全怕我们夫妻离散，	[tsuŋ ɕiaŋ tɕʰin tɕʰyan pʰa uɤ mən fu tɕʰi li san]
意见书十几张送给专员，	[i tɕian su ʂʅ tɕi tsaŋ suŋ kei tsuan yan]
但愿得马专员按公而断。	[tan yan tə ma tsu an yan an kuŋ ər tuan]
（表演唱）	

（自选条目 49 发音人：胡杰）

锦 州

一　歌谣

（一）

拉大锯,扯大锯,　　　　　　　[la³⁵ta⁵³tɕy⁵¹,tʂʰɤ²¹ta⁵³tɕy⁵¹]
姥家门口唱大戏。　　　　　　[lau²¹tɕia⁵⁵mən³⁵kʰou²¹tsʰaŋ⁵³ta⁵³ɕi⁵¹]
接闺女,唤女婿,　　　　　　　[tɕie⁵⁵kuei⁵⁵ny⁰,xuan⁵³ny²¹ɕy⁵¹]
小外孙子也要去。　　　　　　[ɕiau²¹uai⁵³ʂuən⁵⁵tʂʅ⁰ie²¹iau⁵³tɕʰy⁵¹]
你没做花鞋你干啥去？　　　　[ni²¹mei³⁵tsuo⁵⁵xua⁵⁵ɕie³⁵ni²¹kan⁵³ʂa³⁵tɕʰy⁵¹]

（二）

簸,簸,簸簸箕。　　　　　　　[pɤ³⁵,pɤ³⁵,pɤ²¹pɤ⁵¹tɕi⁰]
你老躲了我过去。　　　　　　[ni³⁵lau³⁵tuo²¹lə⁰uo²¹kuo⁵¹tɕʰi⁰]

（三）

南京路上好八连,　　　　　　[nan³⁵tɕiŋ⁵⁵lu⁵³ʂaŋ⁵³xau²¹pa⁵⁵lian³⁵]
一条裤子穿九年。　　　　　　[i⁵⁵tʰiau³⁵kʰu⁵¹tʂʅ⁰tʂʰuan⁵⁵tɕiou²¹nian³⁵]
新三年,旧三年,　　　　　　　[ɕin⁵⁵ʂan⁵⁵nian³⁵,tɕiou⁵³ʂan⁵⁵nian³⁵]
缝缝补补又三年。　　　　　　[fəŋ³⁵fəŋ³⁵pu³⁵pu²¹iou⁵³ʂan⁵⁵nian³⁵]

（四）

十二打点叮叮当,　　　　　　[ʂʅ³⁵ər⁵³ta³⁵tian²¹tiŋ⁵⁵tiŋ⁵⁵taŋ⁵⁵]
战斗英雄黄继光。　　　　　　[tsan⁵³tou⁵³iŋ⁵⁵ɕyŋ³⁵xuaŋ⁵³tɕi⁵³kuaŋ⁵⁵]
黄继光、邱少云,　　　　　　[xuaŋ³⁵tɕi⁵³kuaŋ⁵⁵、tɕʰiou⁵⁵ʂau⁵³yn³⁵]
他们牺牲为人民。　　　　　　[tʰa⁵⁵mən³⁵ɕi⁵⁵ʂəŋ⁵⁵uei⁵³zən³⁵min³⁵]

（五）

马兰开花二十一,　　　　　　[ma²¹lan³⁵kʰai⁵⁵xua⁵⁵ər⁵³ʂʅ³⁵·⁵⁵]
二五六、二五七,　　　　　　[ər⁵³u²¹liou⁵¹、ər⁵³u²¹tɕʰi⁵⁵]

二八二九三十一。　　　　　　[ər⁵³pa⁵⁵ər⁵³tɕiou²¹san⁵⁵ʂʅ³⁵·⁵⁵i]
三五六、三五七,　　　　　　[san⁵⁵u²¹liou⁵¹、san⁵⁵u²¹tɕʰi⁵⁵]
三八三九四十一。　　　　　　[san⁵⁵pa⁵⁵san⁵⁵tɕiou²¹ʂʅ³⁵ʂʅ⁵⁵i]

（歌谣 1-5 发音人：郑淑玲）

（六）

逗逗逗逗飞,　　　　　　　　[tou⁵³tou⁵³tou⁵³tou⁵³fei⁵⁵]
小孩儿拉屁一大堆。　　　　　[ɕiau²¹xɐr⁵⁵la⁵⁵pa²¹·³⁵i³ta⁵tuei⁵⁵]

（歌谣 6 发音人：蒋艳鲜）

二　故　事

悠车子的故事

早先哪,咱们这个关外呀,[tʂau²¹ɕian⁰na⁰,tʂan³⁵mən⁰tʂei⁵¹kə⁰kuan⁵⁵uai⁵¹ia⁰]
有一个故事,也就是说哩,[iou²¹·³⁵i³kə⁵³ku⁵¹ʂʅ⁰,ie³tɕiou⁵¹ʂʅ⁰ʂuo⁵⁵li⁰]
咱们东北有三大怪。[tʂan³⁵mən⁰tuŋ⁰pei⁰iou²¹san³⁵ta⁵³kuai⁵¹]
说是啊,窗户纸糊在外,[ʂuo⁵⁵ʂʅ⁵¹a⁰,tʂʰuan⁵⁵xu⁵tʂʅ²¹xu³⁵tsai⁵³uai⁵¹]
十七、八的姑娘叼一大烟袋,[ʂʅ³⁵tɕʰi⁵⁵pa⁵⁵ti⁰ku⁵⁵niaŋ⁰tiau⁵⁵i⁵⁵ta⁵³ian⁵⁵tai⁵¹]
养活孩子吊起来。[iaŋ²¹xuo⁰xai³⁵ʐʅ⁰tiau⁵³tɕʰi²¹lai⁰]
其实吧,这个吊起来孩（子）,[tɕʰi⁵⁵ʂʅ³⁵pa⁵¹,tʂei⁵¹kə⁰tiau⁵³tɕʰi²¹lai³⁵xai³⁵]
养活孩子吊起来还有不少说道。[iaŋ²¹xuo⁰xai³⁵ʐʅ⁰tiau⁵³tɕʰi²¹lai⁰xai³⁵iou²¹pu⁵³ʂau²¹ʂuo⁵⁵tau⁰]
在咱们东北呀,[tsai⁵³tʂan³⁵mən⁰tuŋ⁵⁵pei²¹ia⁰]
住着一家夫妇。[tʂu⁵¹tʂə⁰·⁵³i³tɕia⁵⁵fu⁵⁵fu⁵¹]
男的呢,白天就出去打猎。[nan³⁵ti⁰ni⁰,pai³⁵tʰian⁵⁵tɕiou⁵³tʂʰu⁵tɕʰy⁵³ta²¹lie⁵¹]
女人就在家伺弄园子。[ȵy²¹in³⁵tɕiou⁵³tsai⁵³tɕia⁵⁵ʂʅ⁵¹nuŋ⁰yan³⁵tsa⁰]
花茬子哩,再上林子里摘点儿,[xua⁵tʂʰa³⁵tsʅ⁰li⁰,tsai⁵³ʂaŋ⁵³lin³⁵tsʅ⁰li²¹tsai⁵⁵tiɐr²¹³]
采点儿蘑菇、木耳、野果子啥的。[tʂʰai³⁵tiɐr²¹mɤ³⁵ku⁰、mu⁵³ər²¹、ie³⁵kuo²¹ʐʅ⁰ʂa³⁵ti⁰]

过了两年呢,[kuo⁵¹lie⁰liaŋ²¹ȵian³⁵ȵi⁰]
两口子有了孩子。[liaŋ³⁵kʰou²¹ʐʅ⁰iou⁵³lə⁰xai³⁵ʐʅ⁰]
这样呢,[tʂei⁵³iaŋ⁵¹ȵi⁰]
孩子妈出去的时候就不方便咧。[xai³⁵ʐʅ⁰ma⁵⁵tʂʰu⁵⁵tɕʰy⁵³ti⁰ʂʅ³⁵xou⁰tɕiou⁵³pu⁰faŋ⁵⁵pian⁰lie⁰]
要一出去吧,[iau⁵³·⁵³i³tʂʰu⁵⁵tɕʰy⁵¹pa⁰]
她就得把这个孩子呢,[tʰa⁵⁵tɕiou⁵³tei²¹pa²¹tʂei⁵¹kə⁰xai³⁵tsʅ⁰ȵi⁰]
用被窝给他围起来,[yŋ⁵³pei⁵³u⁵³kei²¹tʰa⁵⁵uei³⁵tɕʰi²¹lai⁰]

怕孩子掉地下。[pʰa⁵³xai³⁵ʐɿ⁰tiau⁵³ti⁵³ɕia⁵¹]
可是有一天哪,[kʰɤ²¹ʂɿ⁵³iou²¹˙⁵³i¹tʰian⁵⁵na⁰]
孩子妈出去干活[xai³⁵ʐɿ⁰ma⁵⁵tʂʰu⁵⁵tɕʰy⁵³kan⁵³xuo³⁵]
时间长了点儿,[ʂɿ³⁵tɕian⁵⁵tʂʰaŋ³⁵lə⁰tier²¹³]
孩子被蚊子叮醒了,哇哇哭。[xai³⁵ʐɿ⁰pei⁵³uən³⁵ʐɿ⁰tiŋ⁵⁵ɕiŋ²¹lə⁰,ua⁵⁵ua⁵⁵kʰu⁵⁵]
另外这个,[liŋ⁵³uai⁵³tʂei⁵¹kə⁰]
长白山脚下的那蚊子老多了,[tʂʰaŋ³⁵pai³⁵ʂan⁵⁵tɕiau²¹ɕia⁵¹ti⁰na⁵³uən³⁵tʂɿ⁰lau²¹tuo⁵⁵lə⁰]
嗡嗡地,都打团。[uŋ³⁵uŋ³⁵ti⁰,tou⁵⁵ta²¹tʰuan³⁵]
哎呀,孩子这么一哭哇,[ei⁵⁵ia⁰,xai³⁵tʂɿ⁰tʂɤ⁵¹mə⁰i³kʰu⁵⁵ua⁵¹]
正好这外边儿拉有一只熊瞎子出来打食儿。[tʂən⁵³xau²¹tʂei⁵³uai⁵³per⁵⁵la²¹iou²¹˙⁵⁵i¹tʂɿ⁰ɕyŋ³⁵ɕia⁵⁵ʐɿ⁰tʂʰu⁵⁵lai³⁵ta²¹ʂər³⁵]
它一听,嗯?[tʰa⁵⁵i⁵³tʰiŋ⁵⁵,ən³⁵]
屋里怎么还有孩子哭声呢?[u⁵⁵li²¹tʂən²¹mə⁰xai⁵³iou²¹xai³⁵tʂɿ⁰kʰu⁵⁵ʂəŋ⁵⁵n̢i⁰]
正好我这正绕旮儿找食儿呢![tʂən⁵³xau⁵³uo⁰tʂɤ⁵³tʂən⁵³iau⁵³kar⁵⁵tʂau³⁵ʂər³⁵n̢i⁰]
就闯进屋里来咧。[tɕiou⁵³tʂʰuaŋ²¹tɕin⁵³u⁵⁵li²¹lai³⁵lie⁰]
到屋里头,把孩子吃了不算,[tau⁵³u⁰li²¹tʰou⁰,pa²¹xai³⁵tʂɿ⁵⁵tʂʰɿʰ⁵⁵lə⁰pu³⁵ʂuan⁵¹]
还把屋里都给霍霍得乱七八糟。[xai³⁵pa⁵⁵u⁵⁵li⁵⁵tou⁵⁵kei²¹xuo⁵¹xuo⁰ti⁰lan⁵⁵tɕʰi⁵³pa⁵⁵tsau⁵⁵]
这对儿夫妇呢回来一看,[tʂei⁵³tuei⁵³fu⁵⁵fu⁵⁵n̢i⁰xuei⁵³lai⁵³i¹kʰan⁵¹]
明白咧,这就是熊瞎子干的。[miŋ³⁵pai⁵³lie⁰,tʂei⁵³tɕiou⁵¹ʐɿ³⁵ɕyŋ³⁵ɕia⁵⁵ʐɿ⁵⁵kan⁵¹ti⁰]
夫妻二人就大哭了一场啊![fu⁵⁵tɕʰi⁵⁵ər⁵⁵in⁵⁵tɕiou⁵³ta⁵³kʰu⁵⁵lə⁰i⁵³tʂʰaŋ²¹a⁵¹]
哎呀这以后他俩就寻思,[ei⁵³ia⁵³tʂei⁵³·²¹xou⁵³tʰa⁵³lia²¹tɕiou⁵³ɕin³⁵sɿ⁰]
这可怎么办呢?[tʂei⁵³kʰɤ³⁵tʂən²¹mə⁰pan⁵⁵n̢i⁰]

过了第二年,[kuo⁵¹liau⁰ti⁰⁵³ər⁵³n̢ian³⁵]
两个人又生了一个小孩儿。[liaŋ²¹kə⁰in³⁵iou⁵³ʂəŋ⁵⁵liau⁰i⁵³kɤ⁵³ɕiau²¹xɐr³⁵]
这回两口子可就上心了。[tʂei⁵³xuei³⁵liaŋ³⁵kʰou²¹tsɿ⁰kʰɤ²¹tɕiou⁵³ʂaŋ⁵³ɕin⁵⁵lə⁰]
怎么琢磨,[tʂən²¹mə⁰tʂuo³⁵mə⁰]
把孩子(抱走)不让他在炕上,[pa²¹xai³⁵tsɿ⁰pu³⁵ʐaŋ⁵³tʰa⁵⁵tsai⁵³kʰaŋ⁵¹ʂaŋ⁵¹]
不能让熊瞎子再给吃喽。[pu⁵³nəŋ³⁵ʐaŋ⁵³ɕyŋ³⁵ɕia⁵⁵ʐɿ⁰tsai⁵³kei²¹tʂʰɿʰ⁵⁵lou⁰]
这两口子就上心,就琢磨。[tʂei⁵³liaŋ³⁵kʰou²¹ʐɿ⁰tɕiou⁵³ʂaŋ⁵⁵ɕin⁵⁵,tɕiou⁵³tʂuo³⁵mə⁰]
您们两口子哩[tʰan⁵⁵mən⁰liaŋ³⁵kʰou²¹ʐɿ⁰li⁰]
就根据秋千那个模样,[tɕiou⁵³kən⁵⁵tɕy⁵³tɕʰiou⁵⁵tɕʰian⁵⁵nei⁵¹kə⁰mɤ³⁵iaŋ⁵¹]
就找来条子编,[tɕiou⁵³tsau²¹lai³⁵tʰiau⁵³tsa⁵pian⁵⁵]
编了一个长巴咧形儿那个大筐。[pian⁵⁵lə⁰i³⁵kɤ⁵³tʂʰaŋ³⁵pa⁵lie²¹ɕiɐ̃r³⁵nei⁵¹kə⁰ta⁵³kʰuaŋ⁵⁵]
编完之后,把孩子往筐里一放,[pian⁵⁵uan³⁵tsɿ⁵⁵xou⁵¹,pa⁵xai³⁵tsɿ⁰uaŋ²¹kʰuaŋ⁵⁵li⁵i³⁵faŋ⁵¹]
把筐用绳子吊在檩子上,[pa²¹kʰuaŋ⁵⁵yŋ⁵³ʂəŋ³⁵tsɿ⁰tiau⁵³tsai⁵³lin²¹tsɿ⁰ʂaŋ⁵¹]
哎,前后一悠。[ai⁵¹,tɕʰian³⁵xou⁵³·⁵³iou⁵⁵]

这一悠晃,孩子还睡着咧,[tṣei⁵³˙i⁵³iou⁵⁵xuŋ⁰,xai³⁵tṣɿ⁰xai³⁵ṣuei⁵³tṣau³⁵lie⁰]
蚊子还咬不着咧,[uən³⁵tsɿ⁰xai³⁵iau⁵³pu⁰tṣau³⁵lie⁰]
这个办法太好咧![tṣei⁵¹kə⁰pan⁵³fa²¹tʰai⁵³xau²¹lie⁰]
就这样儿,[tɕiou⁵³tṣei⁵³iãr⁵¹]
偺们俩就编了一个大筐,[tʰan⁵⁵mən⁰lia²¹tɕiou⁵³pian⁵³liao⁰˙³⁵kɤ⁵³ta⁵³kʰuaŋ⁵⁵]
把孩就放在大筐里边,[pa²¹xai⁵³tɕiou⁵³faŋ⁵³tṣai⁵³ta⁵³kʰuaŋ⁵⁵li²¹pian⁵⁵]
就叫悠车。[tɕiou⁵³tɕiau⁵³iou⁵⁵tṣʰɤ⁵⁵]
这样,天天这么做,[tṣei⁵³iaŋ⁵¹,tʰian⁵⁵tʰian⁵⁵tṣɤ⁵¹mə⁰tsuo⁵¹]
悠来悠去,孩子睡得非常香。[iou⁵⁵lai³⁵iou⁵⁵tɕʰy⁵¹,xai³⁵tṣɿ⁰ṣuei⁵¹ti⁰fei⁵⁵tṣʰaŋ³⁵ɕiaŋ⁵⁵]

（故事发音人：王志华）

三　自选条目

（一）

老太太上炕——紧撖（锦州）。　　[lau²¹tʰai⁵¹tʰai⁰ṣaŋ⁵³kʰaŋ⁵¹,tɕin²¹tṣou⁵⁵]

（二）

二尺钩子挠痒痒——硬手儿。　　[ər⁵³tṣʰɿ²¹kou⁵⁵zɿ⁰nau³⁵iaŋ²¹iaŋ⁰,iŋ⁵³ṣour²¹³]

（三）

二条不二条——两梭（说）子。　　[ər⁵³tʰiau³⁵pu³⁵ər⁵³tʰiau³⁵,liaŋ²¹ṣuo⁵⁵tsa⁰]

（四）

屁屁螂子戴花——臭浪。　　[pa²¹pa⁰laŋ⁵⁵zɿ⁰tai⁵³xua⁵⁵,tṣʰou⁵³laŋ⁵¹]

（五）

屁屁螂子搬家——滚球子(屎子)。[pa²¹pa⁰laŋ⁵⁵zɿ⁰pan⁵⁵tɕia⁵⁵,kuən²¹tɕʰiou³⁵tsa⁰]

（六）

掰屁股"嘬嘴儿"——不知　　[pai⁵⁵pʰi⁵¹ku⁰tsuo⁵³tsuər²¹³,pu⁰tṣɿ⁵⁵ɕiaŋ⁵⁵tṣʰou⁵¹]
　香臭。

（七）

百家姓没了赵字儿——张嘴儿　　[pai²¹tɕia⁵⁵ɕiŋ⁵³mei³⁵liau²¹tṣau⁵³tṣər⁵¹,tṣaŋ⁵⁵tsuər²¹
　就是钱儿。　　　　　　　　　 tɕiou⁵³ṣɿ⁵³tɕʰiɐr³⁵]

（八）

白菜地里耍镰刀——棵（嗑）儿 [pai³⁵tʂʰai⁵³ti⁵³li²¹ʂua²¹lian³⁵tau⁵⁵,kʰɤr⁵⁵lau⁵³ʂan²¹lie⁰] 唠散咧。

（九）

扳扳倒儿过城门——顶人不顶数儿。 [pan⁵⁵pan⁰taur²¹kuo⁵³tʂʰən³⁵mən³⁵,tiŋ⁵⁵in³⁵pu⁵³tiŋ⁵⁵ʂur⁵¹]

（十）

扁担钩戴草帽儿——尖（奸）头不露。 [pian²¹tan⁰kou⁵⁵tai⁵³tʂʰau²¹maur⁵¹,tɕian⁵⁵tʰou³⁵pu³⁵lou⁵¹]

（十一）

朝阳姑娘——到家干活儿。 [tʂʰau³⁵iaŋ³⁵ku⁵⁵ȵiaŋ⁰,tau⁵³tɕia⁵⁵kan⁵³xuor³⁵]

（十二）

程咬金的斧子——咋整就这三下儿。 [tʂʰən³⁵iau²¹tɕin⁵⁵ti⁰fu²¹tsə⁰,tʂa³⁵tʂəŋ²¹tɕiou⁵³tʂei⁵³ʂan⁵⁵ɕiar⁵¹]

（十三）

风匣里的耗子——两头儿受气。 [fəŋ⁵⁵ɕia³⁵li²¹ti⁰xau⁵¹tʂʅ⁰,liaŋ²¹tʰour³⁵ʂou⁵³tɕʰi⁵¹]

（十四）

过城门吹喇叭——鸣（名）声在外。 [kuo⁵³tʂʰən³⁵mən³⁵tʂʰuei⁵⁵la²¹pa⁰,miŋ³⁵ʂəŋ⁵⁵tʂai⁵³uai⁵¹]

（十五）

老太太看地图——这才哪儿到哪儿。 [lau²¹tʰai⁵¹tʰai⁰kʰan⁵³ti⁵³tʰu³⁵,tʂei⁵³tʂʰai³⁵nɐr²¹tau⁵³nɐr²¹³]

（十六）

骑老母猪耍秤杆子——瞧你这帮人马刀枪。 [tɕʰi³⁵lau³⁵mu⁵⁵tʂu⁵⁵ʂua²¹tʂʰəŋ⁵³kan²¹tsʅ⁰,tɕʰiau³⁵ni²¹tʂei⁵³paŋ⁵⁵in³⁵ma²¹tau⁵⁵tɕʰiaŋ⁰]

（十七）

咸菜熬豆腐——有盐（言）在先。[ɕian³⁵tʂʰai⁵³nau⁵⁵tou⁵¹fu⁰,iou²¹ian³⁵tʂai⁵³ɕian⁵⁵]

(十八)

瞎子闹眼睛——没治了。　　　　[ɕia⁵⁵tʂʅ⁰nau⁵³ian²¹tɕiŋ⁰, mei³⁵tʂʅ⁵¹lə⁰]

(十九)

猪往前拱,鸡往后刨——各有各的道儿。　　[tʂu⁵⁵uaŋ²¹tɕʰian³⁵kuŋ²¹³,tɕi⁵⁵uaŋ²¹xou⁵³pʰau³⁵,kɤ⁵³iou²¹kɤ⁵¹ti⁰taur⁵¹]

(二十)

星星跟着月亮走——借着好人光儿咧。　　[ɕiŋ⁵⁵ɕiŋ⁰kən⁵⁵tʂə⁰ye⁵³liaŋ⁵³tʂou²¹³,tɕie⁵¹tʂau⁰xau²¹in³⁵kuãr⁵⁵lie⁰]

(二十一)

赶上猪咧——记食不记打。　　[kan²¹ʂaŋ⁰tʂu⁵⁵lie⁰, tɕi⁵³ʂʅ³⁵pu⁰tɕi⁵³ta²¹³]

(二十二)

你真是张三儿放驴呀——你是不往好道儿赶咧。　　[ɲi²¹tʂən⁵⁵ʂʅ⁵³tʂaŋ⁵⁵ʂɐr⁰faŋ⁵³ly³⁵ia⁰,ɲi²¹ʂʅ⁵³pu⁰uaŋ²¹xau²¹taur⁵³kan²¹lie⁰]

(二十三)

马蜂教徒弟——就这么蜇（着）咧。　　[ma²¹fəŋ⁵⁵tɕiau⁵⁵tʰu⁰ti⁵¹,tɕiou⁵³tʂɤ⁵¹mə⁰tʂɤ⁵⁵lie⁰]

(二十四)

腰别扁担——横逛。　　[iau⁵⁵pie³⁵pian²¹tan⁰,xəŋ³⁵kuaŋ⁵¹]

（自选条目发音人：王志华）

盘 锦

一 歌谣

(一)

有女莫嫁打渔郎，　　[iou³⁵ ny²¹ mɤ⁵³ tɕia⁵¹ ta²¹ y³⁵ laŋ³⁵]
一年四季守空房。　　[i⁵³ ɲian³⁵ sʅ⁵³ tɕi⁵¹ ʂou²¹ kʰuaŋ⁵⁵ faŋ³⁵]
有朝一日郎回来，　　[iou²¹ tʂau⁵⁵⁻³⁵ i⁵¹ ʐʅ³⁵ laŋ³⁵ xuei³⁵ lai⁰]
被窝未暖又出船。　　[pei⁵¹ uo⁵⁵ uei⁵¹ nuan²¹ iou⁵¹ tʂʰu⁵⁵ tʂʰuan³⁵]

(二)

人进苇塘，　　[zən³⁵ tɕiən⁵¹ uei²¹ tʰaŋ³⁵]
驴进磨房。　　[ly³⁵ tɕiən⁵³ mɤ⁵³ faŋ³⁵]
打精米，　　[ta²¹ tɕiəŋ⁵⁵ mi²¹³]
骂白面，　　[ma⁵³ pai³⁵ mian⁵¹]
怕死不吃经济饭。　　[pʰa⁵¹ sʅ²¹ pu⁵⁵ tʂʰʅ⁵⁵ tɕiəŋ⁵⁵ tɕi⁵¹ fan⁵¹]

(三)

一人一马一支枪，　　[i⁵³ zən³⁵⁻⁵¹ i⁵¹ ma²¹⁻⁵¹ i⁵¹ tʂʅ⁵⁵ tɕʰiaŋ⁵⁵]
去打鬼子随大帮。　　[tɕʰy⁵³ ta³⁵ kuei²¹ tsʅ⁰ suei³⁵ ta⁵¹ paŋ⁵⁵]

(四)

腊月十八日，　　[la⁵³ yɛ⁵¹ ʂʅ³⁵ pa⁵⁵ ʐʅ⁵¹]
月牙儿出正东，　　[yɛ⁵³ iar³⁵ tʂʰu⁵⁵ tʂəŋ⁵¹ tuəŋ⁵⁵]
我军往西行，　　[uo²¹ tɕyən⁵⁵ uaŋ²¹³ ɕi⁵⁵ ɕiən³⁵]
攻打田家城。　　[kuəŋ⁵⁵ ta²¹ tʰian³⁵ tɕia⁵⁵ tʂʰəŋ³⁵]

(五)

机枪响，　　[tɕi⁵⁵ tɕʰiaŋ⁵⁵ ɕiaŋ²¹³]
大炮轰，　　[ta⁵³ pʰau⁵¹ xuəŋ⁵⁵]

我军去冲锋。　　　　[uo²¹tɕyən⁵⁵tɕʰy⁵¹tʂʰuəŋ⁵⁵fəŋ⁵⁵]
男女总动员，　　　　[nan³⁵n̠y²¹tsuəŋ²¹tuəŋ⁵³yan³⁵]
苦战六十天。　　　　[kʰu²¹tʂan⁵³liou⁵³ʂʅ³⁵tʰian⁵⁵]
四点到工地，　　　　[sʅ⁵¹tian²¹tau⁵¹kuəŋ⁵⁵ti⁵¹]
十点把家还。　　　　[ʂʅ³⁵tian²¹pa²¹tɕia⁵⁵xuan³⁵]
干活儿如冲锋，　　　[kan⁵³xuor³⁵zu³⁵tʂʰuəŋ⁵⁵fəŋ⁵⁵]
任务再提前，　　　　[zən⁵¹u⁰tsai⁵¹tʰi³⁵tɕʰian³⁵]
质量像水泥，　　　　[tʂʅ⁵³liaŋ⁵¹ɕiaŋ⁵¹suei²¹n̠i³⁵]
进度赛闪电，　　　　[tɕiən⁵³tu⁵¹sai⁵¹ʂan²¹tian⁵¹]
多快好省，　　　　　[tuo⁵⁵kʰuai⁵¹xau³⁵ʂəŋ²¹³]
处处保平安。　　　　[tʂʰu⁵³tʂʰu⁵¹pau²¹pʰiəŋ³⁵an⁵⁵]

（六）

白天靠太阳，　　　　[pai³⁵tʰian⁵⁵kʰau⁵³tʰai⁵¹iaŋ⁰]
晚上靠月亮。　　　　[uan²¹ʂaŋ⁰kʰau⁵³yɛ⁵¹liaŋ⁰]
日月都无有，　　　　[zʅ⁵³yɛ⁵¹tou⁵⁵u³⁵iou²¹³]
灯光明又亮。　　　　[təŋ⁵⁵kuaŋ⁵⁵miəŋ³⁵iou⁵³liaŋ⁵¹]

（七）

大舢板，　　　　　　[ta⁵¹ʂan⁵⁵pan²¹³]
小花鞋，　　　　　　[ɕiau²¹xua⁵⁵ɕiɛ³⁵]
出海先得拜小爷。　　[tʂʰu⁵⁵xai²¹ɕian⁵⁵tɤ²¹pai⁵¹ɕiau²¹iɛ³⁵]

（八）

一九二九不出手，　　[i⁵⁵tɕiou²¹ər⁵¹tɕiou²¹pu⁵¹tʂʰu⁵⁵ʂou²¹³]
三九四九冰上走，　　[san⁵⁵tɕiou²¹sʅ⁵¹tɕiou²¹piəŋ⁵⁵ʂaŋ⁵¹tsou²¹³]
五九六九看河柳，　　[u³⁵tɕiou²¹liou⁵⁵tɕiou²¹kʰan⁵³xɤ³⁵liou²¹³]
七九河开，　　　　　[tɕʰi⁵⁵tɕiou²¹xɤ³⁵kʰai⁵⁵]
八九燕来，　　　　　[pa⁵⁵tɕiou²¹ian⁵³lai³⁵]
九九加一九，　　　　[tɕiou³⁵tɕiou²¹tɕia⁵⁵i⁵¹tɕiou²¹³]
黄牛遍地走。　　　　[xuaŋ³⁵n̠iou³⁵pian⁵³ti⁵¹tsou²¹³]

（歌谣发音人：柳欣）

二　故事

牛郎和织女

传说古时候儿有个善良的年轻人，[tṣʰuan³⁵ ṣuo⁵⁵ ku²¹ ʂɻ³⁵ xour⁵¹ iou²¹ kə⁰ san⁵¹ liaŋ³⁵ tə⁰ ɲian³⁵ tɕʰiaŋ⁵⁵ zən³⁵]

父母都过世了，[fu⁵¹ mu²¹ tou⁵⁵ kuo⁵³ ʂɻ⁵¹ lə⁰]

自己一个人过，[tsɻ⁵¹ tɕi²¹ i³⁵ kɤ⁵¹ zən³⁵ kuo⁵¹]

家里只有一头老牛，[tɕia⁵⁵ li²¹ tʂɻ³⁵ iou²¹·⁵³ tʰou³⁵ lau²¹ ɲiou³⁵]

所以大家都叫他牛郎。[ʂuo³⁵·²¹ i⁵¹ ta⁵¹ tɕia⁵⁵ tou⁵⁵ tɕiau⁵¹ tʰa⁵⁵ ɲiou⁵¹ laŋ³⁵]

他家里这头老牛却不是一般的牛，[tʰa⁵⁵ tɕia⁵⁵ li²¹ tsɤ⁵³ tʰou³⁵ lau²¹ ɲiou³⁵ tɕʰyɛ⁵³ pu³⁵ ʂɻ⁵¹ i⁵³ pan⁵⁵ tə⁰ ɲiou³⁵]

而是天上的金牛星变的。[ər³⁵ ʂɻ⁵¹ tʰian⁵⁵ ʂaŋ⁵¹ tə⁰ tɕiən⁵⁵ ɲiou³⁵ ɕiəŋ⁵⁵ pian⁵¹ tə⁰]

它看见善良的牛郎孤孤单单的，[tʰa⁵⁵ kʰan⁵⁵ tɕian⁵¹ san⁵³ liaŋ³⁵ tə⁰ ɲiou³⁵ laŋ³⁵ ku⁵⁵ ku⁵⁵ tan⁵⁵ tan⁵⁵ tə⁰]

就决定帮他找个媳妇儿。[tɕiou⁵¹ tɕyɛ³⁵ tiəŋ⁵¹ paŋ⁵⁵ tʰa⁵⁵ tʂau²¹ kə⁰ ɕi³⁵ fər⁰]

有一天晚上，[iou²¹·⁵³ tʰian⁵⁵ uan²¹ ʂaŋ⁵¹]

它托梦给牛郎，[tʰa⁵⁵ tʰuo⁵⁵ məŋ⁵¹ kei²¹ ɲiou⁵⁵ laŋ³⁵]

告诉他东边儿的山脚下有一个湖，[kau⁵³ ʂu⁵¹ tʰa⁵⁵ tuəŋ⁵⁵ piɚ⁵⁵ tə⁰ san⁵⁵ tɕiau²¹ ɕia⁵¹ iou²¹·³⁵ kə⁰ xu³⁵]

七个仙女儿会到这个湖里洗澡。[tɕʰi⁵⁵ kə⁰ ɕian⁵⁵ ɲyər²¹ xuei⁵³ tau⁵¹ tʂɤ⁵³ kə⁰ xu³⁵ li²¹ ɕi³⁵ tsau²¹³]

只要牛郎偷走其中一件儿衣服，[tʂɻ²¹ iau⁵¹ ɲiou³⁵ laŋ³⁵ tʰou⁵⁵ tʂou⁵⁵ tɕʰi²¹ tʂuəŋ³⁵ i⁵¹ tɕiɐr⁵¹·⁵⁵ fu⁰]

头也不回地跑到家，[tʰou³⁵ iɛ²¹ pu⁵³ xuei³⁵ ti⁰ pʰau²¹ tau⁵¹ tɕia⁵⁵]

那个仙女儿就会留下来作为他的妻子。[na⁵⁵ kə⁰ ɕian⁵⁵ ɲyər²¹ tɕiou⁵³ xuei⁵¹ liou³⁵ ɕia⁵³ lai³⁵ tsuo⁵³ uei³⁵ tʰa⁵⁵ tə⁰ tɕʰi⁵⁵ tsɻ⁰]

第二天，[ti⁵³ ər⁵¹ tʰian⁵⁵]

牛郎将信将疑地来到了湖边，[ɲiou³⁵ laŋ³⁵ tɕiaŋ⁵⁵ ɕiən⁵¹ tɕiaŋ⁵⁵·³⁵ i⁰ tə⁰ lai³⁵ tau⁵¹ lə⁰ xu³⁵ pian⁵⁵]

果真看到了七个仙女儿在湖里洗澡。[kuo²¹ tʂən⁵⁵ kʰan⁵³ tau⁵¹ lə⁰ tɕʰi⁵⁵ kə⁰ ɕian⁵⁵ ɲyər²¹³ tsai⁵¹ xu³⁵ li²¹ ɕi³⁵ tsau²¹³]

牛郎偷偷藏起其中一件粉色的衣裳，[ɲiou³⁵ laŋ³⁵ tʰou⁵⁵ tʰou⁵⁵ tsʰaŋ³⁵ tɕʰi²¹³ tɕʰi³⁵ tʂuəŋ⁵⁵·³⁵ tɕian⁵¹ fən²¹ sɤ⁵¹ tə⁰·⁵⁵ ʂaŋ⁰]

立马回头，[li⁵¹ ma²¹ xuei³⁵ tʰou³⁵]

立马头也不回地往家跑。[li⁵¹ ma²¹ tʰou³⁵ iɛ²¹ pu⁵³ xuei³⁵ tə⁰ uaŋ²¹ tɕia⁵⁵ pʰau²¹³]

这个丢了衣裳的仙女儿就是织女。[tʂɤ⁵³kə⁰tiou⁵⁵lə⁰i⁵⁵ʂaŋ⁰tə⁰ɕian⁵⁵n̠yər²¹tɕiou⁵³ʂɿ⁵¹tʂɿ⁵⁵n̠y²¹³]

当天夜里,[taŋ⁵⁵tʰian⁵⁵iɛ⁵¹li²¹³]

她来到了牛郎的家,[tʰa⁵⁵lai³⁵tau⁵¹lə⁰n̠iou³⁵laŋ³⁵tə⁰tɕia⁵⁵]

两个人后来就成了亲。[liaŋ²¹kə⁰zən³⁵xou⁵³lai³⁵tɕiou⁵¹tʂʰən³⁵lə⁰tɕʰiən⁵⁵]

一眨眼三年多时间过去了,[i⁵¹tsa³⁵ian²¹san⁵⁵n̠ian³⁵tuo⁵⁵ʂɿ³⁵tɕian⁵⁵kuo⁵³tɕʰy⁰lə⁰]

他们生了一双儿女,[tʰa⁵⁵mən⁰ʂən⁵⁵lə⁰i⁵¹ʂuaŋ⁵⁵ər³⁵n̠y²¹³]

生活过得十分幸福美满。[ʂən⁵⁵xuo⁵⁵kuo⁵⁵tə⁰ʂɿ³⁵fən⁵⁵ɕiən⁵⁵fu³⁵mei³⁵man²¹³]

织女下凡嫁给牛郎的消息传到了天庭后,[tʂɿ³⁵n̠y²¹ɕia⁵³fan⁵⁵tɕia⁵³kei²¹n̠iou³⁵laŋ³⁵tɤ⁵¹ɕiau⁵⁵ɕi⁰tsʰuan³⁵tau⁵¹lə⁰tʰian⁵⁵tʰiən³⁵xou⁵¹]

玉皇大帝非常生气,[y⁵³xuaŋ³⁵ta⁵³ti⁵¹fei⁵⁵tʂʰaŋ³⁵ʂən⁵⁵tɕʰi⁵¹]

非要把织女抓回来。[fei⁵⁵iau⁵¹pa²¹tʂɿ⁵⁵n̠y²¹tʂua⁵⁵xuei³⁵lai⁰]

有一天,[iou²¹i⁵¹tʰian⁵⁵]

天上电闪雷鸣,[tʰian⁵⁵ʂaŋ⁵¹tian⁵¹ʂan²¹lei³⁵miən³⁵]

风刮得呼呼响,[fəŋ⁵⁵kua⁵⁵tə⁰xu⁵⁵xu⁵⁵ɕiaŋ²¹³]

雨下得哗哗地,[y²¹ɕia⁵¹tə⁰xua⁵⁵xua⁵⁵tə⁰]

织女突然间就不见了,[tʂɿ⁵⁵n̠y²¹tʰu⁵⁵zan³⁵tɕian⁵⁵tɕiou⁵¹pu⁰tɕian⁵¹lə⁰]

牛郎看不到织女急得和两个孩子放声痛哭。[n̠iou³⁵laŋ³⁵kʰan³⁵pu⁰tau⁵¹tʂɿ⁵⁵n̠y²¹tɕi³⁵tə⁰xɤ³⁵liaŋ²¹kə⁰xai³⁵tsɿ⁰faŋ⁵¹ʂən⁵⁵tʰuəŋ⁵¹kʰu⁰]

这时候,[tʂɤ⁵³ʂɿ³⁵xou⁰]

老牛开口了:[lau²¹n̠iou³⁵kʰai⁵⁵kʰou²¹lə⁰]

"别难过了,[piɛ³⁵nan³⁵kuo⁵¹lə⁰]

你把我的两个角拿下来,[n̠i³⁵pa⁰uo⁰tə⁰liaŋ²¹kə⁰tɕiau²¹na⁵⁵ɕia⁵¹lai⁰]

变成两个筐,[pian⁵³tʂʰən³⁵liaŋ²¹kə⁰kʰuaŋ⁵⁵]

装上孩子,[tʂuaŋ⁵⁵ʂaŋ⁰xai³⁵tsɿ⁰]

赶紧上天找织女去!"[kan³⁵tɕiən²¹ʂaŋ⁵¹tʰian⁵⁵tʂau⁵¹tʂɿ⁵⁵n̠y²¹tɕʰy⁵¹]

牛郎非常惊讶,[n̠iou³⁵laŋ³⁵fei⁵⁵tʂʰaŋ³⁵tɕiəŋ⁵⁵ia⁵¹]

这时,[tʂɤ⁵³ʂɿ³⁵]

牛角果真掉到地上变成两个筐。[n̠iou³⁵tɕiau²¹kuo²¹tʂən⁵⁵tiau⁵³tau⁵¹ti⁵¹ʂaŋ⁰pian⁵³tʂʰən³⁵liaŋ²¹kə⁰kʰuaŋ⁵⁵]

牛郎顾不得多想,[n̠iou³⁵laŋ³⁵ku⁵³pu⁰tə⁰tuo⁵⁵ɕiaŋ²¹³]

他用扁担挑起两个孩子,[tʰa⁵⁵yəŋ⁵¹pian²¹tan⁰tʰiau⁵⁵tɕʰi²¹liaŋ²¹kə⁰xai³⁵tsɿ⁰]

一阵风过,[i³⁵tʂən⁵⁵fəŋ⁵⁵kuo⁵¹]

连筐带人都飞起来了[lian³⁵kʰuaŋ⁵⁵tai⁵³zən³⁵tou⁵⁵fei⁵⁵tɕʰi²¹lai³⁵lə⁰]

腾云驾雾一般,[tʰəŋ³⁵yən³⁵tɕia⁵³u⁵³⁵¹i⁰pan⁵⁵]

飞呀飞呀,[fei⁵⁵ia⁰fei⁵⁵ia⁰]
牛郎眼看着就追上了织女。[ȵiou³⁵laŋ³⁵ian²¹kʰan⁵³tsə⁰tɕiou⁵¹tsuei⁵⁵ʂaŋ⁵¹lə⁰tʂʅ³⁵ny²¹³]

这时,[tʂɤ⁵³ʂʅ³⁵]
王母娘娘心中一急,[uaŋ³⁵mu²¹ȵiaŋ³⁵ȵiaŋ⁰ɕiən⁵⁵tʂuaŋ⁵⁵·⁵³i³⁵tɕi³⁵]
就拔下头上的金簪子[tɕiou⁵³pa³⁵ɕia⁵³tʰou³⁵ʂaŋ⁵¹tə⁰tɕiən⁵⁵tsan⁵⁵tsʅ⁰]
往天上一划,[uaŋ²¹tʰian⁵⁵ʂaŋ⁰·⁵³i³⁵xua³⁵]
马上出现了一条波涛汹涌的天河,[ma²¹ʂaŋ⁵¹tʂʰu⁵⁵ɕian⁵¹lə⁰·³⁵i³⁵tʰiau⁵¹pɤ⁵⁵tʰau⁵⁵ɕyəŋ⁵⁵yəŋ²¹tə⁰tʰian⁵⁵xɤ³⁵]
把牛郎和织女分隔两边。[pa²¹ȵiou³⁵laŋ³⁵xɤ³⁵tʂʅ⁵⁵ny²¹fən⁵⁵kɤ³⁵liaŋ²¹pian⁵⁵]
牛郎和一双儿女站在河边大哭,[ȵiou³⁵laŋ³⁵xɤ³⁵·⁵¹i³⁵ʂuaŋ⁵⁵ər³⁵ny²¹tʂan⁵³tsai⁵¹xɤ³⁵pian⁵⁵ta⁵¹kʰu⁵⁵]
惊动了玉皇大帝,[tɕiəŋ⁵⁵tuəŋ⁵¹lə⁰y⁵¹xuaŋ³⁵ta⁵³ti⁵¹]
他一看到两个孩子也很可怜,[tʰa⁵⁵i³⁵kʰan⁵⁵tau⁵¹liaŋ²¹kə⁰xai³⁵tsʅ⁰iɛ²¹xən³⁵kʰɤ²¹lian³⁵]
就决定让他们全家一年见一次面,[tɕiou⁵³tɕyɛ³⁵tiəŋ⁵³iaŋ⁵¹tʰa⁵⁵mən⁰tɕʰyan³⁵tɕia⁵⁵·⁵³i³⁵ȵian³⁵tɕian⁵³·³⁵tsʰʅ⁵¹mian⁵¹]
便是七月初七这天了。[pian⁵³ʂʅ⁵¹tɕʰi³⁵yɛ⁵¹tʂʰu⁵⁵tɕʰi⁵⁵tʂɤ⁵¹tʰian⁵⁵lə⁰]
这一天成群结队的喜鹊飞上天去[tʂɤ⁵¹i³⁵tʰian⁵⁵tʂʰəŋ³⁵tɕʰyən³⁵tɕiɛ³⁵tuei⁵¹tə⁰ɕi²¹tɕʰyɛ⁵¹fei⁵⁵ʂaŋ⁵¹tʰian⁵⁵tɕʰy⁰]
搭成了一座长长的鹊桥,[ta⁵⁵tʂʰəŋ³⁵lə⁰·i³⁵tsuo⁵³tʂʰaŋ³⁵tʂʰaŋ³⁵tə⁰tɕʰyɛ⁵³tɕʰiau³⁵]
让牛郎织女一家人在鹊桥上相会了。[iaŋ⁵¹ȵiou³⁵laŋ³⁵tʂʅ³⁵ny²¹·⁵¹tɕia⁵⁵ʐən³⁵tsai⁵³tɕʰyɛ⁵¹tɕʰiau³⁵ʂaŋ⁵¹ɕiaŋ⁵⁵xuei⁵⁵lə⁰]
说来也怪,[ʂuo⁵⁵lai³⁵iɛ²¹kuai⁵¹]
每到七月七,[mei²¹tau⁰tɕʰi³⁵yɛ²¹tɕʰi⁵⁵]
喜鹊都看不到了,[ɕi²¹tɕʰyɛ⁵¹tou⁵⁵kʰan⁵³pu³⁵tau⁵¹lə⁰]
都说它们去搭鹊桥了。[tou⁵⁵ʂuo⁵⁵tʰa⁵⁵mən⁰tɕʰy⁵¹ta⁵⁵tɕʰyɛ⁵³tɕʰiau³⁵lə⁰]
后来,[xou⁵³lai³⁵]
这也成为一个节日,[tʂɤ⁵¹iɛ²¹tʂʰəŋ³⁵uei⁵³·³⁵i³⁵kə⁰tɕiɛ³⁵ʐʅ⁵¹]
叫七夕节,[tɕiau⁵¹tɕʰi⁵⁵ɕi⁵⁵tɕiɛ³⁵]
很多情侣都会在这天一起过节。[xən²¹tuo⁵⁵tɕʰiəŋ³⁵ly⁵⁵tou⁵⁵xuei⁵³tsai⁵³tʂɤ⁵¹tʰian⁵⁵·⁵¹tɕʰi²¹kuo⁵¹tɕiɛ³⁵]
这就是牛郎织女的故事。[tʂɤ⁵³tɕiou⁵³ʂʅ⁵¹ȵiou³⁵laŋ³⁵tʂʅ³⁵ny²¹tə⁰ku⁵¹ʂʅ⁰]

(故事发音人：柳欣)

三 自选条目

(一)

见苗儿三分喜,　　　[tɕian⁵³miaur³⁵san⁵⁵fən⁵⁵ɕi²¹³]
爱苗儿如爱子。　　　[ai⁵³miaur³⁵zu³⁵ai⁵¹tsɿ²¹³]

(二)

牛喂三九,　　　　　[n̠iou³⁵uei⁵¹san⁵⁵tɕiou²¹³]
马喂三伏。　　　　　[ma²¹uei⁵¹san⁵⁵fu³⁵]

(三)

庄稼是枝花,　　　　[tʂuaŋ⁵⁵tɕiɛ⁰⁵¹ʂɿ⁵⁵tʂɿ⁵⁵xua⁵⁵]
全靠粪当家。　　　　[tɕʰyan³⁵kʰau⁵³fən⁵¹taŋ⁵⁵tɕia⁵⁵]

（自选条目 1-3 发音人：柳欣）

(四)

正月儿里来是新年儿啊,　　　　　　　[tʂən yɚ li lai ʂɿ ɕiɚn n̠iɚr za]
大年初一头一天儿啊啊,　　　　　　　[ta n̠ian tʂʰu i tʰou i tʰiɚr za a]
家家团圆会呀少的给老的拜年呀啊,　　[tɕia tɕia tʰuan yan xuei ia ʂau ti kei
　　　　　　　　　　　　　　　　　　　lau ti pai n̠ian ia a]

也不论那男和女呀,　　　　　　　　　[iɛ pu luən na nan xɤ n̠y ia]
哎哟哟哟哟哟哎哟哟啊,　　　　　　　[ai iou iou iou iou iou ai iou iou a]
都把那个新衣服穿哪,　　　　　　　　[tou pa nei kɤ ɕiən i fu tʂʰuan na]
哎哟哟哟哟都把那个新衣服穿哪啊啊。[ai iou iou iou iou tou pa nei kɤ ɕiən
　　　　　　　　　　　　　　　　　　　i fu tʂʰuan na a a]

打春到初八呀啊新媳妇儿住妈家呀啊。[ta tʂʰuən tau tʂʰu pa ia a ɕiən ɕi fɚr
　　　　　　　　　　　　　　　　　　　tʂu ma tɕia ia a]

带领我的那个她啊呀,　　　　　　　　[tai liaŋ uo ti nei kə tʰa a ia]
馃子拿两匣儿呀啊,　　　　　　　　　[kuo tsɿ na liaŋ ɕiar ia a]
丈母娘啊,　　　　　　　　　　　　　[tʂaŋ mu n̠iaŋ a]
一见面儿啊哎哟哟哟哟哟哎哟啊,　　　[i tɕian miɚr a ai iou iou iou iou iou
　　　　　　　　　　　　　　　　　　　ai iou iou a]

拍手,　　　　　　　　　　　　　　　[pʰai ʂou]

拍着手儿笑哈哈呀，　　　　　　　[pʰai tʂə ʂou ər ɕiau xa xa ia]
哎哟哟哟哟拍着手儿笑哈哈呀啊。　[ai iou iou iou iou pʰai tʂə ʂou ər ɕiau
　　　　　　　　　　　　　　　　　　xa xa ia a]

　　　（表演唱）

（自选条目 4 发音人：张忠宝）

兴 城

一 歌谣

(一)

繁星眨眼月牙儿弯,微风轻吹柳树尖儿。 [fan ɕiŋ tʂa ian ye iar uan, uei fəŋ tɕʰiŋ tʂʰuei liou ʂu tɕieɻ]

二嫂我贪黑把火儿来到了墙跟前儿,鸟悄地探头探脑往过卖呆儿。 [ər ʂau uo tʰan xei pa xuor lai tau lə tɕʰiaŋ kən tɕʰieɻ, ȵiau tɕʰiau ti tʰan tʰou tʰan nau uaŋ kuo mai tɐɻ]

墙里是寡妇家,墙外我打光杆儿。 [tɕʰiaŋ li ʂʅ kua fu tɕia, tɕʰiaŋ uai uo ta kuaŋ kɐɻ]

两边儿他空的落的缺心又少肝儿。 [liaŋ pieɻ tʰa kʰuŋ tə lau ti tɕʰye ɕin iou ʂau kɐɻ]

二嫂我自打守寡一直都没找伴儿, [ər ʂau uo tsʅ ta ʂou kua i tsʅ tou mei tʂau pɐɻ]
大发我四十多岁没见过女人的边儿。 [ta fa uo ʂʅ ʂʅ tuo ʂuei mei tɕian kuo ȵy zən ti pieɻ]

好政策打开了心中的门两扇儿,多年的干巴树又冒小牙尖儿。 [xau tʂəŋ tʂʰɤ ta kʰai liau ɕin tʂuŋ ti mən liaŋ ʂɐɻ, tuo ȵian ti kan pa ʂu i ou mau ɕiau ia tɕieɻ]

大发我返老还童越活越添彩儿。 [ta fa uo fan lau xuan tʰuŋ ye xuo ye tʰian tsʰɐɻ]

二嫂我成家好乐不宜再打单儿,一看见那光棍儿大发我心里就打闪儿。 [ər ʂau uo tʂʰəŋ tɕia xau lɤ pu i tsai ta tɐɻ, i kʰan tɕian na kuaŋ kuɐɻ ta fa uo ɕin li tɕiou ta ʂɐɻ]

一看见寡妇二嫂心里就撒欢儿。 [i kʰan tɕian kua fu ər ʂau ɕin li tɕiou ʂa xuɐɻ]

别看他憨憨呼呼说话他好红脸儿,竟能在我的心中占个大地盘儿。 [pie kʰan tʰa xan xan xu xu ʂuo xua tʰa xau xuŋ lieɻ, tɕiŋ nəŋ tsai uo tə ɕin tʂuŋ tʂan kə ta ti pɐɻ]

虽说这墙里墙外隔得不太远儿,可我总咧̄咧̄沟̄沟̄不敢上跟前儿。 [ʂuei ʂuo tʂɤ tɕʰiaŋ li tɕʰiaŋ uai kɤ tə pu tʰai yɐr,kʰɤ uo tsuŋ lie lie kou kou pu kan ʂaŋ kən tɕʰiɐr] 咧̄咧̄沟̄沟̄:小心翼翼。

怕只怕惹出是非两家儿都不够脸儿。 [pʰa tʂɿ pʰa zɤ tʂʰu ʂɿ fei liaŋ tɕiar tou pu kou liɐr]

光屁股推碾子儿,整不好得硌碜一圈儿。 [kuaŋ pʰi ku tʰuei ɲian tʂər,tʂəŋ pu xau tei kʰɤ tʂʰən i tɕʰyɐr]

(表演唱)

(二)

送情郎,一送送至在大门东。 [ʂuŋ tɕʰiŋ laŋ,i ʂuŋ ʂuŋ tʂɿ tsai ta mən tuŋ]
天赶上老天爷下雨又刮风。 [tʰian kan ʂaŋ lau tʰian ie ɕia y iou kua fəŋ]
跟我的情郎多待几分钟。 [kən uo tə tɕʰiŋ laŋ tuo tai tɕi fən tʂuŋ]
跟我的情郎多待几分钟。 [kən uo tə tɕʰiŋ laŋ tuo tai tɕi fən tʂuŋ]
送情郎,一送送至在大门南。 [ʂuŋ tɕʰiŋ laŋ,i ʂuŋ ʂuŋ tʂɿ tsai ta mən nan]
从兜里掏出来两块大银圆。 [tsʰuŋ tou li tʰau tʂʰu lai liaŋ kʰuai ta in yan]
给我的情郎一路打茶尖。 [kei uo tə tɕʰiŋ laŋ i lu ta tʂʰa tɕian]
给我的情郎一路打茶尖。 [kei uo tə tɕʰiŋ laŋ i lu ta tʂʰa tɕian]
送情郎,一送送至在大门西。 [ʂuŋ tɕʰiŋ laŋ,i ʂuŋ ʂuŋ tʂɿ tsai ta mən ɕi]
一把手拉住了情郎哥的衣。 [i pa ʂou la tʂu liau tɕʰiŋ laŋ kɤ ti i]
你也难舍小妹儿也难离。 [ɲi ie nan ʂɤ ɕiau mər ie nan li]
你也难舍小妹儿也难离。 [ɲi ie nan ʂɤ ɕiau mər ie nan li]
送情郎,这回送到哪啊? [ʂuŋ tɕʰiŋ laŋ,tʂei xuei ʂuŋ tau nar ia]
大门北。 [ta mən pei]
天赶上老天爷下雨又打雷。 [tʰian kan ʂaŋ lau tʰian ie ɕia y iou ta lei]
情郎走后谁把小妹儿陪。 [tɕʰiŋ laŋ tsou xou ʂei pa ɕiau mər pʰei]
情郎走后谁把小妹儿陪。 [tɕʰiŋ laŋ tsou xou ʂei pa ɕiau mər pʰei]
送情郎,这回送到哪啊? [ʂuŋ tɕʰiŋ laŋ,tʂei xuei ʂuŋ tau nar ia]
小桥头儿。 [ɕiau tɕʰiau tʰour]
手扶着桥栏杆儿,望呀么望水流。 [ʂou fu tʂɤ tɕʰiau lan kɐr,uaŋ ia mə uaŋ ʂuei liou]
露水夫妻才能到白头。 [lu ʂuei fu tɕʰi tsʰai nəŋ tau pai tʰou]
恩爱的夫妻才能到白头。 [nən ai tə fu tɕʰi tsʰai nəŋ tau pai tʰou]
送情郎,一送送至在火车站。 [ʂuŋ tɕʰiŋ laŋ,i ʂuŋ ʂuŋ tʂɿ tsai xuo tʂʰɤ tʂan]
火车它一拉笛儿,冒出来一股儿烟儿。 [xuo tʂʰɤ tʰa la tiər,mau tʂʰu lai i kur iɐr]

情郎走后小妹儿好心酸。　　　　　[tɕʰiŋ laŋ tṣou xou ɕiau mər xau ɕin ṣuan]
唱好唱赖大家多包涵。　　　　　　[tṣʰaŋ xau tṣʰaŋ lai ta tɕia tuo pau xan]
　　（表演唱）

（歌谣 1-2 发音人：高铁骑、李海艳）

（三）

二人转讲究说学逗浪唱,接下来给大　[ər zən tṣuan tɕiaŋ tɕiou ṣuo ɕye tou laŋ
家说一段儿。　　　　　　　　　　tṣʰaŋ,tɕie ɕia lai kei ta tɕia ṣuo i tuɐr]
说一个,道一个,这个想起哪个哪个说　[ṣuo i kɤ,tau i kɤ,tṣei kɤ ɕiaŋ tɕʰi nai kə nai kə
哪个,哪个哪个说好都不错。　　　　ṣuo nai kə,nai kə nai kə ṣuo xau tou pu tṣʰuo]
说的是,吃完饭儿,打完了尖,帽子没　[ṣuo ti ṣʅ,tṣʰʅ uan fer,ta uan lə tɕian,mau tṣʅ
戴,鞋子刚穿,浑身的纽儿扣儿刚系　　meitai,ɕie tṣʅ kaŋ tṣʰuan,xuən ṣən ti ȵiour
完。　　　　　　　　　　　　　　kʰour kaŋ tɕi uan]
一步两,两步三,生活九转来到了舞台　[i pu liaŋ,liaŋ pu ṣan,ṣəŋ xuo tɕiou tṣuan lai
前,往下瞅这个往下观。　　　　　　tau lə u tʰai tɕʰian,uaŋ ɕia tṣʰou tṣei kɤ uaŋ
　　　　　　　　　　　　　　　　ɕia kuan]
观众老师来的全,有老年,有少年,还有　[kuan tṣuŋ lau ṣʅ lai ti tṣʰuan,iou lau ȵian,iou
女儿来还有男。　　　　　　　　　ṣau ȵian,xai iou ȵyər lai xai iou nan]
各行各业的大老板,去了空座儿基本　[kɤ xaŋ kɤ ie ti ta lau pan,tɕʰy lə kʰuŋ tṣuor
满员。　　　　　　　　　　　　　tɕi pən man yan]
有且也请我站在台上,深施一礼把腰　[iou tɕʰie ie tɕʰiŋ uo tṣan tṣai tʰai ṣaŋ,ṣən ṣʅ i li
弯。　　　　　　　　　　　　　　pa iau uan]
祝大家一帆风顺,二龙戏珠,三阳开泰,　[tṣu ta tɕia i fan fəŋ ṣuən,ər luŋ ɕi tṣu,san iaŋ
四喜发财,五福临门,六六大顺,七星　　kʰai tʰai,ṣʅ ɕi fa tṣʰai,u fu lin mən,liou liou
高照,八方进宝,九九登科,十全十　　　ta ṣuən,tɕʰi ɕiŋ kau tṣau,pa faŋ tɕin
美,百事顺利,千事吉利,万事都如　　　pau,tɕiou tɕiou təŋ kʰɤ,ṣʅ tṣʰuan ṣʅ mei,pai
意。　　　　　　　　　　　　　　ṣʅ ṣuən li,tɕʰian ṣʅ tɕi li,uan ṣʅ tou zu i]
祝大家吉时吉日吉如风,丰年丰月如　[tṣu ta tɕia tɕi ṣʅ tɕi ẓʅ tɕi zu fəŋ,fəŋ ȵian fəŋ
风增。　　　　　　　　　　　　　ye zu fəŋ tṣəŋ]
增福增财增长寿,寿山寿海寿长生。　[tṣəŋ fu tṣəŋ tṣʰai tṣəŋ tṣʰaŋ ṣou,ṣou ṣan ṣou
　　　　　　　　　　　　　　　　xai ṣou tṣʰaŋ ṣəŋ]
生富生财生贵子,子孝孙贤代代荣。　[ṣəŋ fu ṣəŋ tṣʰai ṣəŋ kuei tsʅ,tsʅ ɕiau ṣuən ɕian
　　　　　　　　　　　　　　　　tai tai zuŋ]
荣华富贵年年有,祝大家有钱有势有　[zuŋ xua fu kuei ȵian ȵian iou,tṣu ta tɕia iou
前程。　　　　　　　　　　　　　tɕʰian iou ṣʅ iou tɕʰian tṣʰəŋ]
　　（表演唱）

（歌谣 3 发音人：高铁骑）

二 故事

牛郎和织女

从前,有一个小村子。[tṣʰuŋ³⁵tɕʰian³⁵,iou²¹·³⁵kɤ⁵¹ɕiau²¹tʂʰuən⁴⁴tʂʅ⁰]

有个小伙儿,名字叫作牛郎。[iou²¹kə⁰ɕiau³⁵xuor²¹³,miŋ³⁵tʂʅ⁰tɕiau⁵¹tʂuo⁵¹ȵiou³⁵laŋ³⁵]

他家里非常穷,穷得丁当的。[tʰa⁴⁴tɕia⁴⁴li²¹fei⁴⁴tʂʰaŋ³⁵tɕʰyŋ³⁵,tɕʰyŋ³⁵ti⁰tiŋ⁴⁴taŋ⁴⁴ti⁰]

家里只有一头老牛,这个小伙儿就和这头老牛他俩相依为命。[tɕia⁴⁴li²¹³tʂʅ³⁵iou²¹³i⁴⁴tʰou³⁵lau²¹ȵiou³⁵,tṣei⁵¹kə⁰ɕiau²¹xuor²¹tɕiou³⁵xɤ³⁵tṣei⁵¹tʰou²¹lau²¹ȵiou³⁵ta⁴⁴lia⁴⁴·⁴⁴ɕiaŋ⁴⁴·⁴⁴i³⁵uei³⁵miŋ⁵¹]

但是,这个老牛不是一般的老牛,它是天上的金牛星。[tan⁵¹ʂʅ⁵¹,tṣei⁵¹kɤ⁵¹lau²¹ȵiou³⁵pu³⁵ʂʅ⁵¹·⁴⁴pan⁴⁴ti⁰lau²¹ȵiou³⁵,tʰa⁴⁴ʂʅ⁵¹tʰian⁴⁴ʂaŋ⁵¹tə⁰tɕin⁴⁴ȵiou⁴⁴ɕiŋ⁴⁴]

老牛和小伙儿相处时间长了。[lau²¹ȵiou³⁵xɤ³⁵ɕiau³⁵xuor²¹ɕiaŋ³⁵tʂʰu⁵¹·³⁵tɕian⁴⁴tʂʰaŋ³⁵lə⁰]

知道小伙儿人非常勤劳善良。[tʂʅ⁴⁴tau⁰ɕiau³⁵xuor²¹zən⁴⁴tʂʰaŋ³⁵tɕʰin³⁵lau³⁵san⁵¹liaŋ³⁵]

就想帮着小伙儿找个对象儿。[tɕiou⁵¹ɕiaŋ²¹paŋ⁴⁴tʂə⁰ɕiau³⁵xuor²¹tʂau⁵¹kɤ⁵¹tuei⁵¹ɕiãr⁵¹]

有一天,金牛星知道天上的仙女儿们要到村里的河边儿去洗澡儿。[iou²¹·⁴⁴tʰian⁴⁴,tɕin⁴⁴ȵiou³⁵ɕiŋ⁴⁴tʂʅ⁴⁴tau⁰tʰian⁴⁴ʂaŋ⁵¹tə⁰ɕian⁴⁴ȵɤr²¹³mən⁰iau⁵¹tau⁰tʂʰuən⁴⁴li²¹tə⁰xɤ³⁵piɐr⁴⁴tɕʰy⁵¹ɕi²¹tʂaur²¹³]

于是,就托梦给牛郎,告诉牛郎,[y³⁵ʂʅ⁵¹,tɕiou⁵¹tʰuo⁴⁴məŋ⁰kei²¹ȵiou³⁵laŋ³⁵,kau⁵¹su⁰ȵiou³⁵laŋ³⁵]

第二天早晨,去村里的河边儿,等仙女们洗澡儿的时候儿,把仙女儿的衣服偷走。[ti⁵¹ər⁵¹tʰian⁴⁴tsau²¹tʂʰən⁰,tɕʰy⁵¹tʂʰuən⁴⁴li²¹tə⁰xɤ³⁵piɐr⁴⁴,təŋ⁰ɕian⁴⁴ȵɤr²¹mən⁰ɕi⁰tʂaur²¹tə⁰ʂʅ³⁵xour⁰,pa²¹³ɕian⁴⁴ȵɤr²¹tə⁰·⁴⁴fu⁰tʰou⁴⁴tʂou²¹³]

头也不回,就往家蹽,啥也不用管。[tʰou³⁵ie²¹pu⁴⁴xuei³⁵,tɕiou⁵¹uaŋ²¹tɕia⁴⁴liau⁴⁴,ʂa³⁵ie²¹³pu⁴⁴yŋ⁵¹kuan²¹³]

第二天,牛郎迷迷糊儿糊儿地半信半疑地到河边儿去了。[ti⁵¹ər⁵¹tʰian⁰,ȵiou³⁵laŋ³⁵mi³⁵mi³⁵xur⁴⁴xur⁴⁴ti⁰pan⁵¹ɕin⁵¹pan⁵¹·³⁵ti⁰tau⁵¹xɤ³⁵piɐr⁴⁴tɕʰy⁵¹lə⁰]

果真看见几个仙女儿在那儿洗澡儿。[kuo²¹tʂən⁴⁴kʰan⁵¹tɕian⁵¹tɕi²¹kɤ⁵¹ɕian⁴⁴ȵɤr²¹tʂai⁰nar⁵¹ɕi⁰tʂaur²¹³]

他看见树上挂着一件儿仙女儿的粉红的衣服。[tʰa⁴⁴kʰan⁵¹tɕian⁰ʂu⁵¹ʂaŋ⁰kua⁵¹tʂə⁰·³⁵tɕiɐr⁵¹ɕian⁴⁴ȵɤr²¹ti⁰fən²¹xuŋ³⁵ti⁰·⁴⁴fu⁰]

拿起衣服撒腿就往家蹽,头儿也不回。[na³⁵tɕʰi²¹·⁴⁴fu⁰ʂa⁴⁴tʰuei²¹tɕiou⁵¹uaŋ²¹tɕia⁴⁴liau⁴⁴,tʰour³⁵ie²¹pu⁴⁴xuei³⁵]

到了晚上,就听见有人敲门。[tau⁵¹lə⁰uan²¹ʂaŋ⁰,tɕiou⁵¹tʰiŋ⁴⁴tɕian⁰iou²¹zən³⁵tɕʰiau⁴⁴mən³⁵]

开门一看,是一位美丽的仙女儿,这位仙女儿就是织女。[kʰai⁴⁴mən³⁵·³⁵kʰan⁵¹,ʂʅ⁵¹·³⁵uei⁵¹mei²¹li⁵¹ti⁰ɕian⁴⁴ȵɤr²¹³,tʂei⁵¹uei⁵¹ɕian⁴⁴ȵɤr²¹tɕiou⁵¹ʂʅ⁵¹tʂʅ⁴⁴ny²¹³]

从此,他们就过上了幸福的恩爱生活。[tsʰuŋ³⁵tsʰʅ²¹³,tʰa⁴⁴mən tɕiou⁵¹kuo⁵¹ʂaŋ⁵¹lə⁰ɕiŋ⁵¹fu³⁵ti⁰ən⁴⁴ai⁵¹ʂəŋ⁴⁴xuo³⁵]

转眼,三年过去了,生了一个小子生了一个丫头儿。[tʂuan³⁵ian²¹³,san⁴⁴ȵian³⁵kuo⁵¹tɕʰy⁵¹lə⁰,ʂəŋ⁴⁴lə⁰i⁰kɤ⁵¹ɕiau²¹tsʅ⁵¹ʂəŋ⁴⁴lə⁰·³⁵kɤ⁵¹ia⁴⁴tʰour⁰]

非常幸福一家人。[fei⁴⁴tsʰaŋ³⁵ɕiŋ⁵¹fu⁵¹i⁴⁴tɕia⁴⁴zən³⁵]

但是,织女儿下凡的事儿被玉皇大帝知道了。[tan⁵¹ʂʅ⁵¹,tsʅ⁴⁴ȵy²¹ɕia⁵¹fan³⁵ti⁰ʂər⁵¹pei⁵¹y⁵¹xuaŋ³⁵ta⁵¹ti⁴⁴tsʅ⁴⁴tau⁰lə⁰]

玉皇大帝非常生气,仙女儿怎么能私自下凡呢![y⁵¹xuaŋ³⁵ta⁵¹ti⁵¹fei⁴⁴tsʰaŋ³⁵ʂəŋ⁴⁴tɕʰi⁵¹,ɕian⁴⁴ȵyər²¹tsən²¹mə⁰nəŋ³⁵ sʅ⁴⁴tsʅ⁵¹ɕia⁴⁴fan⁵¹ȵi⁵¹]

天上就刮起了大风,又下起了大雨。[tʰian⁴⁴ʂaŋ⁰tɕiou⁵¹kua⁴⁴tɕʰi²¹lə⁰ta⁵¹fəŋ⁴⁴,iou⁵¹ɕia⁵¹tɕʰi²¹lə⁰ta⁵¹y²¹³]

织女不见了,这下牛郎傻了。[tsʅ⁴⁴ȵy²¹pu³⁵tɕian⁵¹lə⁰,tʂei⁵¹ɕia⁵¹ȵiou³⁵laŋ³⁵ʂa²¹lə⁰]

妈呀这可咋整,孩子也找妈。[ma⁴⁴ia⁰tʂei⁵¹kʰɤ²¹tʂa³⁵tʂəŋ²¹³,xai⁵¹tsʅ⁰ie²¹tʂau⁵¹ma⁴⁴]

这时候儿,老牛说话了:[tʂei⁵¹ʂʅ³⁵xour⁰,lau²¹ȵiou³⁵ʂuo⁰xua⁵¹lə⁰]

"牛郎你别着急,我头上有两个角儿,可以变成两个箩筐。[ȵiou³⁵laŋ³⁵ȵi²¹pie³⁵tʂau⁴⁴tɕi³⁵,uo⁰tʰou³⁵ʂaŋ⁰iou²¹liaŋ²¹kɤ⁵¹tɕiaur²¹³,kʰɤ³⁵·²¹pian⁵¹tʂʰəŋ³⁵liaŋ²¹kɤ⁵¹luo³⁵kʰuaŋ⁴⁴]

这俩箩筐呢,你把孩子放箩筐里边儿。[tʂei⁵¹lia²¹luo³⁵kʰuaŋ⁴⁴ȵi⁰,ȵi²¹pa⁰xai³⁵tsʅ⁰faŋ⁵¹luo³⁵kʰuaŋ⁴⁴li²¹pier⁰]

用扁担挑起来,挑完以后,你就可以带两个孩子上天,去找织女。"[yŋ⁵¹pian²¹tan⁰tʰiau⁴⁴tɕʰi²¹lai⁰,tʰiau⁴⁴uan³⁵·²¹xou⁵¹,ȵi⁰tɕiou⁵¹kʰɤ³⁵·²¹³tai⁵¹liaŋ²¹kɤ⁵¹xai³⁵tsʅ⁰ʂaŋ⁴⁴tʰian⁴⁴,tɕʰy⁵¹tʂau²¹tsʅ⁴⁴ȵy²¹³]

牛郎就把这俩孩子放箩筐里边儿了,用扁担挑起来。[ȵiou³⁵laŋ³⁵tɕiou⁵¹pa²¹tʂei⁵¹lia²¹³xai³⁵tsʅ⁰faŋ⁵¹luo³⁵kʰuaŋ⁴⁴li²¹pier⁴⁴lə⁰,yŋ⁵¹pian²¹tan⁰tʰiau⁴⁴tɕʰi²¹lai⁰]

突然,感觉一阵风吹过,忽忽悠悠就飘上天了。[tʰu⁴⁴zan³⁵,kan⁰tɕye³⁵·³⁵i⁰tʂən⁵¹fəŋ⁰tʂʰuei⁴⁴kuo⁵¹,xu⁴⁴xu⁰iou⁴⁴iou⁰tɕiou⁵¹pʰiau⁴⁴ʂaŋ⁵¹tʰian⁴⁴lə⁰]

飞呀飞呀,这眼瞅着儿,快要追上织女了,被王母娘娘发现了。[fei⁴⁴ia⁰fei⁴⁴ia⁰,tʂei⁵¹ian³⁵tʂʰou²¹³tʂɤr⁰,kʰuai⁵¹iau⁵¹tʂuei⁴⁴ʂaŋ⁵¹tsʅ⁴⁴ȵy²¹lə⁰,pei⁴⁴uaŋ³⁵mu²¹ȵiaŋ³⁵ȵiaŋ⁴⁴fa⁴⁴ɕian⁵¹lə⁰]

这下可坏了,王母娘娘从头上拔下一根金钗,用手一划,就划出了一道天河。[tʂei⁵¹ɕia⁵¹kʰɤ²¹xuai⁵¹lə⁰,uaŋ³⁵mu²¹ȵiaŋ³⁵ȵiaŋ⁵¹tsʰuŋ³⁵tʰou⁵¹ʂaŋ⁰pa⁵¹ɕia⁴⁴i⁰kən⁵¹tɕin⁵¹tʂʰai⁴⁴,yŋ⁵¹ʂou²¹·⁴⁴xua³⁵,tɕiou⁵¹xua³⁵tʂʰu⁴⁴lə⁰·³⁵tau⁵¹tʰian⁴⁴xɤ³⁵]

这天河波涛汹涌,根本望不到边。[tʂei⁵¹tʰian⁴⁴xɤ³⁵pɤ⁵¹tʰau⁴⁴ɕyŋ⁴⁴yŋ²¹³,kən⁴⁴pən²¹³uaŋ⁵¹pu⁰tau⁵¹pian⁴⁴]

把牛郎和织女就隔开了。[pa²¹ȵiou³⁵laŋ³⁵xɤ³⁵tsʅ⁴⁴ȵy²¹³tɕiou⁵¹kɤ³⁵kʰai⁴⁴lə⁰]

这牛郎和织女就着急啊![tʂei⁵¹ȵiou³⁵laŋ³⁵xɤ³⁵tsʅ⁴⁴ȵy²¹³tɕiou⁵¹tʂau⁴⁴tɕi³⁵ia⁰]

眼瞅着有天河隔着,这俩人也不能相见,这咋整![ian³⁵tʂʰou²¹tʂə⁰iou²¹³tʰian⁴⁴xɤ³⁵kɤ³⁵tʂə⁰, tʂei⁵¹lia²¹zən³⁵ie²¹³pu⁴⁴nəŋ³⁵ɕiaŋ⁴⁴tɕian⁵¹,tʂei²¹tʂa³⁵tʂəŋ²¹³]

他们的事儿让喜鹊知道了。[tʰa⁴⁴mən⁰tiˀsər²¹iaŋ⁵¹ɕi²¹tɕʰye⁵¹tʂʅ⁴⁴tau⁵¹lə⁰]

喜鹊非常同情他们。[ɕi²¹tɕʰye⁵¹fei⁴⁴tʂʰaŋ³⁵tʰuŋ³⁵tɕʰiŋ³⁵tʰa⁴⁴mən⁰]

于是呢,喜鹊就每年的农历七月初七。[y³⁵ʂʅ⁵¹ni,ɕi²¹tɕʰye⁵¹tɕiou⁴⁴meiˀnian³⁵tiˀnuŋ³⁵li⁵¹tɕʰi³⁵ye⁵¹tʂʰu⁴⁴tɕʰi⁴⁴]

一只喜鹊衔着另一只喜鹊的尾巴,就这么一只衔着一只,变成了一座儿天桥。[i⁴⁴tʂʅ⁴⁴ɕi²¹tɕʰye⁵¹ɕian³⁵tʂə⁰liŋ⁴⁴i⁴⁴tʂʅ⁴⁴ɕi²¹tɕʰye⁵¹ti⁴uei⁴pa⁰,tɕiou⁴tʂɤ⁵¹məˀi⁴⁴tʂʅ⁴⁴ɕian³⁵tʂə⁰i⁴⁴tʂʅ⁴⁴,pian⁵¹tʂʰəŋ³⁵lə⁰i³⁵tʂuor⁵¹tʰian⁴⁴tɕʰiau³⁵]

从此,牛郎和织女就能相会了。[tsʰuŋ³⁵tsʰʅ²¹³,niou⁴laŋ³⁵xɤ³⁵tʂʅ⁴⁴ny²¹³tɕiou⁵¹nəŋ³⁵ɕiaŋ⁴⁴xuei⁵¹lə⁰]

(故事发音人:韩云飞)

正月十五摸狮子

历年哪,兴城这个南街,一到正月儿十五这一天晚上,人山人海,有的是人,过都过不去。[li⁵¹nian³⁵na⁴,xiŋ⁴⁴tʂʰəŋ³⁵tʂei⁵¹kɤ⁵¹nan³⁵tɕie⁴⁴,i⁴tau⁴tʂəŋ⁴⁴yer⁰ʂʅ³⁵u²¹³tʂeiˀi⁴⁴tʰian⁴⁴uan²¹ʂaŋ⁵¹,in³⁵ʂan⁴⁴in³⁵xai²¹³,iou²¹tiˀʂʅ⁵¹in³⁵,kuo⁵¹tou⁰kuo⁵¹pu⁴⁴tɕʰy⁵¹]

这些人都来干啥来了,是来兴城牌楼下摸狮子来了。[tʂei⁵¹ɕie⁴⁴in³⁵tou⁴⁴lai³⁵kan⁵¹ʂa³⁵laiˀlə⁰,ʂʅ⁵¹lai³⁵ɕiŋ⁴⁴tʂʰəŋ³⁵pʰai³⁵lou⁴ɕia⁴mɤ⁴⁴ʂʅˀtʂʅ⁴lai⁵¹lə⁰]

提起摸狮子,还得从明朝时说起。[tʰi³⁵tɕʰi²¹³mɤ⁴⁴ʂʅ⁴⁴tʂʅ⁴,xai⁴tei²¹tʂʰuŋ³⁵miŋ³⁵tʂʰau³⁵ʂʅ³⁵ʂuo⁴⁴tɕʰi²¹³]

在明朝,有一天晚上,一只狮子偷吃了人家的豆腐,让人把嘴打了个豁子。[tʂai⁵¹miŋ³⁵tʂʰau³⁵,iou²¹i⁴⁴tʰian⁴⁴uan²¹ʂaŋ⁵¹,i⁴tʂʅ⁴⁴ʂʅ⁴⁴tʂʅ⁴tʰou⁴tʂʰʅ⁴⁴lə⁰in³⁵tɕia⁴ti⁴tou⁴fu⁰,iaŋ⁴⁴in³⁵pa³⁵tʂuei²¹³ta²¹lə⁰kɤ⁵¹xɤ⁴tʂʅ⁰]

白天看是石狮子,晚上看,星星出全时,狮子的嘴全是血。[pai³⁵tʰian⁴⁴kʰan⁵¹ʂʅ⁵¹ʂʅ³⁵tʂʅ⁰,uan²¹ʂaŋ⁴kʰan⁵¹,ɕiŋ⁴⁴ɕiŋ⁴⁴tʂʰu⁴⁴tʂʰuan³⁵ʂʅ³⁵,ʂʅ⁴⁴tʂʅ⁴ti⁰tʂuei³⁵tʂʰuan³⁵ʂʅ⁵¹ɕye²¹³]

疼得它是龇牙咧嘴,直哼哼。[tʰəŋ³⁵ti⁴tʰa⁴ʂʅ⁴tʂʅ⁴ia⁴lie⁴tʂuei⁴,tʂʅ⁴xəŋ⁴xəŋ⁴]

这哼哼声惊动了附近居住的人。[tʂei⁵¹xəŋ⁴⁴xəŋ⁰ʂəŋ⁴⁴tɕiŋ⁴⁴tuŋ⁵¹liau²¹³fu²¹tɕin⁵¹tɕy⁴⁴tʂu⁵¹ti⁰in³⁵]

有一位老太太,她是腰腿疼病。[iou²¹⁻³⁵iˀuei⁴lau²¹tʰai⁵¹tʰai⁰,tʰa⁴ʂʅ⁵¹iau⁴⁴tʰuei²¹tʰəŋ³⁵piŋ⁵¹]

这老太太听着狮子哼哼时,她心里就难受。[tʂei⁵¹lau²¹tʰai⁴tʰai⁰tʰiŋ⁴⁴tʂə⁴ʂʅ⁴tʂʅ⁴xəŋ⁰xəŋ⁰ʂʅ⁴⁴,tʰa⁴ɕin⁴⁴li⁴tɕiou⁵¹nan³⁵ʂou⁵¹]

于是,她就从家里端来了一盆儿热盐水,帮助它擦洗伤口。[y³⁵ʂʅ⁵¹,tʰa⁴⁴tɕiou⁵¹tsʰuŋ³⁵tɕia⁴⁴li²tuan⁴⁴lai³⁵liau²¹³⁻⁴⁴i⁴pʰər⁵¹zɤ⁴ian³⁵ʂuei²¹³,paŋ⁴⁴tʂu⁴tʰa⁴⁴tʂʰa⁴⁴ɕi²¹³ʂaŋ⁴⁴kʰou²¹³]

一来二去,伤口擦洗好了。[i⁴⁴laiˀər⁴tɕʰy⁵¹,ʂaŋ⁴kʰou²¹³tʂʰa⁴ɕi⁴xau¹lə⁰]

有一天晚上,老太太做了个梦。[iou²¹⁻⁴⁴iˀtʰian⁴⁴uan²¹ʂaŋ⁰,lau²¹tʰai⁵¹tʰai⁴tsuo⁵¹liau²¹kɤ⁵¹məŋ⁵¹]

梦见狮子上她家里来,吓了一跳。[məŋ⁵¹tɕian⁵¹⁻⁴⁴tʂʅ⁴ʂaŋ⁵¹tʰa⁴⁴tɕia⁴⁴li²lai³⁵,ɕia⁴liau²¹³tʰiau⁵¹]

老太太心想,我帮你擦洗伤口,你还要恩将仇报怎地?[lau²¹tʰai⁵¹tʰai⁰ɕin⁴⁴ɕiaŋ²¹³,uo²¹paŋ⁴⁴ ni²¹tṣha⁴⁴ɕi⁴⁴ʂaŋ⁴⁴khou²¹³,n̪ixai³⁵iau⁵¹ən⁴⁴tɕian⁴⁴tṣhou³⁵pau⁵¹tṣən²¹ti⁰]

就这样儿,狮子说:"哪里哪里,我偷了人家的豆腐吃,理应受罚,你帮我擦洗伤口,把我伤口擦洗好了,我要回报你。" [tɕiou⁵¹tṣei⁵¹iãr²¹,ʂʅ⁴⁴tʂʅ⁰ʂuo⁴⁴, na³⁵li³⁵na³⁵li²¹,uo²¹thou⁴⁴liau²¹³in³⁵tɕia⁴⁴ti⁰tou⁵¹fu⁵¹tʂʅ⁴⁴,li⁵¹iŋ⁵¹ʂou⁴⁴fa⁵¹,n̪ipaŋ⁰uo²¹tʂha⁴⁴ɕi⁴⁴ʂaŋ⁴⁴khou²¹³,pa⁰uo²¹ʂaŋ⁴⁴khou²¹³tʂha⁴⁴ɕi⁴⁴xau³⁵lə⁰,uo⁰iau⁴⁴xuei³⁵pau⁵¹n̪i²¹³]

于是,老太太问:"你怎么回报?" [y³⁵ʂʅ⁵¹,lau²¹thai⁵¹thai⁰uən⁵¹,n̪i³⁵tṣən⁵¹mə⁰xuei³⁵pau⁵¹]

狮子说:"明天你去摸我,哪儿疼你就摸我儿"。 [ʂʅ⁴⁴tʂʅ⁰ʂuo⁴⁴, miŋ³⁵thian⁴⁴n̪i²¹tɕhy⁵¹mɤ⁴⁴uo²¹³,nar²¹thəŋ³⁵n̪i²¹tɕiou⁵¹mɤ⁴⁴uo⁰nar²¹³]

于是,狮子就走了。 [y³⁵ʂʅ⁵¹,ʂʅ⁴⁴tʂʅ⁰tɕiou⁵¹tsou²¹lə⁰]

狮子走后,老太太从梦中惊醒。 [ʂʅ⁴⁴tʂʅ⁰tsou²¹xou⁵¹,lau²¹thai⁵¹thai⁰tʂhuŋ³⁵məŋ⁵¹tʂuŋ⁴⁴tɕiŋ⁴⁴ɕiŋ²¹³]

心想,难道狮子显灵了,有这么好的心肠儿。 [ɕin⁴⁴ɕiaŋ²¹³,nan³⁵tau⁵¹ʂʅ⁴⁴tʂʅ⁰ɕian²¹liŋ³⁵lə⁰,iou²¹tṣən⁵¹mə⁰xau²¹tə⁰ɕin⁴⁴tʂhãr⁵¹]

告诉老头儿:"你去看看,明天什么日子?" [kau⁵¹ʂu⁰lau²¹thour³⁵,n̪i²¹tɕhy⁵¹khan⁵¹khan⁰, miŋ³⁵thian⁴⁴ʂən³⁵mə⁰ʐʅ⁵¹tʂʅ⁰]

她回头儿望了望窗外的月亮,心想,今天是正月儿十四。 [tha⁴⁴xuei³⁵thour³⁵uaŋ⁵¹lə⁰uaŋ⁵¹tʂhuaŋ⁴⁴uai⁵¹tə⁰ye⁵¹lian⁰,ɕin⁴⁴ɕiaŋ²¹³,tɕin⁴⁴thian⁵¹ʂʅ⁵¹tṣən⁴⁴yer⁵¹ʂʅ³⁵ʂʅ⁵¹]

第二天晚上,老太太就去摸了摸狮子的腰和腿,摸完就回家了。 [ti⁵¹ər⁵¹thian⁴⁴uan²¹ʂaŋ⁰,lau²¹thai⁵¹thai⁰tɕiou⁵¹tɕhy⁵¹mɤ⁴⁴liau⁰mɤ⁴⁴ʂʅ⁴⁴tʂʅ⁰tə⁰iau⁴⁴xɤ⁴⁴thuei²¹³,mɤ⁴⁴uan³⁵tɕiou⁵¹xuei³⁵tɕia⁴⁴lə⁰]

打那以后,老太太的腰腿病也就好了。 [ta²¹na⁵¹i⁵¹xou⁵¹,lau²¹thai⁵¹thai⁰tə⁰iau⁴⁴thuei²¹thəŋ³⁵piŋ⁵¹ie²¹tɕiou⁵¹xau²¹lə⁰]

这件事儿,让街坊邻居知道。 [tṣei⁵¹tɕian⁵¹ʂər⁵¹,iaŋ⁵¹tɕie⁴⁴faŋ⁰lin³⁵tɕy⁰tʂʅ⁴⁴tau⁰]

每到往年的正月儿十五这一天晚上,这些老头儿老太太们都去摸狮子,哪个部位疼就摸哪个。 [mei²¹tau⁵¹uaŋ⁴⁴n̪ian³⁵tə⁰tʂən⁴⁴yer⁵¹ʂʅ⁰u⁵¹tsei⁰i⁵¹thian⁴⁴uan²¹ʂaŋ⁰,tsei⁵¹ɕie⁴⁴lau²¹thour³⁵lau²¹thai⁵¹thai⁰mən⁰tou⁴⁴tɕhy⁵¹mɤ⁴⁴ʂʅ⁴⁴tʂʅ⁰,nai²¹kə⁰pu⁰uei⁵¹thəŋ³⁵tɕiou⁵¹mɤ⁴⁴nai²¹kə⁰]

从此以后,兴城就有了正月儿十五摸狮子的风俗了。 [tʂhuŋ³⁵tʂhʅ²¹³·²¹xou⁵¹,ɕin⁴⁴tʂhəŋ⁴⁴tɕiou⁰iou⁵¹liau²¹³tʂən⁰yer⁵¹ʂʅ⁰u⁵¹mɤ⁴⁴ʂʅ⁴⁴tʂʅ⁰tə⁰faŋ⁰ɕy⁵¹lə⁰]

(故事发音人:张福志)

古城牌坊

古城内呢,有两道牌坊。 [ku²¹tʂhəŋ³⁵nei⁵¹n̪i⁰,iou³⁵liaŋ⁴⁴tau⁵¹phai³⁵faŋ²¹³]

第一道牌坊已经讲过了,现在讲到第二牌坊。 [ti¹·³⁵tau⁵¹phai³⁵faŋ²¹³,i⁵¹tɕin⁴⁴tɕiaŋ²¹kuo⁵¹lə⁰,ɕian⁵¹tsai⁵¹tɕian²¹tau⁵¹ti⁵¹ər⁵¹phai³⁵faŋ²¹³]

第二道牌坊吧,是祖大乐儿和这个、牌坊是祖大乐儿和祖大寿哥儿俩的。 [ti⁵¹ər⁵¹tau⁰phai³⁵faŋ²¹³pa⁰,ʂʅ⁵¹tsu⁰ta⁵¹lɤr⁵¹xɤ³⁵tʂei⁰kə⁰,pai⁰faŋ⁰ʂʅ⁵¹tsu⁰ta⁵¹lɤr⁵¹xɤ³⁵tʂu⁰ta⁵¹ʂou⁵¹ kɤr⁴⁴liar²¹³tə⁰]

但是呢,这里头发生一些小故节儿,就是说,有第二个故事。[tan⁵¹ʂʅ⁵¹n̠i⁰,tʂei⁵¹li²¹tou⁰fa⁴⁴ʂən⁴⁴⋅⁴⁴i⁰ɕie⁴⁴ɕiau⁵¹ku⁵¹tɕier⁰,tɕiou⁵¹ʂʅ⁵¹ʂuo⁴⁴,iou²¹ti³⁵ər⁰kə⁰ku⁵¹ʂʅ⁰]

为什么有第二个故事?[uei⁵¹ʂən⁰mə⁰iou²¹³ti³⁵ər⁰kə⁰ku⁵¹ʂʅ⁰]

在很久以前,牌楼牌坊立不多长时间,这个牌坊底下呀有一家卖鱼的。[tsai⁵¹xən³⁵tɕiou²¹³⋅²¹i⁰tɕʰian³⁵,pʰai²¹lou⁰pʰai²¹faŋ²¹li⁰pu⁴⁴tuo⁴⁴tʂʰaŋ³⁵ʂʅ³⁵tɕian⁴⁴,tʂei⁵¹kə⁰pʰai³⁵faŋ²¹ti⁰ɕia⁰ia⁰iou²¹⋅⁴⁴tɕia⁴⁴mai⁵¹y³⁵ti⁰]

人年轻,小伙子呢也认干,生意呢也很火。[in³⁵n̠ian³⁵tɕʰin⁴⁴,ɕiau³⁵xuo²¹tsʅ⁰n̠i⁰ie²¹³in⁵¹kan⁵¹,ʂəŋ⁴⁴⋅⁵¹n̠i⁰ie⁰³⁵xən²¹xuo²¹³]

但是呢,天长日久吧,这玩儿意人都有马虎的时候儿。[tan⁵¹ʂʅ⁵¹n̠i⁰,tʰian⁴⁴tʂʰaŋ³⁵⋅⁵¹i⁰tɕiou²¹pa⁰,tʂei⁰uɐr³⁵in⁰in⁰tou⁴⁴iou²¹³ma²¹xu⁰tə⁰ʂʅ³⁵xour⁰]

有时候他卖鱼吧,生意上呢倒可以,价钱上呢,也算行,老百姓呢也都接受下去了。[iou²¹ʂʅ³⁵xou⁰tʰa⁴⁴mai⁰y²¹pa⁰,ʂəŋ⁴⁴⋅⁵¹ʂaŋ⁰n̠i⁰tau⁵¹kɤ⁰⋅²¹³,tɕia⁵¹tɕʰian⁰ʂaŋ⁰n̠i⁰,ie²¹ʂuan⁵¹ɕin³⁵,lau³⁵pai²¹ɕin⁵¹n̠i⁰,ie²¹tou⁴⁴tɕie⁴⁴ʂou⁵¹ɕia⁵¹tɕʰy⁵¹liau²¹³]

但是,有个别的时候,他的经营理念有点儿邪念。[tan⁵¹ʂʅ⁰,iou²¹kɤ⁵¹pie⁰ti⁰ʂʅ³⁵xou⁰,tʰa⁴⁴tə⁰tɕin⁴⁴⋅³⁵li²¹n̠ian⁵¹iou²¹³tiɐr⁰ɕie³⁵n̠ian⁵¹]

就是说熟人儿和这个货不咋好的时候,他卖的价钱上不一样。[tɕiou⁵¹ʂʅ⁰ʂuo⁴⁴ʂu⁰iər⁰xɤ³⁵tʂei⁵¹kə⁰xuo⁵¹pu⁴⁴tʂa³⁵xau²¹³ti⁰ʂʅ⁰xou⁰,tʰa⁴⁴mai⁰tiɕia⁰tɕʰian³⁵ʂaŋ⁰pu⁴⁴⋅³⁵i⁰ian⁵¹]

另外呢,有刚买的和往后再买的,价钱也不一样。[liŋ⁵¹uai⁵¹n̠i⁰,iou²¹³kaŋ⁴⁴mai⁰tə⁰xɤ³⁵uaŋ²¹xou⁵¹tsai⁵¹mai²¹tə⁰,tɕia⁵¹tɕʰian³⁵ie²¹³pu⁴⁴⋅³⁵i⁰ian⁵¹]

有时候,当地的老百姓啊,就去找他去。[iou²¹ʂʅ³⁵xou⁰,taŋ⁴⁴ti⁰tə⁰lau³⁵pai²¹ɕin⁵¹a⁰,tɕiou⁵¹tɕʰy⁵¹tsau²¹tʰa⁴⁴tɕʰy⁰]

有这一天吧,有一个老太太上这儿来找他了。[iou²¹tʂei⁵¹i⁴⁴tʰian⁴⁴pa⁰,iou²¹i³⁵kə⁰lau²¹tʰai⁵¹tʰai⁰ʂaŋ⁵¹tʂər⁰lai³⁵tsau²¹tʰa⁴⁴lə⁰]

说:"小伙子,你这个卖鱼呀,可以。但是呢,话说回来了,价钱不一样,质量不一样,这是可以的。[ʂuo⁴⁴:ɕiau³⁵xuo²¹tsʅ⁰,n̠i²¹tʂei⁵¹kə⁰mai⁵¹y³⁵ia⁰,kʰɤ³⁵i⁰。tan⁵¹ʂʅ⁵¹n̠i⁰,xua⁵¹ʂuo⁴⁴xuei³⁵lai⁰lə⁰,tɕia⁵¹tɕʰian⁰pu⁴⁴⋅³⁵i⁰ian⁵¹,tsʅ⁰liaŋ⁰pu⁴⁴⋅³⁵i⁰ian⁵¹,tʂei⁵¹ʂʅ⁰kʰɤ³⁵i⁰tə⁰]

但是呢,我刚从你这儿买的鱼吧,你这个鱼16两为一斤,你现在约约,我这才14两。[tan⁵¹ʂʅ⁵¹n̠i⁰,uo⁵¹kaŋ⁵¹tʂʰun⁴⁴⋅³⁵n̠i⁰tʂər⁰mai²¹tə⁰y³⁵pa⁰,n̠i²¹³tʂei⁵¹kə⁰y³⁵liou⁵¹liaŋ²¹³uei³⁵⋅⁴⁴i⁰tɕin⁴⁴,n̠i²¹ɕian⁵¹tsai⁵¹iau⁰iau⁰,uo²¹tʂei⁵¹tsʰai³⁵⋅³⁵ʂʅ⁰liaŋ²¹³]

你差我,还叠着差,就说咱这秤上的秤花儿,你还差俩花儿。[n̠i²¹tʂʰa⁵¹uo²¹³,xai⁰tie³⁵tʂə⁰tʂʰa⁵¹,tɕiou⁵¹ʂuo⁰tʂan⁰tʂei⁵¹tʂʰəŋ⁵¹ʂaŋ⁰tə⁰tʂʰəŋ⁵¹xuar⁴⁴,n̠i⁰xai⁵¹tʂʰa⁵¹lia²¹xuar⁴⁴]

你这做得不对呀。[n̠i²¹tʂei⁵¹tsuo⁵¹tə⁰pu⁰tuei⁵¹ia⁰]

你要给我14两,可以,你得收我14两鱼的钱,你不能收我16两。"[n̠i²¹iau⁵¹kei³⁵uo²¹ʂʅ³⁵ʂʅ⁵¹liaŋ²¹³,kʰɤ³⁵⋅²¹³i⁰,n̠i⁰tei⁰ʂou⁰uo⁰ʂʅ⁰ʂʅ⁰liaŋ⁰y⁰tə⁰tɕʰian⁰,n̠i⁰pu⁴⁴nəŋ³⁵ʂou⁴⁴uo²¹³ʂʅ³⁵liou⁵¹liaŋ²¹³]

说来呢,就老太太就生气了。[ʂuo⁴⁴lai⁰n̠i⁰,tɕiou⁵¹lau²¹tʰai⁵¹tʰai⁰tɕiou⁵¹ʂəŋ⁴⁴tɕʰi⁵¹lə⁰]

生气了,这小伙子,自个儿呢,寻思寻思也生气。[ʂəŋ⁴⁴tɕʰi⁵¹lə⁰,tʂei⁵¹ɕiau³⁵xuo²¹tʂʅ⁰,tɕi⁵¹ kɤr⁴⁴n̻i⁰,ɕin³⁵zʅ⁰ɕin³⁵zʅ⁰ie²¹ʂəŋ⁴⁴tɕʰi⁵¹]

说:"你看这些人都在这块儿买鱼,你这不是影响我的这个生意吗?"[ʂuo⁴⁴:"n̻i²¹kʰan⁵¹tʂei⁵¹ɕie⁴⁴in³⁵tou⁴⁴tʂai²¹tʂei⁵¹kʰuɐr⁵¹mai²¹y³⁵,n̻i⁵¹tʂei pu³⁵ʂʅ⁵¹ iŋ⁵¹ɕiaŋ⁵¹uo⁵¹tə⁵¹tʂei⁵¹kə⁰ʂəŋ⁴⁴ʅ⁵¹ma⁰]

他俩正在这个激得恼打嘴仗的时候,有一些个老头儿老太太,天天来上他家买鱼的这些个主顾,都看他这样的情况下呢,人家就走了。[tʰa⁴⁴lia²¹³tʂəŋ⁵¹tʂai⁵¹tʂei⁵¹kə⁰tɕi⁴⁴tə⁰nau⁴⁴ta³⁵tʂuei⁵¹tʂaŋ⁵¹tə⁰ʂʅ³⁵xou⁵¹,iou²¹ᐟ⁴⁴ɕie⁴⁴kə⁰lau⁵¹tʰour³⁵lau²¹tʰai⁵¹tʰai⁰,tʰian⁴⁴tʰian⁴⁴lai³⁵ʂaŋ⁵¹tʰa⁴⁴tɕia⁴⁴mai²¹y⁵¹tə⁰tʂei⁵¹ɕie⁴⁴kə⁰tʂu²¹ku⁵¹,tou⁵¹kʰan⁵¹tʰa⁴⁴tʂei⁵¹iaŋ⁵¹tə⁰tɕʰiŋ³⁵kʰuaŋ⁵¹ɕia⁵¹n̻i⁰,in³⁵tɕia⁵¹tɕiou⁵¹tʂou²¹lə⁰]

但这年轻人以为咋地呢?[tan⁵¹tʂei⁵¹n̻ian³⁵tɕʰiŋ⁴⁴in³⁵ʅ²¹uei³⁵tʂa²¹ti⁵¹n̻i⁰]

这是伤我的营业额和这个商业信念,所以就跟老太太吵吵得更欢了。[tʂei⁵¹ʂʅ⁵¹ʂaŋ⁴⁴uo²¹tə⁰iŋ³⁵ie⁵¹ɤ³⁵xɤ⁵¹tʂei⁵¹kə⁰ʂaŋ⁴⁴ie⁵¹ɕin⁵¹n̻ian⁵¹,ʂuo³⁵ʅ²¹tɕiou⁵¹kən⁴⁴lau²¹tʰai⁵¹tʰai⁵¹tʂʰau⁴⁴tʂʰau⁰ti⁰kəŋ⁵¹xuan⁴⁴lə⁰]

就在这个一气之下呀,小伙子呢就发出了誓言。[tɕiou⁵¹tʂai⁵¹tʂei⁵¹kə⁰ʅ³⁵tɕʰi⁵¹tʂʅ⁴⁴ɕia⁵¹ia⁰,ɕiau³⁵xuo²¹tʂʅ⁰n̻i⁰tɕiou⁵¹fa⁴⁴tʂʰu⁴⁴liau²¹ʂʅ⁵¹ian³⁵]

啥誓言呢?[ʂa³⁵ʂʅ⁵¹ian⁵¹n̻i⁰]

就说呀,这个吧,如果我要是给你缺斤少两儿,这个牌楼角儿掉下来把我砸死。[tɕiou⁵¹ʂuo⁴⁴ia⁰,tʂei⁵¹kə⁰pa⁰,iou⁵¹kuo⁵¹uo²¹iau⁵¹ʂʅ⁵¹kei³⁵n̻i²¹tɕʰye⁴⁴tɕin⁴⁴ʂau³⁵liãr²¹³,tʂei⁵¹kə⁰pʰai³⁵lou³⁵tɕiaur²¹tiau⁵¹ɕia⁰lai⁵¹pa⁰uo²¹tʂa³⁵ʂʅ²¹³]

老太太寻思寻思说:"小伙子,你可别发这个毒誓,这个毒誓啊,这个不算太好。"[lau²¹tʰai⁵¹tʰai⁰ɕin³⁵zʅ⁰ɕin³⁵zʅ⁰ʂuo⁴⁴:ɕiau³⁵xuo²¹tʂʅ⁰,n̻i³⁵kʰɤ²¹pie³⁵fa⁴⁴tʂei⁵¹kə⁰tu³⁵ʂʅ⁵¹,tʂei⁵¹kə⁰tu³⁵ʂʅ⁵¹a⁰,tʂei⁵¹kə⁰pu³⁵ʂuan⁵¹tʰai⁵¹xau²¹³]

于是呢,老太太就走了。[y³⁵ʂʅ⁵¹n̻i⁰,lau²¹tʰai⁵¹tʰai⁰tɕiou⁵¹tʂou²¹lə⁰]

这一走呢,小伙子心就有点儿闷得慌。[tʂei⁵¹ᐟ⁴⁴tʂou⁰n̻i⁰,ɕiau³⁵xuo²¹tʂʅ⁰ɕin⁵¹tɕiou⁵¹iou³⁵tiɐr²¹³mən⁵¹tə⁰xəŋ⁰]

说:"这个气生得不合适,你看我咋还起个誓?"[ʂuo⁴⁴:tʂei⁵¹kə⁰tɕʰi⁵¹ʂəŋ⁴⁴tə⁰pu⁴⁴xɤ³⁵ʂʅ⁵¹,n̻i¹kʰan³⁵uo⁰tʂa²¹xai³⁵tɕʰi¹kə⁰ʂʅ⁵¹]

这一起誓不打紧儿,天没到黑的时候,又来几份儿买鱼的,他还是照常地给人缺斤少两。[tʂei⁵¹ᐟ⁴⁴tɕʰi⁵¹ʂʅ⁵¹pu⁰ta³⁵tɕiɐr²¹³,tʰian⁴⁴mei⁵¹tau⁵¹xei⁴⁴tə⁰ʂʅ³⁵xou⁵¹,iou⁵¹lai tɕi²¹ fɐr⁵¹mai²¹y³⁵tə⁰,tʰa⁴⁴xai⁵¹ʂʅ⁵¹tʂau⁵¹tʂʰaŋ⁵¹ti⁰kei⁵¹in³⁵tɕʰye⁴⁴tɕin⁴⁴ʂau³⁵liaŋ²¹³]

就在这时候儿,这老天爷看到了。[tɕiou⁵¹tʂai⁵¹tʂei⁵¹ʂʅ³⁵xour⁵¹,tʂei⁵¹lau²¹tʰian⁴⁴ie³⁵kʰan⁵¹tau⁰lə⁰]

老天爷心想啊,你这小子有第一把错误,你犯了,我也就原谅你。[lau²¹tʰian⁴⁴ie³⁵ɕin⁴⁴ɕiaŋ²¹a⁰,n̻i²¹tʂei⁵¹ɕiau tʂʅ⁰iou²¹³ti⁵¹ᐟ⁴⁴pa³⁵tʂʰuo⁵¹u⁰,n̻i³⁵fan⁵¹lə⁰,uo³⁵ie³⁵tɕiou⁵¹yan³⁵liaŋ⁵¹n̻i²¹³]

你咋能照此,还是讲话儿,给人家缺斤少两儿呢![n̻i³⁵tʂa²¹nəŋ³⁵tʂau⁵¹tʂʰʅ²¹,xai³⁵ʂʅ⁰tɕiaŋ²¹xuar⁰,kei²¹in³⁵tɕie⁵¹tɕʰye⁴⁴tɕin⁴⁴ʂau³⁵liãr²¹n̻i⁰]

就这样儿，约到第三秤儿的时候儿，这个牌楼角儿就掉下来了。[tɕiou⁵¹tsei⁵¹iãr⁰,iau⁴⁴tau⁵¹ti⁵¹ʂan³⁵tʂʰɚr⁵¹tə⁰ʂʅ³⁵xour⁰,tsei⁵¹kə⁰pʰai⁵¹lou³⁵ɕiaur²¹³tɕiou⁵¹tiau⁰ɕia⁰lai³⁵lə⁰]

就当时把这个卖青鱼的这个小伙子砸死了。[tɕiou⁵¹taŋ⁴⁴ʂʅ³⁵pa²¹tsei⁵¹kə⁰mai⁵¹tɕʰiŋ⁴⁴y³⁵tə⁰tsei⁵¹kə⁰ɕiau³⁵xuo²¹tsʅ⁰tsa³⁵ʂʅ²¹lə⁰]

砸死以后啊，这个老百姓就遵循着死者以前的遗愿，把这个小伙子抬起来，雇个大马车，拉到海边儿，扔到海里喂鱼了。[tsa³⁵ʂʅ²¹i²¹xou⁰ua⁰,tsei⁵¹kə⁰lau³⁵pai⁵¹ɕiŋ⁰tɕiou⁵¹tsuən⁴⁴ɕyn³⁵sau⁰ʂʅ³⁵tsɤ²¹tɕʰian³⁵tə⁰i³⁵yan⁵¹,pa²¹tsei⁵¹kə⁰ɕiau³⁵xuo²¹tsʅ⁰tʰai³⁵tɕʰi²¹lai⁰,ku⁵¹kə⁰ta⁵¹ma²¹tʂʰɤ⁰,la⁴⁴tau⁴⁴xai²¹piɚr⁴⁴,ləŋ⁴⁴tau⁴⁴xai²¹li²¹³uei⁵¹y⁰lə⁰]

这个虽说故事已经过去了，但是呢，人们都有这个印象儿。[tsei⁵¹kə⁰suei⁴⁴suo⁴⁴ku⁵¹ʂʅ⁰i²¹tɕiŋ⁴⁴kuo⁵¹tɕʰy⁰lə⁰,tan⁵¹ʂʅ⁵¹ni⁰,in⁰mən⁰tou⁰⁰iou²¹³tsei⁵¹kə⁰in⁵¹ɕiãr⁵¹]

后来很有可能吧，这个小伙子也是成仙了还是咋地呀，反游到日本去了，当上了青鱼精。[xou⁵¹lai³⁵xən³⁵iou³⁵kʰɤ²¹³nəŋ³⁵pa⁰,tsei⁵¹kə⁰ɕiau³⁵xuo²¹tsʅ⁰ie⁰²¹tsʰəŋ³⁵ɕian⁰lə⁰xai²¹ʂʅ⁰tsa⁰ti⁰ia⁰,fan²¹iou³⁵tau⁰⁵¹pən²¹³tɕʰy⁰lə⁰,taŋ⁴⁴ʂaŋ⁵¹lə⁰tɕʰiŋ⁰⁰y⁰tɕiŋ⁴⁴]

从此以后呢，他也没有脸面回到兴城，与这些父老乡亲见面。[tsʰuŋ³⁵tsʰʅ²¹²¹i²¹xou⁵¹ɳi⁰,tʰa⁴⁴ie²¹³mei⁰iou²¹lian²¹mian⁵¹xuei⁰tau⁰tɕin⁴⁴tsʰəŋ³⁵,y²¹³tsei⁵¹ɕie⁴⁴fu⁰lau²¹ɕian⁴⁴tɕʰin⁴⁴tɕian⁵¹mian⁵¹]

（故事发音人：张福志）

三　自选条目

（一）

十条龙，　　　　　　　　　[ʂʅ³⁵tʰiau³⁵luŋ³⁵]
八条沟，　　　　　　　　　[pa⁴⁴tʰiau³⁵kou⁴⁴]
地头儿地脑儿长石头。　　　[ti⁵¹tʰour³⁵ti⁵¹naur²¹tsaŋ²¹³⁵ʂʅ³⁵tʰou⁴⁴]
（手）

（二）

头上一堆草，　　　　　　　[tʰou³⁵ʂaŋ⁰⁴⁴i⁴⁴tuei⁴⁴tsʰau²¹³]
小牛儿在里跑。　　　　　　[ɕiau²¹ɳiour³⁵tsai⁵¹li³⁵pʰau²¹³]
张飞拿不住，　　　　　　　[tsaŋ⁴⁴fei⁴⁴na⁰pu⁰tsu⁵¹]
等他篦大嫂。　　　　　　　[təŋ²¹tʰa⁴⁴pi⁵¹ta⁵¹sau²¹³]
（虱子）

（三）

大子大子，　　　　　　　　[ta⁵¹tsʅ⁰ta⁵¹tsʅ⁰]
你惹祸让我死。　　　　　　[ɳi³⁵zɤ⁰xuo⁰zaŋ⁵¹uo³⁵ʂʅ²¹³]

(跳蚤)

(四)

大肥大肥,   [ta⁵¹fei³⁵ta⁵¹fei³⁵]
你走不动怪谁？   [ȵi³⁵tʂou²¹pu³⁵tuŋ⁵¹kuai⁵¹ʂei³⁵]
(虱子)

(五)

够不着的菜。   [kou⁵¹pu⁴⁴tʂau³⁵ti⁰tʂʰai⁵¹]
(云彩)

(六)

洗不净的菜。   [ɕi²¹pu³⁵tɕiŋ⁵¹ti⁰tʂʰai⁵¹]
(灰菜)

(七)

煮不烂的菜。   [tʂu²¹pu³⁵lan⁵¹ti⁰tʂʰai⁵¹]
(生菜)

(八)

割不断的菜。   [kɤ⁴⁴pu³⁵tuan⁵¹ti⁰tʂʰai⁵¹]
(韭菜)   [mi³⁵ti²¹ʂʅ⁵¹:tɕiou²¹tsai⁰]

(九)

老大红脸大汉,   [lau²¹ta⁵¹xuŋ³⁵lian²¹ta⁵¹xan⁵¹]
老二骑马射箭,   [lau²¹ər⁵¹tɕʰi³⁵ma²¹ʂɤ⁵¹tɕian⁵¹]
老三带走不走,   [lau²¹ʂan⁴⁴tai⁵¹tʂou³⁵pu⁴⁴ʐou²¹³]
老四不会动。   [lau²¹ʂʅ⁵¹pu³⁵xuei⁵¹tuŋ⁵¹]
(臭虫、跳蚤、虱子、虮子)

(十)

有根儿不贴地,   [iou²¹kər⁴⁴pu⁴⁴tʰie⁴⁴ti⁵¹]
有叶儿不开花,   [iou²¹ier⁵¹pu⁴⁴kʰai⁴⁴kʰua⁴⁴]
世上有人卖,   [ʂʅ⁵¹ʂaŋ⁰iou²¹ʐən³⁵mai⁵¹]
园子不种它。   [yan³⁵tsʅ⁰pu³⁵tʂuŋ⁵¹tʰa⁰]
(豆芽菜)

（十一）

我家住南园儿一道沟，　　　　　[uo²¹tɕia⁴⁴tʂu⁵¹nan³⁵yɚ³⁵·³⁵i tau⁵¹kou⁴⁴]
白腿绿毛儿度春秋，　　　　　　[pai³⁵tʰuei²¹ly maur³⁵tu tʂʰuən⁴⁴tɕiou⁴⁴]
讲到家人把我害，　　　　　　　[tɕiaŋ²¹tau⁵¹tɕia⁴⁴zən³⁵pa³⁵uo²¹xai⁵¹]
手持钢刀泪交流。　　　　　　　[ʂou²¹tʂʰʅ³⁵kaŋ⁴⁴tau⁴⁴lei⁵¹tɕiau⁴⁴liou³⁵]
（大葱）

（十二）

金砖铺地地不平，　　　　　　　[tɕin⁴⁴tʂuan⁴⁴pu⁴⁴ti⁵¹ti pu⁴⁴pʰiŋ³⁵]
屋子点灯灯不亮，　　　　　　　[u⁴⁴tsʅ⁰tian²¹təŋ⁴⁴təŋ pu³⁵liaŋ⁵¹]
高大门楼儿把头低。　　　　　　[kau⁴⁴ta⁵¹mən³⁵lour³⁵pa²¹tʰou³⁵ti⁴⁴]
（瘸子、瞎子、罗锅）

（十三）

一间房子大不大，　　　　　　　[i⁴⁴tɕian⁴⁴faŋ³⁵tsʅ⁰ta⁵¹pu³⁵ta⁵¹]
嘴里吞人，　　　　　　　　　　[tʂuei³⁵li²¹tʰuən⁴⁴zən³⁵]
肚里说话。　　　　　　　　　　[tu⁵¹li²¹ʂuo⁴⁴xua⁵¹]
（房子）

（十四）

开窗户，　　　　　　　　　　　[kʰai⁴⁴tʂʰuaŋ⁴⁴xu⁰]
撩窗户，　　　　　　　　　　　[liau⁴⁴tʂʰuaŋ⁴⁴xu⁰]
里面儿坐个笑姑娘。　　　　　　[li²¹miɚ⁰tsuo⁵¹kɤ⁵¹ɕiau⁵¹ku⁴⁴ȵiaŋ⁰]
（眼睛）

（十五）

一间小房儿窄又窄，　　　　　　[i⁴⁴tɕian⁴⁴ɕiau²¹fãr³⁵tsai²¹iou⁵¹tsai²¹³]
他爷挤他奶，　　　　　　　　　[tʰa⁴⁴ie³⁵tɕi²¹tʰa⁴⁴nai²¹³]
他奶一露儿头儿，　　　　　　　[tʰa⁴⁴nai²¹i³⁵lur⁵¹tʰour³⁵]
给他爷摔个小泥猴儿。　　　　　[kei²¹tʰa⁴⁴ie³⁵ʂuai⁵¹kə⁰ɕiau²¹ȵi³⁵xour³⁵]
（鼻涕）

（十六）

不多不多，　　　　　　　　　　[pu⁴⁴tuo⁴⁴pu⁴⁴tuo⁴⁴]
十来多个儿，　　　　　　　　　[ʂʅ³⁵lai³⁵tuo⁴⁴kɚ⁵¹]
有小事儿自己办，　　　　　　　[iou³⁵ɕiau²¹ʂɚ⁵¹tsʅ⁵¹tɕi²¹pan⁵¹]

有大事儿找大哥。　　　　　　　[iou²¹ta⁵¹ʂər⁵¹tʂau²¹ta⁵¹kɤ⁴⁴]
（牙）

　　（十七）

一家住两院儿，　　　　　　　　[i⁴⁴tɕia⁴⁴tʂu⁵¹liaŋ²¹yɐr⁵¹]
两院儿哥儿们儿多，　　　　　　[liaŋ²¹yɐr⁵¹kɤr⁴⁴mər⁰tuo⁴⁴]
多的却比少的少，　　　　　　　[tuo⁴⁴tə⁰tɕʰye⁵¹pi²¹ʂau⁰tə⁰ʂau²¹³]
少的却比多的多。　　　　　　　[ʂau²¹tə⁰tɕʰye⁵¹pi²¹tuo⁴⁴tə⁰tuo⁴⁴]
（算盘）

　　（十八）

东葫芦片儿，　　　　　　　　　[tuŋ⁴⁴xu³⁵lu⁰pʰiɐr⁵¹]
西葫芦片儿，　　　　　　　　　[ɕi⁴⁴xu³⁵lu⁰pʰiɐr⁵¹]
姐儿俩一辈子见不到面儿。　　　[tɕier³⁵lia²¹·³⁵i⁵¹pei⁵¹tʂʅ⁰tɕian⁵¹pu³⁵tau⁵¹miɐr⁵¹]
（耳朵）

　　（十九）

扶墙走，　　　　　　　　　　　[fu³⁵tɕʰiaŋ³⁵tʂou²¹³]
扶墙站，　　　　　　　　　　　[fu³⁵tɕʰiaŋ³⁵tʂan⁵¹]
光穿衣服不吃饭。　　　　　　　[kuaŋ⁴⁴tʂʰuan⁴⁴i⁵¹fu⁰pu⁴⁴tʂʰʅ⁴⁴fan⁵¹]
（画儿）

　　（二十）

嘴大肚子空，　　　　　　　　　[tsuei²¹ta⁵¹tu⁵¹tsʅ⁰kʰuŋ⁴⁴]
逮住肉不放松。　　　　　　　　[tai²¹tʂu⁵¹zou⁵¹pu⁴⁴faŋ⁵¹suŋ⁴⁴]
（火罐儿）

　　（二十一）

一棵树，　　　　　　　　　　　[i⁴⁴kʰɤ⁴⁴ʂu⁵¹]
一拃高，　　　　　　　　　　　[i⁴⁴tʂa⁴⁴kau⁴⁴]
松树柏树没他高。　　　　　　　[suŋ⁴⁴ʂu⁵¹pai²¹ʂu⁵¹mei³⁵tʰa⁴⁴kau⁴⁴]
（月亮上的树）

　　（二十二）

一个枣儿大不大，　　　　　　　[i³⁵kɤ⁵¹tsaur³⁵ta⁵¹pu³⁵ta⁵¹]
屋里放不下。　　　　　　　　　[u⁴⁴li²¹faŋ⁵¹pu³⁵ɕia⁵¹]
（油灯）

（二十三）

此物生来七寸长，　　　　　　[tṣʰʅ²¹u⁵¹ʂəŋ⁴⁴lai³⁵tɕʰi³⁵tṣʰuən⁵¹tṣʰaŋ³⁵]
新娘把他请进房，　　　　　　[ɕin⁴⁴n̠ian³⁵pa²¹tʰa⁴⁴tɕʰiŋ²¹tɕin⁵¹faŋ³⁵]
半夜三更流白泪，　　　　　　[pan⁵¹ie⁵¹san⁴⁴kəŋ⁴⁴liou³⁵pai³⁵lei⁵¹]
只见短来不见长。　　　　　　[tṣʅ²¹³tɕian⁵¹tuan²¹lai³⁵pu³⁵tɕian⁵¹tṣʰaŋ³⁵]
（蜡烛）

（二十四）

软的哈，　　　　　　　　　　[z̪uan²¹tə⁰xa⁴⁴]
硬的哈，　　　　　　　　　　[iŋ⁵¹tə⁰xa⁴⁴]
一天黑就得用他。　　　　　　[i⁴⁴tʰian⁴⁴xei⁴⁴tɕiou⁵¹tei²¹yŋ⁵¹tʰa⁰]
（枕头）

（二十五）

铁嘴扁腰，　　　　　　　　　[tʰie³⁵tṣuei³⁵pian²¹iau⁴⁴]
尾巴翘一丈高。　　　　　　　[uei²¹pa⁰tɕʰiau⁵¹i³⁵tṣaŋ⁵¹kau⁴⁴]
（烟囱）

（二十六）

头顶四方四，　　　　　　　　[tʰou³⁵tiŋ²¹sʅ⁵¹faŋ⁴⁴sʅ⁵¹]
做官儿不识字。　　　　　　　[tṣuo⁵¹kuɐr⁴⁴pu⁴⁴sʅ³⁵tsʅ⁵¹]
（灶坑）

（二十七）

光卖不招呼。　　　　　　　　[kuaŋ⁴⁴mai⁵¹pu⁴⁴tṣau⁴⁴xu⁰]
（门槛儿）

（二十八）

挨墙靠北，　　　　　　　　　[ai⁴⁴tɕʰiaŋ³⁵kʰau⁵¹pei²¹³]
一动张嘴。　　　　　　　　　[i³⁵tuŋ⁵¹tṣaŋ⁴⁴tṣuei²¹³]
（箱子）

（二十九）

老大房上叫，　　　　　　　　[lau²¹ta⁵¹faŋ³⁵ʂaŋ⁰tɕiau⁵¹]
老二就来到，　　　　　　　　[lau²¹ər⁵¹tɕiou⁵¹lai³⁵tau⁵¹]
老三地上滚，　　　　　　　　[lau²¹san⁴⁴ti⁵¹ʂaŋ⁰kuən²¹³]

老四拿灯照。　　　　　　　　　[lau²¹ sʅ⁴¹ na³⁵ təŋ⁴⁴ tʂau⁵¹]
（雷、雨、冰雹、闪电）

（三十）

小匣儿小匣儿，　　　　　　　　[ɕiau²¹ ɕiar³⁵ ɕiau²¹ ɕiar³⁵]
里面装五个老达。　　　　　　　[li²¹ mian⁵¹ tʂuaŋ⁴⁴ u²¹³ kɤ⁵¹ lau²¹ ta³⁵]
（鞋）

（三十一）

小毛儿驴儿，　　　　　　　　　[ɕiau²¹ maur³⁵ lyər³⁵]
有人骑，　　　　　　　　　　　[iou²¹ zən³⁵ tɕʰi³⁵]
满街跑，　　　　　　　　　　　[man²¹ tɕie⁴⁴ pʰau²¹³]
没人骑，　　　　　　　　　　　[mei³⁵ zən³⁵ tɕʰi³⁵]
要摔倒。　　　　　　　　　　　[iau⁵¹ ʂuai⁴⁴ tau²¹³]
（自行车）

（三十二）

青石板板石青，　　　　　　　　[tɕʰiŋ⁴⁴ sʅ³⁵ pan²¹ pan²¹ sʅ³⁵ tɕʰiŋ⁴⁴]
青石板上挂妖精，　　　　　　　[tɕʰiŋ⁴⁴ sʅ³⁵ pan²¹ ʂaŋ⁰ kua⁵¹ iau⁴⁴ tɕiŋ⁰]
妖精看我，　　　　　　　　　　[iau⁴⁴ tɕiŋ⁰ kʰan⁵¹ uo²¹³]
我看妖精。　　　　　　　　　　[uo²¹ kʰan⁵¹ iau⁴⁴ tɕiŋ⁰]
（镜子）

（三十三）

黑咕嘟，　　　　　　　　　　　[xei⁴⁴ ku⁴⁴ tu⁰]
白咕嘟，　　　　　　　　　　　[pai³⁵ ku⁴⁴ tu⁰]
四个老牛抬不动。　　　　　　　[sʅ⁵¹ kɤ⁵¹ lau²¹ ȵiou³⁵ tʰai³⁵ pu³⁵ tuŋ⁵¹]
（井）

（三十四）

生吃嘎嘎，　　　　　　　　　　[ʂəŋ⁴⁴ tʂʰʅ⁴⁴ ka⁴⁴ ka⁴⁴]
熟吃没影儿。　　　　　　　　　[ʂou³⁵ tʂʰʅ⁴⁴ mei³⁵ iər²¹³]
（盐）

（三十五）

老杜家地里有个驴蹄子印儿。　　[lau²¹ tu⁵¹ tɕia⁴⁴ ti⁵¹ li²¹ iou²¹ kɤ⁵¹ ly³⁵ tʰi³⁵ tsʅ⁰ iər⁵¹]
（肚脐）

（三十六）

一棵树长俩梨，　　　　　　　　[i⁴⁴kʰɤ⁴⁴ʂu⁵¹tʂaŋ³⁵lia²¹li³⁵]

小孩儿看见直着急。　　　　　　[ɕiau²¹xɚ³⁵kʰan⁵¹tɕian⁰tʂʅ³⁵tʂau³⁵tɕi³⁵]

（乳房）

（三十七）

门口儿有个吵儿吵儿吵儿，　　　[mən³⁵kʰour²¹iou²¹kɤ⁵¹tʂʰaur⁴⁴tʂʰaur⁴⁴tʂʰaur⁴⁴]

坐着比站着高。　　　　　　　　[tʂuo⁵¹tʂə⁰pi²¹tʂan⁵¹tʂə⁰kau⁴⁴]

（狗）

（三十八）

像狗坐着没狗大，　　　　　　　[ɕiaŋ⁵¹kou²¹tʂuo⁵¹tʂə⁰mei³⁵kou²¹ta⁵¹]

身上没毛儿是什么。　　　　　　[ʂəŋ⁴⁴ʂaŋ⁰mei³⁵maur³⁵ʂʅ⁵¹ʂən³⁵mə⁰]

（青蛙）

（三十九）

一个咕咚，　　　　　　　　　　[i³⁵kɤ⁵¹ku⁴⁴tuŋ⁰]

七个窟窿。　　　　　　　　　　[tɕʰi³⁵kɤ⁵¹kʰu⁴⁴luŋ⁰]

（头）

（四十）

从小针鼻儿大，　　　　　　　　[tʂʰuŋ³⁵ɕiau²¹³tʂən⁴⁴piɚ³⁵ta⁵¹]

长大趴了棵，　　　　　　　　　[tʂaŋ²¹ta⁵¹pʰa⁴⁴lə⁰kʰɤ⁴⁴]

刮风扇扇子，　　　　　　　　　[kua⁴⁴fəŋ⁴⁴ʂan⁴⁴ʂan⁵¹tʂʅ⁰]

下雨乱哆嗦。　　　　　　　　　[ɕia⁵¹y²¹luan⁵¹tuo⁴⁴ʂuo⁰]

（白菜）

（四十一）

姐儿俩一边儿高，　　　　　　　[tɕiɚ³⁵lia²¹·⁴⁴piɚ⁴⁴kau⁴⁴]

出门儿就摔跤。　　　　　　　　[tʂʰu⁴⁴mɚ³⁵tɕiou⁵¹ʂuai⁴⁴tɕiau⁴⁴]

（水桶）

（四十二）

姐儿俩一边儿大，　　　　　　　[tɕiɚ³⁵lia²¹·⁴⁴piɚ⁴⁴ta⁵¹]

出门儿就打架。　　　　　　　　[tʂʰu⁴⁴mɚ³⁵tɕiou⁵¹ta²¹tɕia⁵¹]

(筷子)

（四十三）

不多不多，　　　　　　　　　　[pu⁴⁴tuo⁴⁴pu⁴⁴tuo⁴⁴]
十来多个儿，　　　　　　　　　[ʂʅ³⁵lai³⁵tuo⁴⁴kɤr⁵¹]
天底下这么多人，　　　　　　　[tʰian⁴⁴ti²¹ɕia⁰tʂɤ⁵¹mə⁰tuo⁴⁴zən³⁵]
一人一个。　　　　　　　　　　[i⁴⁴zən³⁵·i³⁵kɤ⁵¹]
(属相)

（四十四）

紫色树，　　　　　　　　　　　[tʂʅ²¹ʂɤ⁵¹ʂu⁵¹]
开了紫花儿结紫果儿，　　　　　[kʰai⁴⁴lə⁰tʂʅ²¹xuar⁴⁴tɕie⁴⁴tʂʅ³⁵kuor²¹³]
紫果里面包芝麻。　　　　　　　[tʂʅ³⁵kuo²¹li²¹mian⁵¹pau⁴⁴tʂʅ⁴⁴ma⁰]
(茄子)

（四十五）

紫不溜丢的树，　　　　　　　　[tʂʅ²¹pu⁴⁴liou⁴⁴tiou⁰ti⁰ʂu⁵¹]
紫不溜的花儿，　　　　　　　　[tʂʅ²¹pu⁴⁴liou⁴⁴ti⁰xuar⁴⁴]
紫不溜的手巾包芝麻。　　　　　[tʂʅ²¹pu⁴⁴liou⁴⁴ti⁰ʂou²¹tɕin⁰pau⁴⁴tʂʅ⁴⁴ma⁰]
(茄子)

（自选条目 1-45 发音人：韩云飞）

（四十六）

三春杨柳黄莺唱，　　　　　　　[ʂan tʂʰuən iaŋ liou xuaŋ iŋ tʂʰaŋ]
碧蝶黄蜂采花儿香，　　　　　　[pi tie xuaŋ fəŋ tʂʰai xuar ɕiaŋ]
日暖风和关麦浪，　　　　　　　[zʅ nuan fəŋ xɤ kuan mai laŋ]
碧森森和风吹过似海波扬，　　　[pi ʂən ʂən xɤ fəŋ tʂʰuei kuo ʂʅ xai pɤ iaŋ]
辞家望登龙虎榜，　　　　　　　[tʂʰʅ tɕia uaŋ təŋ luŋ xu paŋ]
名落孙山空走一场，　　　　　　[miŋ luo ʂuən ʂan kʰuŋ tʂou i tʂʰaŋ]
借酒消愁我信步而往，　　　　　[tɕie tɕiou ɕiau tʂʰou uo ɕin pu ər uaŋ]
但只见一树桃花压短墙，　　　　[tan tʂʅ tɕian i ʂu tʰau xua ia tuan tɕʰiaŋ]
绿柳低垂随风荡漾，　　　　　　[ly liou ti tʂʰuei ʂuei fəŋ taŋ iaŋ]
纤尘不到似仙乡，　　　　　　　[ɕian tʂʰən pu tau ʂʅ ɕian ɕiaŋ]
小家碧玉貌似花，　　　　　　　[ɕiau tɕia pi y mau ʂʅ xua]
人面桃花两不差，　　　　　　　[zən mian tʰau xua liaŋ pu tʂʰa]
人面似花巧笔难画，　　　　　　[zən mian ʂʅ xua tɕʰiau pi nan xua]

花颜貌美美玉无瑕， [xua ian mau mei mei y u ɕia]
一片情怀暂且按下， [i pian tɕʰiŋ xuai tṣan tɕʰie an ɕia]
明朝定要再到她家。 [miŋ tṣau tiŋ iau tṣai tau tʰa tɕia]
　　（表演唱）

（自选条目 46 发音人：李久国）

绥 中

一 歌谣

(一)

小小子儿，	[tɕiau³⁵tɕiau²¹tʂər⁰]
坐门墩儿，	[tʂuo⁵¹mən³⁵tuər⁵⁵]
哭着喊着要媳妇儿。	[kʰu⁵⁵tʂɤ⁰xan²¹tʂɤ⁰iau⁵¹ɕi³⁵fər⁰]
要媳妇儿干嘛呀？	[iau⁵¹ɕi³⁵fər⁰kan⁵¹ma³⁵ia⁰]
白天做饭说话儿，	[pai³⁵tʰian⁵⁵tʂuo⁵¹fan⁵¹ʂuo⁵⁵xuar⁰]
晚上熄灯做伴儿	[van²¹ʂaŋ⁰ɕi⁵⁵təŋ⁵⁵tʂuo⁵¹pɐr⁵¹]

(二)

拉大锯，	[la³⁵ta⁵¹tɕy⁵¹]
扯大锯，	[tʂʰɤ²¹ta⁵¹tɕy⁵¹]
姥家门口儿唱大戏。	[lau²¹tɕia⁵⁵mən³⁵kʰour²¹³tʂʰaŋ⁵¹ta⁵¹ɕi⁵¹]
接姑娘，	[tɕiɛ⁵⁵ku⁵¹ȵiaŋ⁰]
换女婿，	[xuan⁵¹ȵy²¹ɕy⁰]
小外甥，	[ɕiau²¹vai⁵¹ʂəŋ⁰]
也要去。	[iɛ²¹iau⁵¹tɕʰy⁵¹]
没有衣服没有袄，	[mei³⁵iou²¹⁻⁵⁵i⁵⁵fu⁰mei³⁵iou²¹au²¹³]
一条疙瘩打回去。	[i²¹tʰiau³⁵ka⁵⁵tei⁰ta²¹xuei³⁵tɕʰy⁵¹]

(三)

月儿明，风儿静，	[yɛ ər miəŋ,fəŋ ər tɕiəŋ]
树叶儿遮窗棂啊	[ʂu iɛr tʂɤ tʂʰuaŋ liəŋ ŋa]
蛐蛐儿叫铮⁼铮⁼，	[tɕʰy tɕʰy ər tɕiau tʂəŋ tʂəŋ]
好比那琴弦儿声。	[xau pi na tɕʰin ɕyɐr ʂəŋ]
琴声儿轻,调儿动听，	[tɕʰin ʂəŋ ər tɕʰiəŋ,tiau ər tuəŋ tʰiəŋ]
摇篮轻摆动啊，	[iau lan tɕʰiəŋ pai tuəŋ ŋa]

娘的宝宝,闭上眼睛, [ɲiaŋ ti pau pau,pi ʂaŋ ian tɕiəŋ]
睡了那个睡在梦中啊。 [ʂuei liau na kɤ ʂuei tʂai məŋ tʂuəŋ ŋa]
小鸽子高高飞, [ɕiau kɤ tʂɿ kau kau fei]
咕咕它叫连声啊, [ku ku tʰa ɕiau lian ʂəŋ ŋa]
小宝宝睡梦中, [ɕiau pau pau ʂuei məŋ tʂuəŋ]
微微他露了笑容啊。 [uei uei tʰa lou lɤ ɕiau ʐuəŋ ŋa]
眉儿那个清,脸儿那个红, [mei ər nei kɤ tɕʰiəŋ,lian ər nei kɤ xuəŋ]
好似个小英雄啊。 [xau sɿ kɤ ɕiau iəŋ ɕyəŋ ŋa]
小啊英雄,他去当兵, [ɕiau a iəŋ ɕyəŋ,tʰa tɕʰy taŋ piəŋ]
为了报国立下大功啊。 [uei lɤ pau kuo li ɕia ta kuəŋ ŋa]
露水儿洒花儿, [lu ʂuei ər ʂa xua ər]
窗外花儿红啊, [tʂʰuaŋ vai xua ər xuəŋ ŋa]
花儿开,花儿红, [xua ər kʰai,xua ər xuəŋ]
宝宝你就要长成。 [pau pau ɲi tɕiou iau tʂaŋ tʂʰəŋ]
月儿那个明,风儿那个静, [yɛ ər nai kɤ miəŋ,fəŋ ər nai kɤ tɕiəŋ]
摇篮轻摆动啊。 [iau lan tɕʰiəŋ pai tuəŋ ŋa]
娘的宝宝,闭上眼睛, [ɲiaŋ ti pau pau,pi ʂaŋ ian tɕiəŋ]
睡了那个睡在梦中啊。 [ʂuei lɤ na kɤ ʂuei tʂai məŋ tʂuəŋ ŋa]
　　　　(表演唱)

(歌谣发音人:韩玉玲)

二　故事

葫芦岛的由来

从前在一座山里,经常发生泥石流,还有大潮,[tʂʰuaŋ³⁵tɕʰian³⁵tʂai²¹i³⁵tʂuo⁵¹ʂan⁵⁵li²¹³, tɕiəŋ⁵⁵tʂʰaŋ³⁵fa⁵⁵ʂəŋ⁵⁵ɲi³⁵ʂɿ³⁵liou³⁵,xai³⁵iou²¹ta⁵¹tʂʰau³⁵]
好些人家儿都搬走了,[xau²¹ɕiɛ⁵¹ʐən⁰tɕiɛr⁰tou⁵⁵pan³⁵tʂou²¹lɤ⁰]
最后只剩下了胡家和卢家两个人家儿。[tʂuei⁵¹xou⁵¹tʂɿ²¹ʂəŋ⁵¹ɕia⁰lɤ⁰xu³⁵tɕia⁵⁵xɤ³⁵lu³⁵tɕia⁵⁵liaŋ²¹kɤ⁰ʐən³⁵tɕiar⁵⁵]
他们两家一家打渔为生,[tʰa⁵⁵mən⁰liaŋ²¹tɕia⁵⁵·²¹tɕia⁵⁵ta²¹y³⁵uei³⁵ʂəŋ⁵⁵]
一家儿打猎为生,[i²¹tɕiar⁵⁵ta²¹liɛ⁵¹uei³⁵ʂəŋ⁵⁵]
两家儿相处得非常和睦友好。[liaŋ²¹tɕiar⁵⁵ɕiaŋ⁵⁵tʂʰu²¹tɤ⁰fei⁵¹tʂʰaŋ³⁵xɤ³⁵mu⁵¹iou³⁵xau²¹³]
打渔的人打来了鱼会送给打猎的人家一半儿,[ta²¹y³⁵tɤ⁰ʐən³⁵ta²¹lai³⁵lɤ⁰y³⁵xuei⁵¹ʂuəŋ⁵¹kei²¹ta²¹liɛ⁵¹tɤ⁰ʐən³⁵tɕia⁵⁵·³⁵i³⁵pɐr⁵¹]
打猎的人打着了猎物儿也会送给打渔人家,[ta²¹liɛ⁵¹tɤ⁰ʐən³⁵ta²¹tʂau³⁵lɤ⁰liɛ⁵¹ur⁵¹iɛ²¹xuei⁵¹ʂuəŋ⁵¹kei²¹ta²¹y³⁵ʐən³⁵tɕia⁵⁵]
这样两家在这里生活了很多年。[tʂei⁵¹iaŋ⁵¹liaŋ²¹tɕia⁵⁵tʂai⁵⁵tʂɤ⁵¹li²¹ʂəŋ⁵⁵xuo³⁵lɤ⁰xən²¹

tuo⁵⁵n̠ian³⁵]

有一天打渔的人家儿打了一条一米多长的鱼,[iou²¹⁻²¹tʰian⁵⁵ta²¹ y³⁵tɤ⁰ʐən³⁵tɕiar⁵⁵ta²¹lɤ⁰⁻²¹tʰiau³⁵⁻²¹mi²¹³ tuo⁵⁵tʂʰan³⁵tɤ⁰y³⁵]

便把这条鱼从中间一切两半儿,送给了打猎人家一半儿。[pian⁵¹pa²¹tʂei⁵¹tʰiau³⁵y³⁵ tʂʰuaŋ³⁵tʂuaŋ⁵⁵tɕian⁵⁵⁻²¹tɕʰiɛ⁵⁵lian²¹pɚ⁵¹,ʂuaŋ⁵¹kei⁵¹lɤ⁰ta²¹liɛ³⁵ʐən³⁵tɕia⁵⁵⁻³⁵pɚ⁵¹]

在中间切开的地方有一粒种子,[tʂai⁵¹tʂuaŋ⁵⁵tɕian⁵⁵tɕʰiɛ⁵⁵kʰai⁵⁵tɤ⁰ti⁵¹faŋ iou²¹⁻³⁵li⁵¹tʂuaŋ²¹tʂʅ⁰]

他们便随手把这粒种子扔在了自家的园子里。[tʰa⁵⁵mən⁰pian⁵¹ʂuei³⁵ʂou²¹pa²¹tʂei⁵¹li⁵¹ tʂuaŋ²¹tʂʅ⁰ɻəŋ⁵⁵tʂai⁵¹lɤ⁰tʂʅ⁵¹tɕia⁵¹tɤ⁰yan³⁵tʂʅ⁰li⁰]

过了一个月之后,[kuo⁵¹lɤ⁰⁻³⁵ kɤ⁰yɛ⁵¹tʂʅ⁵⁵xou⁵¹]

胡家的兄弟来告诉他的父亲:[xu³⁵tɕia⁵⁵tɤ⁰ɕyəŋ⁵⁵ti⁵¹ lai⁵⁵kau⁵¹ʂu⁰tʰa⁵⁵tɤ⁰fu⁵¹tɕin⁵⁵]

"爸爸,咱们园子里长出了一颗菜秧儿。"[pa⁵¹pa⁰,tʂan³⁵mən⁰yan⁵⁵tʂʅ²¹li²¹tʂaŋ²¹tʂʰu⁵⁵lɤ⁰ i²¹kʰɤ⁵⁵tsʰai⁵¹iãr⁵⁵]

他爸爸说:"是什么菜秧儿啊?"[tʰa⁵⁵pa⁵¹pa⁰ʂuo⁵⁵:"ʂʅ⁵¹ʂən³⁵mɤ⁰tsʰai⁵¹iãr⁵⁵ŋa⁰]

儿子说:"不知道,您看看去。"[ər³⁵tʂʅ⁵¹ʂuo⁵⁵:"pu⁵¹tʂʅ⁵⁵tau⁵¹,n̠in³⁵kʰan⁵⁵kʰan⁵⁵tɕʰy⁰]

老爷子走到跟前儿一看也不认识,就说:[lau²¹iɛ³⁵tʂʅ⁵¹tʂou⁵⁵tau⁵¹kən⁵⁵tɕʰiɚr²¹⁻³⁵kʰan⁵⁵iɛ²¹ pu³⁵ʐən⁵¹ʂʅ⁰,tɕiou⁵¹ʂuo⁵⁵]

"总归是蔬菜吧,别管它,由它去吧!"[tʂuaŋ²¹kuei⁵⁵ʂʅ⁵¹ʂu⁵⁵tsʰai⁵¹pa⁰,piɛ³⁵kuan²¹tʰa⁵⁵,iou³⁵ tʰa⁵⁵tɕʰy⁵¹pa⁰]

就这样,又过了一个月,[tɕiou⁵¹tʂɤ⁵¹iaŋ⁵¹,iou⁵¹kuo⁵¹lɤ⁰⁻³⁵kɤ⁰yɛ⁵¹]

这个秧儿越长越大,爬过了墙,[tʂei⁵¹kɤ⁰iãr⁵⁵yɛ⁵¹tʂaŋ⁵⁵yɛ⁵¹ta⁵¹,pʰa³⁵kuo⁵¹lɤ⁰tɕʰiaŋ³⁵]

爬到了卢家,结了一个上小下大的果实。[pʰa³⁵tau⁵¹lɤ⁰lu³⁵tɕia⁵⁵,tɕiɛ⁵⁵lɤ⁰⁻³⁵i⁵⁵kɤ⁰ʂaŋ⁵¹ɕiau²¹ ɕia⁵¹ta⁵¹tɤ⁰kuo²¹ʂʅ³⁵]

他们两家看了看,谁也不认识,[tʰa⁵⁵mən⁰lian²¹tɕia⁵⁵kʰan⁵¹lɤ⁰kʰan⁵¹,ʂuei³⁵iɛ²¹pu³⁵ʐən⁵¹ʂʅ⁰]

又没处去问,也就随着它生长。[iou⁵¹mei³⁵tʂʰu⁵¹tɕʰy⁵¹uən⁵¹,iɛ²¹tɕiou⁵¹ʂuei⁵⁵tʂɤ⁰tʰa⁵⁵ʂəŋ⁵⁵ tʂaŋ²¹³]

有一天两家人想起来了,说:[iou²¹⁻²¹tʰian⁵⁵lian²¹tɕia⁵⁵ʐən³⁵ɕiaŋ³⁵tɕʰi²¹lai³⁵lɤ⁰,ʂuo⁵⁵]

"咱们把它吃了吧?"[tʂan³⁵mən⁰pa²¹tʰa⁵⁵tʂʰʅ⁵⁵lɤ⁰pa⁰]

这样拿起来说:"这是个什么玩意儿呢?[tʂei⁵¹iaŋ⁵¹na⁵⁵tɕʰi²¹lai³⁵ʂuo⁵⁵:"tʂei⁵¹ʂʅ⁵¹kɤ⁰ʂən³⁵ mɤ⁰van³⁵iãr⁰nɤ⁰]

终归得有个名儿啊![tʂuaŋ⁵⁵kuei⁵⁵tɤ²¹iou⁵¹kɤ⁰miəŋ³⁵ŋa⁰]

这样吧,咱们两家一家姓胡一家姓卢,就叫它葫芦吧!"[tʂei⁵¹iaŋ⁵¹pa⁰,tʂan³⁵mən⁰lian²¹ tɕia⁵⁵⁻²¹tɕia⁵⁵ɕiəŋ⁵¹xu⁵⁵⁻²¹tɕia⁵⁵ɕiəŋ³⁵lu³⁵,tɕiou⁵¹tɕiau⁵¹tʰa⁵⁵xu³⁵lu⁰pa⁰]

这样把这只葫芦切了开来,一看[tʂei⁵¹iaŋ⁰pa²¹tʂei⁵¹tʂʅ⁵⁵xu³⁵lu⁰tɕʰiɛ⁵⁵lɤ⁰kʰai⁵⁵lai,i³⁵kʰan⁵¹]

里边儿有个白白胖胖的小娃娃,[li⁵¹piɚ⁵⁵iou²¹kɤ⁰pai³⁵pai³⁵pʰaŋ⁵¹pʰaŋ⁵⁵tɤ⁰ɕiau²¹va⁵⁵va⁰]

穿着红肚兜儿,扎着两个小抓髻,[tʂʰuan⁵⁵tʂɤ⁰xuaŋ³⁵tu⁵¹touɚ⁵⁵,tʂa⁵⁵tʂɤ⁰lian²¹kɤ⁰ɕiau²¹ tʂua⁵⁵tɕi⁰]

蹦蹦跳跳的,两家人都喜爱极了。[pəŋ⁵¹pəŋ⁰tʰiau⁵¹tʰiau⁵¹tɤ⁰,liaŋ²¹tɕia⁵⁵zən³⁵tou⁰ɕi²¹ai⁵¹tɕi³⁵lɤ⁰]

说:"这是咱们两家的儿子!"[ʂuo⁵⁵：tʂei⁵¹ʂʅ⁵¹tʂan³⁵mən⁰liaŋ²¹tɕia⁵⁵tɤ⁰ər³⁵tsʅ⁵¹]

这样把这孩子就养了起来,[tʂei⁵¹iaŋ⁵¹pa²¹tʂei⁵¹xai³⁵tsʅ⁰tɕiou⁵¹iaŋ⁵¹lɤ⁰tɕʰi²¹lai⁵¹]

这个娃娃不喜欢热也不喜欢冷,[tʂei⁵¹kɤ⁰va⁵⁵va⁰pu⁵¹ɕi⁵⁵xuan⁵⁵zɤ⁵¹ie²¹pu⁵¹ɕi⁵⁵xuan⁵⁵ləŋ²¹³]

每逢到了冬天,或者是热的时候的夏天,[mei²¹fəŋ³⁵tau⁵¹lɤ⁰tuəŋ⁵⁵tʰian⁵⁵,xuo⁵¹tʂɤ²¹ʂʅ⁵¹zɤ⁵¹tɤ⁰ʂʅ³⁵xou⁰tɤ⁰ɕia⁵¹tʰian⁵⁵]

便躲到葫芦里待着。[pian⁵¹tuo²¹tau⁵¹xu³⁵lu⁰li⁵⁵tai⁵⁵tʂɤ⁰]

这一年呢,这儿啊,[tʂei⁵¹i²¹nian³⁵nɤ⁰,tʂər⁵¹za⁰]

大潮也没有发生,[ta⁵¹tʂʰau³⁵ie²¹mei⁵⁵iou⁰fa⁵⁵ʂəŋ⁵⁵]

泥石流也没有发生。[ȵi³⁵ʂʅ³⁵liou³⁵ie²¹mei⁵⁵iou²¹fa⁵⁵ʂəŋ⁵⁵]

于是两家人家儿认定这个葫芦是个宝物。[y³⁵ʂʅ⁵¹liaŋ²¹tɕia⁵⁵zən³⁵tɕiar⁵⁵zən⁵¹tiəŋ⁵¹tʂei⁵¹kɤ⁰xu³⁵lu⁰ʂʅ⁵¹kɤ⁰pau²¹u⁵¹]

这件事儿一传十十传百的,[tʂei⁵¹tɕian⁵¹ʂər⁵¹i⁵⁵tʂʰuan³⁵ʂʅ³⁵ʂʅ³⁵tʂʰuan³⁵pai²¹tɤ⁰]

就传到了龙王爷那里,[tɕiou⁵¹tʂʰuan³⁵tau⁵¹lɤ⁰luəŋ³⁵vaŋ³⁵ie⁵⁵na⁵¹li²¹³]

龙王爷觉得天下的宝贝都应该是我的,[luəŋ³⁵vaŋ³⁵ie⁵⁵tɕyɛ⁵¹tɤ⁰tʰian⁵⁵ɕia⁵¹tɤ⁰pau²¹pei⁵⁵tou⁵⁵iəŋ⁵⁵kai⁵⁵ʂʅ⁵¹uo²¹tɤ⁰]

便派人来抢。[pian⁵¹pʰai⁵¹zən³⁵lai⁵¹tɕʰiaŋ²¹³]

这样葫芦娃就不愿意了,两家的大人更是不满意,[tʂei⁵¹iaŋ⁵¹xu³⁵lu⁰va³⁵tɕiou⁵¹pu³⁵yan⁵¹i⁵¹lɤ⁰,liaŋ²¹tɕia⁵⁵tɤ⁰ta⁵¹zən³⁵kəŋ⁵¹ʂʅ⁵¹pu⁵¹man²¹i⁵¹]

一气之下就把它远远地扔了出去,[i³⁵tɕʰi⁵¹tʂʅ⁵⁵ɕia⁵¹tɕiou⁵¹pa²¹tʰa⁵⁵yan³⁵yan²¹tɤ⁰ləŋ⁵⁵lɤ⁰tʂʰu⁵⁵tɕʰy⁰]

这个葫芦飘过的地方就形成了一座岛,这就是葫芦岛的由来。[tʂei⁵¹kɤ⁰xu³⁵lu⁰pʰiau⁵⁵kuo⁵¹tɤ⁰ti⁵⁵faŋ⁵⁵tɕiou³⁵ɕiəŋ³⁵tʂʰəŋ³⁵lɤ⁰i⁵⁵tsuo⁵¹tau²¹³,tʂɤ⁵¹tɕiou⁵¹ʂʅ⁵¹xu⁰lu⁰tau²¹tɤ⁰iou³⁵lai³⁵]

(故事发音人：韩玉玲)

三　自选条目

(一)

一九二九不出手,　　　　[i⁵⁵tɕiou²¹³ər⁵¹tɕiou²¹³pu⁵¹tʂʰu⁵⁵ʂou²¹³]

三九四九冰上走,　　　　[ʂan⁵⁵tɕiou²¹³ʂʅ⁵¹tɕiou²¹³piəŋ⁵⁵ʂaŋ⁵¹tsou²¹³]

五九六九沿河看柳,　　　[u³⁵tɕiou⁵⁵liou⁵⁵tɕiou²¹³ian⁵⁵xɤ³⁵kʰan⁵¹liou²¹³]

七九河开,　　　　　　　[tɕʰi⁵⁵tɕiou²¹³xɤ³⁵kʰai⁵⁵]

八九燕来,　　　　　　　[pa⁵⁵tɕiou²¹³ian⁵¹lai³⁵]

九九搭一九,　　　　　　[tɕiou³⁵tɕiou²¹³ta⁵⁵i²¹tɕiou²¹³]

红牛遍地走。　　　　　　[xuəŋ³⁵ȵiou³⁵pian⁵¹ti⁵¹tsou²¹³]

(二)

外甥打灯笼——照旧(舅)。[vai⁵¹ʂəŋ⁰tɑ²¹təŋ⁵⁵luəŋ⁰, tʂau⁵¹tɕiou⁵¹]

(三)

门缝儿里瞧人——把人看扁了。[mən³⁵fɚ⁵¹li²¹³tɕʰiau³⁵ʐən³⁵, pa²¹ʐən³⁵kʰan⁵¹pian²¹lɤ⁰]

(四)

骑驴看账本儿——走着瞧。[tɕʰi³⁵ly³⁵kʰan⁵¹tʂaŋ⁵¹pər²¹³, tsou²¹tʂɤ⁰tɕʰiau³⁵]

(五)

黄鼠狼给鸡拜年——没安好心。[xuaŋ³⁵ʂu²¹laŋ³⁵kei⁵¹tɕi⁵⁵pai⁵¹nian³⁵, mei⁵⁵an²¹xau²¹ɕin⁵⁵]

(六)

牛犊拉车——乱套。[ɲiou³⁵tu³⁵la⁵⁵tʂʰɤ⁵⁵, luan⁵¹tʰau⁵¹]

(七)

瞎子点灯——白费蜡。[ɕia⁵⁵tsɿ⁰tian²¹təŋ⁵⁵, pai³⁵fei⁵¹la⁵¹]

(八)

小葱拌豆腐——一青(清)二白。[ɕiau²¹tsʰuəŋ⁵⁵pan⁵¹tou⁵¹fu⁰, i²¹tɕʰiəŋ⁵⁵ər⁵¹pai³⁵]

(九)

肉包子打狗——有去无回。[ʐou⁵¹pau⁵⁵tsɿ⁰ta³⁵kou²¹³, iou²¹tɕʰy⁵¹u⁵⁵xuei³⁵]

(十)

王婆卖瓜——自卖自夸。[vaŋ³⁵pʰuo³⁵mai⁵¹kua⁵⁵, tsɿ⁵¹mai⁵¹tsɿ⁵¹kʰua⁵⁵]

(十一)

屎壳郎搬家——滚球儿(尿儿)。[ʂɿ²¹kʰɤ⁰laŋ⁵¹pan⁵⁵tɕia⁵⁵, kuən²¹tɕʰiour³⁵]

(十二)

老白菜帮子——中看不中吃。　[lau²¹pai³⁵tʂʰai⁵¹paŋ⁵⁵tsʅ⁰,tsuəŋ⁵⁵kʰan⁵¹pu⁵¹tsuəŋ⁵⁵tʂʅ⁵⁵]

(十三)

狗攮鸭子——呱呱叫。　[kou³⁵ȵian²¹ia⁵⁵tsʅ⁰, kua⁵⁵kua⁵⁵tɕiau⁵¹]

(十四)

擀面杖吹火——一窍儿不通。　[kan²¹mian⁰tʂaŋ⁵¹tʂʰuei⁵⁵xuo²¹³,i³⁵tɕʰiau⁵¹pu⁵¹tʰuəŋ⁵⁵]

(十五)

八只脚的螃蟹——横行霸道。　[pa⁵⁵tʂʅ⁵⁵tɕiau²¹³tɤ⁰pʰaŋ³⁵ɕiɛ⁰,xəŋ³⁵ɕiəŋ³⁵pa⁵¹tau⁵¹]

(十六)

茅坑儿里的石头——又臭又硬。　[mau³⁵kʰə˞r⁵⁵li²¹³tɤ⁰ʂʅ³⁵tʰou⁰,iou⁵¹tʂʰou⁵¹iou⁵¹iəŋ⁵¹]

(十七)

猪鼻子插大葱——装象(相)。　[tʂu⁵⁵pi³⁵tsʅ⁰tʂʰa²¹ta⁵¹tʂʰuəŋ⁵⁵,tsuaŋ⁵⁵ɕiaŋ⁵¹]

(十八)

今天府门外悬灯结彩,	[tɕin tʰian fu mən vai ɕyan təŋ tɕiɛ tʂʰai]
锣鼓喧天就吹打起来。	[luo ku ɕyan tʰian tɕiou tʂʰuei ta tɕʰi lai]
我们老爷他迎出了府门外,	[uo mən lau iɛ tʰa iəŋ tʂʰu lɤ fu mən vai]
把这位贵公子让到书斋呀。	[pa tʂɤ uei kuei kuəŋ tsʅ zaŋ tau ʂu tsai ia]
去花园我给小姐把花采,	[tɕʰy xua yan uo kei ɕiau tɕiɛ pa xua tʂʰai]
在前厅遇见了马金才,	[tsai tɕʰian tʰiəŋ y tɕian liau ma tɕin tsʰai]
他言说,	[tʰa ian ʂuo]
花厅摆酒把姑老爷款待,	[xua tʰiəŋ pai tɕiou pa ku lau iɛ kʰuan tai]
因此上我给小姐报喜来。	[in tsʰʅ ʂaŋ uo kei ɕiau tɕiɛ pau ɕi lai]

(表演唱)

(自选条目1-18发音人：韩玉玲)

义 县

一 歌谣

（一）

春天里，跳猴筋儿， [tʂʰuən tʰian li,tʰiau xou tɕiər]
你我他呀三个人儿。 [ɲi uo tʰa ia ʂan kɤ zər]
没呀没动天儿，没呀没动地儿， [mei ia mei tuŋ tiɐr,mei ia mei tuŋ tiɐr]
跳起猴筋儿真呀真精神。 [tʰiau tɕʰi xou tɕiər tʂən ia tʂən tɕiŋ ʂən]
伸伸腿儿，抻抻腰儿， [ʂən ʂən tʰuər,tʂʰən tʂʰən iaur]
蹦跶蹦跶消化食儿啊,依儿呀儿哟。 [pəŋ ta pəŋ ta ɕiau xua ʂər a,i ər ia ər iou]

（表演唱）

（二）

小皮球儿， [ɕiau²¹pʰi³⁵tɕʰiour³⁵]
架脚踢， [tɕia⁵³tɕiau²¹tʰi⁴⁴]
马莲开花二十一； [ma²¹liaŋ⁵³kʰai⁴⁴xua⁴⁴ər⁵³ʂʅ³⁵·⁴⁴i]
二五六， [ər⁵³u²¹liou⁵¹]
二五七， [ər⁵³u²¹tɕʰi⁴⁴]
二八二九三十一； [ər⁵³pa⁴⁴ər⁵³tɕiou²¹san⁴⁴ʂʅ³⁵·⁴⁴i]
三五六， [ʂan⁴⁴u²¹liou⁵¹]
三五七， [ʂan⁴⁴u²¹tɕʰi⁴⁴]
三八三九四十一； [ʂan⁴⁴pa⁴⁴ʂan⁴⁴tɕiou²¹ʂʅ⁵³ʂʅ³⁵·⁴⁴i]
四五六， [ʂʅ⁵³u²¹liou⁵¹]
四五七， [ʂʅ⁵³u²¹tɕʰi⁴⁴]
四八四九五十一； [ʂʅ⁵³pa⁴⁴ʂʅ⁵³tɕiou²¹u²¹ʂʅ³⁵·⁴⁴i]
五五六， [u³⁵u²¹liou⁵¹]
五五七， [u³⁵u²¹tɕʰi⁴⁴]
五八五九六十一； [u²¹pa⁴⁴u³⁵tɕiou²¹liou⁵³ʂʅ³⁵·⁴⁴i]
六五六， [liou⁵³u²¹liou⁵¹]

六五七，　　　　　　　　　　[liou⁵³u²¹tɕhi⁴⁴]
六八六九七十一；　　　　　　[liou⁵³pa⁴⁴liou⁵³tɕiou²¹tɕhi⁴⁴ʂɿ³⁵i⁴⁴]
七五六，　　　　　　　　　　[tɕhi⁴⁴u²¹liou⁵¹]
七五七，　　　　　　　　　　[tɕhi⁴⁴u²¹tɕhi⁴⁴]
七八七九八十一；　　　　　　[tɕhi⁴⁴pa⁴⁴tɕhi⁴⁴tɕiou²¹pa⁴⁴ʂɿ³⁵i⁴⁴]
八五六，　　　　　　　　　　[pa⁴⁴u²¹liou⁵¹]
八五七，　　　　　　　　　　[pa⁴⁴u²¹tɕhi⁴⁴]
八八八九九十一；　　　　　　[pa⁴⁴pa⁴⁴pa⁴⁴tɕiou²¹tɕiou²¹ʂɿ³⁵i⁴⁴]
九五六，　　　　　　　　　　[tɕiou³⁵u²¹liou⁵¹]
九五七，　　　　　　　　　　[tɕiou³⁵u²¹tɕhi⁴⁴]
九八九九一百一。　　　　　　[tɕiou²¹pa⁴⁴tɕiou³⁵tɕiou²¹⁵³i⁴⁴pai²¹i⁴⁴]

（三）

不倒翁，　　　　　　　　　　[pu⁵³tau²¹uəŋ⁴⁴]
翁不倒。　　　　　　　　　　[uəŋ⁴⁴pu⁵³tau²¹³]
时常陪着孩子玩儿，　　　　　[ʂɿ³⁵tʂhaŋ³⁵phei³⁵tʂɤ⁰xai³⁵tʂɿ⁰uɐr³⁵]
上轻下重真灵巧。　　　　　　[ʂaŋ⁵³tɕhiŋ⁴⁴ɕia⁵³tʂuŋ⁵³tʂən⁴⁴liŋ³⁵tɕhiau²¹³]
不倒翁，　　　　　　　　　　[pu⁵³tau²¹uəŋ⁴⁴]
翁不倒。　　　　　　　　　　[uŋ⁴⁴pu⁵³tau²¹³]
时常陪着孩子玩儿，　　　　　[ʂɿ³⁵tʂhaŋ³⁵phei³⁵tʂɤ⁰xai³⁵tʂɿ⁰uɐr³⁵]
翁虽老来心不老。　　　　　　[uəŋ⁴⁴ʂuei⁴⁴lau²¹lai³⁵ɕin⁴⁴pu⁵³lau²¹³]

（四）

东闪西闪光一点。　　　　　　[tuŋ⁴⁴ʂan²¹ɕi⁴⁴ʂan²¹kuaŋ⁴⁴⁵³tian²¹³]
南闪北闪大雨点儿。　　　　　[nan³⁵ʂan²¹pei³⁵ʂan²¹ta⁵³y³⁵tiɐr²¹³]
东闪日头红，　　　　　　　　[tuŋ⁴⁴ʂan²¹ʐɿ⁵¹thou⁰xuŋ³⁵]
西闪雨朦朦。　　　　　　　　[ɕi⁴⁴ʂan²¹y²¹məŋ³⁵məŋ⁰]
南闪长流水，　　　　　　　　[nan³⁵ʂan²¹tʂhaŋ³⁵liou³⁵ʂuei²¹³]
北闪猛南风。　　　　　　　　[pei³⁵ʂan³⁵məŋ²¹nan³⁵fəŋ⁴⁴]

（歌谣发音人：王维芝）

二　故事

牛郎和织女

从前,有个小伙子,[tʂhuŋ³⁵tɕhiɛn³⁵,iou²¹kɤ⁰ɕiau³⁵xuo²¹tʂɿ⁰]
父母都去世了。[fu⁵³mu²¹tou⁴⁴tɕhy⁵³ʂɿ⁵¹lɤ⁰]
他和一个老牛相依为命,[tha⁴⁴xɤ⁵³i⁵³kɤ⁰lau²¹ȵiou³⁵ɕiaŋ⁴⁴⁴⁴uei³⁵miŋ⁵¹]

大家都管他叫牛郎。[ta⁵³tɕia⁴⁴tou⁴⁴kuan²¹tʰa⁴⁴tɕiau⁵³ȵiou³⁵laŋ³⁵]
他靠老牛给别人儿耕地为生。[tʰa⁴⁴kʰau⁵³lau²¹ȵiou⁵³kei²¹piɛ³⁵zɚ⁰kəŋ⁴⁴ti⁵³uei³⁵ʂəŋ⁴⁴]
老牛其实是天上的金牛星下凡。[lau²¹ȵiou³⁵tɕʰi³⁵ʂʅ⁵³ʂʅ⁵³tʰian⁴⁴ʂaŋ⁵¹ti⁰tɕin⁴⁴ȵiou⁴⁴ɕiŋ⁴⁴ɕia⁵³fan³⁵]
它非常喜欢牛郎的勤劳善良,[tʰa⁴⁴fei⁴⁴tʂʰaŋ³⁵ɕi²¹xuan⁰ȵiou³⁵laŋ³⁵ti⁰tɕʰin³⁵lau³⁵ʂan⁵³liaŋ³⁵]
想给他娶一房媳妇儿。[ɕiaŋ³⁵kei²¹tʰa⁴⁴tɕʰy²¹⁵³i⁵³faŋ³⁵ɕi²¹fɚ⁵¹]
这条老牛得知,天上的仙女儿要到村东湖里边洗澡儿。[tʂei⁵³tʰiau⁴⁴lau²¹ȵiou³⁵tɤ²¹tʂʅ⁴⁴,tʰian⁴⁴ʂaŋ⁵¹ti⁰ɕian⁴⁴ȵyər⁴⁵iau⁵³tau⁵³tʂʰuən⁴⁴tuŋ⁴⁴xu³⁵li⁵³pian⁴⁴ɕi⁵³tsaur²¹³]
它就给牛郎托梦,[tʰa⁴⁴tɕiou⁵³kei²¹ȵiou³⁵laŋ³⁵tʰuo⁴⁴məŋ⁵¹]
让牛郎第二天早晨去村东湖湖边儿去。[zaŋ⁵³ȵiou³⁵laŋ³⁵ti⁵³ər⁵³tʰian⁴⁴tsau²¹tʂən⁰tɕʰy⁵³tʂʰuən⁴⁴tuŋ⁴⁴xu³⁵xu³⁵piɐr⁴⁴tɕʰy⁵¹]

第二天牛郎朦朦胧胧地就去了,[ti⁵³ər⁵³tʰian⁴⁴ȵiou³⁵laŋ³⁵məŋ³⁵məŋ³⁵luŋ³⁵luŋ³⁵ti⁰tɕiou⁵³tɕʰy⁵¹lɤ⁰]
看见湖,湖里有七位仙女儿在洗澡儿。[kʰan⁵³tɕian⁴⁴xu³⁵,xu³⁵li²¹iou³⁵tɕʰi⁵³uei⁵³ɕian⁴⁴ȵyər²¹tsai⁵³ɕi³⁵tsaur²¹³]
他就拿起了树上挂着的粉色的衣服就跑,[tʰa⁴⁴tɕiou⁵³na³⁵tɕʰi²¹lɤ⁰ʂu⁵³ʂaŋ⁵³kua⁵³tsɤ⁰ti⁰fən²¹ʂɤ⁵¹ti⁰i⁴⁴fu⁰tɕiou⁵³pʰau²¹³]
一直跑到家。[i⁵³tʂʅ³⁵pʰau²¹tau⁵³tɕia⁴⁴]
傍晚有个仙女儿,她就是织女,敲他家的门。[paŋ⁵³uan²¹iou²¹kɤ⁰ɕian⁴⁴ȵyər²¹³,tʰa⁴⁴tɕiou⁵³ʂʅ⁵³tʂʅ⁴⁴ny²¹³,tɕʰiau⁴⁴tʰa⁴⁴tɕia⁵³ti⁰mən³⁵]
他俩就做上了夫妻。[tʰa⁴⁴lia²¹tɕiou⁵³tsuo⁵³ʂaŋ⁵¹liau⁰fu⁴⁴tɕʰi⁴⁴]
一晃儿过了三年。[i⁵³xuãr²¹kuo⁵³liau²¹san⁴⁴ȵian³⁵]
(他们的)日子过得非常美满,[zʅ⁵¹tsʅ⁰kuo⁵¹ti⁰fei⁴⁴tʂʰaŋ³⁵mei⁴⁴man²¹³]
(织女)给他生了一男一女。[kei²¹tʰa⁴⁴ʂəŋ⁴⁴liau⁰i⁵³nan³⁵i⁵³ny²¹³]
这时天上的玉皇大帝知道了。[tʂɤ⁵³ʂʅ³⁵tʰian⁴⁴ʂaŋ⁵¹ti⁰y⁵³xuaŋ³⁵ta⁵³ti⁵³tʂʅ⁴⁴tau⁰lɤ⁰]
有一天,天下大雨,狂风大作。[iou²¹i⁵³tʰian⁴⁴,tʰian⁴⁴ɕia⁵³ta⁵³y²¹³,kʰuaŋ³⁵fəŋ⁴⁴ta⁵³tsuo⁵¹]
织女就不见了。[tsʅ⁴⁴ny²¹tɕiou⁵³pu³⁵tɕian⁵¹lɤ⁰]
两个孩子哭着喊着要妈妈。[liaŋ²¹kɤ⁰xai⁵³tsʅ⁰kʰu⁵³tsɤ⁰xan²¹tsɤ⁰iau⁵³ma⁴⁴ma⁰]
牛郎非常着急。[ȵiou³⁵laŋ³⁵fei⁴⁴tʂʰaŋ³⁵tʂau⁵³tɕi³⁵]
这时老牛说话了,它说你把我角拿下来,变两个箩筐。[tʂɤ⁵³ʂʅ³⁵lau²¹ȵiou³⁵ʂuo⁴⁴xua⁵¹lɤ⁰,tʰa⁴⁴ʂuo⁴⁴ni²¹pa⁵³uo³⁵tɕiau²¹na³⁵ɕia⁵¹lai⁰,pian⁵³liaŋ²¹kɤ⁰luo⁵³kʰuaŋ⁴⁴]
牛郎还有点儿不相信,这牛牛角就掉下来了,果然变成了两个箩筐。[ȵiou³⁵laŋ³⁵xai³⁵iou³⁵tiɐr³⁵pu⁵³ɕiaŋ⁴⁴ɕin⁵¹,tʂɤ⁵³ȵiou³⁵ȵiou³⁵tɕiau⁵³tɕiou⁵³tiau⁵³ɕia⁵¹lai⁰lɤ⁰,kuo²¹zan³⁵pian⁵³tʂʰəŋ³⁵liau²¹liaŋ²¹kɤ⁰luo⁵³kʰuaŋ⁴⁴]
牛郎一见,装上孩子拿起扁担,挑起来就追。[ȵiou³⁵laŋ³⁵i³⁵tɕian⁵¹,tʂuaŋ⁴⁴ʂaŋ⁵³xai³⁵tsʅ⁰na³⁵tɕʰi³⁵pian²¹tan⁰,tʰiau⁴⁴tɕʰi²¹lai⁰tɕiou⁵³tsuei⁴⁴]

（他们）好像一阵清风腾云驾雾地就起来了。[xau²¹ɕiaŋ⁵³˙³⁵ i¹ tʂən⁵³ tɕʰiŋ⁴⁴ fəŋ⁴⁴ tʰən³⁵ yn³⁵ tɕia⁵ u⁵¹ ti tɕiou⁵³ tɕʰi²¹ lai¹ lɤ⁵]

（他们）一直追呀追。[i⁵³ tʂʅ³⁵ tʂuei⁴⁴ ia⁵ tʂuei⁴⁴]

眼瞅要追上了,被天上王母娘娘发现了。[ian³⁵ tʂʰou²¹ iau⁵³ tʂuei⁴⁴ ʂaŋ⁵¹ lɤ⁰, pei⁵³ tʰian⁴⁴ ʂan⁵³ uaŋ³⁵ mu⁰ ȵiaŋ³⁵ ȵiaŋ⁰ fa⁴⁴ ɕian⁵¹ lɤ⁰]

王母娘娘拿头上的金簪在他俩的中间一划,[uaŋ³⁵ mu²¹ ȵiaŋ³⁵ ȵiaŋ⁰ na⁰ tʰou⁰ ʂaŋ⁵¹ ti tɕin⁰ tsan⁴⁴ tsai⁵³ tʰa⁵ lia²¹ ti⁰ tʂuŋ⁴⁴ tɕian¹³·⁴⁴ xua⁵¹]

这时出现了一条宽宽的天河。[tʂɤ⁵³˙³⁵ ʂʅ³⁵ tʂʰu⁴⁴ ɕian⁵³ liau²¹·⁵³ tʰiau³⁵ kʰuan⁴⁴ kʰuan tɤ⁰ tʰian⁴⁴ xɤ³⁵]

喜鹊为了同情牛郎和织女,[ɕi²¹ tɕʰyɛ⁵³ uei⁵³ liau²¹ tʰuŋ⁰ tɕʰiŋ³⁵ ȵiou³⁵ laŋ³⁵ xɤ⁵ tʂʅ⁴⁴ ny²¹³]

每年农历七月初七都聚在天河边,[mei²¹ ȵian³⁵ nuŋ³⁵ li⁵³ tɕʰi⁴⁴ yɛ⁵³ tʂʰu⁴⁴ tɕʰi⁵ tou⁰ tɕy⁵³ tsai⁵³ tʰian⁴⁴ xɤ³⁵ pian⁴⁴]

口衔着尾给搭起一座鹊桥,让牛郎和织女相会。[kʰou²¹ ɕiɛn³⁵ tʂau⁰ uei²¹ kei²¹·⁴⁴ tɕʰi²¹·³⁵ tʂuo⁵³ tɕʰyɛ⁵³ tɕʰiau³⁵, zaŋ⁵³ ȵiou⁵ laŋ⁵ xɤ⁵ tʂʅ⁴⁴ ny²¹ ɕiaŋ⁵¹ xuei⁵¹]

（故事发音人：张才丰）

大佛寺的传说

传说中大佛寺供奉着七尊大佛,[tʂʰuan³⁵ ʂuo⁴⁴ tʂuŋ⁴⁴ ta⁵³ fɤ³⁵ sʅ⁵³ kuŋ⁵³ fəŋ⁵¹ tʂɤ⁰ tɕʰi⁴⁴ tʂuən⁴⁴ ta⁵³ fɤ³⁵]

她们是姐妹七人。[tʰa⁴⁴ mən⁰ ʂʅ⁵³ tɕiɛ²¹ mei⁵³ tɕʰi⁴⁴ zən³⁵]

她们个儿个儿长得非常地漂亮,心地特别地善良,心灵手巧,[tʰa⁴⁴ mən⁰ kɤɹ⁵³ kɤɹ⁵³ tʂaŋ²¹ tɤ⁰ fei⁴⁴ tʂʰaŋ³⁵ ti⁰ pʰiau⁵¹ liaŋ⁰, ɕin⁴⁴ ti⁵³ tɤ⁵³ piɛ³⁵ ti⁰ ʂan⁵³ liaŋ³⁵, ɕin⁴⁴ liŋ³⁵ ʂou³⁵ tɕʰiau²¹³]

当地人称为她们是七仙女。[taŋ⁴⁴ ti⁵³ zən³⁵ tʂʰəŋ⁰ uei⁵³ tʰa⁵ mən⁵³ ʂʅ⁵³ tɕʰi⁴⁴ ɕian⁵ ny²¹³]

有一天,七妹到河边为乡亲们去洗衣服。[iou²¹·⁵³ i¹ tʰian⁴⁴, tɕʰi⁴⁴ mei⁵³ tau⁵³ xɤ³⁵ pian⁴⁴ uei⁵³ ɕiaŋ⁴⁴ tɕʰin⁰ mən⁰ tɕʰy⁰ ɕi²¹·⁴⁴ fu¹]

正洗着的时候儿,身边来了一位白胡子老头儿。[tʂəŋ⁵³ ɕi²¹ tʂɤ⁰ tɤ⁰ ʂʅ⁵ xouɹ, ʂən⁴⁴ pian⁴⁴ lai³⁵ lɤ⁰ i¹ uei⁵³ pai² xu⁵ tsʅ⁵ lau²¹ tʰouɹ³⁵]

七妹正觉得纳闷儿,[tɕʰi⁴⁴ mei⁵³ tʂəŋ⁵³ tɕyɛ³⁵ tɤ²¹ na⁵³ məɹ⁵¹]

老头儿开口说话了：[lau²¹ tʰouɹ³⁵ kʰai⁴⁴ kʰou²¹ ʂuo⁰ xua⁵¹ lɤ⁰]

"我是玉皇大帝派来的使者,["uo²¹·⁵³ ʂʅ⁵³ y⁵ xuaŋ³⁵ ta⁵³ ti⁵³ pʰai⁵³ lai⁵ ti⁰ ʂʅ³⁵ tʂɤ²¹³]

因为你们七姐妹为乡亲们做了许多好事,决定收你们为佛。"[in⁴⁴ uei⁵³ ȵi²¹ mən⁰ tɕʰi⁴⁴ tɕiɛ²¹ mei⁵³ uei⁵³ ɕiaŋ⁵ tɕʰin⁰ mən⁰ tsuo⁰ lɤ⁰ ɕy⁰ tuo⁴⁴ xau²¹·⁵¹ ʂʅ⁵, tɕyɛ⁵³ tiŋ⁵³ ʂou⁴⁴ ȵi²¹ mən⁰ uei³⁵ fɤ³⁵]

说完老头儿走了。[ʂuo⁴⁴ uan³⁵ lau²¹ tʰouɹ³⁵ tʂou⁵ lɤ⁰]

（七妹）回家以后,到家跟姐姐们说了。[xuei³⁵ tɕia⁴⁴·²¹ i¹ xou⁵¹, tau⁵ tɕia⁵ kən⁵ tɕiɛ²¹ tɕiɛ⁵ mən⁰ ʂuo⁴⁴ lɤ⁰]

说："方才我碰见一个老头儿跟我说,要收咱们为佛。"[ʂuo⁴⁴：faŋ⁴⁴ tʂʰai³⁵ uo²¹ pʰəŋ⁵³ tɕian⁵³ i¹·³⁵ kɤ⁰ lau²¹ tʰouɹ³⁵ kən⁴⁴ uo⁰ ʂuo⁴⁴, iau⁵³ ʂou⁵ tsan⁵ mən⁰ uei⁵ fɤ³⁵]

姐妹们说："哎呀,那咱们以后就不能再为乡亲们做事儿了。"[tɕiɛ²¹mei⁵¹mən⁰ṣuo⁴⁴:uei⁵¹ia⁰,na⁵³tʂan³⁵mən⁰i²¹xou⁵³tɕiou⁵³pu⁵³nəŋ³⁵tṣai⁵³uei⁵³ɕiaŋ⁴⁴tɕʰin⁰mən⁰tṣuo⁵³sər⁵¹lɤ⁰]

说："咱赶紧忙活多做出点儿衣裤、袜子、鞋给乡亲们。"[ṣuo⁴⁴:tʂan³⁵kan³⁵tɕin²¹maŋ³⁵xɤ⁰tuo⁴⁴tʂuo⁵³tʂʰu⁴⁴tiɛr²¹⁴⁴kʰu⁵¹、ua⁵¹tṣɿ⁰、ɕiɛ³⁵kei²¹ɕiaŋ⁴⁴tɕʰin⁰mən⁰]

她们姐儿几个忙了一夜,才把这些东西分到各家各户儿的门口儿。[tʰa⁴⁴mən⁰tɕiɛr³⁵tɕi²¹kɤ⁰maŋ³⁵lɤ⁰i⁰³⁵iɛ⁵¹,tʂai³⁵pa⁵³tʂɤ⁵³ɕiɛ⁴⁴tuŋ⁴⁴ɕi⁰fən⁰tau⁵³tɕia⁵³kɤ⁵³xur⁵¹tɤ⁰mən⁰kʰour²¹³]

事情做完了,[ṣɿ⁵¹tɕʰiŋ⁰tʂuo⁵³uan³⁵lɤ⁰]

姐妹们看时辰也不早了,赶紧梳妆打扮。[tɕiɛ²¹mei⁵¹mən⁰kʰan⁵³ṣɿ³⁵tʂʰən⁰iɛ⁵³pu⁵³tṣau²¹lɤ⁰,kan³⁵tɕin²¹ṣu⁴⁴tʂuaŋ⁴⁴ta²¹pan⁵¹]

七妹呢净光顾着帮姐姐们梳妆打扮,[tɕʰi⁴⁴mei⁵¹ȵiɛ⁰tɕiŋ⁵³kuaŋ⁴⁴ku⁵³tʂɤ⁰paŋ⁴⁴tɕiɛ²¹tɕiɛ⁰mən⁰ṣu⁴⁴tʂuaŋ⁴⁴ta²¹pan⁵¹]

把自己没收拾完。正这时候,玉皇大帝就来收她们来了。[pa²¹tʂɿ⁵³tɕi⁰mei⁵¹ṣou⁴⁴ṣɿ⁰uan³⁵。tʂəŋ⁵³tʂɤ⁵³ṣɿ³⁵xou⁰,y⁵³xuaŋ³⁵ta⁵³ti⁰tɕiou⁵³lai³⁵ṣou⁴⁴tʰa⁴⁴mən⁰lai⁰lɤ⁰]

六位姐姐都已归位坐好,[liou⁵³uei⁵³tɕiɛ²¹tɕiɛ⁰tou⁴⁴i²¹kuei⁵³tṣuo⁵³xau²¹³]

但是七妹披着半截儿衣服,[tan⁵³ṣɿ⁵³tɕʰi⁴⁴mei⁵³pʰi⁴⁴tʂɤ⁰pan⁵³tɕiɛr³⁵⁴⁴fu⁰]

玉皇大帝就把她一起收上佛了。[y⁵³xuaŋ³⁵ta⁵³ti⁰tɕiou⁵³pa²¹tʰa⁴⁴i⁵³tɕʰi²¹ṣou⁴⁴ṣaŋ⁵³fɤ³⁵lɤ⁰]

现在我们到大佛寺里看到的佛像儿有一个身披半截儿衣服的佛像儿,就是传说中的七妹,[ɕiɛn⁵³tṣai³⁵uo²¹mən⁰tau⁵³ta⁵³fɤ³⁵ṣɿ⁵³li⁰kʰan⁵³tau⁵³tɤ⁰fɤ³⁵ɕiãr⁵³iou²¹⁵³⁵kɤ⁰ṣən⁴⁴pʰi⁴⁴pan⁵³tɕiɛr³⁵⁴⁴fu⁰tɤ⁰fɤ³⁵ɕiãr⁵³,tɕiou⁵³ṣɿ⁵³tʂʰuan⁴⁴ṣuo⁰tṣuŋ⁵³tɤ⁰tɕʰi²¹mei⁵¹]

（其余）六位都是她的姐姐。[liou⁵³uei⁵³tou³⁵ṣɿ⁵³tʰa⁴⁴tɤ⁰tɕiɛ²¹tɕiɛ⁰]

（故事发音人：刘华）

三　自选条目

从东庄到西庄,	[tʂʰuŋ tuŋ tʂuaŋ tau ɕi tʂuaŋ]
我到处把您找哇,	[uo tau tʂʰu pa ȵin tṣau ua]
找了这么大半天,	[tṣau lɤ tṣei mən ta pan tʰian]
才把您找着。	[tʂʰai pa ȵin tṣau tṣau]
您看我这两只脚走起了泡哇。	[ȵin kʰan uo tʂɤ liaŋ tʂɿ tɕiau tṣou tɕʰi liau pʰau ua]
衣衫湿透了我的周身汗水浇。	[i ṣan ṣɿ tʰou liau uo ti tṣou ṣən xan ṣuei tɕiau]
原来您在这儿啊。	[yan lai ȵin tṣai tʂɐr za]
参加劳动啊,哎哟哟,	[tʂʰan tɕia lau tuŋ a，ei iou iou]
我的何书记。	[uo ti xɤ ṣu tɕi]
哎哟哟,我的书记哟。	[ei iou iou，uo ti ṣu tɕi iou]

干这样累的活儿	[kan tʂɤ iaŋ lei ti xuor]
你怎么能够吃得消哇。	[n̠i tsən mɤ nəŋ kou tʂʰʅ ti ɕiau ua]
吃不消哇，	[tʂʰʅ pu ɕiau ua]
吃不消哇，	[tʂʰʅ pu ɕiau ua]
我给您搓了一碗元宵，	[uo kei n̠in tsʰuo lɤ i uan yan ɕiau]
擦擦汗您歇一会儿吧，	[tʂʰa tʂʰa xan n̠in ɕiɛ i xuɚ pa]
您看看，这么一碗，	[n̠in kʰan kʰan, tʂɤ mə i uan]
又热又粘又香又甜，	[iou zʅ iou n̠ian iou ɕiaŋ iou tʰian]
滴溜溜的圆的团团转的，	[ti liou liou tɤ yan tɤ tʰuan tʰuan tsuan tɤ]
粘米面儿的白糖馅儿的。	[n̠ian mi miɚ tɤ pai tʰaŋ ɕiɚ ti]
大个儿的元宵哇。	[ta kɚ ti yan ɕiau ua]

（表演唱）

（自选条目发音人：杨桂双）

北 票

一 歌谣

(一)

你拍一,我拍一,　　　　　　　　　[n̠i²¹ pʰai⁴⁴ i⁴⁴,uo²¹ pʰai⁴⁴ i⁴⁴]
一个小孩儿坐飞机。　　　　　　　[i⁴⁴ kɤ⁵³ ɕiau²¹ xɐr³⁵ tsuo⁵³ fei⁴⁴ tɕi⁴⁴]
你拍二,我拍二,　　　　　　　　　[n̠i²¹ pʰai⁴⁴ ər⁵¹,uo²¹ pʰai⁴⁴ ər⁵¹]
两个小孩儿捡破烂儿。　　　　　　[liaŋ²¹ kɤ⁵³ ɕiau²¹ xɐr³⁵ tɕian²¹ pʰɤ⁵³ lər⁵¹]
你拍三,我拍三,　　　　　　　　　[n̠i²¹ pʰai⁴⁴ san⁴⁴,uo²¹ pʰai⁴⁴ san⁴⁴]
三个小孩儿吃饼干。　　　　　　　[san⁴⁴ kɤ⁵³ ɕiau²¹ xɐr³⁵ tʂʰʅ⁴⁴ piəŋ²¹ kan⁴⁴]
你拍四,我拍四,　　　　　　　　　[n̠i²¹ pʰai⁴⁴ sʅ⁵¹,uo²¹ pʰai⁴⁴ sʅ⁵¹]
四个小孩儿写大字。　　　　　　　[sʅ⁵³ kɤ⁵³ ɕiau²¹ xɐr³⁵ ɕiɛ²¹ ta⁵³ tsʅ⁵¹]
你拍五,我拍五,　　　　　　　　　[n̠i²¹ pʰai⁴⁴ u²¹³,uo²¹ pʰai⁴⁴ u²¹³]
五个小孩儿打老虎。　　　　　　　[u²¹ kɤ⁵³ ɕiau²¹ xɐr³⁵ ta²¹ lau³⁵ xu²¹³]
你拍六,我拍六,　　　　　　　　　[n̠i²¹ pʰai⁴⁴ liou⁵¹,uo²¹ pʰai⁴⁴ liou⁵¹]
六碗包子六碗肉。　　　　　　　　[liou⁵³ uan²¹ pau⁵⁵ tsʅ²¹ liou⁵³ uan²¹ z̠ou⁵¹]
你拍七,我拍七,　　　　　　　　　[n̠i²¹ pʰai⁴⁴ tɕʰi⁴⁴,uo²¹ pʰai⁴⁴ tɕʰi⁴⁴]
七个小孩儿打野鸡。　　　　　　　[tɕʰi⁴⁴ kɤ⁵³ ɕiau²¹ xɐr³⁵ ta³⁵ iɛ²¹ tɕi⁴⁴]
你拍八,我拍八,　　　　　　　　　[n̠i²¹ pʰai⁴⁴ pa⁴⁴,uo²¹ pʰai⁴⁴ pa⁴⁴]
八个小孩儿吹喇叭。　　　　　　　[pa⁴⁴ kɤ⁵³ ɕiau²¹ xɐr³⁵ tʂʰuei⁴⁴ la²¹ pa⁰]
你拍九,我拍九,　　　　　　　　　[n̠i²¹ pʰai⁴⁴ tɕiou²¹³,uo²¹ pʰai⁴⁴ tɕiou²¹³]
九个小孩儿喝烧酒。　　　　　　　[tɕiou²¹ kɤ⁵³ ɕiau²¹ xɐr³⁵ xɤ⁴⁴ ʂau⁴⁴ tɕiou²¹³]
你拍十,我拍十,　　　　　　　　　[n̠i²¹ pʰai⁴⁴ sʅ³⁵,uo²¹ pʰai⁴⁴ sʅ³⁵]
谁敢当做蒋介石。　　　　　　　　[ʂei³⁵ kan²¹ taŋ⁴⁴ tsuo⁵³ tɕiaŋ²¹ tɕiɛ⁵³ sʅ³⁵]

(二)

小孩儿小孩儿鼻子邋遢,　　　　　[ɕiau²¹ xɐr³⁵ ɕiau²¹ xɐr³⁵ pi²¹ tsʅ⁰ la⁴⁴ tʰa⁴⁴]
洗脚水来烀地瓜,　　　　　　　　[ɕi³⁵ tɕiau³⁵ ʂuei²¹ lai³⁵ xu⁴⁴ ti⁵³ kua⁴⁴]
又甜又香又起沙,　　　　　　　　[iou⁵³ tʰian³⁵ iou⁵³ ɕiaŋ⁴⁴ iou⁵³ tɕʰi²¹ ʂa⁴⁴]

被窝儿吃来被窝儿拉。　　　　　[pei⁵³uor⁴⁴tʂʰʅ⁴⁴lai³⁵pei⁵³uor⁴⁴la⁴⁴]
被窝儿放屁崩爆花儿。　　　　　[pei⁵³uor⁴⁴faŋ⁴⁴pʰi⁵³pəŋ⁵³pau⁵³xuar⁴⁴]

（歌谣发音人：郝玉杰）

二　故事

牛郎和织女

古时候,有一人家儿,[ku²¹ʂʅ³⁵xou⁰,iou²¹⁻⁵³i⁵³zən³⁵tɕiar⁴⁴]
就牛郎（一人）,[tɕiou⁵³n̡iou³⁵laŋ³⁵]
他从小儿父母就去世了。[tʰa⁴⁴tsʰuan³⁵ɕiaur²¹⁻⁵³fu²¹mu²¹tɕiou⁵³tɕʰy⁵³ʂʅ⁵¹lɤ⁰]
（他）很勤劳、很懂事。[xən²¹tɕʰiən³⁵lau³⁵、xən³⁵tuaŋ²¹ʂʅ⁵¹]
您家有一头老牛,[tʰan⁴⁴tɕia⁴⁴iou²¹⁻⁵³i⁵³tʰou³⁵lau²¹n̡iou³⁵]
就跟他相依为命。[tɕiou⁵³kən⁴⁴tʰa⁴⁴ɕiaŋ⁴⁴i⁴⁴uei⁵³miəŋ⁵¹]
牛啊,也是天上的金牛星下凡。[n̡iou³⁵ua⁰,iɛ²¹⁻⁵³ʂʅ⁵³tʰian⁴⁴ʂaŋ⁰ti⁰tɕiən⁴⁴n̡iou⁴⁴ɕiəŋ⁴⁴ɕia⁵³fan³⁵]
就同情他嘛,就想帮帮他,[tɕiou⁵³tʰuəŋ³⁵tɕʰiəŋ³⁵tʰa⁴⁴ma⁰,tɕiou⁵³ɕiaŋ²¹paŋ⁴⁴paŋ⁰tʰa⁴⁴]
想帮他成个家。[ɕiaŋ²¹paŋ⁴⁴tʰa⁴⁴tʂʰəŋ³⁵kɤ⁰tɕia⁴⁴]

有一天,[iou²¹⁻⁵³i⁵³tʰian⁴⁴]
金牛星这个老牛就知道[tɕiən⁴⁴n̡iou³⁵ɕiəŋ⁴⁴tʂei⁵¹kɤ⁰lau²¹n̡iou³⁵tɕiou⁵³tʂʅ⁴⁴tau⁵³]
仙女们要下凡洗澡儿来。[ɕian⁴⁴n̡y²¹mən⁰iau⁵³ɕia⁵³fan³⁵ɕi³⁵tsaur²¹lai⁰]
它就给牛郎托梦,[tʰa⁴⁴tɕiou⁵³kei⁵³n̡iou³⁵laŋ⁴⁴tʰuo⁴⁴məŋ⁵¹]
它说你去偷一件儿衣服,[tʰa⁴⁴suo⁵³n̡i²¹tɕʰy⁵³tʰou⁴⁴i³⁵tɕiɐr⁵³⁻⁴⁴fu⁰]
头也不回要回来,也别吱声儿。[tʰou³⁵iɛ⁵³pu⁵³xuei⁵³iau⁵³xuei⁵³lai⁵³,iɛ²¹piɛ³⁵tʂʅ⁴⁴ʂə̃r³⁵]
等醒了,牛郎就很纳闷儿,[təŋ³⁵ɕiəŋ²¹lɤ⁰,n̡iou³⁵laŋ³⁵tɕiou⁵³xən²¹na⁵³mər⁵¹]
这能是真的吗?[tʂɤ⁵³nəŋ³⁵ʂʅ⁵³tʂən⁴⁴tɤ⁰ma⁰]
但是他还想,好奇,寻思试试吧。[tan⁵³ʐʅ⁵³tʰa⁴⁴xai³⁵ɕiaŋ²¹³,xau⁵³tɕʰi³⁵,ɕiən³⁵sʅ⁰ʂʅ⁵¹ʂʅ⁵¹pa⁰]
他就去了,[tʰa⁴⁴tɕiou⁵³tɕʰy⁵¹lɤ⁰]
去了,果不其然,[tɕʰy⁵¹lɤ⁰,kuo²¹pu⁵³tɕʰi⁵³zan³⁵]
湖边就看几个美女在那嬉戏呢![xu³⁵pian⁴⁴tɕiou⁵³kʰan⁵³tɕi²¹kɤ⁰mei³⁵n̡y²¹tsai²¹na⁵³⁻⁴⁴ɕi⁵¹n̡iɛ⁰]
他就屏住呼吸,[tʰa⁴⁴tɕiou⁵³piəŋ²¹tʂu⁵³xu⁴⁴ɕi⁴⁴]
也很紧张,[iɛ²¹xən³⁵tɕiən²¹tʂaŋ⁴⁴]
偷了一件儿粉红色的衣服[tʰou⁴⁴lɤ⁰i³⁵tɕiɐr⁵³fən²¹xuəŋ³⁵sɤ⁵¹tɤ⁰i⁴⁴fu⁰]
就往家跑,[tɕiou⁵³uaŋ²¹tɕia⁴⁴pʰau²¹³]
也没敢回头儿。[iɛ²¹mei³⁵kan²¹xuei³⁵tʰour³⁵]
等到晚上啊,这个美女就来了,[təŋ²¹tau⁵³uan⁵³xaŋ⁰a⁰,tʂei⁵¹kɤ⁰mei³⁵n̡y²¹tɕiou⁵³lai³⁵lɤ⁰]
她其实就是天上的七仙女。[tʰa⁴⁴tɕʰi⁵³ʂʅ⁵³tɕiou⁵³⁻⁵³tʰian⁴⁴ʂaŋ⁴⁴ti⁰tɕʰi⁴⁴ɕian⁴⁴n̡y²¹³]

这七仙女就很羡慕人间[tʂei⁵³tɕʰi⁴⁴ɕian⁴⁴n̪y²¹tɕiou⁵³xən²¹ɕian⁵³mu⁵³zən³⁵tɕian⁴⁴]
这种生活儿,[tʂei⁵³tʂuəŋ²¹ʂəŋ⁴⁴xuor³⁵]
看着老百姓这个和谐,[kʰan⁵¹tʂɤ⁰lau³⁵pai²¹ɕiəŋ⁵³tʂei⁵¹kɤ⁰xɤ³⁵ɕiɛ³⁵]
她也喜欢牛郎这么勤劳、憨厚,[tʰa⁴⁴iɛ³⁵ɕi⁰xuan⁰n̪iou³⁵laŋ³⁵tʂɤ⁵¹mɤ⁰tɕʰiən³⁵lau³⁵、xan⁴⁴xou⁵¹]
她就,两个人就做了夫妻了。[tʰa⁴⁴tɕiou⁵¹,liaŋ²¹kɤ⁰zən³⁵tɕiou⁵³tsuo⁵¹lɤ⁰fu⁴⁴tɕʰi⁴⁴lɤ⁰]
一晃啊,三年就过来了,[i⁵³xuaŋ²¹a⁰,san⁴⁴n̪ian³⁵tɕiou⁵³kuo⁵¹lai⁰lɤ⁰]
有了一双儿女。[iou²¹lɤ⁰i⁵³ʂuaŋ⁴⁴ər³⁵n̪y²¹³]

天上人间是一天,[tʰian⁴⁴ʂaŋ⁰zən³⁵tɕian⁴⁴ʂɿ⁵³·⁵³tʰian⁴⁴]
你到咱们人间就是一年哪。[n̪i²¹tau⁵³tsan³⁵mən⁰zən³⁵tɕian⁴⁴tɕiou⁵³ʂɿ⁵³·⁵³n̪ian³⁵na⁰]
玉皇大帝就发现了,缺了个女儿,[y⁵³xuaŋ³⁵ta⁵³·⁵³tɕiou⁵³fa⁴⁴ɕian⁵¹lɤ⁰,tɕʰyɛ⁴⁴lɤ⁰kɤ⁰n̪y²¹ər³⁵]
就大怒,就派人给她抓回来了。[tɕiou⁵³ta⁵³nu⁵¹,tɕiou⁵³pʰai⁵³zən³⁵kei⁰tʰa⁴⁴tʂua⁴⁴xuei³⁵lai⁰lɤ⁰]
这织女,她就有预感,[tʂei⁵³tʂɿ⁴⁴n̪y²¹³,tʰa⁴⁴tɕiou⁵³iou²¹y⁵³kan²¹³]
就觉着有啥事儿要发生。[tɕiou⁵³tɕiau²¹tʂau⁰iou²¹xa³⁵ʂər⁵³iau⁵³fa⁴⁴ʂəŋ⁴⁴]
这一天,牛郎不知道啊,[tʂei⁵³·⁵³tʰian⁴⁴,n̪iou⁰laŋ⁰pu⁰tʂɿ⁰tau⁰ua⁰]
还欢喜喜地牵着老牛,[xai³⁵xuan⁴⁴ɕi⁰ɕi²¹ti⁰tɕʰian⁴⁴tʂɤ⁰lau²¹n̪iou³⁵]
去上山种地去了。[tɕʰy⁵³ʂaŋ⁵³ʂan⁴⁴tʂuəŋ⁴⁴ti⁵³tɕʰi⁵¹lɤ⁰]
织女就看天空有乌云啊,[tʂɿ⁴⁴n̪y²¹tɕiou⁵³kʰan⁵³tʰian⁴⁴kʰuəŋ⁴⁴iou²¹·⁴⁴yən³⁵a⁰]
乌云滚滚就打雷下雨了。[u⁴⁴yən³⁵kuən³⁵kuən⁰tɕiou⁵³ta²¹lei³⁵ɕia⁵¹y²¹lɤ⁰]
她就觉事儿不好,[tʰa⁴⁴tɕiou⁵³tɕiau²¹ʂər⁵³pu⁵³xau²¹³]
就给她抓回去了嘛。[tɕiou⁵³kei²¹tʰa⁴⁴tʂua⁴⁴xuei³⁵tɕʰi⁰lɤ⁰ma⁰]
抓回去了,等到下雨了,[tʂua⁴⁴xuei³⁵tɕʰi⁰lɤ⁰,təŋ²¹tau⁵³ɕia⁵³y²¹lɤ⁰]
牛郎牵着牛回来了。[n̪iou³⁵laŋ³⁵tɕʰian⁴⁴tʂɤ⁰n̪iou³⁵xuei⁰lai⁰lɤ⁰]
进屋一看,孩子哭呢,找妈妈,[tɕiən⁵³·⁴⁴·³⁵kʰan⁵¹,xai³⁵tsɿ⁰kʰu⁴⁴n̪iɛ⁰,tʂau²¹ma⁴⁴ma⁰]
也没找着织女在哪,[iɛ²¹mei³⁵tʂau²¹tʂau³⁵tʂɿ⁴⁴n̪y²¹tsai⁰na²¹³]
他也就着急呀,[tʰa⁴⁴iɛ²¹tɕiou⁵³tʂau⁴⁴tɕi³⁵ia⁰]
这会子老牛就说话了。[tʂei⁵³xuei²¹tsɿ⁰lau²¹n̪iou³⁵tɕiou⁵³ʂuo⁴⁴xua⁵¹lɤ⁰]
他当时就懵了,[tʰa⁴⁴taŋ⁴⁴ʂɿ³⁵tɕiou⁵³mən⁴⁴lɤ⁰]
这老牛咋还说话了呢?[tʂɤ⁵³lau²¹n̪iou³⁵tsa²¹xai³⁵ʂuo⁴⁴xua⁵¹lɤ⁰n̪iɛ⁰]
就安慰他:"你别着急我有办法,[tɕiou⁵³an⁴⁴uei⁵³tʰa⁴⁴,n̪i²¹piɛ³⁵tʂau⁵³tɕi⁵³·⁰iou³⁵pan⁴⁴fa²¹³]
你把我的牛角拿下来。[n̪i³⁵pa⁰uo²¹ti⁰n̪iou²¹tɕiau³⁵na⁰ɕia⁰lai⁰]
完了,就变成两个箩筐。[uan³⁵lɤ⁰,tɕiou⁵³pian⁵³tʂʰəŋ³⁵liaŋ²¹kɤ⁰luo⁰kʰuaŋ⁴⁴]
带上孩子,你去找织女去吧。"[tai⁵¹ʂaŋ⁰xai³⁵tsɿ⁰,n̪i²¹tɕʰy⁵³tʂau²¹tʂɿ⁴⁴n̪y²¹tɕʰi⁵¹pa⁰]
说话间,牛角就自己掉地下了,[ʂua⁴⁴xua⁵³tɕian⁴⁴,n̪iou³⁵tɕiau⁰tɕiou⁵³tsɿ⁵³tɕi⁰tiau⁵³ti⁵¹ɕia⁰lɤ⁰]

就瞬间变成两个箩筐。[tɕiou⁵³ʂuən⁵³tɕian⁴⁴pian⁵³tʂʰən³⁵liaŋ²¹kɤ⁰luo³⁵kʰuaŋ⁴⁴]

他就把（两个）孩子一人放在一个箩筐里头，[tʰa⁴⁴tɕiou⁵³pa⁰xai⁵³tsʅ⁰i⁵³ʐən³⁵faŋ⁵³tsai i³⁵kɤ⁰luo³⁵kʰuaŋ⁴⁴li²¹tʰou⁰]

拿根扁担，就担。[na³⁵kən⁴⁴pian²¹tan⁰,tɕiou⁵³tan⁴⁴]

他就飞起来了，[tʰa⁴⁴tɕiou⁵³fei⁴⁴tɕʰi⁵³lai⁰lɤ⁰]

就好像长翅膀儿了。[tɕiou⁵³xau²¹ɕian⁵³tʂaŋ²¹tʂʰʅ⁵³pãr²¹lɤ⁰]

他就追呀追织女，[tʰa⁴⁴tɕiou⁵³tʂuei⁵³ia⁰tʂuei⁴⁴tʂʅ⁴⁴ny²¹³]

眼瞅着要追上了呢，[ian³⁵tʂʰou²¹tʂɤ⁰iau⁵³tʂuei⁴⁴xaŋ⁵¹lɤ⁰n̩iɛ⁰]

王母娘娘发现了，[uaŋ³⁵mu²¹n̩iaŋ⁵³n̩iaŋ⁰fa⁴⁴ɕian⁵¹lɤ⁰]

就生气了，大怒。[tɕiou⁵³ʂən⁴⁴tɕʰi⁵¹lɤ⁰,ta⁵³nu⁵¹]

在头上拿一个金簪，一划，[tsai²¹tʰou⁴⁴xaŋ⁰na³⁵i⁵³kɤ⁰tɕiən⁴⁴tsan⁴⁴,i⁵³xua³⁵]

在他们眼前就成了个天河，[tsai⁵³tʰa⁴⁴mən⁰ian²¹tɕʰian³⁵tɕiou⁵³tʂən³⁵lɤ⁰kɤ⁰tʰian⁴⁴xɤ³⁵]

波涛汹涌的。[pɤ⁴⁴tʰau⁴⁴ɕyəŋ⁴⁴yəŋ²¹ti⁰]

牛郎就着急，孩子也喊妈妈，[n̩iou⁵³laŋ³⁵tɕiou⁵³tʂau⁴⁴tɕi³⁵,xai³⁵tsʅ⁰iɛ³⁵xan²¹ma⁴⁴ma⁰]

织女儿也悲痛地召唤牛郎。[tʂʅ⁴⁴n̩yər⁰iɛ²¹pei⁴⁴tʰuəŋ⁵¹ti⁰tʂau⁴⁴xuan⁰n̩iou³⁵laŋ³⁵]

没办法儿，织女不吃不喝儿的，[mei⁵³pan⁵³far²¹³,tʂʅ⁴⁴n̩y⁰pu⁵³tʂʰʅ⁴⁴pu⁰xɤr⁰ti⁰]

就想孩子嘛。[tɕiou⁵³ɕiaŋ²¹xai³⁵tsʅ⁰ma⁰]

王母娘娘没有办法了，[uaŋ³⁵mu²¹n̩iaŋ³⁵n̩iaŋ⁰mei³⁵iou²¹pan⁵³fa²¹lɤ⁰]

就答应他们一年见一次。[tɕiou⁵³ta³⁵iəŋ⁰tʰa⁴⁴mən⁰,⁵³ian³⁵tɕian⁵³,³⁵tsʰʅ⁵¹]

这个呢，感动了那个喜鹊，[tʂei⁵¹kɤ⁰n̩iɛ⁰,kan²¹tuəŋ⁵¹lɤ⁰nei⁵¹kɤ⁰ɕi²¹tɕʰyɛ⁵¹]

特别同情他们。[tʰɤ⁵³piɛ³⁵tʰuəŋ³⁵tɕʰiəŋ³⁵tʰa⁴⁴mən⁰]

这成千上万的喜鹊[tʂɤ⁵³tʂʰən⁵³tɕʰian⁴⁴ʂaŋ⁵³uan⁵¹ti⁰ɕi²¹tɕʰyɛ⁵³]

在农历七月初七，[tsai⁵³nuəŋ³⁵li⁵³tɕʰi⁵³yɛ⁵³tʂʰu⁴⁴tɕʰi⁴⁴]

成千上万的喜鹊居然飞来了。[tʂʰən³⁵tɕʰian⁴⁴ʂaŋ⁵³uan⁵¹ti⁰ɕi²¹tɕʰyɛ⁵³tɕy⁴⁴ʐan³⁵fei⁴⁴lai³⁵ lɤ⁰]

一只衔着一只的尾巴，[i⁵³tʂʅ⁴⁴ɕian³⁵tʂɤ⁰i⁵³tʂʅ⁴⁴ti⁰uei²¹pa⁰]

就搭成了一个鹊桥，[tɕiou⁵³ta⁴⁴tʂʰən³⁵lɤ⁰i⁰kɤ⁵³tɕʰyɛ⁵³tɕʰiau³⁵]

让牛郎和织女就见面团聚了。[ʐaŋ⁵³n̩iou³⁵laŋ³⁵xɤ³⁵tʂʅ⁴⁴n̩y²¹tɕiou⁵³tɕian⁵³mian⁵³tʰuan³⁵ tɕy⁵¹lɤ⁰]

这个故事就流传下来了嘛。[tʂei⁵¹kɤ⁰ku⁵¹ʂʅ⁰tɕiou⁵³liou³⁵tʂʰuan³⁵ɕia⁵¹lai³⁵lɤ⁰ma⁰]

小时候儿我奶奶给我讲这故事，[ɕiau²¹ʂʅ³⁵xour⁰uo⁰nai⁵³nai⁰kei⁵³uo⁰tɕiaŋ²¹tʂei⁵³ku⁵¹ʂʅ⁰]

就说小时候儿小孩儿端一碗水，[tɕiou⁵³ʂuo⁴⁴ɕiau²¹ʂʅ³⁵xour⁰ɕiau²¹xɐr³⁵tuan⁴⁴,⁵³uan³⁵ʂuei²¹³]

七月初七在树底下[tɕʰi⁴⁴yɛ⁵³tʂʰu⁴⁴tɕʰi⁴⁴tsai²¹ʂu⁵³ti⁰ɕia⁰]

就能看着他们相会。[tɕiou⁵³nəŋ³⁵kʰan⁵¹tʂau⁰tʰa⁴⁴mən⁰ɕiaŋ⁴⁴xuei⁵¹]

这个爱情美丽的传说[tʂei⁵¹kɤ⁰ai⁵³tɕʰiəŋ³⁵mei²¹li⁵¹tɤ⁰tʂʰuan³⁵ʂuo⁴⁴]
就这样流传下来了。[tɕiou⁵³tʂɤ⁵³iaŋ⁵³liou³⁵tʂʰuan³⁵ɕia⁵³lai³⁵lɤ⁰]

（故事发音人：郝玉杰）

三　自选条目

（一）

背手儿尿尿——不服你。　[pei⁵³ʂour²¹n̠iau⁵³n̠iau⁵¹，pu⁵³fu³⁵n̠i²¹³]

（二）

背手儿上鸡窝——不捡蛋（简单）。[pei⁵³ʂour²¹ʂaŋ⁵³tɕi⁴⁴uo⁴⁴，pu⁵³tɕian²¹tan⁵¹]

（三）

草字头儿,三点水儿。　[tsʰau²¹tsʅ⁵³tʰour³⁵,san⁴⁴tian³⁵ʂuɚ²¹³]
撅着尾巴,张着嘴儿。　[tɕyɛ⁴⁴tʂɤ⁰i⁻²¹pa⁰,tʂaŋ⁴⁴tʂɤ⁰tsuɚ²¹³]
（范）

（四）

大姑娘梳歪头——随辫儿（便儿）。[ta⁵³ku⁴⁴n̠iaŋ⁰ʂu⁴⁴uai⁴⁴tʰou³⁵，suei³⁵piɚ⁵¹]

（五）

大毛楞出,　　　[ta⁵³mau³⁵ləŋ⁰tʂʰu⁴⁴]
二毛楞撵,　　　[ɚ⁵³mau³⁵ləŋ⁰n̠ian²¹³]
三毛楞出来白瞪眼。[san⁴⁴mau³⁵ləŋ⁰tʂʰu³⁵lai⁰pai³⁵təŋ⁵³ian²¹³]

（六）

担担钩,戴草帽儿——尖　[tan⁵¹tan⁰kou⁴⁴,tai⁵³tsʰau²¹maur⁵¹,tɕian⁴⁴tʰou³⁵ʐʅ⁵³nau²¹³]
头日脑。

（七）

二尺钩子挠痒儿痒儿——硬手儿　[ɚ⁵³tʂʰʅ²¹kou⁴⁴tsʅ⁰nau³⁵iãr²¹iãr⁰,iəŋ⁵³ʂour²¹³]

（八）

老母猪嚼碗颤子——满口　[lau³⁵mu²¹tʂu⁴⁴tɕiau³⁵uan⁰tʂʰan⁵¹tsʅ⁰,man³⁵kʰou²¹ʂʅ⁵³tsʰɚ³⁵]
是瓷儿（词儿）。

(九)

光腚推碾子——转圈儿丢人。[kuaŋ⁴⁴tiəŋ⁵³tʰuei⁴⁴ȵian²¹tsʅ⁰, tsuan⁵³tɕʰyɐr⁴⁴tiou⁴⁴zən³⁵]

(十)

家雀子跟燕蝙蝠儿飞——白熬夜儿。 [tɕia⁴⁴tɕʰiau²¹tsʅ⁰kən⁴⁴ian⁵³piɛ⁵¹xur⁰fei⁴⁴, pai³⁵nau³⁵iɛr⁵¹]

(十一)

杀猪捅屁眼子——外行 [ʂa⁴⁴tʂu⁴⁴tʰuəŋ²¹pʰi⁵³ian²¹tsʅ⁰, uai⁵³xaŋ³⁵]

(十二)

土坷垃擦屁股——迷门子 [tʰu²¹kʰa⁴⁴la⁰tsʰa⁴⁴pʰi⁵¹xu⁰, mi³⁵mən³⁵tsʅ⁰]

(十三)

泥了垢子上席——不是一盘儿菜 [ȵi³⁵lɤ⁰kou⁵¹tsʅ⁰ʂaŋ⁵³ɕi³⁵, pu³⁵ʂʅ⁵³·⁵³i⁵³pʰɐr³⁵tsʰai⁵¹]泥子垢子：泥鳅。

(十四)

眼睛吃饭肚子饱， [ian²¹tɕiəŋ⁰tʂʰʅ⁴⁴fan⁵³tu⁵¹tsʅ⁰pau²¹³]
肋巴儿拉屎,你说怎么好。 [lei⁵³par⁴⁴la⁴⁴ʂʅ²¹³,ȵi²¹ʂuo⁴⁴tsən²¹mɤ⁰xau²¹³]
(磨)

(十五)

小孩儿呲尿——没长劲儿。 [ɕiau²¹xɐr³⁵tsʰʅ⁴⁴ȵiau⁵¹, mei³⁵tʂʰaŋ³⁵tɕiɐr⁵¹]

(十六)

小孩儿拉屁屁——没多点儿玩意儿。 [ɕiau²¹xɐr³⁵la⁴⁴pa²¹pa⁰, mei³⁵tuo⁴⁴tiɐr²¹uan³⁵iə̃r⁰]

(十七)

洗脸盆子扎猛子——不知深浅。 [ɕi³⁵lian²¹pʰən³⁵tsʅ⁰tʂa⁴⁴məŋ²¹tsʅ⁰, pu⁵³tʂʅ⁴⁴ʂən⁴⁴tɕʰian²¹³]

(十八)

跟着啥人儿学啥人儿， [kən⁴⁴tʂɤ⁰ʂa³⁵zər³⁵ɕyɛ³⁵ʂa³⁵zər³⁵]
跟着巫婆儿学假神儿。 [kən⁴⁴tʂɤ⁰u⁴⁴pʰɤr³⁵ɕyɛ³⁵tɕia²¹ʂər³⁵]

（十九）

一个人本姓王，　　　　　　　　[i³⁵kɤ⁰zən³⁵pən²¹ɕiəŋ⁵³uaŋ³⁵]
腰里掖着两块糖。　　　　　　　[iau⁴⁴li⁰iɛ⁴⁴tʂɤ⁰liaŋ²¹kʰuai⁵³tʰaŋ³⁵]
（金）

（二十）

高高山上一桶杯，　　　　　　　[kau⁴⁴kau⁴⁴ʂan⁴⁴ʂaŋ⁰˙⁵³i tʰuəŋ²¹pei⁴⁴]
俩人儿喝酒打嘞⁼嗰。　　　　　　[lia²¹zər³⁵xɤ⁴⁴tɕiou²¹ta²¹lei⁴⁴tei⁴⁴]
嘞⁼嗰打,打嘞⁼嗰。　　　　　　　[lei⁴⁴tei⁴⁴ta²¹³,ta²¹lei⁴⁴tei⁴⁴]
忘了嘞⁼嗰罚三杯。　　　　　　[uaŋ⁵¹lɤ⁰lei⁴⁴tei⁴⁴fa³⁵san⁴⁴pei⁴⁴]

（自选条目发音人：吴凯玉）

阜　新

一　歌谣

（一）

月儿明风儿静，　　　　　　　[yɛ ər miŋ fəŋ ər tɕiŋ]
树叶遮窗棂啊。　　　　　　　[ʂu iɛ tʂɤ tʂʰuaŋ liŋ a]
蛐蛐儿叫铮¯铮¯，　　　　　　[tɕʰy tɕʰy ər tɕiau tʂəŋ tʂəŋ]
好比那琴弦儿声啊。　　　　　[xau pi na tɕʰin ɕiɐr ʂəŋ a]
琴儿声弦动听，　　　　　　　[tɕʰin ər ʂəŋ ɕyan tuŋ tʰiŋ]
摇篮轻摆动啊。　　　　　　　[iau lan tɕʰiŋ pai tuŋ a]
娘的宝宝闭上眼睛，　　　　　[ȵiaŋ ti pau pau pi ʂaŋ ian tɕiŋ]
睡在那个睡在梦中啊。　　　　[ʂuei tsai na kə ʂuei tsai məŋ tʂuŋ a]
娘的宝宝闭上眼睛，　　　　　[ȵiaŋ ti pau pau pi ʂaŋ ian tɕiŋ]
睡在那个睡在梦中啊。　　　　[ʂuei tsai na kə ʂuei tsai məŋ tʂuŋ a]
　　（表演唱）

（二）

小白兔儿去赶集，　　　　　　[ɕiau²¹pai³⁵tʰur⁵¹tɕʰy⁵¹kan²¹tɕi³⁵]
拿着萝卜当甜梨。　　　　　　[na³⁵tʂə⁰luo³⁵pə⁰taŋ⁵³tʰian³⁵li³⁵]

（三）

小耗子上灯台，　　　　　　　[ɕiau²¹xau⁵¹tsɿ⁰ʂaŋ⁵¹təŋ⁵⁵tʰai³⁵]
偷油吃下不来。　　　　　　　[tʰou⁵⁵iou³⁵tʂʰɿ⁵⁵ɕia⁵¹pu⁰lai³⁵]

（四）

老鸹老鸹咯儿嘎儿，　　　　　[lau²¹kuo⁰lau²¹kuo⁰kər⁵⁵kar⁵⁵]
要吃黄瓜。　　　　　　　　　[iau⁵¹tʂʰɿ⁵⁵xuaŋ³⁵kua⁵⁵]

(五)

板凳倒板凳歪,　　　　　　　[pan²¹təŋ⁵³tau³⁵pan²¹təŋ⁵¹uai⁵⁵]
板凳底下莲花开。　　　　　　[pan²¹təŋ⁵¹ti²¹ɕia⁰lian³⁵xua⁵⁵kʰai⁵⁵]

(六)

拉大锯扯大锯,　　　　　　　[la³⁵ta⁵³tɕy⁵¹tʂʰɤ²¹ta⁵³tɕy⁵¹]
姥儿家门口唱大戏。　　　　　[laur²¹tɕia⁵⁵mən³⁵kʰou²¹tʂʰaŋ⁵³ta⁵¹ɕi⁵¹]

(歌谣发音人：郭秀茹)

二　故事

细河的传说

在美丽的阜新有一条从东向西流向的大河,[tsai⁵¹mei²¹li⁵¹tə⁰fu²¹ɕin⁵⁵iou²¹⁵³tʰiau³⁵tsʰuŋ³⁵tuŋ⁵⁵ɕi⁵¹⁵⁵liou³⁵ɕian⁵¹tə⁰ta⁵³xɤ³⁵]

河两边儿住着的人呢都管这条河叫作细河。[xɤ³⁵liaŋ²¹piɛr⁵⁵tʂu⁵¹tʂə⁰tə⁰zən³⁵nə⁰tou⁵⁵kuan²¹tʂei⁵³tʰiau³⁵xɤ³⁵tɕiau⁵³tsuo⁰ɕi⁵³xɤ³⁵]

而蒙古族人呢管这条河叫沙尔塔拉河,[ər²¹məŋ³⁵ku²¹tsu³⁵zən³⁵nə⁰kuan²¹tʂei⁵³tʰiau³⁵xɤ³⁵tɕiau⁵¹ʂa⁵⁵ər⁰tʰa²¹la³⁵xɤ³⁵]

翻译成我们现在的汉语就是黄草甸子。[fan⁵⁵⁵³tʂʰi⁵¹tʂʰəŋ³⁵uo⁰mən⁵¹ɕian⁵³tsai⁵¹tə⁰xan⁵¹y²¹tɕiou⁵³ʂɻ⁵¹xuaŋ³⁵tsʰau²¹tian⁵¹tsa⁰]

为什么蒙古族人管这个细河叫黄草甸子呢?[uei⁵³ʂən³⁵mə⁰məŋ³⁵ku²¹tsu³⁵zən³⁵kuan²¹tʂei⁵¹kə⁰ɕi⁵³xɤ³⁵tɕiau⁵³xuaŋ³⁵tsʰau²¹tian⁵¹tsɻ⁵¹nə⁰]

听老一辈儿人儿说啊,[tʰiŋ⁵lau⁵i⁵pər⁵zər⁵suo⁵⁵a⁵]

说在元朝最兴盛的时候,[ʂuo⁵⁵tsai⁵³yan³⁵tʂʰau³⁵tsuei⁵¹ɕiŋ⁵⁵ʂəŋ⁵¹tə⁰ʂɻ³⁵xou⁰]

内蒙古族的牧民从现在的内蒙古呼和浩特搬到现在的阜新市细河区四合镇九营子山山脚下定居。[nei⁵³məŋ³⁵ku²¹tsu³⁵tə⁰mu³⁵min³⁵tsʰuŋ³⁵ɕian⁵³tsai⁵¹tə⁰nei⁵¹məŋ²¹ku²¹xu⁵⁵xɤ³⁵xau⁵³tʰɤ⁵¹pan⁵⁵tau⁵¹ɕian⁵³tsai⁵¹tə⁰fu²¹ɕin⁵¹ʂɻ⁵¹ɕi⁵³xɤ³⁵tɕʰy⁵¹ʂɻ⁵³xɤ³⁵tʂən⁵¹tɕiou²¹iŋ³⁵tsɻ⁰ʂan⁵⁵ʂan⁵⁵tɕiau²¹ɕia⁵¹tiŋ⁵¹tɕy⁵⁵]

这些牧民呢靠着放牧为生,[tʂei⁵¹ɕiɛ⁵⁵mu⁵min⁵⁵nə⁰kʰau⁵¹tʂə⁰faŋ⁵¹mu⁵⁵uei²¹ʂəŋ⁵⁵]

就是把牛、羊啊赶到这个细河的旁边儿让它们下山去吃草。[tɕiou⁵³ʂɻ⁵¹pa²¹ȵiou³⁵、iaŋ³⁵⁵a⁵kan²¹tau⁵¹tʂei⁵¹kə⁵¹ɕi⁵³xɤ³⁵tə⁰pʰaŋ⁵⁵piɛr⁵⁵zaŋ⁵¹tʰa⁵⁵mən⁵ɕia⁵¹ʂan⁵⁵tɕʰy⁵¹tsɻ⁵⁵tsʰau²¹³]

等它们吃完吃吃饱以后呢,[təŋ²¹tʰa⁵⁵mən⁰tʂʰuan³⁵tʂɻ⁵⁵tʂɻ⁵⁵pau³⁵⁵⁵²¹xou⁰nə⁰]

把这些牛、羊赶到细河边儿去喝水。[pa²¹tʂei⁵⁵ɕiɛ⁵⁵ȵiou⁵⁵、iaŋ³⁵kan²¹tau⁵¹⁵³xɤ³⁵piɛr⁵⁵tɕʰy⁵¹xɤ⁵⁵suei²¹³]

等它们吃饱喝足,[təŋ²¹tʰa⁵⁵mən⁰tsʰɻ⁵⁵pau²¹xɤ⁵⁵tsu³⁵]

就把这些牛、羊圈起来。[tɕiou⁵¹ pa²¹ tʂei⁵¹ ɕiɛ⁵⁵ ȵiou³⁵、iaŋ³⁵ tɕyan⁵⁵ tɕʰi²¹ lai⁰]

然后这样的日子呢一天过得比一天好。[zan³⁵ xou⁵¹ tʂɤ⁵³ iaŋ³⁵ tə⁰ ʐɿ⁵¹ tsɿ⁰ nə⁰ i⁵¹ tʰian⁵⁵ kuo⁵¹ tə⁰ pi²¹⁵¹ i⁵¹ tʰian⁵⁵ xau²¹³]

但是呢好景不长,[tan⁵³ sɿ⁵¹ nə⁰ xau³⁵ tɕiŋ²¹ pu⁵³ tʂʰaŋ³⁵]

突然间有一天山上来了一条大蟒蛇,[tʰu⁵⁵ zan³⁵ tɕian⁵⁵ iou²¹⁵¹ i⁵¹ tʰian⁵⁵ ʂan⁵⁵ ʂaŋ⁵³ lai³⁵ lə⁰⁵³ tʰiau³⁵ ta⁵¹ maŋ²¹ ʂɤ³⁵]

专门儿吃牛、羊特别地凶恶。[tsuan⁵⁵ mər⁰ tʂɿ⁵⁵ ȵiou³⁵、iaŋ³⁵ tʰɤ⁵³ piɛ³⁵ tə⁰ ɕyŋ⁵⁵ ɤ⁵¹]

有的时候儿还能吃人。[iou²¹ tə⁰ ʂɿ³⁵ xou xai⁵³ nəŋ³⁵ tʂʰɿ⁵⁵ zən³⁵]

等它吃饱了喝足了,[təŋ²¹ tʰa⁵⁵ tʂʰɿ⁵⁵ pau⁵¹ lə⁰ xɤ⁵⁵ tsu⁵¹ lə⁰]

然后它就回山。[zan³⁵ xou⁵¹ tʰa⁵⁵ tɕiou⁵¹ xuei³⁵ ʂan⁵⁵]

回山上呢这个蛇特别地长、特别地粗,[xuei³⁵ ʂan⁵⁵ ʂaŋ⁵⁵ nə⁰ tʂei⁵¹ kə⁰ ʂɤ³⁵ tʰɤ⁵³ piɛ³⁵ tə⁰ tʂʰaŋ³⁵ tʰɤ⁵³ piɛ³⁵ tə⁰ tsʰu⁰]

能围绕着这这个山啊能绕三圈儿左右,[nəŋ³⁵ uei³⁵ zau⁵³ tʂə⁰ tʂei⁵³ kə⁰ ʂan⁵⁵ a⁰ nəŋ³⁵ zau⁵³ san⁵⁵ tɕʰyɐr⁵⁵ tsuo²¹ iou⁵¹]

几搂都搂不过来。[tɕi³⁵ lou²¹ tou⁵⁵ lou²¹ pu³⁵ kuo⁵³ lai³⁵]

有些牧民哪就是害怕自己的家人或者是牛羊被这个大蟒蛇给吃掉,[iou²¹ ɕiɛ⁵ mu⁵³ min³⁵ na⁰ tɕiou⁵³ ʂɿ xai⁵³ pʰa⁵¹ tsɿ²¹ tɕi²¹ tə⁰ tɕia⁵⁵ zən⁵⁵ xuo⁵⁵ tʂɤ⁵¹⁵¹ ȵiou³⁵ iaŋ³⁵ pei⁵⁵ tʂei⁵¹ kə⁰ ta⁵¹ maŋ²¹ ʂɤ³⁵ kei²¹ tʂʰɿ⁵⁵ tiau⁵¹]

呃受不了了就搬走了,[ɤ⁰ ʂou⁵³ pu⁵¹ liau⁵¹ lə⁰ tɕiou⁵¹ pan⁵⁵ tsou²¹ la⁰]

搬到别的地方去定居了。[pan⁵⁵ tau⁵¹ piɛ³⁵ tə⁰ ti⁵¹ ti⁵¹ uaŋ⁰ tɕʰy⁵³ tiŋ⁵¹ tɕy⁵⁵ lə⁰]

剩下的这些牧民呢不甘心,[ʂəŋ⁵¹ ɕia⁵⁵ tiɛ⁰ tʂei⁵¹ ɕiɛ⁵⁵ mu⁵³ min³⁵ nə⁰ pu⁵⁵ kan⁵⁵ ɕin⁵⁵]

就一起在一起想办法。[tɕiou⁵³⁵¹ i⁵¹ tɕʰi²¹ tsai⁵³⁵¹ i⁵¹ tɕʰi²¹ ɕiaŋ²¹ pan⁵¹ fa⁰]

就想把这条蛇弄死,[tɕiou⁵¹ ɕiaŋ²¹ pa²¹ tʂei⁵³ tʰiau³⁵ ʂɤ³⁵ nəŋ⁵¹ sɿ²¹³]

就想杀死它。[tɕiou⁵¹ ɕiaŋ²¹ ʂa⁵⁵ sɿ²¹ tʰa⁵⁵]

然后,[zan³⁵ xou⁵¹]

这些牧民商量了好几天,[tʂei⁵¹ ɕiɛ⁵⁵ mu⁵³ min³⁵ ʂaŋ⁵⁵ liaŋ³⁵ lə⁰ xau³⁵ tɕi²¹ tʰian⁵⁵]

张罗了三天三夜,[tʂaŋ⁵ lə⁰ lə⁰ san⁵⁵ tʰian⁵⁵ san⁵⁵ iɛ⁵¹]

突然间有一个牧民啊想出了一个非常好的办法,[tʰu⁵⁵ zan³⁵ tɕian⁵⁵ iou²¹ i³⁵ kɤ⁵¹ mu⁵³ min³⁵ a⁰ ɕiaŋ²¹ tsʰu⁵⁵ lə⁰ i³⁵ kə⁰ fei⁵⁵ tʂʰaŋ³⁵ xau²¹ tə⁰ pan⁵¹ fa²¹³]

就是用九千九百九十九把尖刀埋在这条蛇经常出没的道儿上,[tɕiou⁵³ ʂɿ⁵³ yŋ⁵¹ tɕiou²¹ tɕʰian⁵⁵ tɕiou²¹³⁵ tɕiou²¹ pai tɕiou²¹³⁵ ʂɿ tɕiou⁵⁵ pa⁵⁵ tɕian⁵⁵ tau⁵⁵ mai tsai⁵⁵ tʂei⁵¹ tʰiau³⁵ ʂɤ³⁵ tɕiŋ³⁵ tʂʰaŋ³⁵ tʂʰu⁵⁵ mɤ⁵¹ ti⁰ tʂei⁵³ tʰiau³⁵ taur⁵¹ ʂaŋ⁰]

然后两边放上干草,[zan³⁵ xou⁵¹ liaŋ²¹ pian⁵⁵ faŋ⁵³ ʂaŋ⁵¹ kan⁵⁵ tsʰau²¹³]

再蒸一些牛羊肉儿,[tsai⁵¹ tʂəŋ⁵⁵⁵¹ i⁵⁵ ɕiɛ⁵⁵ ȵiou iaŋ³⁵ zour⁵¹]

来作为儿诱饵。[lai³⁵ tsuo⁵³ uər³⁵ iou⁵¹ ər²¹³]

然后这个蛇路过这条道的时候儿,[zan³⁵ xou⁵¹ tṣei⁵³ kɤ⁵¹ ṣʅ³⁵ lu⁵³ kuo⁵¹ tṣei⁵³ tʰiau³⁵ tau⁵¹ tə⁰ ṣʅ³⁵ xour⁵¹]

它就会扎到尖刀上。[tʰa⁵⁵ tɕiou⁵³ xuei⁵¹ tṣa⁵⁵ tau⁵¹ tɕian tau⁵⁵ ṣaŋ⁵¹]

它越疼呢爬得就越快。[tʰa⁵⁵ yɛ⁵³ tʰən³⁵ n̠iɛ⁰ pʰa³⁵ ti⁰ tɕiou yɛ⁵³ kʰuai⁵¹]

越快呢刀就扎得越深。[yɛ⁵³ kʰuai⁵¹ n̠iɛ⁰ tau⁵⁵ tɕiou⁵¹ tṣa⁵³ ti⁰ yɛ⁵¹ ṣən⁵⁵]

这样呢就可以把它的肚子给它割开。[tṣei⁵³ iaŋ⁵¹ nə⁰ tɕiou⁵³ kʰɤ³⁵ i²¹ pa²¹ tʰa⁵⁵ ti⁰ tu⁰ tsa⁰ kei²¹ tʰa⁰ kɤ⁵⁵ kʰai⁰]

大家定好主意以后,[ta⁵¹ tɕia⁵⁵ tiŋ⁵³ xau²¹ tṣu³⁵⁰ i²¹ xou⁵¹]

就开始分头准备东西。[tɕiou⁵¹ kʰai⁵⁵ ṣʅ²¹ fən⁵⁵ tʰou³⁵ tṣuən²¹ pei⁵¹ tuŋ⁵⁵ ɕi⁰]

啊男人呢准备打造武器、打造尖刀,[a⁰ nan³⁵ zən³⁵ nə⁰ tṣuən²¹ pei⁵¹ ta²¹ tsau⁵¹ u²¹ tɕʰi⁵¹、ta²¹ tsau⁵¹ tɕian⁵⁵ tau⁵⁵]

然后女人呢准备割草割这些干草,[zan³⁵ xou⁵¹ n̠y²¹ zən³⁵ nə⁰ tṣuen²¹ pei⁵¹ kɤ²¹ tsʰau²¹³ kɤ⁵⁵ tṣei⁵¹ ɕiɛ⁵⁵ kan⁵⁵ tsʰau²¹³]

啊老人和孩子呢负责蒸牛羊肉儿,[a⁰ lau²¹ zən³⁵ xɤ³⁵ xai³⁵ tsʅ⁰ n̠ia⁰ fu⁵³ tsɤ⁵³ tṣəŋ⁵⁵ n̠iou³⁵ iaŋ³⁵ zour⁵¹]

啊大家都做好准备工作了咱再说说这条蛇。[a⁰ ta⁵¹ tɕia⁵⁵ tou⁵⁵ tsuo⁵¹ xau³⁵ tṣuən²¹ pei⁵¹ kuŋ⁵⁵ tsuo⁵¹ lə⁰ tsan³⁵ tsai⁵¹ ṣuo⁵⁵ ṣuo⁰ tṣei⁵³ tʰiau³⁵ ṣɤ³⁵]

这条蛇呢在山上休息的时候闻到了山下传来的牛羊肉儿的味道,[tṣei⁵³ tʰiau³⁵ ṣɤ³⁵ nə⁰ tsai⁵¹ ṣan⁵¹ ṣaŋ⁵⁵ ɕiou⁵⁵ ɕi²¹ tə⁰ ṣʅ³⁵ ou⁰ uen⁵¹ tau⁵⁵ lə⁰ ṣan⁵¹ ɕia⁵³ tsʰuan³⁵ lai⁵¹ tə⁰ n̠iou³⁵ iaŋ³⁵ zour⁵¹ tə⁰ uei⁵¹ tau⁰]

这条蛇就出动了然后向下山下爬。[tṣei⁵³ tʰiau³⁵ ṣɤ³⁵ tɕiou⁵¹ tṣʰu⁵⁵ tuŋ⁵¹ lə⁰ zan³⁵ xou⁰ ɕiaŋ⁵¹ ɕia⁵³ ṣan⁵⁵ ɕia⁵³ pʰa³⁵]

爬到这条陷阱布下陷阱这条道的时候,[pʰa³⁵ tau⁵¹ tṣei⁵³ tʰiau³⁵ ɕian⁵¹ tɕiŋ²¹ pu⁵³ ɕia⁵¹ ɕian⁵¹ tɕiŋ²¹ tṣei⁵¹ tʰau³⁵ tau⁵¹ tə⁰ ṣʅ³⁵ ou⁰]

两边儿的人把这个两边儿的干草都给它点着了,[liaŋ²¹ piɛr⁵⁵ tə⁰ zən³⁵ pa²¹ tsei⁵¹ kə⁰ liaŋ²¹ piɛr⁵⁵ tə⁰ kan⁵⁵ tsʰau⁵¹ tou³⁵ kei²¹ tʰa⁵⁵ tian⁵⁵ tṣau⁵¹ lə⁰]

这个蛇呢非常地怕火,[tṣei⁵³ kə⁰ ṣɤ³⁵ n̠iɛ⁰ fei⁵⁵ tsʰaŋ³⁵ ti⁰ pʰa⁵⁵ xuo²¹³]

只能往前爬它不敢往两边儿爬,[tṣʅ²¹ nəŋ³⁵ uaŋ²¹ tɕʰian³⁵ pʰa³⁵ tʰa⁵⁵ pu⁵¹ kan³⁵ uaŋ³⁵ liaŋ²¹ piɛr⁵⁵ pʰa³⁵]

它是越爬越疼啊![tʰa⁵⁵ ṣʅ⁵¹ yɛ⁵³ pʰa³⁵ yɛ⁵³ tʰən³⁵ a⁰]

越疼就越爬得越快。[yɛ⁵³ tʰən³⁵ tɕiou⁵³ yɛ⁵³ pʰa³⁵ ti⁰ yɛ⁵³ kʰuai⁵¹]

它反复地挣扎,[tʰa⁵⁵ fan²¹ fu⁵¹ ti⁰ tṣəŋ⁵⁵ tṣa³⁵]

挣扎的同时这九把九(千)九百九十九把尖刀就同时都插入了蛇的腹中。[tṣəŋ⁵⁵ tṣa³⁵ tə⁰ tʰuŋ³⁵ ṣʅ³⁵ tṣɤ⁵³ tɕiou⁰ pa²¹ tɕiou⁰ tɕiou⁰ pai³⁵ tɕiou⁰ ṣʅ²¹ tɕiou⁰ pa²¹ tɕian⁵⁵ tau⁵⁵ tɕiou⁵³ tʰuŋ³⁵ ṣʅ³⁵ tou³⁵ tsʰa⁵⁵ zu⁵¹ lə⁰ ṣɤ³⁵ tə⁰ fu⁵¹ tṣuŋ⁵⁵]

这个蛇它疼挣扎挣扎挣扎骨碌到细河里了。[tṣei⁵¹ kə⁰ ṣɤ³⁵ tʰa⁵⁵ tʰən³⁵ tṣəŋ⁵⁵ tṣa³⁵ tṣa³⁵ tʂəŋ⁵⁵tʂa³⁵tʂəŋ⁵⁵tʂa³⁵ku⁵⁵lu⁰tau⁵³ɕi⁵¹xɤ³⁵li²¹lə⁰]

这个细河呢非常地宽,[tsei⁵¹kə⁰ɕ³⁵xɤ³⁵nə⁰fei⁵⁵tʂʰaŋ³⁵tə⁰kʰuan⁵⁵]

也非常地长,[iɛ²¹fei⁵⁵tʂʰaŋ³⁵tə⁰tʂʰaŋ³⁵]

然后这条蛇呢也非常地粗非常地大,[ʐan³⁵xou⁵¹tsei⁵³tʰiau³⁵ʂɤ³⁵nə⁰iɛ²¹fei⁵⁵tʂʰaŋ³⁵tə⁰tsu⁵⁵fei⁵⁵tʂʰaŋ³⁵tə⁰ta⁵¹]

蛇呢在水里边儿翻滚着,[ʂɤ³⁵nə⁰tsai⁵¹suei⁵¹li²¹piɚ⁰fan⁵⁵kuan²¹tʂə⁰]

细河里的水就像开了锅一样儿,[ɕi⁵³xɤ³⁵li²¹tə⁰suei²¹tɕiou⁵³ɕiaŋ⁵¹kʰai⁵⁵lə⁰kuo⁰i⁵³iãɻ⁵¹]

特别地特别地那个晃眼,[tʰɤ⁵³piɛ⁵⁵tə⁰tʰɤ⁵³piɛ⁵⁵tə⁰nei⁵⁵kə⁰xuaŋ³⁵ian²¹³]

为什么黄呢?[uei⁵³ʂən³⁵mə⁰xuaŋ³⁵nə⁰]

这条蛇吧它有毒液,[tsei⁵³tʰiau³⁵ʂɤ⁵⁵pa⁰tʰa⁵⁵iou²¹tu³⁵iɛ⁵¹]

腹部割开以后,[fu⁵³pu⁵¹kɤ⁵⁵kʰai⁰i²¹xou⁵¹]

这些毒液不但流到河水里,[tsei⁵¹ɕiɛ⁵⁵tu³⁵iɛ⁵³pu⁰tan⁵¹liou³⁵tau⁵³xɤ³⁵suei²¹³]

也喷到了周围的花草树木上,[iɛ²¹pʰən⁵⁵tau⁰lə⁰tsou⁰uei⁰tə⁰xua⁰tsʰau²¹ʂu⁰mu⁵¹ʂaŋ⁵¹]

这时呢河水变得非常黄,[tʂɤ⁵³ʂ̩³⁵n̩iɛ⁰xɤ³⁵suei²¹pian⁵¹tə⁰fei⁵⁵tʂʰaŋ³⁵xuaŋ³⁵]

草呢树呢也变得非常黄,[tsʰau²¹nə⁰ʂu⁰n̩i²¹iɛ²¹pian⁵¹tə⁰fei⁵⁵tʂʰaŋ³⁵xuaŋ³⁵]

所以呢变成了黄草甸子。[suo³⁵i²¹n̩iɛ⁰pian⁵³tʂʰən³⁵lə⁰xuaŋ⁵⁵tsʰau⁰tian⁵¹tsa⁰]

蒙古族人呢为了纪念这个细河的传说儿,[məŋ³⁵ku²¹tsu³⁵ʐən³⁵nə⁰uei⁵¹lə⁰tɕi⁵¹n̩ian⁵¹tsei⁵¹kə⁰ɕi⁵xɤ³⁵tə⁰tʂʰuan³⁵ʂuor⁵⁵]

然后管这个河细河叫沙尔塔拉河,[ʐan³⁵xou⁵¹kuan²¹tsei⁵¹kə⁰ɕi⁵³xɤ³⁵tɕiau⁵¹ʂa⁵⁵ər³⁵tʰa²¹la⁵⁵xɤ³⁵]

也就是黄草甸子。[iɛ²¹tɕiou⁵³ʂ̩⁵¹xuaŋ³⁵tsʰau²¹tian⁵¹tsa⁰]

啊管九营子山呢叫毛该日山,[a⁰kuan²¹tɕiou²¹iŋ³⁵tsʐ̩⁵⁵ʂan⁵⁵n̩iɛ⁰tɕiau⁵³mau³⁵kai⁵⁵zʐ̩⁵¹ʂan⁵⁵]

翻译成汉语也就是蟒蛇山。[fan⁵⁵i⁵³tsʰən³⁵xan⁵¹y²¹³iɛ²¹tɕiou⁵³ʂ̩⁵¹maŋ²¹ʂɤ³⁵ʂan⁵⁵]

这就是我所知道的细河的传说。[tʂɤ⁵³tɕiou⁵³ʂ̩⁵¹uo⁰suo⁰tʂʂ̩⁵¹tau⁰tə⁰ɕi⁵xɤ³⁵tə⁰tʂʰuan³⁵ʂuo⁵⁵]

（故事发音人：郭宏宇）

三　自选条目

（一）

腿给你掰折了插屁眼子里——给你当烧鸡卖喽。　　[tʰuei³⁵kei³⁵n̩i²¹pai⁵⁵ʂɤ⁵⁵lə⁰tʂʰa²¹pʰi⁵¹ian²¹tsʐ̩⁰li²¹, kei³⁵n̩i²¹taŋ⁵⁵ʂau⁰tɕi⁵⁵mai⁵¹lou⁰]

（二）

土豆子搬家——滚球子。　　[tʰu⁵¹tou⁵¹tə⁰pan⁵⁵tɕia⁵⁵, kuan²¹tɕʰiou³⁵tsa⁰]

（三）

洪湖水浪打浪，   [xuŋ³⁵xu³⁵ʂuei²¹³laŋ⁵¹ta²¹laŋ⁵¹]

浇汁儿鲤鱼我来上。   [tɕiau⁵⁵tʂər⁵⁵li²¹y⁵³uo²¹lai³⁵ʂaŋ⁵¹]

（四）

一碗凉水白又白，   [i⁵¹uan²¹liaŋ³⁵ʂuei²¹pai³⁵iou⁵³pai³⁵]

糖溜地瓜马上来。   [tʰaŋ³⁵liou⁵⁵ti⁵⁵kua⁵⁵ma²¹ʂaŋ⁵¹lai³⁵]

（五）

这道菜来真叫好，   [tʂei⁵³tau⁵³tsʰai⁵³lai³⁵tʂən⁵⁵tɕiau⁵¹xau²¹³]

会打鸣儿来会报晓。   [xuei⁵¹ta²¹miə˞r³⁵lai³⁵xuei⁵³pau⁵¹ɕiau²¹³]

（六）

头顶天河水脚踏五谷粮，   [tʰou³⁵tiŋ²¹tʰian⁵⁵xɤ³⁵ʂuei²¹tɕiau²¹tʰa⁵³u³⁵ku²¹liaŋ³⁵]

西方大路有三条，   [ɕi⁵⁵faŋ⁵⁵ta⁵³lu⁵¹iou²¹san⁵⁵tʰiau³⁵]

你走中间那一条。   [n̠i³⁵tsou²¹tʂuŋ⁵⁵tɕian⁵⁵na⁵³i⁵¹tʰiau³⁵]

（七）

领魂鸡领到墓，   [liŋ²¹xuən³⁵tɕi⁵⁵liŋ²¹tau⁵³mu⁵¹]

保佑后代辈儿辈儿富。   [pau²¹iou⁵³xou⁵³tai⁵¹pər⁵³pər⁵³fu⁵¹]

（八）

领魂鸡领到家，   [liŋ²¹xuən³⁵tɕi⁵⁵liŋ²¹tau⁵¹tɕia⁵⁵]

保佑后代辈儿辈儿发。   [pau²¹iou⁵³xou⁵³tai⁵¹pər⁵³pər⁵³fa⁵⁵]

（九）

开眼光看西方。   [kʰai⁵⁵ian²¹kuaŋ⁵⁵kʰan⁵¹ɕi⁵⁵faŋ⁵⁵]

（自选条目1-9发音人：郭宏宇）

（十）

闾山脚下有座城，   [ly³⁵ʂan⁵⁵tɕiau²¹ɕia⁵¹iou²¹tsuo⁵³tʂʰəŋ³⁵]

辽西走廊一盏灯。   [liau³⁵ɕi⁵⁵tsou²¹laŋ³⁵i⁵¹tʂan²¹təŋ⁵⁵]

（自选条目10发音人：刘云志）

（十一）

李犟眼子我心难平唉，毛驴子送信儿事不明啊！

[li²¹tɕiaŋ⁵¹ian²¹tsɿ⁰uo²¹ɕin⁵⁵nan³⁵pʰiŋ³⁵ai⁰,mau³⁵ly³⁵tsɿ²¹suŋ⁵³ɕiər⁵¹ʂɿ⁵¹pu⁵³miŋ³⁵a⁰]

（自选条目 11 发音人：郭秀茹）

（十二）

水乡三月风光好。

[suei²¹ɕiaŋ⁵⁵san⁵⁵yɛ⁵¹fəŋ⁵⁵kuaŋ⁵⁵xau²¹³]

（自选条目 12 发音人：王保华）

黑　山

一　歌谣

（一）

拉大锯，扯大锯， [la³⁵ta⁵³tɕy⁵¹,tʂʰɤ²¹ta⁵³tɕy⁵¹]
姥家门口儿唱大戏。 [lau²¹tɕia⁴⁴mən³⁵kour²¹tʂʰaŋ⁵³ta⁵³ɕi⁵¹]
接闺女，唤女婿， [tɕie⁴⁴kuei⁴⁴ȵuei⁰,xuan⁵³ȵuei²¹ɕy⁵¹]
小二丫，也要去， [ɕiau²¹ər⁵³ia⁴⁴,iɛ²¹iau⁵³tɕʰy⁵¹]
没做花鞋怎么去， [mei³⁵tsuo⁵³xua⁴⁴ɕiɛ³⁵tsən²¹mɤ⁰tɕʰy⁵¹]
光着脚丫，噔噔蹬蹬跑着去。 [kuaŋ⁴⁴tʂɤ⁰tɕiau²¹ia⁰,təŋ⁴⁴təŋ⁴⁴təŋ⁴⁴təŋ⁴⁴pʰau²¹tʂɤ⁰tɕʰy⁵¹]

（二）

小皮球儿，向我家。 [ɕiau²¹pʰi³⁵tɕʰiour³⁵,ɕiaŋ⁵³uo²¹tɕia⁴⁴]
马莲开花二十一。 [ma²¹lian⁵³kʰai⁴⁴xua⁴⁴ər⁵¹ʂʅ⁰i⁴⁴]
二五六，二五七， [ər⁵³u²¹liou⁵¹,ər⁵³u²¹tɕʰi⁴⁴]
二八二九三十一； [ər⁵³pa⁴⁴ər⁵³tɕiou⁴⁴san⁴⁴ʂʅ⁰i⁴⁴]
三五六，三五七， [ʂan⁴⁴u²¹liou⁵¹,ʂan⁴⁴u²¹tɕʰi⁴⁴]
三八三九四十一； [ʂan⁴⁴pa⁴⁴ʂan⁴⁴tɕiou²¹ʂʅ⁵¹ʂʅ⁰i⁴⁴]
四五六，四五七， [ʂʅ⁵³u²¹liou⁵¹,ʂʅ⁵³u²¹tɕʰi⁴⁴]
四八四九五十一； [ʂʅ⁵³pa⁴⁴ʂʅ⁵³tɕiou³⁵u²¹ʂʅ³⁵i⁴⁴]
五五六，五五七， [u³⁵u²¹liou⁵¹,u³⁵u²¹tɕʰi⁴⁴]
五八五九六十一； [u²¹pa⁴⁴u⁵³tɕiou²¹liou⁵³ʂʅ⁰i⁴⁴]
六五六，六五七， [liou⁵³u²¹liou⁵¹,liou⁵³u²¹tɕʰi⁴⁴]
六八六九七十一。 [liou⁵³pa⁴⁴liou⁵³tɕiou²¹tɕʰi⁴⁴ʂʅ⁰i⁴⁴]

（三）

我们都是好朋友。 [uo²¹mən⁴⁴tou⁴⁴ʂʅ⁵³xau²¹pəŋ³⁵iou²¹³]
小鸟儿，成群飞。 [ɕiau³⁵ȵiau⁴⁴ər³⁵,tʂʰən³⁵tɕʰyən³⁵fei⁴⁴]
小鱼儿，成群游。 [ɕiau²¹y³⁵ər³⁵,tʂʰən³⁵tɕʰyən³⁵iou³⁵]

小朋友们手儿拉手儿。　　[ɕiau²¹pʰəŋ³⁵iou²¹mən⁰ʂour²¹la⁴⁴ʂour²¹³]
排着队，向前走。　　　　[pʰai³⁵tʂɤ⁰tuei⁵¹,ɕiaŋ⁵³tɕʰian³⁵tʂou²¹³]
唱着歌儿，拍着手儿。　　[tʂʰaŋ⁵¹tʂɤ⁰kɤr⁰,pʰai⁴⁴tʂɤ⁰ʂour²¹³]

　　　　（四）

小白兔儿，盖新房儿，　　　　[ɕiau²¹pai³⁵tʰur⁵¹,kai⁵³ɕiən⁴⁴fãr³⁵]
小猴儿小狗儿来帮忙儿。　　　[ɕiau²¹xour³⁵ɕiau³⁵kour²¹lai⁴⁴paŋ⁴⁴mãr³⁵]
拿的拿，扛的扛，　　　　　　[na³⁵ti⁰na³⁵,kʰaŋ²¹ti⁰kʰaŋ²¹³]
小房儿盖得好漂亮。　　　　　[ɕiau²¹fãr³⁵kai⁵³tɤ⁰xau²¹pʰiau⁵¹liaŋ⁰]
进屋儿一看黑漆漆，　　　　　[tɕiən⁵³ur⁴⁴·³⁵i⁵³kʰan⁵³xei⁴⁴tɕʰi⁴⁴tɕʰi⁴⁴]
原来忘了留个窗。　　　　　　[yan³⁵lai⁰uaŋ⁵¹lɤ⁰liou⁵³kɤ⁰tʂʰuaŋ⁴⁴]

（歌谣发音人：胡静）

二　故事

牛郎和织女

从前,有一个壮汉,[tsʰuən³⁵tɕʰian³⁵,iou²¹·³⁵i⁵³kɤ⁰tʂuaŋ⁴⁴xan⁵¹]
父母死得早,剩下他和一只老牛。[fu⁵³mu²¹sʅ²¹ti⁰tsau²¹³,ʂəŋ⁵¹ɕia⁴⁴tʰa⁴⁴xɤ⁵³·⁵³i⁵³tʂʅ⁴⁴lau²¹ɲiou³⁵]
这只老牛呢,和他俩相依为命,[tʂei⁵³tʂʅ⁴⁴lau⁴⁴ɲiou³⁵ɲiɛ⁰,xɤ⁵³tʰa⁴⁴lia⁵³ɕiaŋ⁴⁴i⁴⁴uei⁵³miəŋ⁵¹]
大伙儿管他（壮汉）叫牛郎。[ta⁵³xuor²¹kuan⁴⁴tʰa⁴⁴tɕiau⁵³ɲiou³⁵laŋ³⁵]
这只老牛是天上的金牛星下凡。[tʂei⁵³tʂʅ⁴⁴lau⁴⁴ɲiou³⁵sʅ⁵³tʰian⁴⁴ʂaŋ⁰ti⁰tɕiən⁴⁴ɲiou³⁵ɕiəŋ⁴⁴ɕia⁵³fan³⁵]
有一天呢,[iou²¹·⁵³tʰian⁴⁴ɲiɛ⁰]
这个金牛星呢,看着牛郎特别善良,也特别能干,[tʂei⁵¹kɤ⁰tɕiən⁴⁴ɲiou³⁵ɕiəŋ⁴⁴ɲiɛ⁰,kʰan⁵¹tʂɤ⁰ɲiou³⁵laŋ³⁵tʰɤ⁵³piɛ³⁵ʂan⁵³liaŋ³⁵,iɛ²¹tʰɤ⁵³piɛ³⁵nəŋ⁴⁴kan⁵¹]
它就想给牛郎呢找个媳妇儿。[tʰa⁴⁴tou⁵³ɕiaŋ³⁵kei²¹ɲiou³⁵laŋ³⁵ɲiɛ⁰tʂau²¹kɤ⁰ɕi²¹fər⁰]

有一天,金牛星呢知道是天上的七个仙女儿下凡,[iou²¹·⁵³tʰian⁴⁴,tɕiən⁴⁴ɲiou³⁵ɕiəŋ⁴⁴ɲiɛ⁰tʂʅ³⁵tau⁵³sʅ⁵³tʰian⁴⁴ʂaŋ⁰ti⁰tɕʰi⁰kɤ⁰ɕian⁴⁴ɲyər²¹ɕia⁵³fan³⁵]
到呢他那个村东头儿有一个湖洗澡儿。[tau⁵¹ɲiɛ⁰tʰa⁴⁴nei⁵¹kɤ⁰tsʰuən⁴⁴tuaŋ⁴⁴tʰour³⁵iou²¹·³⁵kɤ⁰xu³⁵ɕi³⁵tsaur²¹³]
后尾儿,这个金牛星就给牛郎托个梦,[xou⁵³uər²¹³,tʂei⁵¹kɤ⁰tɕiən⁴⁴ɲiou³⁵ɕiəŋ⁴⁴tou⁵³kei²¹ɲiou³⁵laŋ³⁵tʰuo⁴⁴kɤ⁰məŋ⁵¹]
就告诉他,说："你呀,明天早晨你上那个湖边,[tou⁵³kau⁵¹ʂu⁰tʰa⁴⁴,ʂuo⁴⁴：ɲi²¹ia⁰,miəŋ³⁵tʰian⁴⁴tsau²¹tʂʰən⁰ɲi⁵³ʂaŋ⁵¹nei⁵¹kɤ⁰xu³⁵pian⁴⁴]
看着七仙女儿洗澡儿时,[kʰan⁵¹tsau⁰tɕʰi⁴⁴ɕian⁴⁴ɲyər²¹ɕi³⁵tsaur²¹sʅ³⁵]
您脱下来那衣裳挂在树枝上,你把它偷来,[tʰan⁴⁴tuo⁴⁴ɕia⁵¹lai⁰nei⁵³·⁴⁴ʂaŋ⁰kua⁵³tsai⁵³ʂu⁵³

tʂʅ⁴⁴ʂaŋ⁰,n̠i³⁵pa²¹tʰa⁴⁴tʰou⁴⁴lai⁰]

偷来一件儿,你头也别回,就往家跑。"[tʰou⁴⁴lai⁰i³⁵tɕieʀ⁵¹,n̠i²¹tʰou³⁵iɛ²¹piɛ⁵³xuei³⁵,tou⁵³uaŋ²¹tɕia⁴⁴pʰau²¹³]

牛郎听了以后呢,第二天呢就去到这个树林儿里一看,[n̠iou³⁵laŋ³⁵tʰiəŋ⁴⁴lɤ⁰i²¹xou⁵¹n̠iɛ⁰,ti⁵³ər⁵³tʰian⁴⁴n̠iɛ⁰tou⁵³tɕʰy⁵³tau⁵³tʂei⁵³kɤ⁰ʂu⁵³lieʀ³⁵li⁰i³⁵kʰan⁵¹]

七个七仙女儿正在湖畔玩耍。[tɕʰi³⁵kɤ⁰tɕʰi⁴⁴ɕian⁴⁴n̠yəʀ²¹tʂəŋ⁵³tsai⁵³xu⁵³pʰan⁵³uan³⁵ʂua²¹³]

他一眼呢,看着这个树枝上挂着一件儿粉红色的衣服,[tʰa⁴⁴·⁵³ian²¹n̠iɛ⁰,kʰan⁵¹tʂau⁵³tʂei⁵¹kɤ⁰ʂu⁵³tʂʅ⁴⁴ʂaŋ⁰kua⁵³tʂɤ⁰i³⁵ɕieʀ⁵³fən⁰xuəŋ³⁵ʂʅ⁰ti⁰i⁴⁴fu⁰]

他就把这衣服抱走了,[tʰa⁴⁴tou⁵³pa²¹tʂei⁵³·⁴⁴ifu⁰pau⁵³tʂou²¹lɤ⁰]

头也没回,就往家跑。[tʰou³⁵iɛ²¹mei⁵xuei³⁵,tou⁵³uaŋ²¹tɕia⁴pʰau²¹³]

等七个仙女儿洗完澡儿以后呢,[təŋ²¹tɕʰi³⁵kɤ⁰tɕian⁴⁴n̠yəʀ²¹ɕi²¹uan³⁵tsau ʀ³⁵·²¹xou⁵¹n̠iɛ⁰]

这个丢衣裳这个呢仙女儿叫啥呀,叫织女,[tʂei⁵¹kɤ⁰tiou⁴⁴·⁴⁴ʂaŋ⁵³tʂei⁵¹kɤ⁰n̠iɛ⁰ɕian⁴⁴n̠yəʀ²¹tɕiau⁵³xa³⁵ia⁰,tɕiau⁵³tʂʅ⁴⁴n̠y²¹³]

就她衣裳叫牛郎给抱走了。[tou⁵³tʰa⁴⁴·⁴⁴ʂaŋ⁰tɕiau⁵³n̠iou³⁵laŋ³⁵kei²¹pau⁵³tʂou²¹lɤ⁰]

织女就跑到您家,追到您家,[tʂʅ⁴⁴n̠y²¹tou⁵³pʰau²¹tau⁵³tʰan⁴⁴tɕia⁴⁴,tʂuei⁴⁴tau⁵³tʰan⁴⁴tɕia⁴⁴]

追到您家以后呢,他俩一见钟情,[tʂuei⁴⁴tau⁵³tʰan⁴⁴tɕia⁴⁴i⁰xou⁵¹n̠iɛ⁰,tʰa⁴⁴lia²¹i³⁵tɕian⁵³tʂuaŋ⁴⁴tɕʰiəŋ³⁵]

后来您们就成家了。[xou⁵³lai³⁵tʰan⁴⁴mən⁰tou⁵³tʂʰəŋ³⁵tɕia⁴⁴lɤ⁰]

成家了三年以后,[tʂʰəŋ³⁵tɕia⁴⁴lau⁴⁴san⁴⁴n̠ian³⁵·²¹xou⁵¹]

牛郎和织女生了一男一女,[n̠iou³⁵laŋ³⁵xɤ³⁵tʂʅ⁴⁴n̠y²¹ʂəŋ⁴⁴lɤ⁰·⁵³nan⁵³·³⁵n̠y²¹³]

过得非常幸福美满。[kuo⁵¹ti⁰fei⁴⁴tʂʰaŋ⁵³ɕiəŋ⁵³fu⁰mei⁵man²¹³]

牛郎耕地,织女织衣,[n̠iou³⁵laŋ³⁵kəŋ⁴⁴ti⁵¹,tʂʅ⁴⁴n̠y²¹tʂʅ⁴⁴·⁴⁴i⁰]

好景不长啊,[xau³⁵tɕiəŋ²¹pu⁵³tʂʰaŋ³⁵a⁰]

有一天,王母娘娘得知织女下凡到人间。[iou²¹·⁵³tʰian⁴⁴,uaŋ³⁵mu⁵³n̠iaŋ³⁵n̠iaŋ⁰tɤ⁵³tʂʅ⁴⁴tʂʅ⁴⁴n̠y²¹ɕia⁵³fan³⁵tau⁵³ʀən³⁵tɕian⁴⁴]

突然有一天是狂风大雨,把织女就卷走了。[tʰu⁴⁴ʀan³⁵iou²¹·⁵³tʰian⁴⁴ʂʅ⁵³kʰuaŋ³⁵fəŋ⁴⁴ta⁵³y²¹³,pa³⁵tʂʅ⁴⁴n̠y²¹tou⁵³tɕyan⁴⁴tʂou²¹lɤ⁰]

卷走以后,孩子们哭爹喊娘,要娘。[tɕyan³⁵tʂou³⁵·²¹xou⁵¹,xai³⁵tsʅ⁰mən⁰kʰu⁴⁴tiɛ⁴⁴xan²¹n̠iaŋ³⁵,iau⁵n̠iaŋ³⁵]

后尾儿,牛郎说这可咋整?[xou⁵³uəʀ²¹³,n̠iou³⁵laŋ³⁵ʂuo⁴⁴tʂɤ⁵¹kʰɤ⁰tsa³⁵tʂəŋ²¹³]

您家这金牛星就发话了,说:"快点儿的,[tʰan⁴⁴tɕia⁴⁴tʂɤ⁵³tɕiən⁴⁴n̠iou³⁵ɕiəŋ⁵³tɕiou⁵³fa⁴⁴xua⁵¹lɤ⁰:ʂuo⁴⁴:kʰuai⁵³tieʀ²¹ti⁰]

你把我的牛角掰下来,[n̠i³⁵pa³⁵uo⁰ti⁰n̠iou³⁵tɕiau²¹pai⁴⁴ɕia⁵lai⁰]

掰下来以后呢,变俩大箩筐。[pai⁴⁴ɕia⁵¹lai⁰·²¹xou⁵¹n̠iɛ⁰,pian⁵³lia²¹ta⁵³luo³⁵kʰuaŋ⁴⁴]

让孩子们哪一个箩筐坐一个孩子,[iaŋ⁵³xai³⁵tʂʅ⁰mən⁰na⁰i³⁵kɤ⁰luo³⁵kʰuaŋ⁴⁴tsuo⁵³·³⁵i⁰kɤ⁰xai³⁵tʂʅ⁰]

拿着扁担挑箩筐,快去上天上去追织女去吧。"[na³⁵tʂɤ⁰pian²¹tan⁰tʰiau⁴⁴luo³⁵kʰuaŋ⁴⁴,kʰuai⁵³tɕʰy⁵³ʂaŋ⁵³tʰian⁴⁴ʂaŋ⁰tɕʰy⁵³tsuei⁴⁴tʂʅ⁴⁴ny²¹tɕʰi⁰pa⁰]

董永(牛郎)呢,听了呢金牛星的话,[tuəŋ³⁵yəŋ²¹ȵiɛ⁰,tʰiəŋ⁴⁴lɤ⁰ȵiɛ⁰tɕiən⁰ȵiou³⁵ɕiəŋ⁴⁴ti⁰xua⁵¹]

就挑着俩孩子,去追织女。[tou⁵³tʰiau⁴⁴tʂɤ⁰lia²¹xai³⁵tʂʅ⁰,tɕʰy⁵³tsuei⁴⁴tʂʅ⁴⁴ny²¹³]

眼看要追上了,王母娘娘发现了,[ian²¹kʰan⁵³iau⁵³tsuei⁴⁴ʂaŋ⁰lɤ⁰,uaŋ³⁵mu²¹ȵiaŋ³⁵ȵiaŋ⁰fa⁴⁴ɕian⁵¹lɤ⁰]

发现了,把头上那个头上戴个金钗摘下来了,[fa⁴⁴ɕian⁵¹lɤ⁰,pa²¹tʰou³⁵ʂaŋ⁰nei⁵¹kɤ⁰tʰou³⁵ʂaŋ⁰tai⁵¹kɤ⁰tɕiən⁴⁴tʂʰai⁴⁴tsai⁴⁴ɕia⁵¹lai⁰lɤ⁰]

在您们俩中间使劲一划,[tsai⁵³tʰan⁴⁴mən⁰lia²¹tsuəŋ⁴⁴tɕian⁴⁴ʂʅ²¹tɕien⁵³·⁵³xua³⁵]

就变成一个滔滔的天河,[tou⁵³pian⁵³tʂʰəŋ³⁵i⁰kɤ⁰tʰau⁴⁴tʰau⁴⁴ti⁰tʰian⁴⁴xɤ³⁵]

把您们俩就隔开了。[pa²¹tʰan⁴⁴mən⁰lia²¹tou⁵³kɤ³⁵kʰai⁴⁴lɤ⁰]

隔开他,搁这边儿望也望不着,她搁那边儿望也望不着。[kɤ³⁵kʰai⁴⁴tʰa⁴⁴,kɤ²¹tʂei⁵¹piər⁰uaŋ⁵³·²¹iɛ⁵³uaŋ⁵³pu⁵³tsau³⁵,tʰa⁴⁴kɤ²¹nei⁵¹piər⁰uaŋ⁵³·²¹iɛ⁵³uaŋ⁵¹pu⁵³tsau⁵¹]

后来呢,天上的喜鹊发现了您们俩的爱情故事。[xou⁵³lai³⁵ȵiɛ⁰,tʰian⁴⁴ʂaŋ⁰ti⁰ɕi²¹tɕʰye⁵³fa⁴⁴ɕian⁵¹lɤ⁰tʰan⁴⁴mən⁰lia²¹ti⁰ai⁵³tɕʰiəŋ³⁵ku⁰ʂʅ⁵¹]

喜鹊,成千上万,[ɕi²¹tɕʰye⁵¹,tʂʰəŋ³⁵tɕʰian⁴⁴ʂaŋ⁵³uan⁵¹]

你拽着我的尾巴,我拽着它的尾巴,[ȵi²¹tsuai⁵³tʂɤ⁰uo⁰ti⁰i⁰·²¹pa⁰,uo⁰tsuai⁵¹tʂɤ⁰tʰa⁴⁴ti⁰i⁰·²¹pa⁰]

在天桥上,给他们搭了一副天河桥,[tsai⁵³tʰian⁴⁴tɕʰiau³⁵ʂaŋ⁰,kei²¹tʰa⁴⁴mən⁰ta⁴⁴lɤ⁰·³⁵fu⁵³tʰian⁴⁴xɤ³⁵tɕʰiau³⁵]

七月初七的时候儿,让牛郎织女他们会见。[tɕʰi³⁵ye⁵³tʂʰu⁴⁴tɕʰi⁴⁴ti⁰ʂʅ³⁵xour⁰,iaŋ⁵³niou³⁵laŋ³⁵tʂʅ⁴⁴ny²¹tʰa⁴⁴mən⁰xuei⁴tɕian⁵¹]

(故事发音人:胡静)

三 自选条目

(一)

大鼻子它爹——老鼻子了。   [ta⁵³pi³⁵tʂʅ⁰tʰa⁴⁴tiɛ⁴⁴,lau²¹pi³⁵tʂʅ⁰lɤ⁰]

(二)

大伯子背兄弟媳妇儿——   [ta⁵³pai⁴⁴tʂʅ⁰pei⁴⁴ɕyəŋ⁴⁴ti⁰ɕi²¹fər⁰,sou⁵³lei⁵³pu⁵³tʰau³⁵xaur²¹³]
受累不讨好儿。

（三）

蹲茅楼儿嗑瓜子儿——入不抵出。　　[tuən⁴⁴mau³⁵lour³⁵kʰɤ⁵³kua⁴⁴tʂər²¹³,ʐu̩⁵³pu⁵³tʰi²¹tʂʰu⁴⁴]

（四）

坟圈子拉弓——射鬼（色鬼）。　　[fən³⁵tɕʰyan⁵¹tʂɿ⁰la⁴⁴kuəŋ⁴⁴,ʂɤ⁵³kuei²¹³]

（五）

粪坑里边练游泳——真不怕屎（死）。　　[fən⁵³kʰəŋ⁴⁴li²¹pian⁰lian⁵³iou³⁵ʐuəŋ²¹³,tʂən⁴⁴pu³⁵pʰa⁵³ʂɿ²¹³]

（六）

茅儿坑儿里边放鞭炮——激起民粪（愤）。　　[maur³⁵kɤ̃r⁴⁴li²¹pian⁰faŋ⁵³pian⁴⁴pʰau⁵¹, tɕi⁴⁴tɕʰi²¹miən³⁵fən⁵¹]

（七）

太监领狗散步——五脊六兽。　　[tʰai⁵¹tɕian⁰liəŋ³⁵kou²¹san⁵³pu⁵¹,u³⁵tɕi⁴⁴liou⁵³ʂou⁵¹]

无脊六兽：形容心烦意乱，忐忑不安。

（八）

破草帽子没沿儿——晒脸。　　[pʰɤ⁵³tʂʰau²¹mau⁵¹tʂɿ⁰mei³⁵iɚ³⁵,sai⁵³lian²¹³]

（九）

苦瓜脸上长皱纹儿，　　[kʰu²¹kua⁴⁴lian²¹ʂaŋ⁵³tʂaŋ²¹tʂou⁵³uər³⁵]
冬瓜脸上擦香粉儿，　　[tuəŋ⁴⁴kua⁴⁴lian²¹ʂaŋ⁵³tʂʰa⁵³ɕiaŋ⁴⁴fər²¹³]
黄瓜脸上长痘痘，　　[xuaŋ³⁵kua⁴⁴lian²¹ʂaŋ⁵³tʂaŋ²¹tou⁵¹tou⁰]
西瓜脸上画花纹儿。　　[ɕi⁴⁴kua⁰lian²¹ʂaŋ⁵³xua⁵³xua⁴⁴uər³⁵]

（十）

宁在小叔子兜里坐，　　[niəŋ⁵³tsai⁵³ɕiau²¹ʂu⁴⁴tʂɿ⁰tou⁴⁴li⁰tsuo⁵¹]
不在大伯子眼前过。　　[pu³⁵tsai⁵³ta⁵³pai⁴⁴tʂɿ⁰ian²¹tɕʰian³⁵kuo⁵¹]

（十一）

小花狗儿呀摇尾巴，　　[ɕiau²¹xua⁴⁴kour²¹ia⁰iau³⁵uei²¹pa⁰]
去捉螃蟹真胡闹。　　[tɕʰy⁵³tsuo³⁵pʰaŋ³⁵ɕia⁰tʂən⁴⁴xu³⁵nau⁵¹]
一只螃蟹没捉着，　　[i⁵³tʂɿ⁴⁴pʰaŋ³⁵ɕia⁰mei tsuo⁴⁴tʂau³⁵]
脚被夹得嗷嗷叫。　　[tɕiau²¹pei⁵³tɕia³⁵tɤ²¹au⁴⁴au⁴⁴tɕiau⁵¹]

（十二）

小花猫儿，咪咪叫　　　　　[ɕiau²¹xua⁴⁴maur⁴⁴,mi⁴⁴mi⁴⁴tɕiau⁵¹]
不洗脸，把镜儿照。　　　　[pu⁵³ɕi³⁵lian²¹³,pa²¹tɕiɚ⁵³tʂau⁵¹]
左边照，右边照，　　　　　[tʂuo²¹pian⁴⁴tʂau⁵¹,iou⁵³pian⁴⁴tʂau⁵¹]
埋怨镜子，　　　　　　　　[man³⁵yan⁵³tɕiəŋ⁵¹tʂʅ⁰tʂaŋ⁴⁴]
气得胡须翘。　　　　　　　[tɕʰi⁵³tɤ²¹xu³⁵ɕy⁴⁴tɕʰiau⁵¹]

（十三）

小蜻蜓，六条腿儿，　　　　[ɕiau²¹tɕʰiəŋ⁴⁴tʰiəŋ³⁵,liou⁵³tʰiau⁴⁴tʰuər²¹³]
眼睛大，飞得高，　　　　　[ian²¹tɕiəŋ⁰ta⁵¹,fei⁴⁴tɤ⁰kau⁴⁴]
飞到东，飞到西，　　　　　[fei⁴⁴tau⁵³tuəŋ⁴⁴,fei⁴⁴tau⁵³ɕi⁴⁴]
吃蚊子，护庄稼。　　　　　[tʂʰʅ⁴⁴uən³⁵tʂʅ⁰,xu⁵³tʂuaŋ⁴⁴tɕia⁴⁴]

（自选条目 1-13 发音人：胡静）

（十四）

白菜梆子挂墙上——装　　　[pai³⁵tsʰai⁰paŋ⁴⁴tʂʅ⁰kua⁵³tɕʰiaŋ³⁵⁰ʂaŋ⁰,tʂuaŋ⁴⁴tʂuo⁵³ta⁵³ɕiɛ³⁵pa³⁵tʂʅ⁰]
作大鞋拔子。

（十五）

打人不打脸,打脸烂屁眼儿。[ta²¹iən³⁵pu⁵³ta³⁵lian²¹³,ta³⁵lian²¹lan⁵³pʰiau⁵³iɐr²¹³]

（十六）

顶儿风放屁——臭出八里地。[tiɚ²¹fəŋ⁴⁴faŋ⁵³pʰi⁵¹,tʂʰou⁵³tʂʰu⁴⁴pa⁴⁴li²¹ti⁵¹]

（十七）

放屁崩坑儿——凑巧儿。　　[faŋ⁵³pʰi⁵³pəŋ⁴⁴kɚr⁴⁴,tʂʰou⁵³tɕʰiaur²¹³]

（十八）

狗戴帽子——装人。　　　　[kou²¹tai⁵³mau⁵¹tʂʅ⁰,tʂuaŋ⁴⁴iən³⁵]

（十九）

蛤蟆没毛儿——生的种。　　[xa³⁵ma⁰mei³⁵maur³⁵, ʂəŋ⁴⁴tɤ⁰tʂuəŋ²¹³]

（二十）

黄狼子掏鸡架——各练一门。[xuaŋ³⁵laŋ³⁵tʂʅ⁰tʰau⁴⁴tɕi⁴⁴tɕia⁵¹, kɤ⁵³lian⁵³·⁵³i⁴⁴mən³⁵]

（自选条目 14-20 发音人：李武）

昌 图

一 歌谣

(一)

小皮球儿，	[ɕiau²¹³pʰi³⁵tɕʰiouɻ³⁵]
拍两瓣儿，	[pʰai³³liaŋ²¹pəɻ⁵¹]
打花鼓，	[ta²¹xua³³ku²¹³]
摇花架儿，	[iau³⁵xua³³tɕʰiɛɻ⁵¹]
里踢外掰，	[li²¹tʰi³³uai⁵¹pai³³]
八仙过海，	[pa³³ɕian³³kuo⁵¹xai²¹³]
九十九，	[tɕiou²¹ʂʅ⁰tɕiou²¹³]
一百。	[i⁵³pai²¹³]

(二)

大雨哗哗下，	[ta⁵¹y²¹³xua³³xua³³ɕia⁵¹]
北京来电话，	[pei²¹tɕiəŋ³³lai³⁵tian⁵³xua⁵¹]
要你去当兵，	[iau⁵¹ȵi²¹tɕʰy⁵¹taŋ³³piəŋ³³]
你还没长大。	[ȵi²¹xai³⁵mei³⁵tʂaŋ²¹ta⁵¹]

(三)

扯大锯，	[tʂʰɤ²¹³ta⁵³tɕy⁵¹]
拉大锯，	[la³⁵ta⁵³tɕy⁵¹]
姥姥家，	[lau²¹lau²¹tɕia³³]
唱大戏，	[tʂʰaŋ⁵¹ta⁵³ɕi⁵¹]
接闺女，	[tɕiɛ³³kuən³³ȵiou⁰]
唤女婿，	[xuan⁵¹ȵy²¹ɕy⁰]
小外孙，	[ɕiau²¹³uai⁵¹ʂuən⁰]
也要去。	[iɛ²¹iau⁵³tɕʰy⁵¹]

（四）

小老鼠，	[ɕiau²¹lau³⁵ʂu²¹³]
上灯台，	[ʂaŋ⁵¹təŋ³³tʰai³⁵]
偷油吃，	[tʰou³³iou³⁵tʂʰʅ³³]
下不来，	[ɕia⁵¹pu⁰lai³⁵]
喵喵喵，	[miau³³miau³³miau³³]
猫咪来，	[mau³³mi³³lai³⁵]
叽里咕噜滚下来。	[tɕi³⁵lə⁰ku³³lu⁰kuən²¹³ɕia⁵¹lai³⁵]

（五）

鸡蛋壳儿，	[tɕi³³tan⁵¹kʰɤr⁰]
鸭蛋壳儿，	[ia³³tan⁵¹kʰɤr⁰]
谁先落地谁老婆儿。	[sei³⁵ɕian³³luo⁵³ti⁵¹sei³⁵lau²¹pʰər³⁵]

（六）

编花篮儿，	[pian³³xua³³lɐr³⁵]
编花篮儿，	[pian³³xua³³lɐr³⁵]
花篮儿里面有小孩儿，	[xua³³lɐr³⁵li²¹mian⁵¹iou³⁵ɕiau²¹xɐr³⁵]
小孩儿的名字叫什么，	[ɕiau²¹xɐr³⁵tə⁰miəŋ³⁵tʂʅ⁵¹tɕiau⁵¹sən³⁵mə⁰]
叫花篮儿。	[tɕiau⁵¹xua³³lɐr³⁵]
蹲下，	[tuən³³ɕia⁵¹]
起来。	[tɕʰi²¹lai⁰]
坐下，	[tʂuo⁵³ɕia⁵¹]
起来。	[tɕʰi²¹lai⁰]
马莲开花二十一，	[ma²¹lian³⁵kʰai³³xua³³ər⁵¹ʂʅ³⁵i³³]
二五六、二五七，	[ər⁵¹u²¹liou⁵¹、ər⁵¹u²¹tɕʰi³³]
二十八、二九、三十一，	[ər⁵¹pa³³、ər⁵¹tɕiou²¹³、san³³ʂʅ³⁵i³³]
三五六、三五七，	[san³³u²¹liou⁵¹、san³³u²¹tɕʰi³³]
三八、三九、四十一……	[san³³pa³³、san³³tɕiou²¹³、ʂʅ⁵¹ʂʅ³⁵i³³]

（七）

小燕子，	[ɕiau²¹ian⁵¹tsʅ⁰]
穿花衣，	[tʂʰuan³³xua³³i³³]
年年春天来这里。	[ȵian³⁵ȵian³⁵tʂʰuən³³tʰian³³lai³⁵tʂɤ⁵¹li²¹³]
要问燕子你为啥来？	[iau⁵¹uən⁵³ian⁵¹tsʅ⁰ȵi²¹uei⁵¹ʂa⁵¹lai³⁵]
燕子说，	[ian⁵¹tsʅ²¹³ʂuo³³]

你们这的春天最美丽。　　　　　　[n̠i²¹mən⁰tʂɤ⁵¹tə⁰tʂuən³³tʰian³³tsuei⁵¹mei²¹li⁵¹]

（八）

簸，簸，簸簸箕，　　　　　　　　[pɤ³⁵pɤ³⁵pɤ²¹³pɤ⁵¹tɕi⁰]
红门帘儿绿簸箕，　　　　　　　　[xuaŋ³⁵mən³⁵liɐr³⁵ly⁵³pɤ⁵¹tɕi⁰]
小孩儿小孩儿干啥去？　　　　　　[ɕiau²¹xɐr³⁵ɕiau³⁵xɐr³⁵kan⁵¹ʂa³⁵tɕʰi⁰]
挑水去。　　　　　　　　　　　　[tʰiau³³suei²¹tɕʰi⁰]
挑几挑儿？　　　　　　　　　　　[tʰiau³³tɕi²¹³tʰiaur³³]
挑一挑儿，挑两挑儿。　　　　　　[tʰiau³³·⁵³i·⁵³tʰiaur³³，tʰiau³³liaŋ²¹tʰiaur³³]

（九）

小胖墩儿，　　　　　　　　　　　[ɕiau²¹pʰaŋ⁵¹tuər³³]
坐门墩儿，　　　　　　　　　　　[tʂuo⁵¹mən³⁵tuər³³]
哭着喊着要媳妇儿。　　　　　　　[kʰu³³tʂə⁰xan²¹³tʂə⁰iau⁵¹ɕi³⁵fər⁰]

（十）

盘脚连，　　　　　　　　　　　　[pʰan³⁵tɕiau²¹lian⁰]
脚连摆，　　　　　　　　　　　　[tɕiau²¹lian⁰pai²¹³]
不梳头，　　　　　　　　　　　　[pu⁵³ʂu³³tʰou³⁵]
不洗脸，　　　　　　　　　　　　[pu⁵³ɕi³⁵lian²¹³]
刀枪面板，　　　　　　　　　　　[tau³³tɕʰiaŋ³³mian⁵¹pan²¹³]
马蹄儿马脚，　　　　　　　　　　[ma²¹tʰiər³⁵ma³⁵tɕiau²¹³]
开门儿就跑。　　　　　　　　　　[kʰai³³mər³⁵tɕiou⁵¹pʰau²¹³]

（十一）

欻，欻，欻猪爪，　　　　　　　　[tʂʰua³⁵，tʂʰua³⁵，tʂʰua²¹tʂu³³tʂua²¹³]
爹吃一个妈吃俩。　　　　　　　　[tiɛ³³tʂʰɿ³³·³⁵i·⁵³kə⁰ma³³tʂʰɿ·⁵³lia²¹³]
剩下半儿拉给谁留的呀？　　　　　[səŋ⁵³ɕia⁵¹pɐr⁵¹la²¹³kei²¹ʂei³⁵liou²¹tə⁰ia⁰]
给小傻瓜。　　　　　　　　　　　[kei²¹³ɕiau³⁵ʂa²¹kua³³]

（歌谣发音人：卢秋爽）

二　故事

许芝

在我们老家，[tsai⁵¹mu²¹mən⁰lau²¹tɕia³³]
昌图老城，[tʂʰaŋ³³tʰu³⁵lau²¹tʂʰəŋ³⁵]
有这么一个人。[iou²¹³tʂɤ⁵¹mə·i³⁵kə⁰iən³⁵]

那真是艺高人胆大，[na⁵¹tʂən³³ʂʅ⁰·⁵¹i kau³³iən³⁵tan²¹ta⁵¹]
响当当的人物，[ɕiaŋ²¹³taŋ⁵¹taŋ³³ti⁰iən³⁵u⁰]
这个人就是许芝。[tʂɤ⁵¹kə⁰iən³⁵tɕiou⁵³ʂʅ⁵¹ɕy²¹tʂʅ³³]
一说起许芝的事儿，[i⁵¹ʂuo³³tɕʰi⁰ɕy²¹tʂʅ³³tə⁰ʂər⁵¹]
那得从他出生时说起。[na⁵¹tɤ⁵¹tsʰuən³⁵tʰa³³tʂʰu³³ʂəŋ³³ʂʅ³⁵ʂuo³³tɕʰi²¹³]
满清时候儿，[man²¹tɕʰiəŋ³³ʂʅ³⁵xour⁰]
俺们这疙瘩儿，[an²¹mən⁰tʂɤ⁵¹ka³³tar⁰]
那可是蒙古王爷的封地。[na⁵¹kʰɤ²¹ʂʅ⁵¹məŋ³⁵ku²¹³uaŋ³⁵iɛ⁵¹tə⁰fəŋ³³ti⁵¹]
在这块地盘儿的中间，[tsai⁵¹tʂɤ⁵³kʰuai⁵¹ti⁵¹pʰər³⁵tə⁰tʂuəŋ³³tɕian³³]
那就是大昭儿书河的南岸，[na⁵³tɕiou⁵¹ʂʅ⁵¹ta⁵¹tʂaur³³ʂu³³xɤ³⁵tə⁰nan³⁵an⁵¹]
有个地方叫宝力。[iou²¹kə⁰ti⁵¹faŋ³³tɕiau⁵³pau²¹li⁵¹]
大概是一九零九年的时候儿，[ta⁵³kai⁵¹ʂʅ⁰·³³i⁵¹tɕiou²¹³liəŋ³⁵tɕiou³³ȵian³⁵tə⁰ʂʅ³⁵xour⁰]
在宝力西苇子沟，[tsai⁵¹pau²¹li⁵¹ɕi³³uei²¹tsʅ⁰kou³³]
一个村民家庭出生的大胖小子，[i³⁵kə⁰tsʰuən³³miən³⁵tɕia³³tʰiəŋ³⁵tʂʰu³³ʂəŋ³³tə⁰ta⁵³pʰaŋ⁵¹ɕiau²¹tsʅ⁰]
起名儿叫许芝。[tɕʰi²¹miə̃r³⁵tɕiau⁵¹ɕy²¹tʂʅ³³]
要说这老许家也不是啥特殊困难的人家，[iau⁵¹ʂuo³³tʂɤ⁵¹lau³⁵ɕy²¹tɕia⁵³iɛ⁰pu³⁵ʂʅ⁵¹ʂa³⁵tʰɤ⁵¹ʂu³³kʰuən⁵¹nan⁰tiˑiən³⁵tɕia³³]
许芝他爸爸妈妈知道没文化不可行啊。[ɕy²¹tʂʅ³³tʰa³³pa⁵¹pa⁰ma³³ma⁰tʂʅ³³tau⁵¹mei³⁵uən³⁵xua⁵¹pu⁵¹kʰɤ²¹ɕiəŋ³⁵a⁰]
爹妈都在望子成龙望女成凤的，[tiɛ³³ma³³tou³³tsai⁵³uaŋ⁵¹tsʅ²¹³tʂʰəŋ³⁵luəŋ³⁵uaŋ⁵¹ny²¹³tʂʰəŋ³⁵fəŋ⁵¹tə⁰]
寻思着吧，[ɕyən³⁵sʅ⁰tʂau⁰pa⁰]
把大儿子许芝培养成，[pa²¹³ta⁵¹ər³⁵tsʅ⁰ɕy²¹tʂʅ³³pʰei³⁵iaŋ²¹³tʂʰəŋ³⁵]
改变国家、家庭命运的文化人。[kai²¹pian⁵¹kuo³⁵tɕia³³、tɕia³³tʰiəŋ³⁵miəŋ⁵¹yən⁵¹tə⁰uən³⁵xua⁵¹iən³⁵]
这不十一岁的许芝就上了宝力的小学。[tʂɤ⁵¹pu⁰ʂʅ³⁵·³³i⁵¹suei⁵¹tə⁰ɕy²¹tʂʅ³³tɕiou⁵¹ʂaŋ⁵¹liau⁰pau²¹li⁵¹tə⁰ɕiau²¹ɕyɛ³⁵]
之后这孩子也是挺争气，[tʂʅ³³xou⁵¹tʂɤ⁵¹xai³⁵tsʅ⁰iɛ²¹ʂʅ³³tʰiəŋ²¹³tʂəŋ³³tɕʰi⁵¹]
一下子考进了东北大学。[i³⁵ɕia⁵¹tsʅ⁰kʰau³³tɕiən⁵¹liau²¹³tuəŋ³³pei²¹³ta⁵¹ɕyɛ³⁵]

小日本儿在东北发动了"九一八"事变，[ɕiau²¹zʅ⁵¹pər²¹³tsai⁵¹tuəŋ³³pei²¹³fa³³tuəŋ⁵¹liau²¹³·³³iˑpa³³ʂʅ⁵³pian⁵¹]
这帮没良心的家伙，[tʂɤ⁵¹paŋ³³mei³⁵liaŋ³⁵ɕiən³³tə⁰tɕia³³xuo⁰]
到处烧杀抢掠，[tau⁵³tʂʰu⁵¹sau³³ʂa³³tɕʰiaŋ²¹³lyɛ⁵¹]
简直就不是人。[tɕian²¹tʂʅ³⁵tɕiou⁵¹pu³⁵ʂʅ⁰iən³⁵]
许芝就随着啊转移，[ɕy²¹tʂʅ³³tɕiou⁵¹suei³⁵tɕiau²¹³a⁰tʂuan²¹·³⁵i³⁵]

继续在北京上学。[tɕi⁵³ɕy⁵¹tsai⁵¹pei²¹tɕiəŋ³³ʂaŋ⁵¹ɕyɛ³⁵]

年轻时候儿许芝就常唠叨一句话，[ȵian³⁵tɕʰiəŋ³⁵ʂʅ³⁵xour⁰ɕy²¹tʂʅ³³tɕiou⁵¹tʂʰaŋ³⁵lau³³tau⁰ i³⁵tɕy⁵³xua⁵¹]

叫人不犯我、我不犯人。[tɕiau⁵¹iən³⁵pu³⁵fan⁵¹uo²¹³、uo²¹pu³⁵fan⁵¹iən³⁵]

面对小日本儿的恶行，[mian⁵³tuei⁵¹ɕiau²¹ʐʅ⁵¹pər²¹³tə⁰ɤ⁵¹ɕiəŋ³⁵]

这还能忍？[tʂɤ⁵¹xai³⁵nəŋ³⁵iən²¹³]

他吧，在山东、湖南教课的时候，[tʰa³³pa²¹，tsai⁵¹ʂan³³tuəŋ³³、xu³⁵nan³⁵tɕiau³³kʰɤ⁵¹tə⁰ ʂʅ³⁵xou⁰]

他家里的媳妇儿和他小弟弟许芳，[tʰa³³tɕia³³li²¹³tə⁰ɕi²¹fər⁰xɤ³⁵tʰa³³ɕiau²¹ti⁵¹ti⁰ɕy²¹faŋ³³]

都在北京生活儿。[tou³⁵tsai⁵¹pei²¹tɕiəŋ³³ʂəŋ³³xuor³⁵]

于是，[y³⁵ʂʅ⁵¹]

他就得来回跑，[tʰa³³tɕiou⁵¹tɤ²¹lai³⁵xuei³⁵pʰau²¹³]

山东、湖南，湖北来回折腾。[ʂan³³tuəŋ³³、xu³⁵nan³⁵、xu³⁵pei²¹³，lai³⁵xuei³⁵tʂɤ³³tʰəŋ⁰]

这一帮路上，[tʂɤ⁵¹i⁵³paŋ³³lu⁵¹ʂaŋ⁰]

搞得小日本儿恶行，[kau²¹tə⁰ɕiau²¹ʐʅ⁵¹pər²¹³ɤ⁵¹ɕiəŋ³⁵]

这下俺们许英雄的气呀！[tʂɤ⁵³ɕia⁵¹an²¹mən⁰ɕy²¹³iəŋ³³ɕyəŋ³⁵tə⁰tɕʰi⁵¹ia⁰]

他就说：[tʰa³³tɕiou⁵¹ʂuo³³]

"不赶走小日本儿，俺就不回家。"[pu⁵³kan³⁵tsou²¹ɕiau²¹ʐʅ⁵¹pər²¹，an²¹³tɕiou⁵¹pu⁵³xuei³⁵tɕia³³]

这不到一九三七年，[tʂɤ⁵³pu³⁵tau⁵¹i³³tɕiou²¹san³³tɕʰi³³ȵian³⁵]

小日本儿搞了大新闻，[ɕiau²¹ʐʅ⁵¹pər²¹³kau³³liau²¹³ta⁵¹ɕiən³³uən³⁵]

干起了"七七"事变。[kan⁵¹tɕʰi³⁵liau²¹³tɕʰi³³tɕʰi³³ʂʅ⁵³pian⁵¹]

小日本儿说啥呢？[ɕiau²¹ʐʅ⁵¹pər²¹³ʂuo³³ʂa³⁵ȵiɛ⁰]

有个日本兵丢了，[iou⁵¹kə⁰ʐʅ⁵¹pən²¹piəŋ³³tiou³³lə⁰]

要来我们国家找。[iau⁵¹lai³⁵mu²¹mən⁰kuo⁵¹tɕia³³tʂau²¹³]

胡说八道，[xu³⁵ʂuo³³pa³⁵tau⁵¹]

我们差他一个日本兵啊。[mu²¹mən⁰tʂʰa⁵¹tʰa³³i³⁵kə⁰ʐʅ⁵¹pən²¹piəŋ³³a⁰]

我们英雄许芝，[mu²¹mən⁰iəŋ³³ɕyəŋ³⁵ɕy²¹tʂʅ³³]

就寻思，[tɕiou⁵¹ɕyən³⁵sʅ⁰]

是国家昌图的安危，[ʂʅ⁵¹kuo²¹tɕia³³tʂʰaŋ³³tʰu³⁵tə⁰an³³uei³³]

他能让自己教的学生，[tʰa³³nəŋ³⁵iaŋ⁵¹tsʅ⁵¹tɕi²¹tɕiau³³tə⁰ɕyɛ³⁵ʂəŋ⁰]

好好学习，[xau³⁵xau²¹³ɕyɛ³⁵ɕi³⁵]

告诉他们爱国，[kau⁵³su⁰tʰa³³mən⁰ai⁵¹kuo²¹³]

得帮助那些贫困户。[tɤ²¹paŋ³³tʂu⁵¹na⁵¹ɕiɛ³³pʰiən³⁵kʰuən⁵³xu⁵¹]

当时战争太残忍了，[taŋ³³ʂʅ³⁵tʂan⁵¹tʂəŋ³³tʰai⁵¹tsʰan³⁵iən²¹³lə⁰]

他就觉得吧，自己的肩膀担不起来的，[tʰa³³tɕiou⁵¹tɕyɛ³⁵tə⁰pa²¹，tsʅ⁵³tɕi²¹tə⁰tɕian³³ paŋ²¹³tan³³pu⁰tɕʰi²¹lai³⁵tə⁰]

到处都是难民死人，[tau⁵³tʂʰu⁵¹tou³⁵ʂʅ⁰nan⁵¹miən³⁵sʅ²¹iən³⁵]
许芝就寻思，[ɕy²¹tʂʅ³³tɕiou⁵³ɕiən⁵³sʅ⁰]
找自己跟日本人干。[tʂau²¹tsʅ⁵¹tɕi²¹³kən³³ʐʅ⁵¹pən²¹iən³⁵kan⁵¹]
许芝当头也不回地往西边儿走，[ɕy²¹tʂʅ³³taŋ³³tʰou³⁵iɛ²¹pu⁵¹xuei³⁵tə⁰uaŋ²¹ɕi³³piɚ³³tʂou²¹³]
把家里的人托付给自己的同学，[pa²¹tɕia³³li²¹tə⁰iən³⁵tʰuo³³fu⁵¹kei⁵¹tsʅ⁵¹tɕi²¹ti⁰tʰuəŋ³⁵ɕyɛ³⁵]
开始跟小日本儿干架，[kʰai³³ʂʅ²¹kən³³ɕiau²¹ʐʅ⁵¹pɚ²¹³kan⁵³tɕia⁵¹]
保卫国家。[pau³⁵uei²¹kuo²¹tɕia³³]
这时吧，[tʂɤ⁵¹ʂʅ³⁵pa⁰]
俺们昌图就有这败家子儿汉奸，[an²¹mən⁰tʂʰaŋ³³tʰu³⁵tɕiou⁵¹iou²¹³tʂɤ⁵³pai⁵¹tɕia³³tsɚ²¹³xan⁵¹tɕian³³]
他们说向小日本儿告密：[tʰa³³mən⁰suo³³ɕiaŋ⁵¹ɕiau²¹ʐʅ⁵¹pɚ²¹³kau⁵³mi⁵¹]
"许芝拿着张学良给的子弹，[ɕy²¹tʂʅ³³na³⁵tʂau⁰tʂaŋ³³ɕyɛ³⁵liaŋ³⁵kei²¹tə⁰tsʅ²¹tan⁵¹]
反满清抗日。"[fan³⁵man²¹tɕʰiəŋ³³kʰaŋ⁵³ʐʅ⁵¹]
就跟汉奸说一句，[tɕiou⁵¹kən³³xan⁵¹tɕian³³suo³³i³⁵tɕy⁵¹]
就给许芝亲人整进监狱里了。[tɕiou⁵¹kei³⁵ɕy²¹tʂʅ³³tɕʰiən³³iən³³tʂəŋ²¹tɕiən⁵¹tɕian⁵¹y⁵¹li²¹lə⁰]
后来给许芝整的，[xou⁵¹lai³⁵kei³⁵ɕy²¹tʂʅ³³tʂəŋ²¹tiɛ⁰]
就把田产都给卖了。[tɕiou⁵¹pa³³tʰian³³tʂʰan³³tou⁵⁵kei²¹mai⁵¹lə⁰]
买通了帮看大门的，[mai²¹tʰuəŋ³³liau²¹³paŋ³³kʰan³³ta⁵¹mən³⁵tiɛ⁰]
才给他家人放出来。[tsʰai³⁵kei²¹tʰa³³tɕia³³iən³³faŋ⁵¹tʂʰu⁵⁵lai³³]
他家人刚从监狱里出来，[tʰa³³tɕia³³iən³⁵kaŋ³³tsʰuəŋ³⁵tɕian³³y⁵¹li²¹tʂʰu³³lai⁰]
时间不长，[ʂʅ³⁵tɕian³³pu⁵¹tʂʰaŋ³⁵]
许芝的爸爸，[ɕy²¹tʂʅ³³tə⁰pa⁵¹pa⁰]
就被这帮小日本儿折磨死了。[tɕiou⁵¹pei⁵¹tʂɤ⁵¹paŋ³³ɕiau²¹ʐʅ⁵¹pɚ²¹³tʂɤ³⁵mə⁰sʅ²¹lə⁰]
这帮汉奸还老骗许家，[tʂɤ⁵¹paŋ³³xan⁵¹tɕian⁵¹xai²¹lau²¹pʰian⁵¹ɕy²¹tɕia³³]
给许家整够呛。[kei³⁵ɕy²¹tɕia³³tʂəŋ²¹kou⁵¹tɕʰiaŋ³³]
小日本儿那能干过我们国家呀！[ɕiau²¹ʐʅ⁵¹pɚ²¹³na⁵¹nəŋ³⁵kan⁵³kuo⁵⁵uo²¹mən⁰kuo²¹tɕia³³ia⁰]
这不被打跑了嘛。[tʂɤ⁵¹pu⁰pei²¹ta³³pʰau²¹lə⁰ma⁰]
抗日赢了，[kʰaŋ⁵³ʐʅ⁵¹iəŋ³⁵lə⁰]
许芝带着八名干部，[ɕy²¹tʂʅ³³tai⁵¹tʂau⁰pa³³miəŋ³⁵kan⁵¹pu⁰]
两支枪，接手了昌图。[liaŋ²¹tʂʅ³³tɕʰiaŋ³³, tɕiɛ³³sou⁵¹liau²¹tʂʰaŋ³³tʰu³⁵]
我们就对这帮汉奸清算，[uo²¹mən⁰tɕiou⁵¹tuei⁵³tʂɤ⁵¹paŋ³³xan⁵¹tɕian³³tɕʰiəŋ³³suan⁵¹]
许芝那是绝对能干净不贪的，[ɕy²¹tʂʅ³³na⁵¹sʅ¹tɕyɛ³⁵tuei⁵¹nəŋ³⁵kan⁵³tɕiəŋ⁰pu⁵¹tʰan³³tiɛ⁰]
他将收回的物品全部封存。[tʰa³³tɕiaŋ²¹³sou³³xuei³⁵tə⁰u⁵¹pʰian²¹³tɕʰyan³⁵pu⁵¹fəŋ³³tsʰuan³⁵]
他舅穿走了一件儿没收的大衣，[tʰa³³tɕiou⁵¹tʂʰuan³³tsou³⁵liau²¹³i¹·³⁵tɕiɚ⁵¹mei⁵¹sou³³tə⁰

ta⁵¹i³³]
他都让警卫员给收回了。[tʰa³³tou³³iaŋ⁵¹tɕiən³⁵uei²¹yan³⁵kei⁰ʂou³³xuei³⁵lə⁰]
一九四六年在昌图，[i³³tɕiou²¹sʅ⁵³liou⁵¹nian³⁵tsai⁵¹tʂaŋ³³tʰu³⁵]
开人大代表会，[kʰai³³iən³⁵ta⁵¹tai⁵¹piau²¹xuei⁵¹]
给许芝选上了昌图县县长。[kei³⁵ɕy²¹tʂʅ³³ɕyan²¹ʂaŋ⁵¹liau²¹³tʂʰaŋ³³tʰu³⁵ɕian⁵¹ɕian⁵¹tʂaŋ²¹³]
这一选不要紧，[tʂɤ⁵³i⁵¹ɕyan²¹³pu⁵¹iau²¹tɕiən²¹³]
就在老百姓的心中，[tɕiou⁵³tsai⁵¹lau⁵¹pai²¹ɕiŋ⁵¹tə⁰ɕiən³³tʂuaŋ³³]
树立了共产党的威信。[ʂu⁵³li⁵¹liau²¹³kuaŋ⁵¹tʂʰan³⁵taŋ²¹³tə⁰uei³³ɕin⁵¹]
国民党县长赵慧东一看，[kuo²¹miən³³taŋ²¹³ɕian⁵¹tʂaŋ²¹³tsau⁵³xuei⁵¹tuaŋ³³·³⁵kʰan⁵¹]
不好，赶紧溜吧，逃跑吧。[pu⁵¹xau²¹³, kan³⁵tɕiən²¹³liou⁵¹pa⁰, tʰau³⁵pʰau⁵¹pa⁰]

国共内战干起来了。[kuo²¹kuəŋ⁵¹nei⁵³tsan⁵¹kan⁵¹tɕʰi²¹lai³⁵lə⁰]
许芝把打仗的重点，[ɕy²¹tʂʅ³³pa⁵¹ta²¹tʂaŋ⁵¹tə⁰tʂuaŋ⁵¹tian²¹³]
搁在西北边儿村里，[kɤ³³tsai⁵¹ɕi³³pei²¹piɐr³³tsʰuən³³li⁰]
就跟国民党玩儿起了游击战。[tɕiou⁵¹kən³³kuo²¹miən³³taŋ²¹³uɐr³⁵tɕʰi³⁵liau²¹iou³⁵tɕi⁵¹tʂan⁵¹]
国民党还带挺多乱七八糟的部队，[kuo²¹miən³³taŋ²¹³xai⁵¹tai⁵¹tʰiəŋ²¹tuo³³luan⁵¹tɕʰi⁵¹pa³³tsau³³tə⁰pu⁵³tuei⁵¹]
一起打许芝的游击队。[i⁵¹tɕʰi²¹ta²¹ɕy²¹tʂʅ³³tə⁰iou³⁵tɕi³³tuei⁵¹]
游击队就退到了大辽河儿，[iou³⁵tɕi⁵¹tuei⁵¹tɕiou⁵¹tʰuei⁵¹tau⁵¹liau²¹³ta⁵¹liau³⁵xɤr³⁵]
和昭苏太子河儿中间一座那疙瘩儿。[xɤ³⁵tsau³³ʂu³³tʰai⁵¹tsʅ²¹xɤr³⁵tʂuaŋ³³tɕian³³·³⁵tsuo⁵¹na⁵¹ka³³tar⁰]
后来，[xou⁵¹lai³⁵]
那个县大队接手，[na⁵¹kə⁰ɕian⁵¹ta⁵³tuei⁵¹tɕie³³ʂou⁵¹]
援兵没到，[yan³⁵piəŋ³³mei³⁵tau⁵¹]
许芝的小分队就成了孤军。[ɕy²¹tʂʅ³³tə⁰ɕiau²¹fən³³tuei⁵¹tɕiou⁵¹tʂʰəŋ³⁵lə⁰ku³³tɕyən³³]
许芝率兵干掉了二十家子村公所。[ɕy²¹tʂʅ³³suai⁵¹piəŋ³³kan⁵³tiau⁵¹liau²¹³ər⁵³ʂʅ³⁵tɕia³³tsʅ⁰tsʰuən³³kuaŋ³³suo²¹³]
准备投宿到双岔子屯儿。[tʂuən²¹pei⁵¹tʰou³⁵ʂu⁵³tau⁵¹ʂuaŋ³³tʂʰa⁵¹tsʅ⁵¹tʰuɐr³⁵]
当地的刘大地主还不接受，[taŋ³³ti⁵¹tə⁰liou³³ta⁵¹ti⁵¹tʂu⁵³xai⁵³pu⁵¹tɕie³³ʂou⁵¹]
用枪给警卫员打伤了，[yəŋ⁵¹tɕʰiaŋ³³kei³⁵tɕiən³⁵uei²¹yan³⁵ta²¹ʂaŋ³³lə⁰]
许芝不得带兵转移到分水岭儿，[ɕy²¹tʂʅ³³pu⁵¹tɤ⁵¹tai³³piəŋ³³tʂuan²¹i³³tau⁵¹fən³³ʂuei²¹liɚr²¹³]
刘大地主还告密，[liou³⁵ta⁵¹ti⁵¹tʂu²¹³xai³⁵kau⁵³mi⁵¹]
宝力的国民党就围了过来，[pau²¹li⁵¹tə⁰kuo³³miən³³taŋ²¹³tɕiou⁵¹uei³⁵liau⁰kuo⁵¹lai³⁵]
许芝跟他们干了五个多小时，[ɕy²¹tʂʅ³³kən³³tʰa³³mən⁰kan⁵¹liau⁵¹u²¹kə⁰tuo³³ɕiau²¹ʂʅ³⁵]
后来他警卫员受伤了，[xou⁵¹lai³⁵tʰa⁵³tɕiən³⁵uei²¹yan³⁵ʂou⁵¹ʂaŋ³³lə⁰]
壮烈牺牲了。[tʂuaŋ⁵³lie⁵¹ɕi³³ʂəŋ³³lə⁰]
那时许芝才三十七岁，[na⁵¹ʂʅ³⁵ɕy²¹tʂʅ³⁵tsʰai³⁵san³³ʂʅ⁰tɕʰi³⁵suei⁵¹]

我们的县长，[mu²¹mən⁰tə⁰ɕian⁵¹tʂaŋ²¹³]
那真正没毛病，[na⁵¹tʂən³³tʂəŋ⁵¹mei³⁵mau³⁵piəŋ⁰]
人们清理他的遗物时，[iən³⁵mən³⁵tɕʰiəŋ³³li²¹tʰa³³tə⁰·³⁵i⁵¹u⁰ʂʅ³⁵]
他只有一条行李，[tʰa³³tʂʅ³⁵iou²¹³·⁵³i²¹tʰiau³⁵ɕiəŋ³⁵li⁰]
一套儿中山装，一件儿大褂儿。[i³⁵tʰaur⁵¹tʂuaŋ³³ʂan³³tʂuaŋ³³，i³⁵tɕier⁵¹ta⁵³kuar⁵¹]
在县委召开追悼会上，[tsai⁵³ɕian⁵³uei²¹tʂau³³kʰai³³tʂuei⁵³tau²¹xuei⁵¹ʂaŋ⁰]
管他叫游击战模范，[kuan²¹tʰa³³tɕiau⁵¹iou³³tɕi³³tʂan⁵¹mɤ³⁵fan⁰]
后来老百姓给他建了一个纪念塔。[xou⁵¹lai³⁵lau³⁵pai²¹ɕiəŋ⁵¹kei²¹tʰa³³tɕian⁵¹liau²¹³·¹⁵i³⁵kə⁰tɕi⁵³n̥ian⁵¹tʰa²¹³]
这就是俺们昌图老城的许芝故事。[tʂɤ⁵¹tɕiou⁵¹ʂʅan²¹mən⁰tʂʰaŋ³³tʰu³⁵lau²¹tʂʰəŋ³⁵tə⁰ɕy²¹tʂʅ³³ku⁵¹ʂʅ⁰]

（发音人：张长海）

三　自选条目

（一）

左一片，　　　　　　[tsuo²¹·³⁵i⁰pʰian⁵¹]
右一片，　　　　　　[iou⁵¹·³⁵i⁰pʰian⁵¹]
隔着山头儿听不见，　[kɤ³⁵tʂə⁰san³³tʰour³⁵tʰiəŋ³³pu³⁵tɕian⁵¹]
（耳朵）

（二）

老大老大，　　　　　[lau²¹ta⁵¹lau²¹ta⁵¹]
大头儿朝下，　　　　[ta⁵³tʰour³⁵tʂʰau³⁵ɕia⁵¹]
回家问问他妈，　　　[xuei³⁵tɕia³³uən⁵¹uən⁰tʰa³³ma³³]
还是大头儿朝下。　　[xai³⁵ʂʅ⁰ta⁵³tʰour³⁵tʂʰau³⁵ɕia⁵¹]
（鼻子）

（三）

红大门儿，　　　　　[xuəŋ³⁵ta⁵¹uər³⁵]
白院墙儿，　　　　　[pai³⁵ian⁵¹tɕʰiɐr³⁵]
里头有个耍二郎儿。　[li²¹tʰou⁰iou²¹kə⁰sua³³ər⁵³lãr³⁵]
（嘴）

（四）

东方三儿，　　　　　[tuəŋ³³ faŋ³³ sɚ³³]
西方三儿，　　　　　[ɕi³³ faŋ³³ sɚ³³]
两个小姐打秋千儿。　[liaŋ²¹ kə⁰ ɕiau²¹ tɕiɛ⁰ ta²¹ iou³³ tɕʰiɐr⁰]
（耳坠儿）

（五）

东方亮儿，　　　　　[tuəŋ³³ faŋ³³ liãr⁵¹]
西方亮儿，　　　　　[ɕi³³ faŋ³³ liãr⁵¹]
两个小姐棉花样儿。　[liaŋ²¹ kə⁰ ɕiau²¹ tɕiɛ⁰ mian³⁵ xuə⁰ iãr⁵¹]
（眼睛）

（六）

大的俩，　　　　　[ta⁵¹ tə⁰ lia³⁵]
小的仨，　　　　　[ɕiau²¹ ti⁰ ʂa³³]
不用查，　　　　　[pu³⁵ yəŋ⁵³ tʂʰa³⁵]
二十八。　　　　　[ər⁵³ ʂʅ³⁵ pa³³]
（手）

（七）

兄弟七八个，　　　[ɕyəŋ³³ ti⁵¹ tɕʰi³⁵ pə⁰ kɤ⁵¹]
围着柱子坐，　　　[uei³⁵ tʂau³³ tʂu⁵³ tʂʅ⁰ tʂuo⁵¹]
只要一分开，　　　[tʂʅ²¹ iau⁵¹ i⁵³ fən³³ kʰai³³]
衣服就撕破。　　　[i³³ fu⁰ tɕiou⁵³ sʅ³³ pʰɤ⁵¹]
（大蒜）

（自选条目发音人：解亚荣）

长 海

一 歌谣

（一）

打鱼行船在海上，[ta²⁴ y³¹ çiŋ⁵³ tsʰuan⁵³ tsai⁵³ xai²¹ saŋ⁰]
不见日月儿观海浪。[pu²¹ cian⁵³·⁵³ i⁰ yɤr⁵³ kuan³¹ xai²¹ laŋ⁵³]
莫道海上风不大，[mɤ⁵³ tau⁵³ xai²¹ ʃaŋ⁵³ fəŋ³¹ pu²¹ ta⁵³]
无风儿也起三尺浪。[u²⁴ fər³¹ iɛ²⁴ tʃʰʅ²¹ san³¹ tʃʰʅ²¹ laŋ⁵³]
浪大无风不足怪，[laŋ⁵³ ta⁵³ u²⁴ fəŋ³¹ pu²¹ tsu²¹ kuai⁵³]
今日明日北风强。[ciən³¹·⁵³ i⁰ mən⁵³·⁵³ i⁰ pei²⁴ fəŋ³¹ cʰiaŋ⁵³]
无风儿起浪海发光，[u²⁴ fər³¹ tʃʰʅ²¹ laŋ⁵³ xai²⁴ fa³¹ kuaŋ³¹]
夜里海上风雨狂。[iɛ⁵³ li⁰ xai²¹ saŋ⁵³ fəŋ⁵³ y²¹ kʰuaŋ⁵³]
风狂雨骤不可怕，[fəŋ³¹ kʰuaŋ⁵³ y²¹ tsəu⁵³ pu⁵³ kʰɤ²¹ pʰa⁵³]
雨停风住再出航。[y²⁴ tʰiŋ²¹⁴ fəŋ³¹ tʃy⁵³ tsai⁵³ tʃʰy²¹ xaŋ⁵³]

（二）

初五二十正晌满，[tʰu³¹ u²¹ ər⁵³ ʃʅ⁰ tʃəŋ⁵³ ʃaŋ²⁴ man²¹⁴]
十二十三正晌干。[ʃʅ⁵³ ər⁵³ ʃʅ⁵³ san³¹ tʃəŋ⁵³ ʃaŋ²⁴ kan³¹]
十八九儿，两头儿有。[ʃʅ⁵³ pa³¹ ciəur²¹⁴，liaŋ²¹ tʰəur⁰ iəu²¹⁴]
初五六儿，两头凑。[tʰu³¹ u²¹ liəur⁵³，liaŋ²¹ tʰəu⁰ tsʰəu⁵³]

（三）

海上退潮又涨潮，[xai²¹ ʃaŋ⁵³ tʰei⁵³ tʃʰau⁵³ iəu⁵³ tʃaŋ²¹ tʃʰau⁵³]
退潮涨潮有说道。[tʰei⁵³ tʃʰau⁵³ tʃaŋ²¹ tʃʰau⁵³ iəu²⁴ ʃyɛ³¹ tau⁰]
潮来涨时风必爽，[tʃʰau⁵³ lai⁰ tʃaŋ²¹ sʅ⁵³ fəŋ³¹ pi⁵³ suaŋ²¹⁴]
观潮可知风大小。[kuan³¹ tʃʰau⁵³ kʰɤ²⁴ tʃʅ³¹ fəŋ⁵³ ta⁵³ ʃiau²¹⁴]
退潮没枯又涨潮，[tʰei⁵³ tʃʰau⁵³ mei²⁴ kʰu³¹ iəu⁵³ tʃaŋ²¹ tʃʰau⁵³]
不出半天有风闹。[pu²¹ tʃʰy³¹ pan⁵³ tʰian³¹ iəu²⁴ fəŋ³¹ nau⁵³]

小潮儿长得赛大潮，[ʃiau²¹tʃʰaur⁵³tʃaŋ²¹⁴tə⁰sai⁵³ta⁵³tʃʰau⁵³]
海上要刮大风暴。[xai²¹ʃaŋ⁰iau⁵³kua²¹ta⁵³fəŋ³¹pau⁵³]
潮水涨过高潮线，[tʃʰau⁵³suei²¹⁴tʃaŋ²¹kuə⁵³kau³¹tʃʰau⁵³ʃan⁵³]
延迟退落狂风到。[ian²⁴tʃʰʅ²¹tʰei⁵³luə²¹⁴kʰuaŋ²⁴fəŋ³¹tau⁵³]
潮罢低印风使劲儿，[tʃʰau⁵³pa⁵³ti³¹in⁵³fəŋ⁵³sʅ²¹ciər⁵³]
赶海莫忘船拴牢。[kan²⁴xai²¹⁴mɤ⁵³uaŋ⁵³tsʰuan⁵³suan³¹lau⁵³]

（歌谣发音人：邹治安）

二 故事

白参姑娘

海洋岛有个地方儿,叫母鸡大湾。[xai²¹iaŋ²⁴tau²¹⁴iəu²⁴kɤ⁰ti⁵³far⁰,ciau⁵³mu²⁴ci³¹ta⁵³uan³¹]
大湾旁边儿的山根儿底下,有一眼水井。[ta⁵³uan³¹pʰaŋ⁵³piɐr³¹tə⁰san³¹kər³¹ti⁵³çia⁰,iəu²¹ i⁵³ian²¹suei²⁴tʃəŋ²¹⁴]
这一眼井深不过五尺,[tʃei⁵³i⁵³ian²⁴tʃəŋ²¹⁴ʃən⁵³pu⁰kuə⁰u²⁴tʃʰʅ²¹⁴]
但水质挺好,甘甜可口,[tan⁵³suei²¹tʃʅ⁵³tʰiŋ²⁴xau²¹⁴,kan³¹tʰian⁵³kʰɤ²⁴kʰəu²¹⁴]
冬暖夏凉,永不干枯。[tuŋ³¹nan²¹⁴çia⁵³liaŋ⁵³,yŋ²¹pu⁵³kan³³kʰu³¹]
遇到大旱之年,[y⁵³tau⁰ta⁵³xan⁵³tsʅ⁰nian³¹]
其他屯子都干了水源,[cʰi⁵³tʰa³¹tʰən⁵³tsʅ⁰təu³¹kan³¹lə⁰suei²¹yan⁵³]
都挑着水桶到这眼井来挑水。[təu³¹tʰiau³¹tʃɤ⁰suei²⁴tʰuŋ²¹⁴tau⁵³tʃei⁵³ian²⁴tʃəŋ²¹lai⁰tʰiau³¹suei²¹⁴]
从早晨挑到傍晚儿,[tsʰuŋ²⁴tsau²¹tʃʰən⁵³tʰiau³¹tau⁰paŋ⁵³uɐr²¹⁴]
水仍然不见少。[suei²¹⁴ləŋ²⁴yan⁰pu⁰cian⁵³ʃau²¹⁴]
人们感觉到很神奇。[iən³¹mən⁰kan²⁴cyɛ⁰tau⁰xən²⁴ʃən⁵³cʰi⁰]
一打听,这是一眼宝井,[i⁵³ta²¹tʰiŋ³¹,tʃei⁵³sʅ⁵³i⁵³ian²¹pau⁰tʃəŋ²¹⁴]
井里有一颗明珠。[tʃəŋ²¹li⁰iəu²¹·²⁴kʰɤ³¹miŋ⁵³tʃy³¹]
从前,这眼井的水又苦又涩。[tsʰuŋ⁵³tʃʰian⁵³,tʃei ian²⁴tʃəŋ²¹tə⁰suei²¹kʰu²¹iəu⁵³sɤ²¹⁴]
井旁边儿住着一家老两口儿,[tʃəŋ²¹pʰaŋ⁵³piɐr³¹tʃy⁵³tʃɤ⁰i⁵³cia⁰lau²⁴liaŋ²⁴kʰəur²¹⁴]
因为没有帮手儿,[iən³¹uei⁵³mei²⁴iəu²¹⁴paŋ⁵³ʃəur²¹⁴]
实在无奈,[ʃʅ⁵³tsai⁵³u²⁴nai⁵³]
只得吃这眼井里的水。[tʃʅ²⁴tə⁰tʃʰʅ²⁴tʃei⁵³ian²⁴tʃəŋ²¹li⁰tə⁰suei²¹⁴]
有一天,老头儿到井下去挑水。[iəu²¹·²⁴i⁵³tʰian³¹,lau²¹tʰəur⁵³tau⁰tʃəŋ²¹çia⁵³cʰy⁰tʰiau³¹suei²¹⁴]
刚走到井台边,[kaŋ³¹tsəu²¹tau⁵³tʃəŋ²¹tʰai⁵³pian³¹]
忽然间,井底下,明光锃亮。[xu⁵³ian⁰cian³¹,tʃəŋ²⁴ti²¹çia⁰,miŋ⁵³kuaŋ³¹tsəŋ⁵³liaŋ⁵³]
老头儿哈腰一看,[lau²¹tʰəur⁵³xa³³iau³¹i⁵³kʰan⁵³]
井底下有两个白参,[tʃəŋ²⁴ti²¹çia⁰iəu²⁴liaŋ²¹kɤ⁰pɛ²⁴sən³¹]
身上还长着六道刺儿。[ʃən³¹ʃaŋ⁰xai²⁴tʃaŋ²¹tʃɤ⁰liəu⁵³tau⁵³tsʰər⁵³]

有个白参,扬着脸蛋儿往上望。[iəu²¹kɤ⁵³pɛ²⁴sən³¹,iaŋ⁵³tʃɤ⁰lian²¹tɚ⁵³uaŋ⁵³ʃaŋ⁰uaŋ³¹]
这时候老头儿心里就犯了嘀咕。[tsɤ⁵³sʅ²⁴xəu⁰lau²¹tʰəur⁵³ʃiən³¹li⁰ciəu⁵³fan²¹lə⁰ti⁵³ku⁰]
突然间,井底说话了：[tʰu⁵³ian⁰cian³¹,tʃəŋ²⁴ti²¹ʃye²¹xua⁵³lə⁰]
"老爷爷,你救救我们吧。[lau²¹iɛ³¹iɛ⁰,ȵi²¹ciəu⁵³ciəu⁰uə²¹mən⁰pa⁰]
你行行好儿吧。"[ȵi²¹ɕiŋ⁵³ɕiŋ⁰xaur²¹pa⁰]
这时候老头儿更感觉到奇怪。[tsɤ⁵³sʅ²⁴xəu⁰lau²¹tʰəur⁵³kəŋ⁵³kan²¹cyɛ⁵³tau⁰cʰi⁵³kuai⁵³]
忙问："你是谁?[maŋ⁵³uən⁵³,ȵi²¹sʅ⁵³ʃuei⁵³]
怎么跑到井里来了?"[tsən²¹mɤ⁰pʰau²¹tau⁰tʃəŋ²¹li⁰lai²¹lə⁰]
白参含着眼泪说：[pɛ²⁴sən³¹xan²⁴tʃɤ⁰ian²¹lei⁵³ʃyɛ³¹]
"我们是巡海夜叉的小女儿。[uə²¹mən⁰sʅ⁵³ɕyn⁵³xai²¹iɛ⁵³tsʰa³¹tə⁰ʃiau²¹ȵy²¹ər²⁴]
因为我父亲得罪了九头海怪,[iən³¹uei⁰uə²¹fu⁵³tʃʰin⁰tə²⁴tsei⁰ciəu⁰tʰəu²⁴xai²¹kuai⁵³]
他一直怀恨在心,[tʰa³¹i²¹tʃʅ⁰xuai⁰xən⁵³tsai⁰ʃiən³¹]
处处想报复我们。[tʃʰy⁵³tʃʰy⁰ʃaŋ²¹pau⁵³fu⁰uə²¹mən⁰]
有一天,我们姊妹俩儿出去玩儿耍。[iəu²¹i²⁴tʰian³¹,uə²¹mən⁰tsʅ²¹mei⁵³liar²¹⁴tʃʰy²¹cʰy⁰uɚ⁵³sua²¹⁴]
他趁我们不注意的时候,把我们抓起来。[tʰa³¹tʃʰən⁵³uə²¹mən⁰pu²¹tʃy⁵³⁵³tə⁰sʅ⁵³xəu⁰,pa²⁴uə²¹mən⁰tʃua²¹cʰi⁰lai⁰]
在我们身上施了魔法,[tsai⁵³uə²¹mən⁰ʃən³¹ʃaŋ⁵³⁵³lə⁰mɤ⁵³fa²¹⁴]
变成了两个白参。[pian⁵³tʃʰəŋ⁰lə⁰liaŋ²¹kɤ⁵³pɛ²⁴sən³¹]
带到这里,推到井底,贬起来。"[tai⁵³tau⁰tʃei⁵³li⁰,tʰei³¹tau⁰tʃəŋ²⁴ti²¹⁴,pian²¹cʰi⁰lai⁰]
老头儿喘了口粗气：[lau²¹tʰəur⁵³tʃʰuan²¹lə⁰kʰəu²¹tsʰu³¹cʰi⁵³]
"可怜的孩子,别着急,[kʰɤ²¹lian⁵³tə⁰xai²¹tsʅ⁰,pɛ⁵³tʃau⁰ci²⁴]
我把水桶放下,[uə²¹pa²¹suei²⁴tʰuŋ²¹faŋ⁰ɕia⁰]
你爬到桶里面去。"[ȵi²¹pʰa⁵³tau⁰tʰuŋ²¹li⁰mian⁵³cʰy⁰]
老头儿把水桶放到井底,[lau²¹tʰəur⁵³pa²¹suei²⁴tʰuŋ²¹⁴faŋ⁰tau⁰tʃəŋ²⁴ti²¹⁴]
两个白参摇摇摆摆地进到桶底。[liaŋ²¹kɤ⁵³pɛ²⁴sən³¹iau⁰iau⁰pai²⁴pai²¹tə⁰tʃiən⁵³tau⁰tʰuŋ²⁴ti²¹⁴]
老头儿把水桶扒上来放到地下。[lau²¹tʰəur⁵³pa²¹suei²⁴tʰuŋ²¹⁴pa²¹ʃaŋ⁰lai⁰faŋ⁵³tau⁰ti⁵³ɕia⁰]
刚想用手去捧桶里的白参,[kaŋ³¹ʃaŋ²¹yŋ⁵³ʃəu²¹⁴cʰy⁵³pʰəŋ²¹⁴tʰuŋ²⁴li⁰tə⁰pɛ²⁴sən³¹]
突然眼前明光一亮,[tʰu⁵³ian⁰ian²¹tʃʰian⁵³miŋ⁵³kuaŋ³¹⁰liaŋ⁵³]
两个白参不见了。[liaŋ²¹kɤ⁰pɛ⁵³sən³¹pu²¹ciən⁰liau⁰]
老头儿正愣着,[lau²¹tʰəur⁵³tʃəŋ⁵³ləŋ⁵³tʃɤ⁰]
忽听背后儿有动静。[xu³³tʰiŋ³¹pei⁵³xəur²¹iəu⁰tuŋ⁵³tʃəŋ⁰]
他转过身来一看,[tʰa³¹tʃuan²¹kuə⁰ʃən³¹lai⁰i⁰kʰan⁵³]
眼前站着两个白衣素裤的小姑娘,[ian²¹tʃʰian⁵³tsan⁵³tʃɤ⁰liaŋ²¹kɤ⁵³pɛ²⁴·i⁰su²¹kʰu⁵³tə⁰ʃiau²¹ku³¹ȵiaŋ⁰]
恭恭敬敬地向老头儿鞠了一躬：[kuŋ³¹kuŋ⁰ciŋ³³ciŋ⁰tə⁰ɕiaŋ⁵³lau²¹tʰəur⁵³cy³¹lə⁰i²¹kuŋ³¹]

"老爷爷,我们姊妹俩就是你救下那两个小姑娘。[lau²¹ iɛ³¹ iɛ⁰,uə²¹ mən⁰ tsʅ²¹ mei⁵³ lia²¹ ⁴ ciəu⁵³ sʅ⁵³ ɲi⁰ ciəu⁵³ çia⁵³ na⁵³ liaŋ⁵³ kɤ⁰ ɕiau²¹ ku³¹ ɲiaŋ⁰]

谢谢你啦![ʃiɛ⁵³ ʃiɛ⁰ ɲi²¹ la⁰]

我爹妈家里正惦记着我们,[uə²¹ tiɛ³³ ma³¹ cia⁵³ li⁰ tʃəŋ⁵³ tian⁵³ ci⁵³ tʃɤ⁰ uə²¹ mən⁰]

不能久留,[pu²¹ nəŋ⁵³ ciəu²¹ liəu⁵³]

你有什么困难只管说,[ɲi²¹ iəu²¹ ʃən³¹ mɤ⁰ kʰuən⁵³ nan⁰ tsʅ²⁴ kuan²¹ ʃyɛ⁵³]

我们会帮助你的。"[uə²¹ mən⁰ xuei⁵³ paŋ³¹ tʃu⁰ ɲi²¹ tə⁰]

老头儿叹了口粗气:[lau²¹ tʰəur⁵³ tʰan⁵³ lə⁰ kʰəu²¹ tsʰu⁵³ cʰi⁵³]

"唉![ai⁵³]

我够吃够用,无儿无女,[uə²¹ kəu⁵³ tʃʰʅ³³ kəu⁵³ yŋ⁵³,u²⁴ ər²⁴ u²⁴ ɲy²¹⁴]

什么也不缺。[ʃən³¹ mɤ⁰ iɛ²¹ pu²¹ cʰyɛ³¹]

只是这眼井的水,是我的一块心病。"[tsʅ²¹ sʅ⁵³ tʃei²¹ ian²⁴ tʃəŋ²¹ tə⁰ suei²¹⁴,sʅ⁵³ uə²¹ tə⁰ i²¹ kʰuai⁵³ ɕiən³¹ piŋ⁵³]

那好办,[na⁵³ xau²¹ pan⁵³]

那个岁数大的小姑娘,[na⁵³ kɤ⁰ sei⁵³ ʃu⁵³ ta⁵³ ti⁰ ɕiau²¹ ku³¹ ɲiaŋ⁰]

从兜儿里掏出一块白锃锃的宝石。[tsʰuŋ²⁴ təur²¹ li⁰ tʰau³¹ cʰy⁰ i²¹ kʰuai⁵³ pɛ²⁴ tsəŋ³¹ tsəŋ⁰ tə⁰ pau²¹ ʂʅ⁵³]

说:[ʃyɛ²¹⁴]

"你把它放到井里,[ɲi²¹ pa²¹ tʰa⁵³ faŋ⁵³ tau⁰ tʃəŋ²¹ li⁰]

这眼井的水,保证甘甜可口,[tʃei⁵³ ian²⁴ tʃəŋ²¹ ti⁰ suei²¹⁴,pau⁵³ tʃəŋ⁵³ kan³¹ tʰian⁵³ kʰɤ²⁴ kʰəu²¹⁴]

冬暖夏凉,永不干枯。[tuŋ³¹ nan⁵³ çia⁵³ liaŋ⁵³,yŋ²¹ pu⁵³ kʰan³³ kʰu³¹]

你试试。"[ɲi²¹ sʅ⁵³ sʅ⁰]

老头儿把这块宝珠扔到井里。[lau²¹ tʰəur⁵³ pa²¹ tʃei⁵³ kʰuai⁵³ pau²⁴ tʃy³¹ ləŋ⁵³ tau⁰ tʃəŋ²¹ li⁰]

转眼之间,井里的水翻滚起来。[tʃuan²⁴ ian²¹ tsʅ⁰ cian³¹,tʃəŋ²¹ li⁰ tə⁰ suei²¹⁴ fan³¹ kuən⁵³ cʰi⁰ lai⁰]

老头儿哈腰正往下望看一看,[lau²¹ tʰəur⁵³ xa⁵³ iau³¹ tʃəŋ⁵³ uaŋ⁵³ çia⁰ uaŋ⁵³ kʰan⁵³ i⁰ kʰan⁵³]

看得出神,[kʰan⁵³ tə⁰ tʃʰy²¹ ʃən⁵³]

那个小姑娘说:[na⁵³ kɤ⁰ ɕiau²¹ ku³¹ ɲiaŋ⁰ ʃyɛ³¹]

"你扒上一桶尝尝。"[ɲi²¹ pa³¹ ʃaŋ²⁴ i²¹ tʰuŋ²¹⁴ tʃʰaŋ⁵³ tʃʰaŋ⁰]

老头儿扒上一桶水,[lau²¹ tʰəur⁵³ pa²¹ ʃaŋ⁰ i²⁴ tʰuŋ²⁴ suei²¹⁴]

尝了一口,高兴地说:[tʃʰaŋ⁵³ lə⁰ i⁵³ kʰəu²¹⁴,kau⁵³ çiŋ⁵³ tə⁰ ʃyɛ³¹]

"这个水不但甘甜可口,还爽身提神了。"[tʃei⁵³ kɤ⁰ suei²¹⁴ pu²¹ tan⁵³ kan³¹ tʰian⁵³ kʰɤ²⁴ kʰəu²¹⁴,xai²⁴ suaŋ²⁴ ʃən³¹ tʰi³¹ ʃən⁵³ lə⁰]

他高兴地大声笑起来:[tʰa³¹ kau⁵³ çiŋ⁵³ ti⁰ ta⁵³ ʃəŋ³¹ ɕiau⁵³ cʰi⁰ lai⁰]

"好!好!好![xau²¹⁴! xau²¹⁴! xau²¹⁴]

救命水!救命水呀!"[ciəu⁵³ miŋ⁵³ suei²¹⁴! ciəu⁵³ miŋ⁵³ suei²¹ ia⁰]

刚转过身的时候,[kaŋ³¹ tʃuan⁵³ kuə⁰ ʃən³¹ ti⁰ sʅ⁵³ xəu⁰]

忽然,两个小姑娘不见了。[xu⁵³ ian⁰,liaŋ²¹ kɤ⁰ ɕiau²¹ ku³¹ ɲiaŋ⁰ pu²¹ cian⁵³ liau⁰]

老头儿有点儿过意不去,[lau²¹ tʰəur⁵³ iəu²⁴ tiɚ²¹⁴ kuə⁵³˙⁵³ pu⁰ cʰy⁰]

就面对大海,恭恭敬敬地鞠了一躬:[ciəu⁵³ mian⁵³ tei²⁴ ta⁰ xai²¹⁴,kuŋ³¹ kuŋ⁰ ciŋ³³ ciŋ⁰ tə⁰ cy³¹ lə⁰ i²¹ kuŋ³¹]

"谢谢啦!谢谢啦!"[ʃiɛ⁵³ ʃiɛ⁰ la⁰! ʃiɛ⁵³ ʃiɛ⁰ la⁰]

从此以后,[tsʰuŋ⁵³ tsʰɿ²¹˙²¹ xəu⁵³]

老两口儿晚年得福了。[lau²⁴ liaŋ²⁴ kʰəur²¹⁴ uan²⁴ ȵian³¹ tə²⁴ fu²¹ liau⁰]

就靠吃这眼井的水,[ciəu⁵³ kʰau⁵³ tʂʰɿ³¹ tʂei⁵³ ian²⁴ tʂəŋ²¹ ti⁰ suei²¹⁴]

身板儿越来越硬了,[ʃən³¹ pɚ²¹ yɛ⁰ lai⁰ yɛ⁰ iŋ⁵³ liau⁰]

成为海洋岛少见的百岁寿星之一。[tʂʰəŋ⁵³ uei⁰ xai²¹ iaŋ²⁴ tau²¹⁴ ʃau²¹ cian⁵³ tə⁰ pai²¹ sei⁰ ʃəu⁵³ ʃəŋ³¹ tsɿ⁰˙³¹]

(故事发音人:邹治安)

三 自选条目

(一)

渔歌好唱口难开,	[y²⁴ kɤ³¹ xau²¹⁴ tsʰaŋ⁵³ kʰəu²¹⁴ nan²⁴ kʰai³¹]
樱桃好吃树难栽,	[iŋ²⁴ tʰau⁰ xau²⁴ tʂʰɿ³¹ ʂu⁵³ nan²⁴ tsai³¹]
饽饽好吃磨难捱,	[pɤ³¹ pə⁰ xau²⁴ tʂʰɿ³¹ mɤ³¹ nan²⁴ ai³¹]
舢板好用没钱买。	[san³¹ pan²¹⁴ xau²¹ yŋ⁵³ mei⁰ tɕʰian³¹ mai²¹⁴]
船主嘴好心眼儿坏。	[tsʰuan²⁴ tʂu²¹⁴ tsei⁰ xau²⁴ ɕiən⁰ iɚ²¹⁴ xuai⁵³]
渔郎人好家受穷。	[y²⁴ laŋ³¹ in³¹ xau²¹⁴ tɕia³¹ səu⁵³ tɕʰyŋ³¹]
打渔好手儿不发财。	[ta²⁴ y⁰ xau⁵³ səur²¹ pu⁵³ fa³³ tsʰai³¹]
海味好吃海难碰。	[xai⁵³ uei⁵³ xau²⁴ tʂʰɿ³¹ xai²¹ nan³¹ pʰəŋ⁵³]
渔歌好唱口难开。	[y²⁴ kɤ³¹ xau²¹ tsʰaŋ⁵³ kʰəu²¹⁴ nan²⁴ kʰai³¹]

(二)

窗上贴着双喜花儿,	[tsʰuaŋ³¹ ʂaŋ⁰ tʰiɛ³¹ tʂə⁰ ʂuaŋ³¹ ɕi²⁴ xuar³¹]
渔妹嫁到渔哥家。	[y³¹ mei⁰ tɕia⁰ tau⁵³ y²⁴ kɤ³¹ tɕia³¹]
亲朋好友喝喜酒,	[tɕʰiən³³ pʰəŋ³¹ xau²⁴ iəu²¹⁴ xɤ⁰ ɕi²⁴ tɕiəu²¹⁴]
爸妈心里乐开花。	[pa⁵³ ma⁰ ɕiən³¹ li⁰ lɤ⁵³ kʰai³³ xua³¹]
新郎出海把渔打,	[ɕiən³³ laŋ³¹ tʂʰu³¹ xai²¹⁴ pa²⁴ y²⁴ ta²¹⁴]
新娘织网能治家。	[ɕiən⁰ ȵian³¹ tʂɿ⁰ uaŋ²⁴ nəŋ⁰ tʂɿ⁵³ tɕia³¹]
舒心日子甜如蜜,	[ʂu²⁴ ɕiən³¹ ʐɿ⁵³ tsɿ⁰ tʰian³¹ ʐu³¹ mi⁵³]
美满姻缘人人夸。	[mei²⁴ man²¹⁴ iən²⁴ yan³¹ iən²⁴ iən³¹ kʰua³¹]

（三）

雷公电母好威风，　　　　[lei²⁴kuŋ³¹tian⁵³mu²¹⁴xau²¹⁴uei³³fəŋ³¹]
赤雷斜电云霄中。　　　　[tʂʰɻ⁵³lei²⁴ɕiɛ²⁴tian⁵³yn²⁴ɕiau³¹tsuŋ³¹]
闪电风间同云裂，　　　　[san²¹tian⁵³fəŋ³¹tɕian⁵³tʰuŋ²⁴yn²⁴liɛ⁵³]
雷鸣贯耳海天惊。　　　　[lei²⁴miŋ³¹kuan⁵³ər²¹⁴xai²⁴tʰian³¹tɕiŋ³¹]
南天门外闪电飞，　　　　[nan²⁴tʰian³¹mən³¹uai⁵³san²¹tian⁵³fei³¹]
下山雨来上山风。　　　　[ɕia⁵³san³¹y²¹lai⁰saŋ⁵³san³¹fəŋ³¹]
北边打伞风浪急，　　　　[pei²⁴pian³¹ta²⁴san²¹⁴fəŋ³¹laŋ⁵³tɕi³¹]
东边打伞吃掉风。　　　　[tuŋ³³pian³¹ta²⁴san²¹⁴tʂʰɻ³¹tiau⁵³fəŋ³¹]
响雷雨急雨易收，　　　　[ɕiaŋ²¹lei²⁴y²¹tɕi²⁴y²¹i⁵³səu³¹]
闷雷连声天难晴。　　　　[mən³¹lei²⁴lian²⁴səŋ³¹tʰian³¹nan²⁴tɕʰiŋ³¹]
六月响雷台风稀，　　　　[liəu⁵³yɛ⁵³ɕiaŋ²¹lei²⁴tʰai²⁴fəŋ³¹ɕi³¹]
七月响雷台风凶。　　　　[tɕʰi²¹yɛ⁵³ɕiaŋ²¹lei²⁴tʰai²⁴fəŋ³¹ɕyŋ³¹]

（自选条目发音人：王永浩）

庄 河

一　歌谣

（一）

辽精,海怪。　　　　　　　[liao³⁵tɕiŋ³¹,xai²¹kuai⁵¹]
盖州,歪歪。　　　　　　　[kai⁵¹tsəu³¹,uai³¹uai⁰]
岫岩,埋汰。　　　　　　　[ɕiəu⁵¹ian⁰,mai³⁵tʰai⁰]
庄河,大脑袋。　　　　　　[tsuaŋ³¹xə³⁵²,ta⁵¹nao²¹tai⁰]

（二）

大孤山,　　　　　　　　　[ta⁵¹ku³³san³¹]
三桩宝：　　　　　　　　　[san³³tsuaŋ³¹pao²¹³]
泥打墙　　　　　　　　　　[mi⁵¹ta²¹tɕʰiaŋ³⁵²]
墙不倒;　　　　　　　　　[tɕʰiaŋ³⁵pu⁵¹tao²¹³]
嫖客跳墙狗不咬;　　　　　[pʰiao²¹kʰə⁵¹tʰiao⁵¹tɕʰiaŋ³⁵kəu²¹pu⁵¹iao²¹³]
姑娘丢了妈不找。　　　　　[ku³¹ȵiaŋ⁰tiəu³¹ə⁰ma⁵¹pu⁵¹tsao²¹³]
不怪妈眼朦,　　　　　　　[pu²¹kuai⁵¹ma³¹ian³⁵məŋ³¹]
狗喜生,　　　　　　　　　[kəu²¹ɕi³⁵səŋ³¹]
只缘岫的葱,　　　　　　　[tsʅ²¹yan⁵¹ɕiəu³¹tə⁰tsʰuŋ³¹]
龙王庙的风,　　　　　　　[luŋ⁵³uaŋ³³miao⁵¹tə⁰fəŋ³¹]
大孤山的姑娘赛妖精。　　　[ta⁵¹ku³³san³¹tə⁰ku³¹ȵiaŋ⁰sai iao³¹tɕiŋ⁰]

（三）

锄头底下三桩宝,　　　　　[tsʰu³⁵tʰəu⁰ti²¹ɕia⁵¹san³³tsuaŋ³³pao²¹³]
防旱防涝防杂草;　　　　　[faŋ⁵³xan⁵¹faŋ⁵³lao⁵¹faŋ⁵³tsa³⁵tsʰao²¹³]
谁敢跟它犟犟劲,　　　　　[sei³⁵kan²¹kən³³tʰa³¹tɕiaŋ⁵¹tɕiaŋ⁰tɕyn⁵¹]
不死也要穷到老。　　　　　[pu³⁵sʅ²¹³iɛ²¹iao⁵¹tɕʰyŋ³⁵tao⁵¹lao²¹³]

（四）

七里地狗，　　　　　[tɕʰi²¹li²¹ti⁵¹kəu²¹³]
八里地猫，　　　　　[pa²¹li²¹ti⁵¹mao³¹]
星星全了往家蹽；　　[ɕiŋ³¹ɕiŋ³¹tɕʰyan³⁵lə⁰uaŋ⁵¹tɕia³³liao³¹]
小马儿跟着老马学，　[ɕiao³⁵mar²¹³kən³³tsə⁰lao³⁵ma²¹ɕyɛ³⁵²]
老马识途不用教。　　[lao³⁵ma²¹³ʂʅ⁵¹tʰu³⁵pu²¹yŋ⁵¹tɕiao³¹]

（五）

鱼找鱼，虾找虾，　　[y⁵¹tsao²¹y⁵¹,ɕia³¹tsao²¹ɕia³¹]
泥了垢找沙里趴。　　[mi⁵¹lə⁰kəu²¹³tsao²¹sa³³li⁰pʰa³¹]泥了垢：指泥鳅。
乌龟子孙要配对儿，　[u³³kuei³¹tsʅ²¹suən³¹iao⁵¹pʰei⁵³tər⁵¹]
找的都是鳖亲家。　　[tsao²¹tə⁰təu³¹ʂʅ⁵¹piɛ²¹tɕʰin⁵¹tɕia⁰]

（歌谣发音人：石晗桥）

二　故事

打拉腰的传说

庄河镇西往南走十里地的时候儿，[tsuaŋ³¹xə³⁵tsən⁵¹ɕi³¹uaŋ⁵³nan⁵¹tsəu²¹³ʂʅ³⁵li²¹ti⁰tə⁰ʂʅ³⁵xəur⁰]
往大海里，[uaŋ⁵¹ta⁵¹xai²¹li⁰]
延伸了一个很长的小岛。[ian³⁵sən³¹lə⁰i⁰kə⁵¹xən²¹tsʰaŋ³⁵tə⁰ɕiao³⁵tao²¹³]
这小岛延伸到一半儿的时候儿，[tsei⁰ɕiao³⁵tao²¹³ian³⁵sən³¹tao⁵¹·²¹per⁵¹tə⁰ʂʅ³⁵xəur⁰]
就是陷下去了，[tɕiəu⁵³ʂʅ⁵¹ɕian⁵¹ɕia³¹tɕʰy¹¹lə⁰]
这个就是大伙儿说的打拉腰。[tsei⁵³kə⁵¹tɕiəu⁵³ʂʅ⁵¹ta⁵¹xuər²¹³suə³¹tə⁰ta³¹la⁰iao³¹]
在这个打拉腰上呢，[tsai⁵¹tsei⁵³kə⁵¹ta³¹la⁰iao³¹saŋ⁵¹nə⁰]
怪石嶙峋的，[kuai⁵¹ʂʅ³⁵lin³⁵ɕyn³⁵tə⁰]
草木丛生。[tsʰao²¹mu⁵¹tsʰuŋ³⁵səŋ³¹]
然后大家都管这个地场儿叫什么呢，[ʐan³⁵xəu⁰ta⁵¹tɕia³¹təu³¹kuan²¹tsei⁵³kə⁵¹ti⁵¹tsʰãr²¹³tɕiao⁵¹sən³⁵mə⁰nə⁰]
叫打拉腰码头。[tɕiao⁵¹ta³¹la⁰iao³¹ma²¹tʰəu³⁵²]
从这个码头，[tsʰuŋ³⁵tsei⁵³kə⁵¹ma²¹tʰəu³⁵²]
往正前方看，[uaŋ⁵¹tsəŋ⁵¹tɕʰian³⁵faŋ³¹kʰan⁵¹]
有个地场儿，[iəu²¹kə⁵¹ti⁵¹tsʰãr²¹³]
有个小岛，[iəu²¹kə⁵¹ɕiao³⁵tao²¹³]
这个岛叫石城岛。[tsei⁵³kə⁵¹tao²¹³tɕiao⁵¹ʂʅ³⁵tsʰəŋ³⁵tao²¹³]

从打拉腰往石城岛走的时候儿呢,[tsʰuŋ³⁵ta³¹la⁰iao³¹uan⁵¹ʂʅ³⁵tsʰəŋ³⁵tao²¹³tsəu²¹tə⁰ʂʅ³⁵ xəurºnə⁰]

能看到三座大石头。[nəŋ³⁵kʰan³¹tao⁵¹san³¹tsuə⁵¹ta⁵¹ʂʅ³⁵tʰəu⁵¹]

这个就是赫赫有名的,[tsei⁵³kə⁵¹tɕiəu⁵¹ʂʅ⁵¹xə⁵¹xə⁵¹iəu³⁵miŋ³⁵tə⁰]

三位将军石。[san³¹uei⁵¹tɕiaŋ³¹tɕyn³³ʂʅ³⁵²]

又有将军石,又有打拉腰,[iəu⁵¹iəu⁵¹tɕiaŋ³¹tɕyn³³ʂʅ³⁵²,iəu⁵¹iəu²¹ta⁵¹la⁰iao³¹]

还有打拉腰码头,[xai³⁵iəu²¹ta⁵¹la⁰iao³¹ma²¹tʰəu³⁵²]

还有个地方儿叫断头,[xai³⁵iəu²¹kə⁵¹ti⁵¹fãrºtɕiao⁵¹tuan⁵¹tʰəu³⁵²]

大家都觉得非常稀奇,[ta⁵¹tɕia³¹təu³¹tɕyɛ³⁵tə⁰fei³¹tsʰaŋ³⁵ɕi⁵¹tɕʰi³⁵²]

怎么有这么些古怪的名儿呢?[tsən²¹məºiəu²¹tsei⁵¹məºɕiɛ⁵¹ku⁵¹kuai⁵¹tə⁰miə̃r⁵¹nə⁰]

那是因为在很久很久以前,[nei⁵³ʂʅ⁵¹in⁵¹uei⁵¹tsai⁵¹xən³⁵tɕiəu²¹xən³⁵tɕiəu²¹¹²¹tɕʰian³⁵²]

打拉腰这个腰其实并不耷拉。[ta³¹la⁰iao³¹tsei⁵³kə⁵¹iao³¹tɕʰi³⁵ʂʅ³⁵piŋ⁵¹pu⁵¹ta³¹la⁰]

它这个腰很高很挺拔。[tʰa³¹tsei⁵³kə⁵¹iao⁵¹xən³⁵kao³¹xən³⁵tʰiŋ²¹pa³⁵²]

但是呢,[tan⁵³ʂʅ⁵¹nə⁰]

并且呢,就是,[piŋ⁵¹tɕʰiɛ²¹³nə⁰,tɕiəu⁵³ʂʅ⁵¹]

它其实是一条巨龙变化的。[tʰa³¹tɕʰi³⁵ʂʅ⁵¹ʂʅ⁵¹i²¹tʰiao³⁵tɕy⁵¹luŋ³⁵pian⁵³xua⁵¹tə⁰]

这个巨龙来到这里的时候儿呢,[tsei⁵³kə⁵¹tɕy⁵¹luŋ³⁵lai⁵³tao⁵¹tsei⁵¹li²¹ti⁵¹ʂʅ³⁵xəurºnə⁰]

人民的生活儿都非常的好。[in⁵¹min⁵¹tə⁰səŋ³¹xuərºtəu³¹fei³¹tsʰaŋ³⁵tə⁰xao²¹³]

大家都说了,[ta⁵¹tɕia³¹təu³¹suə²¹lə⁰]

在这条巨龙和前面儿石城岛,[tsai⁵¹tsei⁵¹tʰiao³⁵tɕy⁵¹luŋ³⁵xə⁵¹tɕʰian³⁵mɐr⁵¹ʂʅ³⁵tsʰəŋ³⁵tao²¹³]

他俩相连之后呢,[tʰa³¹lia²¹³ɕian³⁵lian⁵¹tsʅ³¹xəu⁵¹nə⁰]

在这个地方儿会出现一个,[tsai⁵¹tsei⁵³kə⁵¹ti⁵¹fãrºxuei⁵¹tʂʰu²¹ɕian⁵¹¹²¹kə⁰]

真龙天子。[tsən³¹luŋ³⁵tʰian³¹tsʅ²¹³]

这个真龙天子,[tsei⁵³kə⁵¹tsən³¹luŋ³⁵tʰian³¹tsʅ²¹³]

就是以后的帝王将相。[tɕiəu⁵³ʂʅ⁵¹i⁵¹xəu⁵¹tə⁰ti⁵¹uaŋ³⁵tɕiaŋ⁵³ɕiaŋ⁵¹]

在出现真龙天子的时候儿就会出现三个大将来保护他。[tsai⁵¹tsʰu²¹ɕian⁵¹tsən³¹luŋ³⁵tʰian³¹tsʅ²¹³tə⁰ʂʅ³⁵xəurºtɕiəu⁵³xuei⁵¹tʂʰu²¹ɕian⁵¹san³¹kə⁵¹ta⁵¹tɕiaŋ⁵¹lai⁵¹pao²¹xu⁵¹tʰa³¹]

然后人们都觉得,[zan³⁵xəu⁵¹zən³⁵mənºtəu³¹tɕyɛ³¹tə⁰]

非常的幸福美满。[fei³¹tsʰaŋ³⁵tə⁰ɕiŋ⁵¹fu⁵¹mei³⁵man²¹³]

但是呢,[tan⁵³ʂʅ⁵¹nə⁰]

这么一个风水宝地,[tsei⁵¹məº¹²¹kə⁵¹fəŋ³¹suei²¹pao²¹ti⁵¹]

这帮人并不知道它的秘密以及它的价值。[tsei⁵¹paŋ³¹zən⁵¹piŋ⁵¹pu³⁵tsʅ⁵¹tao⁵¹tʰa³¹tə⁰mi⁵¹miºi²¹tɕi³⁵tʰa³¹tə⁰tɕia⁵¹tsʅ³⁵²]

都用它来种种地呀,打打鱼呀,[təu³¹yŋ⁵¹tʰa³¹lai³⁵tsuŋ⁵¹tsuŋºti⁵¹iaº,ta³⁵ta³⁵y⁵¹iaº]

聊聊天儿啊,什么的,乐呵乐呵。[liao³⁵liao³⁵tʰiɐr³¹aº,sənºməºtə⁰,lə⁵¹xə⁰lə⁵¹xə⁰]

过了一个世外桃源的日子。[kuə⁵¹ləº¹²¹kə⁵¹ʂʅ⁵³uai⁵¹tʰao³¹yan³⁵tə⁰ʐʅ⁵¹tsʅ⁵¹]

有一天哪,[iəu²¹·³⁵i³⁵tʰian³¹naº]

一个从南方过来的风水先生，[i²¹kə⁵¹tsʰuŋ³⁵nan³⁵faŋ³¹kuə⁵¹lai³⁵ti⁰fəŋ³¹suei²¹ɕian³¹səŋ⁰]
他有一个非常奇特的风水宝镜，[tʰa³¹iəu²¹i²¹kə⁵¹fei³¹tsʰaŋ³⁵tɕʰi³⁵tʰə⁵¹ti⁰fəŋ³¹suei⁰pao²¹tɕiŋ⁵¹]
他就照，[tʰa³¹tɕiəu⁵³tsao⁵¹]
当他照到海面儿上，[taŋ³³tʰa³¹tsao⁵³tao⁵¹xai²¹miɐr⁵¹saŋ⁰]
打拉腰这块儿呢，[ta³¹la⁰iao³¹tsei⁵³kʰuɐr⁵¹nə⁰]
镜子里面儿反光特别严重，[tɕiŋ⁵¹tsɿ⁰li²¹miɐr⁵¹fan²¹kuaŋ³¹tʰə⁵¹piɛ³⁵ian³⁵tsuŋ⁵¹]
四光儿亮起。[sɿ⁵¹kuãr³¹liaŋ⁵¹tɕʰi⁰]
他就觉得这块儿是个宝地。[tʰa³¹tɕiəu⁵¹tɕy³⁵tə⁰tsei⁵³kʰuɐr⁵¹sɿ⁵¹kə⁰pao²¹ti⁵¹]
经过了解呢，[tɕiŋ³¹kuə⁵¹liao³⁵tɕiɛ²¹³nə⁰]
知道这个地场儿，[tʂɿ³¹tao⁵¹tsei⁵³kə⁵¹ti⁵¹tʂʰãr²¹³]
发展得非常好。[fa³⁵tsan²¹tə⁰fei³¹tsʰaŋ³⁵xao²¹³]
因为他是一个南方人嘛，[in³¹uei⁵¹tʰa³¹sɿ⁵¹i²¹kə⁵¹nan³⁵faŋ³¹in⁵¹ma⁰]
他觉得如果在北方出现一个真命天子的话，[tʰa³¹tɕyɛ³⁵tə⁰zu³⁵kuə²¹³tsai⁵¹pei²¹faŋ³¹tʂʰu²¹ɕian⁵¹i²¹kə⁵¹tsən³¹miŋ⁵¹tʰian³¹tsɿ³¹tə⁰xua⁵¹]
他肯定就是南方发展就沾不上光儿了。[tʰa³¹kʰən²¹tiŋ⁵¹tɕiəu⁵³sɿ⁵¹nan³⁵faŋ³¹fa³⁵tsan²¹³tɕiəu⁵¹tsan⁵¹pu²¹saŋ⁵¹kuãr³¹lə⁰]
于是他就是，[y²¹sɿ⁵¹tʰa³¹tɕiəu⁵³sɿ⁵¹]
心生醋意，[ɕin³³səŋ³¹tsʰu⁵³i⁵¹]
他就想了一个办法儿，[tʰa³¹tɕiəu⁵¹ɕiaŋ²¹lə⁰i²¹kə⁵¹pan⁵¹far⁰]
跟打拉腰上这些老百姓挨儿家讲，[kən³¹ta³¹la⁰iao⁰saŋ⁰tsei⁵¹ɕiɛ³¹lao³⁵pai²¹ɕiŋ⁵¹ɐr³³tɕia³¹tɕiaŋ²¹³]
恁这个我看了，恁这地方儿不行。[nan²¹tsei⁵³kə⁵¹uə²¹kʰan⁵¹lə⁰,nan²¹tsei⁵¹ti⁵¹fãr³¹pu²¹ɕiŋ³⁵²]
恁这有一条龙，[nan²¹tsei⁵¹iəu²¹·²¹tʰiao³⁵luŋ³⁵²]
你这龙啊，是条凶龙，[ȵi²¹tsei⁵¹luŋ³⁵a⁰,sɿ⁵¹tʰiao³⁵ɕyŋ³¹luŋ³⁵²]
你这凶龙出生之后呢，[ȵi²¹tsei⁵¹ɕyŋ⁵¹luŋ³⁵tsʰu⁵¹səŋ³¹tsɿ⁵¹xəu⁵¹nə⁰]
还能出生三个保护这凶龙的大将。[xai³¹nəŋ³⁵tsʰu⁵¹səŋ³¹san³¹kə⁵¹pao⁰xu⁵¹tsei⁵¹ɕyŋ³¹luŋ³⁵tə⁰ta⁵³tɕiaŋ⁵¹]
恁这地方儿肯定民不聊生,不能安宁。[nan²¹tsei⁵¹kə⁵¹ti⁵¹fãr⁵¹kʰən²¹tiŋ⁵¹min³⁵pu²¹liao³⁵səŋ³¹,pu²¹nəŋ³⁵an³¹ȵiŋ⁰]
然后这帮老百姓一听都害儿怕了说：[zan³⁵xəu⁵¹tsei⁵¹paŋ³¹lao³⁵pai²¹ɕiŋ⁵¹i²¹tʰiŋ³¹təu³¹xɐr⁵³pʰa⁵¹lə⁰suə³¹]
"妈啊,那先生啊,那您说这怎么弄?" [ma³¹a⁰,na⁵¹ɕian³¹səŋ⁰a⁰,na⁵¹ȵin³⁵ʂuə⁵¹tsei⁵¹tsən³⁵mə⁰nuŋ⁵¹]
他说："我有一个妙招儿，[tʰa³¹suə⁵¹uə²¹iəu²¹·²¹i²¹kə⁵¹miao⁵¹tsaor³¹]
恁呢,再以后啊,就别去侍奉它。[nan²¹nə⁰,tsai⁵¹i²¹·²¹xəu⁵¹a⁰,tɕiəu⁵¹pɛ⁵³tɕʰy⁵¹sɿ⁵³fəŋ⁵¹tʰa³¹]
恁就叫它说，[nan²¹tɕiəu⁵¹tɕiao⁵¹tʰa³¹suə³¹]
叫它龙腰那地方儿，[tɕiao⁵¹tʰa³¹luŋ³⁵iao³¹nei⁰ti⁵¹fãr³¹]
你叫耷拉腰，[ȵi²¹tɕiao⁵¹ta³¹la⁰iao³¹]

它往下耷拉,[tʰa³¹uaŋ⁵³ɕia⁵¹ta³¹la⁰]
也不能起来。[iɛ²¹pu²¹nəŋ³⁵tɕʰi²¹lai⁰]
它头那地方儿你叫它断头,[tʰa³¹tʰəu³⁵nei⁵¹ti⁵¹fãr⁰n̪i²¹tɕiao⁵¹tʰa³¹tuan⁵¹tʰəu³⁵²]
它头就不能抬起来。"[tʰa³¹tʰəu³⁵tɕiəu⁵¹pu²¹nəŋ³⁵tʰai³⁵tɕʰi²¹lai⁰]
这帮老百姓也不懂得实际情况儿啊,[tsei⁵¹paŋ³¹lao³⁵pai²¹ɕiŋ⁵¹iɛ²¹pu³⁵tuŋ²¹tə⁰ʂʅ³⁵tɕi⁵¹tɕʰiŋ³⁵kʰuãr⁵¹a⁰]
就觉得这风水先生风水相说得真对。[tɕiəu⁵¹tɕyɛ³⁵tə⁰tsei⁵¹fəŋ³¹suei²¹ɕian⁵¹səŋ⁰fəŋ³¹suei²¹ɕian⁵¹suə⁰tə⁰tsən³¹tei⁵¹]
当这个风水先生走的时候儿呢,[taŋ³¹tsei⁵³kə⁵¹fəŋ³¹suei²¹ɕian⁵¹səŋ⁰tsəu²¹tə⁰ʂʅ³⁵xəur⁰nə⁰]
他们还给风水先生拿了那么些钱,那么些银两走。[tʰa³¹mən⁰xai⁵¹kei³⁵fəŋ³¹suei²¹ɕian³¹səŋ⁰na⁵¹lə⁰nei⁵¹mə⁰ɕiɛ³¹tɕʰian³⁵²,nei⁵¹mə⁰ɕiɛ³¹in⁵¹liaŋ³⁵tsəu²¹³]
从此呢,这些老百姓啊,[tsʰuŋ³⁵tsʰʅ²¹³nə⁰,tsei⁵¹ɕiɛ⁵¹lao³⁵pai²¹ɕiŋ⁵¹a⁰]
都叫这个龙腰叫耷拉腰,[təu⁰tɕiao⁵¹tsei⁵³kə⁵¹luŋ³⁵iao³¹tɕiao⁵¹ta³¹la⁰iao³¹]
叫龙头叫断头。[tɕiao⁵¹luŋ³⁵tʰəu³⁵tɕiao⁵¹tuan⁵¹tʰəu³⁵²]
也是应了这个先生的言论,[iɛ²¹ʂʅ⁵¹iŋ⁵¹lə⁰tsei⁵³kə⁵¹ɕian⁵¹səŋ⁰tiian³⁵luən⁵¹]
先生说,[ɕian³¹səŋ⁰suə²¹³]
说叫耷拉腰,[suə²¹tɕiao⁵¹ta³¹la⁰iao³¹]
这个龙腰真就往下耷拉了。[tsei⁵³kə⁵¹luŋ³⁵iao³¹tsən⁵¹tɕiəu⁵¹uaŋ⁵³ɕia⁵¹ta³¹la⁰lə⁰]
叫断头,这个龙头还真就断了。[tɕiao⁵¹tuan⁵¹tʰəu³⁵²,tsei⁵³kə⁵¹luŋ³⁵tʰəu³⁵xai³⁵tsən³¹tɕiəu⁵¹tuan⁵¹lə⁰]
从此之后呢,[tsʰuŋ³⁵tsʰʅ²¹tsʅ²¹xəu⁵¹nə⁰]
这个地方儿民不聊生,[tsei⁵³kə⁵¹ti⁵¹fãr⁰min³⁵pu²¹liao³⁵səŋ³¹]
灾难无穷无尽,[tsai³¹nan²¹u³⁵tɕʰyŋ³⁵u³⁵tɕin⁵¹]
也经常地打仗。[iɛ²¹tɕiŋ³¹tsʰaŋ³⁵ti⁰ta²¹tsaŋ⁵¹]
这帮老百姓才反应过来,[tɕiɛ⁵¹paŋ³¹lao³⁵pai²¹ɕiŋ⁵¹tsʰai³⁵fan²¹iŋ⁵¹kuə⁰lai⁰]
原来是中了这个先生的计。[yan³⁵lai³⁵ʂʅ⁵¹tsuŋ⁵¹lə⁰tsei⁵³kə⁵¹ɕian⁵¹səŋ⁰tə⁰tɕi⁵¹]
但是现在已经不赶趟儿了,[tan⁵³ʂʅ⁵¹ɕian⁵¹tsai²¹iˀ¹tɕiŋ⁵¹pu⁵¹kan⁰tʰãr⁵¹lə⁰]
成千上万年已经过去了。[tsʰəŋ³⁵tɕʰian³¹saŋ⁵³uan⁵¹n̪ian³¹²¹tɕiŋ³¹kuə⁵³tɕʰy⁵¹lə⁰]
它这个腰儿也不可能直起来了,断头也不可能连起来了。[tʰa³¹tɕiɛ⁵³kə⁵¹iaor⁰iɛ²¹pu²¹kʰə²¹nəŋ³⁵tsʅ³⁵tɕʰi⁰lai⁰lə⁰,tuan⁵¹tʰəu³⁵iɛ²¹pu²¹kʰə²¹nəŋ⁰lian⁵¹tɕʰi⁰lai⁰lə⁰]
后来人们觉得叫耷拉腰太难听了,[xəu⁵¹lai³⁵in⁵¹mən⁰tɕyɛ³⁵tə⁰tɕiao⁵¹ta³¹la⁰iao³¹tʰai⁵¹nan³⁵tʰiŋ³¹lə⁰]
这么的吧,[tsən⁵¹mə⁰ti⁰pa⁰]
就把耷拉改成了打,[tɕiəu⁵¹pa²¹ta³¹la⁰kai⁵¹tsʰəŋ³⁵lə⁰ta²¹³]
叫打拉腰。[tɕiao⁵¹ta²¹la⁰iao³¹]

（故事发音人：石晗桥）

三 自选条目

（一）

撒粪一大片， [sa²¹fən⁵¹ʲi²¹taˤ⁵³pʰian⁵¹]
不如一条线。 [pu²¹zu̩³⁵ʲi²¹tʰiao⁵³ɕian⁵¹]

（二）

头茬谷子二茬豆儿， [tʰəu³⁵tsʰa³⁵ku²¹⁰ər⁵¹tsʰa³⁵təur⁵¹]
三茬苞米大丰收。 [san³¹tsʰa³⁵pao⁵¹mi²¹³ta⁵¹fəŋ³³səu³¹]

（三）

养猪不垫圈， [iaŋ³⁵tsu³¹pu²¹tian⁵³tɕyan⁵¹]
不够庄稼汉。 [pu²¹kəu⁵¹tsuaŋ³¹tɕia³³xan⁵¹]

（四）

日晕雨， [zʅ⁵³yn⁵¹y²¹³]
月晕风， [yɛ⁵³yn⁵¹fəŋ³¹]
出海打鱼要记清。 [tsʰu³¹xai²¹ta²¹y⁵¹iao⁵¹tɕi⁵¹tɕʰiŋ³¹]

（五）

六月儿北风当日雨， [liəu⁵³yɛr⁵¹pei³¹fəŋ³¹taŋ³³zʅ⁵¹y²¹³]
好似亲娘看闺娘。 [xao²¹sʅ⁵¹tɕʰin³¹ȵiaŋ³⁵kʰan⁵¹kuei³¹ȵiaŋ⁰]

（六）

二月二， [ər⁵¹yɛ²¹ər⁵¹]
雪培门， [ɕyɛ²¹pʰei³¹mən⁵¹]
秋天粮多装满囤。 [tɕʰiəu³³tʰian³¹liaŋ³⁵tuə³¹tsuaŋ³¹man²¹tʰuən³⁵²]

（七）

加吉头， [tɕia³¹tɕi²¹tʰəu³⁵²]
鲅鱼尾， [pa⁵³y⁵¹uei²¹³]
刀鱼肚子鲟鲟嘴。 [tao³¹y⁵¹tu⁵¹tsʅ⁰tʰən³⁵tʰən⁰tsei²¹³]鲟鲟：指鲥鱼。

（八）

鳝鱼鬼， [san⁵³y⁵¹kuei²¹³]

鬼祟祟， [kuei²¹suei⁵¹suei⁰]
不到天黑不张嘴。 [pu²¹tao⁵¹tʰian³³xei³¹pu³⁵tsaŋ³³tsei²¹³]

（九）

巴蛸腿儿多走不远， [pa³³sao³¹tʰər³⁵tuə³¹tsəu²¹pu³⁵yan²¹³]
蚬子无腿儿跑天边。 [ɕian²¹ə⁰u³⁵tʰər³⁵pʰao²¹tʰian³³pian³¹]

（十）

走什么山唱什么歌儿， [tsəu²¹sən³⁵mə⁰san³¹tsʰaŋ⁵¹sən³⁵mə⁰kər⁵¹]
卖什么货进什么货。 [mai⁵¹sən³⁵mə⁰xuə⁵¹tɕin⁵¹sən³⁵mə⁰xuə⁵¹]

（十一）

外面有个搂钱耙， [uai⁵³mian⁵¹iəu²¹kə⁵¹ləu⁵³tɕʰian⁵¹pʰa³⁵²]
家里配个装钱匣。 [tɕia³³li⁰pʰei⁵³kə⁵¹tsuaŋ⁵³tɕʰian⁵¹ɕia³⁵²]

（十二）

说好不要锦上贴花儿， [suə³¹xao²¹pu²¹iao⁵¹tɕin²¹saŋ⁵¹tʰiɛ³³xuar³¹]
说坏不要格外生杈儿。 [suə³¹xuai⁵¹pu²¹iao⁵¹kə³⁵uai⁵¹səŋ⁵³tsʰar⁵¹]

（十三）

扯谎的人儿没好报， [tsʰə³⁵xuaŋ²¹³tə⁰in⁵¹ər⁰mei³⁵xao²¹pao⁵¹]
缺料的牲口没好膘儿。 [tɕʰyɛ³¹liao⁵¹tə³səŋ³¹kʰəu²¹³mei³⁵xao²¹piaor⁵¹]

（十四）

热不急脱衣， [ʐʅ⁵¹pu²¹tɕi³⁵tʰuə³³i³¹]
冷不急穿棉。 [ləŋ²¹pu²¹tɕi³⁵tsʰuan³¹mian⁵¹]

（十五）

能吃干净中的邋遢， [nəŋ³⁵tʂʰʅ³³kan³¹tɕiŋ⁵¹tsuŋ³¹tə⁰la²¹tʰa⁰]
不吃邋遢中的干净。 [pu³⁵tʂʰʅ³³la²¹tʰa⁰tsuŋ³¹tə⁰kan³¹tɕiŋ⁵¹]

（十六）

挨过棍棒的兔子活不长， [ai³¹kuə⁰kuən⁵³paŋ⁵¹tə⁰tʰu⁵¹ə⁰xuə³⁵pu²¹tsʰaŋ³⁵²]
迷恋邪道儿的人难醒悟。 [mi³⁵lian⁵¹ɕiɛ³¹taor⁵¹ti⁰in⁵¹nan³⁵ɕiŋ²¹u⁵¹]

（十七）

别人夸， [piɛ³⁵in⁵¹kʰua³¹]

一枝花儿； [i³⁵tsʅ³³xuar³¹]
自己夸， [tsʅ⁵¹tɕi²¹kʰua³¹]
烂地瓜。 [lan⁵¹ti⁵¹kua³¹]

（十八）

槽内无食猪拱猪， [tsʰao⁵³nei⁵¹u⁵¹ʂʅ³⁵tsu³¹kuŋ²¹tsu³¹]
分赃不均狗咬狗。 [fən³³tsaŋ³¹pu³⁵tɕyn³¹kəu³⁵iao²¹kəu²¹³]

（十九）

树木不剪枝杈儿多， [su⁵³mu⁵¹pu⁵¹tɕian²¹³tsʅ³¹tsʰar⁵¹tuə³¹]
作品不改毛病多。 [tsuə⁵¹pʰin²¹³pu⁵¹kai²¹³mao³⁵piŋ⁵¹tuə³¹]

（二十）

任你脑子再聪明， [in⁵¹n̺i²¹nao²¹ə⁰tsai⁵¹tsʰuŋ³¹miŋ⁰]
难比笔头记得清。 [nan³⁵pi²¹pi²¹tʰəu⁰tɕi⁵¹ti⁰tɕʰiŋ³¹]

（自选条目发音人：徐得壮）

盖 州

一 歌谣

(一)

小孩儿小孩儿你别馋， [ɕiau²¹xɚ²⁴ɕiau²¹xɚ²⁴n̟i²¹pai⁵¹tsʰan²⁴]
过了腊八就是年。 [kuɤ⁵¹lɤ⁵¹la⁰pa⁴¹²tɕiəu⁵¹sʅ⁵¹n̟ian²⁴]

(二)

啈¯颅啈¯颅， [pən⁴¹²ləu²⁴pən⁴¹²ləu²⁴]啈¯颅：指额头向前凸出。
下雨不愁， [ɕia⁵¹y²¹pu⁵¹tsʰəu²⁴]
人家有伞， [in²⁴tɕia⁴¹²iəu²⁴san²¹³]
你有啈¯颅啈¯颅。 [n̟i²⁴iəu²⁴pən⁴¹²ləu²⁴]

(三)

大雨哗哗下， [ta⁵¹y²¹xua²⁴xua⁴¹²ɕia⁵¹]
北京来电话， [pei²⁴tɕiŋ⁴¹²lai²⁴tian⁵¹xua⁵¹]
叫我去当兵， [tɕiau⁵¹uɤ²¹tɕʰy⁵¹taŋ²⁴piŋ⁴¹²]
我还没长大。 [uɤ²¹xai²⁴mei⁵¹tsaŋ²¹ta⁵¹]

(四)

从前有座山， [tsʰuŋ²⁴tɕʰian²⁴iəu²¹tsuɤ⁰san⁴¹²]
山里有个庙， [san⁴¹²li⁰iəu²¹kɤ⁰miau⁵¹]
庙里有个老道。 [miau⁵¹li⁰iəu⁰kɤ⁰lau²¹tau⁵¹]

(五)

一水摇， [i⁵¹suei²¹iau²⁴]
二水摇， [ɚ⁵¹suei²¹iau²⁴]
妈妈流水哗啦啦， [ma⁴⁴ma⁰liəu²⁴suei²¹xua⁴⁴la⁴⁴la⁰]

一呀，二呀，　　　　　　　[i⁴⁴ia⁰，ər⁴⁴ia⁰]
喊里喀哒喳。　　　　　　　[tɕʰi⁴⁴ləŋ⁰ka⁴⁴ta⁰tsa⁵¹]

（歌谣 1-5 发音人：张恩艳）

（六）

天老爷，别下雨，　　　　　[tʰian⁴¹²lau²¹iɛ²⁴，piɛ⁵¹ɕia⁵¹y²¹³]
咱家包饺子都给你。　　　　[tsan²⁴tɕia⁴¹²pau⁴¹²tɕiau²¹tsʅtəu⁴¹²kei²⁴n̠i²¹³]

（七）

小丫蛋儿，上河沿儿，　　　[ɕiau²⁴ia⁴¹²tɐr⁵¹，saŋ⁵¹xɤ²⁴iɐr⁵¹]
挖俩儿坑，下俩儿蛋儿，　　[ua⁴¹²liɐr²⁴kʰəŋ⁴¹²，ɕia⁵¹liɐr²¹tɐr⁵¹]
叫我一脚踩两半儿，　　　　[tɕiau⁵¹uɤ²¹⁵¹tɕiau²¹tsʰai²⁴lian²¹pɐr⁵¹]
你一半儿，我一半儿，　　　[n̠i²¹i²⁴pɐr⁵¹，uɤ²¹i²⁴pɐr⁵¹]
留着回家当尿罐儿。　　　　[liəu²⁴tsɤ⁰xuei²⁴tɕia⁴¹²taŋ⁴¹²n̠iau⁵¹kuɐr⁵¹]

（八）

狼来了，虎来了，　　　　　[laŋ²⁴lai²⁴lɤ⁰，xu²⁴lai²⁴lɤ⁰]
马猴子背着鼓来了。　　　　[ma²¹xəu²⁴tsʅ⁰pei⁴¹²tsɤ⁰ku²⁴lai²⁴lɤ⁰]马猴子：又叫马虎子，大马
　　　　　　　　　　　　　虎子，常用来吓唬小孩儿的用语。

（九）

小白兔儿白又白，　　　　　[ɕiau²¹pai²⁴tʰur⁵¹pai²⁴iəu⁵¹pai²⁴]
两只耳朵竖起来，　　　　　[lian²⁴tsʅ⁴¹²ər²¹tuɤ⁰su⁵¹tɕʰi²¹lai²⁴]
爱吃萝卜和青菜，　　　　　[ai⁵¹tsʰʅ²¹luɤ²¹pɤ⁰xɤ²⁴tɕʰiŋ⁴¹²tsʰai⁵¹]
你说可爱不可爱。　　　　　[n̠i²¹suɤ²⁴kʰɤ²¹ai⁵¹pu⁵¹kʰɤ²¹ai⁵¹]

（歌谣 6-9 发音人：刘爱华）

（十）

一二三四五，　　　　　　　[i²¹ər⁵¹san⁴¹²sʅ⁵¹u²¹³]
上山打老虎，　　　　　　　[saŋ⁵¹san⁴¹²ta²¹lau²⁴xu²¹³]
老虎不吃饭，　　　　　　　[lau²⁴xu²¹pu⁵¹tsʰʅ⁴¹²fan⁵¹]
专吃王八蛋。　　　　　　　[tsuan⁴¹²tsʰʅ²¹uaŋ²⁴pa⁰tan⁵¹]

（十一）

扯大锯，　　　　　　　　　[tsʰɤ²¹ta⁵¹tɕy⁵¹]
拉大锯，　　　　　　　　　[la²⁴ta⁵¹tɕy⁵¹]

姥娘门口唱大戏，　　　[lau²¹ȵiaŋ⁰mən²⁴kʰəu²¹tsʰaŋ⁵¹ta⁵¹ɕi⁵¹]
接闺女，　　　　　　　[tɕiɛ²⁴kuei⁴¹²ȵy⁰]
带女婿，　　　　　　　[tai⁵¹ȵy²¹ɕy⁰]
小外孙儿也要去，　　　[ɕiau²¹uai⁵¹suər⁴¹²iɛ²¹iau⁵¹tɕʰy⁵¹]
煮个鸭蛋混过去。　　　[tsu²¹kɤ⁰ia⁴¹²tan⁵¹xuən⁵¹kuɤ⁵¹tɕʰy⁵¹]

　（十二）

小白兔去赶集，　　　　[ɕiau²¹pai²⁴tʰu⁵¹tɕʰy⁵¹kan²¹tɕi²⁴]
买个辣椒当鸭梨，　　　[mai²¹kɤ⁰la⁵¹tɕiau⁴¹²taŋ²⁴ia⁴¹²li²⁴]
咬一口死辣的，　　　　[iau²¹i¹kʰəu²¹³sʅ⁴¹²la⁵¹ti⁰]
再也不买带把儿的。　　[tsai⁵¹iɛ²¹pu⁵¹mai²¹tai⁵¹par⁵¹ti⁰]

　（十三）

咕噜咕噜锤，　　　　　[ku⁴¹²lu⁰ku⁴¹²lu⁰tsʰuei²⁴]
咕噜咕噜叉，　　　　　[ku⁴¹²lu⁰ku⁴¹²lu⁰tsʰa⁴¹²]
咕噜咕噜一个还剩仨，　[ku⁴¹²lu⁰ku⁴¹²lu⁰i¹kɤ⁰xai⁵¹sən⁵¹sa⁴¹²]
三变五，　　　　　　　[san⁴¹²pian⁵¹u²¹³]
五变八，　　　　　　　[u²¹pian⁵¹pa⁴¹²]
看谁是个大王八。　　　[kʰan⁵¹sei²⁴sʅ⁵¹kɤ⁰ta⁵¹uaŋ²⁴pa⁰]

　（十四）

一九二九都不出手，　　[i²⁴tɕiəu²¹ər⁵¹tɕiəu²¹³təu⁴¹²pu⁰tsʰu²⁴səu²¹³]
三九四九来家死糗，　　[san²⁴tɕiəu²¹sʅ⁵¹tɕiəu²¹³lai²⁴tɕia⁴¹²sʅ²⁴tɕʰiəu²¹³]
五九六九懒汉伸手，　　[u²⁴tɕiəu²¹liəu⁵¹tɕiəu²¹³lan⁵¹xan²⁴sən⁵¹səu²¹³]
七九河开，　　　　　　[tɕʰi²⁴tɕiəu²¹xɤ²⁴kʰai⁴¹²]
八九燕来，　　　　　　[pa²⁴tɕiəu²¹ian⁵¹lai²⁴]
九九加一九，　　　　　[tɕiəu²⁴tɕiəu²¹tɕia⁴¹²⁰i¹tɕiəu²¹³]
黄牛满地走。　　　　　[xuaŋ²⁴ȵiəu²⁴man²¹ti⁵¹tsəu²¹³]

（歌谣10-14 发音人：刘忠德）

　（十五）

焐被焐被，　　　　　　[u⁵¹pei⁵¹u⁵¹pei⁵¹]
金银满柜，　　　　　　[tɕin⁴¹²in²⁴man²¹kuei⁵¹]
铺床铺床，　　　　　　[pʰu⁴¹²tsʰuaŋ²⁴pʰu⁴¹²tsʰuaŋ²⁴]
金银满堂，　　　　　　[tɕin⁴¹²in²⁴man²¹tʰaŋ²⁴]
被头对被头，　　　　　[pei⁵¹tʰəu²⁴tuei⁵¹pei⁵¹tʰəu²⁴]

生个小孩儿壮如牛， [səŋ⁴¹²kɤ⁰ɕiau²¹xɚ²⁴tsuaŋ⁵¹lu²⁴niəu²⁴]
被角儿对被角儿， [pei⁵¹tɕiaur²¹tuei⁵¹pei⁵¹tɕiaur²¹³]
过年生个大胖小儿。 [kuɤ⁵¹ȵian²⁴səŋ⁴¹²kɤ⁰ta⁵¹pʰaŋ⁵¹ɕiaur²¹³]

（歌谣 15 发音人：李廷全）

二　故事

望儿山

在辽南渤海之滨， [tsai⁵¹liau²⁴nan²¹pɤ⁵¹xai²¹tsʅ²⁴pin⁴¹²]
有一个远近闻名的苹果之乡——熊岳城。[iəu²¹⁻²⁴i⁵¹kɤ⁰yan²¹tɕin⁵¹uən²⁴miŋ²⁴tɤ⁰pʰiŋ²⁴kuɤ²¹tsʅ²⁴ɕiaŋ⁴¹², ɕyŋ²⁴yɛ⁵¹tsʰəŋ²⁴]
在果林之间， [tsai⁵¹kuɤ²¹lin²⁴tsʅ²⁴tɕian⁴¹²]
有一座垂直拔地而起，高八十多米的孤山， [iəu²¹⁻²⁴i⁵¹tsuɤ⁵¹tsʰuei²¹tsʅ²⁴pa²⁴ti⁵¹ɚ²⁴tɕʰi²¹³, kau²⁴pa⁴¹²sʅ²⁴tuɤ²⁴mi²¹³tɤ⁰ku²⁴san⁴¹²]
孤山上寸草不生。 [ku²⁴san⁴¹²saŋ⁰tsʰuən⁵¹tsʰau²¹pu⁵¹səŋ⁴¹²]
在山顶上， [tsai²⁴san⁴¹²tiŋ²¹saŋ⁰]
有一块直径六尺多长的大石头， [iəu²¹⁻²⁴i⁵¹kʰuai⁵¹tsʅ²⁴tɕiŋ⁵¹liəu⁵¹tsʰʅ²¹tuɤ⁰tsʰaŋ²⁴ti⁰ta⁵¹sʅ²⁴tʰəu⁰]
外形像一个老太太， [uai⁵¹ɕiŋ²⁴ɕiaŋ⁵¹i⁵¹kɤ⁰lau²¹tʰai⁵¹tʰai⁰]
眉眼鬓角，眉眼发髻，眉眼发髻，惟妙惟肖， [mei²⁴ian²¹pin⁵¹tɕiau²¹³, mei²⁴ian²¹fa⁵¹tɕi⁵¹, mei²⁴ian²¹fa⁵¹tɕi⁵¹, uei²¹miau⁵¹uei²¹ɕiau⁵¹]
神态僵滞， [sən²⁴tʰai⁵¹tɕiaŋ⁴¹²tsʅ⁵¹]
站在那里远远地望着。 [tsan⁵¹tsai⁵¹na⁵¹li²¹yan²⁴yan²⁴ti⁰uaŋ⁵¹tsɤ⁰]
任凭风吹日晒， [in⁵¹pʰiŋ²⁴fəŋ²⁴tsʰuei⁴¹²zʅ⁵¹sai⁵¹]
她眼也不眨一下， [tʰa⁴¹²ian²⁴iɛ²¹pu⁰tsa²¹i⁰ɕia⁵¹]
依然在那里望着， [i⁴¹²zan²⁴tsai⁵¹na⁵¹li²¹uaŋ⁵¹tsɤ⁰]
老人究竟在望什么呢？ [lau²¹zən²⁴tɕiəu⁴¹²tɕiŋ⁵¹tsai⁵¹uaŋ⁵¹sən²⁴mɤ⁰ni⁰]
这是一个悲哀的故事， [tsɤ⁵¹sʅ⁵¹⁻²⁴i⁵¹kɤ⁰pei⁵¹ai⁴¹²ti⁰ku⁵¹sʅ⁰]
已经很遥远了。 [i²⁴tɕiŋ⁴¹²xən²¹iau²⁴yan²¹la⁰]
这片果乡以前是一片大海， [tsɤ⁵¹pʰian⁵¹kuɤ²⁴ɕiaŋ⁴¹²i²¹tɕʰian⁵¹sʅ⁵¹⁻²⁴i⁵¹pʰian⁵¹ta⁵¹xai²¹³]
望儿山曾经是大海上的一座小岛， [uaŋ⁵¹ɚ²⁴san⁴¹²tsʰəŋ²⁴tɕiŋ⁵¹sʅ⁵¹ta⁵¹xai²¹saŋ⁵¹ti⁰⁻²⁴i⁵¹tsuɤ⁵¹ɕiau²⁴tau²¹³]
岛上住着一个贫苦的女人， [tau²¹saŋ⁰tʂu⁵¹tʂɤ⁰i⁵¹kɤ⁰pʰin²⁴kʰu²¹tɤ⁰ny²¹zən²⁴]
丈夫出海打鱼不幸掉海里死了， [tsaŋ⁵¹fu⁰tsʰu²⁴xai⁴¹²ta²¹pu⁰ɕiŋ⁵¹tiau⁵¹xai²⁴li⁵¹sʅ²¹la⁰]
只留下十岁的宝儿， [tsʅ²¹³liəu²⁴ɕia⁵¹sʅ²⁴suei⁵¹ti⁰pau²¹ɚ²⁴]
母子俩相依为命， [mu²⁴tsʅ²⁴lia²⁴ɕiaŋ²⁴⁻⁴¹²uei²⁴miŋ⁵¹]
日子过得是孤苦贫寒哪。 [zʅ⁵¹tsʅ⁰kuɤ⁵¹tɤ⁰sʅ⁵¹ku⁴¹²kʰu²¹pʰin²⁴xan²⁴na⁰]

可是，母亲对孩子的培养却非常的重视，[kʰɤ²¹ʂʅ⁵¹, mu²⁴tɕʰin⁴¹²tuei⁵¹xai²⁴tsʅ⁰tɤ⁰pʰei²⁴iaŋ⁰tɕʰyɛ⁵¹fei⁴¹²tsʰaŋ²⁴tɤ⁰tʂuŋ⁵¹ʂʅ⁵¹]

她希望宝儿能长大成材，[tʰa²⁴ɕi⁴¹²uaŋ⁵¹pau²¹ər²⁴nəŋ²⁴tʂaŋ²¹ta⁵¹tsʰəŋ²⁴tsʰai²⁴]

母子俩也好有个活路。[mu²⁴tsʅ²¹lia²¹iɛ⁵¹xau²¹iəu²¹kɤ⁰xuɤ⁵¹lu⁰]

于是她白天织网，晚上织网，[y²⁴sʅ⁵¹tʰa⁴¹²pai⁴¹²tʰian⁴¹²tsʅ²⁴uaŋ²¹³, uan²¹saŋ⁰tʂʅ²⁴uaŋ²¹³]

织好的网拿到岸上去卖。[tʂʅ²⁴xau²¹tiuaŋ⁵¹na²⁴tau⁰an⁵¹saŋ⁰tɕʰy⁵¹mai⁵¹]

有时候，她也像男人那样下海打鱼，[iəu²¹sʅ²⁴xəu⁵¹, tʰa⁴¹²iɛ²¹ɕiaŋ⁵¹nan²⁴in²¹na⁵¹iaŋ⁰ɕia²¹xai²⁴ta²¹y²⁴]

打上来一筐一筐的鱼，[ta²¹ʂaŋ⁵¹lai⁰i²⁴kʰuaŋ⁴¹²i²⁴kʰuaŋ⁴¹²tɤ⁰y²⁴]

也送到岸上去卖。[iɛ²¹suŋ⁵¹tau⁰an⁵¹saŋ⁰tɕʰy⁵¹mai⁵¹]

挣来的钱，[tʂəŋ⁵¹lai²⁴tɤ⁰tɕʰian²⁴]

不生＝失＝吃，也不生＝失＝穿，[pu⁵¹ka²¹ʂʅ⁰tʂʰʅ²¹³, iɛ²¹pu⁵¹ka²¹ʂʅ⁰tsʰuan⁴¹²]生＝失：舍得。

都给宝儿买书了。[təu⁴¹²kei²¹pau²¹ər²⁴mai²¹ʂu⁴¹²la⁰]

左一本儿书买，右一本儿书买，[tʂɤ²¹i⁰pər²⁴ʂu⁴¹²mai²¹³, iəu⁵¹i⁰pər²⁴ʂu⁴¹²mai²¹³]

买的一本儿书又一本儿书，[mai²¹tɤ⁰⁴¹²pər²⁴ʂu⁴¹²iəu²¹⁴¹²pər²⁴ʂu⁴¹²]

多得都能堆满整个儿屋子了。[tuɤ⁴¹²tɤ⁰təu⁴¹²nəŋ²⁴tuei⁴¹²man²⁴tsəŋ²¹kɤr⁵¹⁴¹²u⁰tsʅ⁵¹la⁰]

宝儿也觉得母亲辛苦挣钱，[pau²¹ər²⁴iɛ²¹tɕyɛ⁴¹²tɤ⁰mu²¹tɕʰin⁰ɕin⁴¹²kʰu²¹tʂəŋ⁵¹tɕʰian²⁴]

为自己买书很困难，[uei⁵¹tsʅ⁵¹tɕi²¹mai²⁴ʂu⁴¹²xən²¹kʰuən⁵¹nan⁰]

心里也暗暗下定决心，[ɕin⁴¹²li⁰iɛ²¹an⁵¹an⁵¹ɕia²¹tiŋ⁵¹tɕyɛ²⁴ɕin⁴¹²]

要为母亲争口气。[iau⁵¹uei⁵¹mu²¹³tɕʰin⁰tʂəŋ⁴¹²kʰəu²¹tɕʰi⁵¹]

他是白天读书，夜里读书。[tʰa⁴¹²sʅ⁵¹pai⁴¹²tʰian⁴¹²tu²⁴ʂu⁴¹², iɛ⁵¹li⁰tu²⁴ʂu⁴¹²]

天天读，年年读，[tʰian²⁴tʰian⁴¹²tu²⁴, ɲian²⁴ɲian²⁴tu²⁴]

读过的书都能堆成山了，[tu²⁴kuɤ⁰tɤ⁰su²¹təu⁴¹²nəŋ²⁴tuei⁴¹²tsʰəŋ²⁴san⁴¹²la⁰]

学的学问也深似海了。[ɕyɛ²⁴tɤ⁰ɕyɛ²⁴uən⁰iɛ²¹sən⁴¹²sʅ⁵¹xai²¹la⁰]

转眼间，[tsuan²⁴ian²⁴tɕian⁴¹²]

宝儿十八岁了，[pau²¹ər²⁴sʅ²⁴pa⁴¹²suei⁵¹la⁰]

母亲要送宝儿进京赶考。[mu²¹tɕʰin⁰iau⁵¹suŋ⁵¹pau²¹ər²⁴tɕin²⁴tɕiŋ⁴¹²kan²⁴kʰau²¹³]

临行前，[lin²⁴ɕiŋ²⁴tɕʰian²⁴]

宝儿对母亲拜了又拜，[pau²¹ər²⁴tuei⁵¹mu²¹tɕʰin⁰pai⁵¹lɤ⁰iəu⁵¹pai⁵¹]

一拜不忘母亲十八年来的养育之恩；[i²¹pai⁵¹pu²⁴uaŋ⁵¹mu²¹tɕʰin⁰sʅ²⁴⁴¹²pa²⁴ɲian²⁴lai²⁴ti⁰iaŋ²¹y⁵¹tsʅ⁴¹²ən⁴¹²]

二拜不辜负母亲的托望，[ər⁵¹pai⁵¹pu²⁴ku⁴¹²fu⁰mu²¹tɕʰin⁰tɤ⁰tʰuɤ⁴¹²uaŋ⁵¹]

二拜不辜负，二拜不辜负母亲的希望，[ər⁵¹pai⁵¹pu²⁴ku⁴¹²fu⁰, ər⁵¹pai⁵¹pu²⁴ku⁴¹²fu⁵¹mu²¹tɕʰin⁰tɤ⁰ɕi⁴¹²uaŋ⁵¹]

进京赶考做好三篇文章；[tɕin⁵¹tɕiŋ⁴¹²kan²⁴kʰau²¹tsuɤ⁵¹xau²⁴san²⁴pʰian⁴¹²uən²⁴tʂaŋ⁴¹²]

三拜不辜负母亲的嘱托，[san⁴¹²pai⁵¹pu²⁴ku⁴¹²fu⁵¹mu²¹tɕʰin⁰tɤ⁰tsu²⁴tʰuɤ⁴¹²],

将来做了官，[tɕiaŋ⁴¹²lai²⁴tsuɤ⁵¹lɤ⁰kuan⁴¹²]

心里想着种田打鱼人。[ɕin⁴¹²li⁰ɕiaŋ²¹tsɤ⁰tsuŋ⁵¹tʰian²⁴ta²¹y²⁴zən²⁴]

母亲恋恋不舍地望着宝儿，[mu²¹tɕʰin⁰lian⁵¹lian⁵¹pu⁵¹sɤ²¹ti⁰uaŋ⁵¹tʂɤ⁰pau²¹ər²⁴]

眼里含着泪水说：[ian²⁴li²¹xan⁵¹tʂɤ⁰lei⁵¹ʂuei²¹ʂuɤ⁴⁴]

"孩子，走吧，早去早回。" ["xai²⁴tsɿ⁰, tsəu²¹pa⁰, tsau⁵¹tɕʰy⁵¹tsau²¹xuei²⁴"]

她目不转睛地盯着宝儿远去的船帆，[tʰa⁴¹²mu⁵¹pu⁵¹tʂuan²⁴tɕiŋ⁴¹²ti⁰tiŋ⁴¹²tʂɤ⁰pau²¹ər²⁴yan²¹tɕʰy⁵¹tɤ⁰tʂʰuan²⁴fan⁴¹²]

看着，看着那白帆由大变小，[kʰan⁵¹tsɤ⁰, kʰan⁵¹tsɤ⁰na⁵¹pai⁵¹fan⁵¹iəu²⁴ta⁵¹pian⁵¹ɕiau²¹³]

渐渐地变成了一个小点儿，[tɕian⁵¹tɕian⁵¹ti⁰pian⁵¹tʂʰəŋ²⁴lɤ⁰i²⁴kɤ⁵¹ɕiau²⁴tiɐr²¹³]

她看着那船帆由大变小，[tʰa⁴¹²kʰan⁵¹tsɤ⁰na⁵¹tsʰuan²⁴fan⁴¹²iəu⁵¹ta⁵¹pian⁵¹ɕiau²¹³]

慢慢地变成了一个小点儿，[man⁵¹man⁵¹tɤ⁰pian⁵¹tʂʰəŋ²⁴lɤ⁰i²⁴kɤ⁵¹ɕiau²⁴tiɐr²¹³]

最后消失在了大海上。[tsuei⁵¹xəu⁵¹ɕiau²⁴sɿ⁵¹tsai⁵¹lɤ⁰ta⁵¹xai²¹ʂaŋ⁰]

一天一天过去了，[i²⁴tʰian⁴¹²i²⁴tʰian⁴¹²kuɤ⁵¹tɕʰy⁵¹la⁰]

母亲掐指一算，[mu²¹tɕʰin⁰tɕʰia²⁴tsɿ²¹i²⁴suan⁵¹]

已经过去了七七四十九天，[i²⁴tɕiŋ⁴¹²kuɤ⁵¹tɕʰy⁵¹lɤ⁰tɕʰi²⁴tɕʰi⁴¹²sɿ⁵¹sɿ²⁴tɕiəu²⁴tʰian⁴¹²]

宝儿也应该回来了，[pau²¹ər²⁴iɛ²¹iŋ⁵¹kai⁴¹²xuei²⁴lai⁰la⁰]

可是还是不见宝儿的船。[kʰɤ²¹ʂɿ⁵¹xai⁵¹ʂɿ⁵¹pu⁵¹tɕian⁵¹pau²¹ər²⁴ti⁰tʂʰuan²⁴]

她来到小岛上，[tʰa⁴¹²lai²⁴tau⁰ɕiau²⁴tau²¹ʂaŋ⁰]

向远处张望着。[ɕiaŋ⁵¹yan²¹tʂʰu⁵¹tʂaŋ⁴¹²uaŋ⁵¹tsɤ⁰]

望了一天又一天，[uaŋ⁵¹lɤ⁰i²⁴tʰian⁵¹iəu⁵¹i²⁴tʰian⁴¹²]

望了一年又一年，[uaŋ⁵¹lɤ⁰i²⁴ȵian²⁴iəu⁵¹i²⁴ȵian²⁴]

还是不见宝儿回来，[xai⁵¹ʂɿ⁵¹pu⁵¹tɕian⁵¹pau²¹ər²⁴xuei²⁴lai⁰]

老人绝望了，[lau²¹zən²⁴tɕyɛ²⁴uaŋ⁵¹la⁰]

她爬到小岛上最高的那块岩石上，[tʰa⁴¹²pʰa²⁴tau⁰ɕiau²⁴tau²¹ʂaŋ⁵¹tsuei⁵¹kau⁴¹²ti⁰nei⁵¹kʰuai⁵¹ian²⁴ʂɿ²⁴ʂaŋ⁰]

再也下不来了。[tsai⁵¹iɛ²¹ɕia⁵¹pu⁰lai²⁴la⁰]

她不眠不休地在那里哭啊哭啊，[tʰa⁴¹²pu⁵¹mian²⁴pu⁵¹ɕiəu⁴¹²ti⁰tsai⁵¹na⁵¹li⁰kʰu²⁴a⁰kʰu²⁴a⁰]

任凭风吹日晒，[in⁵¹pʰiŋ²⁴fəŋ²⁴tsʰuei⁵¹zɿ⁵¹sai⁵¹]

冰霜雨雪的拍打，[piŋ²⁴ʂuaŋ⁴¹²y²⁴ɕyɛ²¹ti⁵¹pʰai⁴¹²ta⁰]

叫天天不应，[tɕiau⁵¹tʰian⁴¹²tʰian⁵¹pu⁰iŋ⁵¹]

叫地地不灵，[tɕiau⁵¹ti⁵¹ti⁵¹pu⁰liŋ²⁴]

直到哭到海水退了潮，[tʂɿ²⁴tau⁵¹kʰu⁵¹tau⁵¹xai⁵¹suei⁵¹tʰuei⁵¹lɤ⁰tʂʰau²⁴]

她自己白了头发。[tʰa⁴¹²tsɿ⁵¹tɕi²¹pai⁵¹lɤ⁰tʰəu²⁴fa⁰]

眼泪都哭干了，[ian²¹lei⁵¹təu⁴¹²kʰu²⁴kan⁴¹²lɤ⁰]

眼睛也望穿了，[ian²¹tɕiŋ⁰iɛ²¹uaŋ⁵¹tsʰuan²⁴la⁰]

最后变成了一个石头人。[tsuei⁵¹xəu⁵¹pian⁵¹tʂʰəŋ²⁴lɤ⁰i²⁴kɤ⁵¹ʂɿ²⁴tʰəu⁰in²⁴]

多少个世代过去了，[tuɤ²⁴ʂau²¹kɤ⁰ʂɿ⁵¹tai⁵¹kuɤ⁵¹tɕʰy⁰lɤ⁰]

沧桑变迁，海水西移，[tsʰaŋ⁴¹²saŋ⁴¹²pian⁵¹tɕʰian⁵¹, xai⁵¹suei⁵¹ɕi⁴¹²i²⁴]

小岛变成了大地上的一座孤山。[ɕiau²⁴tau²¹pian⁵¹tʂʰəŋ²⁴lɤ⁰ta⁵¹ti⁵¹saŋ⁰tɤ⁰²⁴tsuɤ⁵¹ku²⁴ʂan⁴¹²]
可怜的老人，[kʰɤ²¹lian²⁴tɤ⁰lau²¹zən²⁴]
如今依然站在那里张望着。[zu²⁴tɕin⁴¹²i⁴¹²zən²⁴tsan⁵¹tsai⁵¹na⁵¹li²⁴tʂaŋ⁴¹²uaŋ⁵¹tʂɤ⁰]
她哪里知道，[tʰa⁴¹²na²⁴li²⁴tʂʅ⁵¹tau⁰]
宝儿出去的第三天就遇到了风暴，[pau²¹ər²⁴tʂʰu²⁴tɕʰy⁵¹ti⁰ti⁵¹san²⁴tʰian⁴¹²tɕiəu⁵¹y⁵¹tau⁵¹lɤ⁰ fəŋ⁴¹²pau⁵¹]
早就丧生，[tsau²¹tɕiəu⁵¹saŋ⁵¹sən⁴¹²]
早就死在了大海上，[tsau²¹tɕiəu⁵¹sʅ²¹tsai⁵¹lɤ⁰ta⁵¹xai²¹ʂaŋ⁰]
早就葬身在大海里了。[tsau²¹tɕiəu⁵¹tsaŋ⁵¹sən⁴¹²tsai⁵¹ta⁵¹xai²¹li²¹lɤ⁰]
这里的人们，[tsɤ⁵¹li²¹tɤ⁰zən²⁴mən⁰]
念念不忘这个千古悲剧，[nian⁵¹nian⁵¹pu²⁴uaŋ⁵¹tsɤ⁵¹kɤ⁰tɕʰian⁴¹²ku²⁴pei⁴¹²tɕy⁵¹]
给孤山起名叫望儿山。[kei²¹ku²⁴ʂan⁴¹²tɕʰi²⁴miŋ²⁴tɕiau⁵¹uaŋ⁵¹ər²⁴ʂan⁴¹²]
来这里观光的游客，[lai²⁴tsɤ⁵¹li⁵¹kuan²⁴kuaŋ⁴¹²tɤ⁰iəu²⁴kʰɤ⁵¹]
也是感慨万千。[iɛ²¹sʅ⁵¹kan²⁴kʰai²¹uan⁵¹tɕʰian⁴¹²]
曾经有人在，曾经有人在石壁上题词道：[tsʰəŋ²⁴tɕiŋ⁴¹²iəu²¹zən²⁴tsai⁵¹，tsʰəŋ²⁴tɕiŋ⁴¹² iəu²¹zən²⁴tsai⁵¹sʅ²⁴pi⁵¹ʂaŋ⁰tʰi²⁴tsʰʅ²⁴tau⁰]
悬崖绝壁望儿山，[ɕyan²⁴ia²⁴tɕyɛ⁰pi⁵¹uaŋ⁵¹ər²⁴ʂan⁴¹²]
挺拔高耸入云端，[tʰiŋ²¹pa²⁴kau⁴¹²suŋ²¹zu⁵¹yn²⁴tuan⁴¹²]
山下洒满慈母泪，[san⁴¹²ɕia⁰sa²⁴man²¹tsʰʅ²⁴mu⁵¹lei⁵¹]
望儿故事代代传。[uaŋ⁵¹ər²⁴ku⁵¹sʅ⁰tai⁵¹tai⁵¹tʂʰuan²⁴]

（发音人：王小丹）

三　自选条目

（一）

龙生龙，凤生凤，[luŋ²⁴sən⁴¹²luŋ²⁴fəŋ⁵¹sən⁴¹²fəŋ⁵¹]
耗子生来会盗洞。[xau⁵¹tsʅ⁰sən⁴¹²lai²⁴xuei⁵¹tau⁵¹tuŋ⁵¹]

（二）

天上勾勾云，[tʰian⁴¹²saŋ⁰kəu⁴¹²kəu⁰yn²⁴]
地下雨淋淋。[ti⁵¹ɕia⁰y²¹lin²⁴lin²⁴]

（三）

劈木劈小头儿，[pʰi²¹mu⁵¹pʰi²⁴ɕiau²¹tʰəur²⁴]
问路问老头儿。[uən⁵¹lu⁵¹uən⁵¹lau²¹tʰəur²⁴]

（四）

望山跑死马，[uaŋ⁵¹san⁴¹²pʰau²¹sʅ²⁴ma²¹³]
顺水好行舟。[suən⁵¹suei²¹xau²¹ɕiŋ²⁴tsəu⁴¹²]

（五）

小葱儿拌豆腐儿——一青（清）二白。[ɕiau²⁴tsʰũr⁴¹²pan⁵¹təu⁵¹fɤr⁰,i²⁴tɕʰiŋ⁴¹²ər⁵¹pai²⁴]

（六）

骑驴看唱本儿——走着瞧。[tɕʰi²⁴ly²⁴kʰan⁵¹tsʰaŋ⁵¹pər²¹³,tsəu²¹tsɤ⁰tɕʰiau²⁴]

（自选条目 1-6 发音人：张恩艳）

（七）

猫急逮不住耗子，[mau⁴¹²tɕi²⁴tai²¹pu⁰tsu⁵¹xau⁵¹tsʅ⁰]
人急办不成好事儿。[in²⁴tɕi²⁴pan⁵¹pu⁰tsʰəŋ²⁴xau²¹sər⁵¹]

（八）

入山擒虎易，[zu̥⁵¹san⁴¹²tɕʰin²⁴xu²¹·⁵¹]
开口求人难。[kʰai⁴¹²kʰəu²¹tɕʰiəu²⁴in²⁴nan²⁴]

（九）

土帮土成墙，[tʰu²⁴paŋ⁴¹²tʰu²¹tsʰəŋ²⁴tɕʰiaŋ²⁴]
人帮人成王。[in²⁴paŋ⁴¹²in²¹tsʰəŋ²⁴uaŋ²⁴]

（十）

大海里藏珠宝，[ta⁵¹xai²¹li⁰tsʰaŋ²⁴tsu⁴¹²pau²¹³]
群众里出英豪。[tɕʰyn²⁴tsuŋ⁵¹li⁰tsʰu²⁴iŋ⁴¹²xau²⁴]

（十一）

吃惯了的嘴，[tsʰʅ²¹kuan⁵¹lɤ⁰tɤ⁰tsuei²¹³]
跑惯了的腿。[pʰau²¹kuan⁵¹lɤ⁰tɤ⁰tʰuei²¹³]

（十二）

一熟三分巧，[i⁵¹səu²⁴san²⁴fən⁴¹²tɕʰiau²¹³]
一巧胜百力。[i⁵¹tɕʰiau²¹səŋ⁵¹pai²¹li⁵¹]

（十三）

冻冻晒晒身体强，[tuŋ⁵¹tuŋ⁰sai⁵¹sai⁰sən⁴¹²tʰi²¹tɕʰiaŋ²⁴]
捂捂盖盖脸皮黄。[u²⁴u⁰kai⁵¹kai⁰lian²⁴pʰi²⁴xuaŋ²⁴]

（十四）

打锣听音儿，[ta²¹luɤ²⁴tʰiŋ²⁴iər⁴¹²]
听话听根儿。[tʰiŋ⁴¹²xua⁵¹tʰiŋ²⁴kər⁴¹²]

（十五）

到什么时候使什么锤。[tau⁵¹sən²⁴mə⁰sʅ²⁴xəu⁰sʅ²¹sən²⁴mə⁰tsʰuei²⁴]

（十六）

乱麻必有头，[luan⁵¹ma²⁴pi⁵¹iəu²¹tʰəu²⁴]
事出必有由。[sʅ⁵¹tsʰu⁰pi⁵¹iəu²¹iəu²⁴]

（十七）

人是活宝，[zən²⁴sʅ⁵¹xuɤ²⁴pau²¹³]
钱是死宝。[tɕʰian²⁴sʅ⁵¹sʅ²⁴pau²¹³]

（十八）

人熊有人欺，[in²⁴ɕyŋ²⁴iəu²¹in²⁴tɕʰi⁴¹²]
马熊有人骑。[ma²¹ɕyŋ²⁴iəu²¹in²⁴tɕʰi²⁴]

（十九）

人凭志向，[in²⁴pʰin²⁴tsʅ⁵¹ɕiaŋ⁵¹]
虎凭威。[xu²¹pʰiŋ²⁴uei⁴¹²]

（二十）

忠诚老实常常在。[tsuŋ⁴¹²tsʰəŋ²⁴lau²¹sʅ²⁴tsʰaŋ²⁴tsʰaŋ²⁴tsai⁵¹]

（二十一）

狗肚子装不了二两香油。[kəu²¹tu⁵¹tsʅ⁰tsuaŋ⁴¹²pu⁰liau²¹ər⁵¹lian²⁴ɕiaŋ⁴¹²iəu²⁴]

（二十二）

不食那山果儿，[pu⁵¹sʅ²⁴na⁵¹san⁴¹²kuɤr²¹³]
不知那山味儿。[pu⁵¹tsʅ⁴¹²na⁵¹san⁴¹²uər⁵¹]

（二十三）

牛怕一根绳儿。[ȵiəu²⁴pʰa⁵¹i²⁴kən⁴¹²sɚ²⁴]

（二十四）

老鼠再大也畏猫。[lau²⁴su²¹tsai⁵¹ta⁵¹iɛ²¹uei⁵¹mau⁵¹]

（二十五）

人不饱心，[in²⁴pu⁵¹pau²⁴ɕin⁴¹²]
木不饱寸。[mu⁵¹pu⁵¹pau²¹tsʰuən⁵¹]

（二十六）

手巧不如家什妙。[səu²⁴tɕʰiau²¹pu⁵¹ʐu²⁴tɕia⁴¹²sɿ⁰miau⁵¹]

（二十七）

没有高山，[mei²⁴iəu²¹kau²⁴san⁴¹²]
不显洼地。[pu⁵¹ɕian²⁴ua⁴¹²ti⁵¹]

（二十八）

油多不香，[iəu²⁴tuɤ⁴¹²pu⁵¹ɕiaŋ⁴¹²]
糖多不甜。[tʰaŋ²⁴tuɤ⁴¹²pu⁵¹tʰian²⁴]

（二十九）

锯响就有末儿。[tɕy⁵¹ɕiaŋ²¹tɕiəu⁵¹iəu²¹mɤr⁵¹]

（三十）

把犁看拖拖，[pa²¹li²⁴kʰan⁵¹tʰuɤ⁴¹²tʰuɤ⁰]
选媳妇儿看哥哥。[ɕyan²¹ɕi²⁴fər⁰kʰan⁵¹kɤ⁴¹²kɤ⁰]

（三十一）

二心不定，[ər⁵¹ɕin⁴¹²pu²⁴tiŋ⁵¹]
输个溜净。[su⁴¹²kɤ⁰liəu⁴¹²tɕiŋ⁵¹]

（三十二）

婆婆要当泔水缸，[pʰɤ²⁴pʰɤ⁰iau⁵¹taŋ²⁴kan⁴¹²suei²⁴kaŋ⁴¹²]
好赖都能装。[xau²¹lai⁵¹təu⁴¹²nəŋ²⁴tsuaŋ⁴¹²]

（三十三）

能叫身受苦，[nəŋ²⁴tɕiau⁵¹sən⁴¹²səu⁵¹kʰu²¹³]
不叫脸受热。[pu²⁴tɕiau⁵¹lian⁵¹səu⁵³zɤ⁵¹]

（三十四）

瓜儿离不开秧，[kuar⁴¹²li²⁴pu⁰kʰai²⁴iaŋ⁴¹²]
孩儿离不开娘。[xɐr²⁴li²⁴pu⁰kʰai⁴¹²ȵiaŋ²⁴]

（三十五）

出门儿看天，[tsʰu²⁴mər²⁴kʰan⁵¹tʰian⁴¹²]
说话看脸。　[suɤ²¹xua⁵¹kʰan⁵¹lian²¹³]

（三十六）

家里不和外人欺。[tɕia⁴¹²li⁰pu⁵¹xɤ²⁴uai⁵¹zən²⁴tɕʰi⁴¹²]

（三十七）

能使唤龙，[nəŋ²⁴sɿ²¹xuan⁰luŋ²⁴]
不使唤熊。[pu⁵¹sɿ²¹xuan⁰ɕyŋ²⁴]

（三十八）

你敲你的锣，[ȵi²⁴tɕʰiau⁴¹²ȵi²¹tɤ⁰luɤ²⁴]
我打我的鼓。[uɤ²⁴ta²⁴uɤ²¹tɤ⁰ku²¹³]

（三十九）

和尚没儿孝子多。[xɤ²⁴saŋ⁰mei²⁴ər²⁴ɕiau⁵¹tsɿ²⁴tuɤ⁴¹²]

（四十）

瓜子儿不饱，[kua⁴¹²tsər²¹pu⁵¹pau²¹³]
暖人心。[nuan²¹zən²⁴ɕin⁴¹²]

（四十一）

货换货，[xuɤ⁵¹xuan⁵¹xuɤ⁵¹]
两家儿乐。[liaŋ²⁴tɕier⁴¹²lɤ⁵¹]

（四十二）

养儿像娘舅，[iaŋ²¹ər²⁴ɕiaŋ⁵¹ȵiaŋ²⁴tɕiəu⁵¹]

养女儿像家姑。[iaŋ²⁴ n̠yər²¹ ɕiaŋ⁵¹ tɕia²⁴ ku⁴¹²]

(四十三)

百菜不如白菜，[pai²¹ tsʰai⁵¹ pu⁵¹ zu²⁴ pai²⁴ tsʰai⁰]
百肉不如猪肉。[pai²¹ zəu⁵¹ pu⁵¹ zu²⁴ tsu⁴¹² zəu⁵¹]

(四十四)

人老先从腿上老，[in²⁴ lau²¹ ɕian⁴¹² tsʰuŋ²⁴ tʰuei²¹ saŋ⁰ lau²¹³]
要想不老靠勤劳。[iau⁵¹ ɕiaŋ²¹ pu⁵¹ lau²¹³ kʰau⁵¹ tɕʰin²⁴ lau²⁴]

(四十五)

气气呼呼得了病，[tɕʰi⁵¹ tɕʰi⁰ xu²⁴ xu⁰ tɤ²¹ lɤ⁰ piŋ⁵¹]
嘻嘻哈哈活了命。[ɕi²⁴ ɕi xa²⁴ xa⁰ xuɤ²⁴ lɤ⁰ miŋ⁵¹]

(四十六)

财主的斗，[tsʰai²⁴ tsu²¹ ti⁰ təu²¹³]
老虎的口。[lau²⁴ xu²¹ ti kʰəu²¹³]

(四十七)

人无害虎心，[in²⁴ u²⁴ xai⁵¹ xu²⁴ ɕin⁴¹²]
虎有伤人意。[xu²⁴ iəu²⁴ saŋ⁴¹² in²⁴·⁵¹ i⁵¹]

(四十八)

毒蛇嘴里没好牙。[tu²⁴ sɤ²⁴ tsuei²¹ li⁰ mei²⁴ xau²¹ ia²⁴]

（自选条目 7-48 发音人：王小丹）

(四十九)

富人孩子一枝花，[fu⁵¹ zən²⁴ xai²⁴ tsɿ⁰·⁵¹ i¹ tsɿ⁴⁴ xua⁴⁴]
穷人孩子早当家。[tɕʰyŋ²⁴ zən²⁴ xai²⁴ tsɿ⁰ tsau²¹ taŋ²⁴ tɕia⁴¹²]

(五十)

吃多黄连苦，[tsʰɿ²⁴ tuɤ⁴¹² xuaŋ²⁴ lian²⁴ kʰu²¹³]
才知蜂蜜甜。[tsʰai²⁴ tsɿ²⁴ fəŋ⁴¹² mi⁵¹ tʰian²⁴]

（自选条目 49-50 发音人：刘爱华）

丹 东

一 歌谣

（一）

鸡狗狗上门楼，　　　　　[tɕi⁴⁴kou²¹kou⁰ʂaŋ⁵¹mən²⁴lou²⁴]
大嫂在家蒸馒头，　　　　[ta⁵¹sau²¹³tsai⁵¹tɕia⁴⁴tʂəŋ⁴⁴man²⁴tʰou⁰]
不给吃扔石头，　　　　　[pu⁵¹kei²¹tʂʰʅ⁴⁴zəŋ⁴⁴ʂʅ²⁴tʰou⁰]
打疼她的手指头。　　　　[ta²¹tʰəŋ²⁴tʰa⁴⁴tə⁰ʂou²⁴tʂʅ²⁴tʰou⁰]

（二）

大山不是堆的，　　　　　[ta⁵¹ʂan⁴⁴pu²⁴ʂʅ⁵¹tuei⁴⁴tə⁰]
火车不是推的，　　　　　[xuo²¹tʂʰɤ⁴⁴pu²⁴ʂʅ⁵¹tʰuei⁴⁴tə⁰]
丫丫葫芦不是勒的，　　　[ia²¹ia⁰xu²⁴lou²⁴pu²⁴ʂʅ⁵¹lei⁴⁴tə⁰]
牛皮不是吹的。　　　　　[ɲiou²⁴pʰi²⁴pu²⁴ʂʅ⁵¹tʂʰuei⁴⁴tə⁰]

（歌谣 1-2 发音人：王新）

（三）

一个毽儿，踢两半儿，　　[i²¹kɤ⁰tɕiɚ⁵¹,tʰi⁴⁴liaŋ²¹pɚ⁵¹]
打花鼓，绕花线儿，　　　[ta²¹xua⁴⁴ku⁰,iau⁵¹xua⁴⁴ɕiɚ⁵¹]
里踢外拐，　　　　　　　[li²⁴tʰi²¹³uai⁴⁴kʰuai²¹³]
八仙过海，　　　　　　　[pa⁴⁴ɕian⁴⁴kuo⁵¹xai²¹³]
九十九，一百。　　　　　[tɕiou²¹ʂʅ²⁴tɕiou²¹³,i⁵¹pai²¹³]

（四）

扯大锯，　　　　　　　　[tsʰɤ²¹ta⁵³tɕy⁵¹]
拉大锯，　　　　　　　　[la²¹ta⁵³tɕy⁵¹]
姥娘门口儿唱大戏，　　　[lau²¹ɲiaŋ²⁴mən²⁴kʰouɚ²¹³tsʰaŋ⁵³ta⁵³ɕi⁵¹]

接姑娘， [tɕiɛ⁴⁴ku⁴⁴ȵiaŋ⁰]
唤女婿儿， [xuan⁵¹ȵy²¹ɕyər⁵¹]
小外甥也要去， [ɕiau²¹uai⁵¹ʂəŋ⁴⁴iɛ²¹iau⁵³tɕʰy⁵¹]
姥姥儿给饽儿吃， [lau²¹laur⁰kei²¹pɤr⁴⁴tʂʅʰ⁴⁴]
舅妈给粉擦， [tɕiou⁵¹ma⁴⁴kei²¹fən²¹tsʰa²⁴]
一擦擦到十七八。 [i⁵¹tsʰa²⁴tsʰa⁴⁴tau⁵¹ʂʅ²⁴tɕʰi²¹pa⁴⁴]

（歌谣 3-4 发音人：范喜花）

（五）

明月白光光， [miŋ²⁴yɛ⁵¹pai²⁴kuaŋ⁴⁴kuaŋ⁰]
贼来偷酱缸， [tsei²⁴lai²⁴tʰou⁴⁴tɕiaŋ⁵¹kaŋ⁴¹¹]
聋子听见忙起床， [luŋ²⁴tsʅ⁰tʰiŋ⁴¹¹tɕian⁵¹maŋ²⁴tɕʰi²¹tʂʰuaŋ²⁴]
哑巴高声喊出房， [ia²¹pa⁰kau⁴⁴ʂəŋ⁴¹¹xan²¹tʂʰu²⁴faŋ²⁴]
瘸子追上去， [tɕʰyɛ²⁴tsʅ⁰tʂuei⁴⁴ʂaŋ⁰tɕʰy⁰]
拐棍儿也帮忙， [kuai²¹kuər⁵¹iɛ²¹paŋ⁴⁴maŋ²⁴]
一把抓住满头发， [i⁵¹pa²¹³tʂua⁴⁴tʂu⁰man²¹tʰou²⁴fa²¹]
原来是和尚。 [yan²⁴lai²⁴ʂʅ⁵¹xɤ²⁴ʂaŋ⁰]

（歌谣 5 发音人：藏越）

二 故事

回手摸山的传说

在我们五道沟门前有一个山，[tsai⁵¹uo²¹mən⁰u²¹tau⁵¹kou⁴⁴mən²⁴tɕʰian²⁴iou²¹³·²⁴kɤ⁵¹san⁴¹¹]
叫回手摸山。[tɕiau⁵¹xuei²⁴ʂou⁴⁴mɤ⁴⁴san⁴¹¹]
古时候天上有十二个太阳。[ku²¹ʂʅ⁰xou²⁴tʰian⁴⁴ʂaŋ⁵¹iou²¹³·²⁴ər⁰kɤ⁰tʰai⁵¹iaŋ²⁴]
把人间照得通红的一片。[pa²¹zən²⁴tɕian⁴⁴tsau⁵¹tə⁰tʰuŋ⁴⁴xuŋ²⁴tə⁰i·²⁴pʰian⁵¹]
这个事情呢，[tsɛ⁵¹kɤ⁰ʂʅ⁵¹tɕʰiŋ²⁴nə⁰]
被玉皇大帝知道了。[pei⁵¹y⁵¹xuaŋ²⁴ta⁵³ti⁵¹tʂʅ⁴⁴tau⁵¹lə⁰]
玉皇大帝就把杨二郎叫来，叫到身边。[y⁵¹xuaŋ²⁴ta⁵³ti⁵¹tɕiou⁵¹pa²¹iaŋ²⁴ər⁵¹laŋ²⁴tɕiau⁵¹lai²⁴, tɕiau⁵³tau⁵¹ʂən⁴⁴pian⁴¹¹]
告诉杨二郎，[kau⁵³su⁵¹iaŋ²⁴ər⁰laŋ²⁴]
我今天派你一个任务。[uo²¹tɕin⁴⁴tʰian⁴⁴pʰai⁵¹ȵi²¹·²¹kɤ⁰zən⁵³u⁵¹]
你去把十二个太阳杀死十一个，[ȵi²¹tɕʰy²¹³pa²¹³ʂʅ²⁴ər⁰kɤ⁰tʰai⁵¹iaŋ²⁴ʂa⁴⁴sʅ²¹ʂʅ²¹i⁰kɤ⁵¹]
留一个就可以。[liou²⁴·²¹i⁰kɤ⁰tɕiou⁵¹kʰɤ²⁴·²¹³i⁰]
杨二郎接到了这个任务，[iaŋ²⁴ər⁰laŋ²⁴tɕiɛ²¹tau⁵¹lə⁰tsɛ⁵¹kɤ⁰zən⁵³u⁵¹]
就到了人间。[tɕiou⁵³tau⁵¹lə⁰zən²⁴tɕian⁴¹¹]
杨二郎手持了一把两个尖的尖刀。[iaŋ²⁴ər⁰laŋ²⁴sou²¹tʂʅ⁴⁴lə⁰i⁵¹pa²¹³liaŋ²¹kɤ⁰tɕian⁴⁴tə⁰

tɕian⁴⁴tau⁴¹¹]

下到人间，看到了十二个太阳。[ɕia⁵³tau⁵¹zən²⁴tɕian⁴¹¹,kʰan⁵³tau⁵¹lə⁰ʂʅ²⁴ər⁵¹kɤ⁰tʰai⁵¹iaŋ²⁴]

心想这十二个太阳太厉害了,[ɕin⁴⁴ɕiaŋ²¹³tsɛ⁵¹ʂʅ²⁴ər⁵¹kɤ⁰tʰai⁵¹iaŋ²⁴tʰai⁵¹li⁵³xai⁵¹lə⁰]

把人间照得红彤彤的一片,[pa²¹zən²⁴tɕian⁵¹tsau⁵¹tə⁰xuŋ⁴⁴tʰuŋ⁴⁴tʰuŋ⁵¹tə⁰i⁵¹pʰian⁵¹]

人也是照得没有精神头儿。[zən²⁴iɛ²¹ʂʅ⁵¹tsau⁵¹tə⁰mei²⁴iou⁵¹tɕiŋ⁴⁴ʂən⁵¹tʰour⁰]

牲畜呢照得也是奄奄一息了。[ʂəŋ⁴¹¹tʂʰu⁵¹nə⁰tsau⁵¹tə⁰iɛ²¹ʂʅ⁵¹ȵian⁴⁴ȵian⁴⁴i²¹ɕi⁴¹¹lə⁰]

所以他拿起这个尖刀,[suo²¹:²¹³tʰa⁴⁴na²⁴tɕʰi²¹³tsɛ⁵¹kɤ⁰tɕian⁴⁴tau⁴¹¹]

左挑一个太阳右挑一个太阳。[tsuo²¹tʰiau²¹:²⁴i⁰kɤ⁰tʰai⁵¹iaŋ²⁴iou⁵¹tʰiau²¹:²⁴i⁰kɤ⁰tʰai⁵¹iaŋ²⁴]

不费九牛二虎之力,[pu²¹fei⁵¹tɕiou²¹ȵiou²⁴ər⁵¹xu²¹tʂʅ⁰li⁵¹]

把十一个太阳全挑了,[pa²¹ʂʅ²⁴i⁰kɤ⁰tʰai⁵¹iaŋ²⁴tɕʰyan²⁴tʰiau²¹lə⁰]

挑死了。[tʰiau²¹sʅ⁰lə⁰]

这时候儿他看还有一个太阳。[tsɛ⁵¹ʂʅ²⁴xour⁵¹tʰa⁴⁴kʰan⁵¹xai²⁴iou²¹:²⁴i⁰kɤ⁰tʰai⁵¹iaŋ²⁴]

他一想,[tʰa⁴⁴i⁰ɕiaŋ²¹³]

十一个太阳我都挑死了,还差这一个太阳吗?[ʂʅ²⁴i²¹kɤ⁰tʰai⁵¹iaŋ²⁴uo²¹tou⁴⁴tʰiau²¹sʅ⁰lə⁰,xai²⁴tsʰa⁵¹tsɛ⁰:²⁴i⁰kɤ⁰tʰai⁵¹iaŋ²⁴ma⁰]

于是他拿起这个尖刀,[y²⁴ʂʅ⁵¹tʰa⁴⁴na²⁴tɕʰi²¹tsɤ⁵¹kɤ⁰tɕian⁴⁴tau⁴¹¹]

接着杀这个太阳。[tɕiɛ²¹tsɤ⁰ʂa⁴⁴tsɛ⁵¹kɤ⁰tʰai⁵¹iaŋ²⁴]

左一刀右一刀右一刀左一刀。[tsuo²¹:²⁴i⁰tau⁴¹¹iou⁵¹:²⁴i⁰tau⁴¹¹iou⁵¹:²⁴i⁰tau⁴¹¹tsuo²¹:²⁴i⁰tau⁴¹¹]

结果儿呢,这第十二个太阳果然是厉害,[tɕiɛ²⁴kuor²¹³nə⁰,tsɛ⁵¹ti⁵¹ʂʅ²⁴ər⁵¹kɤ⁰tʰai⁵¹iaŋ²⁴kuo²¹zan²⁴ʂʅ⁰li⁵³xai⁵¹]

一个巨型儿的大太阳。[i²⁴kɤ⁰tɕy⁵¹ɕiẽr⁰tə⁰ta⁵¹tʰai⁵¹iaŋ²⁴]

怎么杀它也杀不倒,怎么杀它也杀不死它。[tsən²¹mə⁰ʂa⁴⁴tʰa⁴⁴iɛ²¹ʂa⁴⁴pu⁰tau²¹³,tsən²¹mə⁰ʂa⁴⁴tʰa⁴⁴iɛ²¹ʂa⁴⁴pu⁰sʅ²¹tʰa⁴¹¹]

于是杨二郎就想,[y²⁴ʂʅ⁵¹iaŋ²⁴ər⁰laŋ²⁴tɕiou⁵¹ɕiaŋ²¹³]

就这样下去,[tɕiou⁵¹tsɛ⁵³iaŋ⁵¹ɕia⁵¹tɕʰy⁰]

我再杀一百天我也杀不死它呀！[uo²¹tsai⁵¹ʂa⁴⁴:²⁴i⁰pai²¹tʰian⁴¹¹uo²⁴iɛ²¹ʂa⁴⁴pu⁰sʅ⁰tʰa⁴¹¹ia⁰]

这已经都过了七七四十九天了,[tsɛ⁵¹i²¹tɕiŋ⁴⁴tou⁰kuo⁵¹lə⁰tɕʰi⁴⁴tɕʰi⁵¹sʅ⁵¹tɕiou²⁴tʰian⁴¹¹lə⁰]

一点儿成果儿也没有啊！[i⁵¹tiɛr²¹³tsʰəŋ²⁴kuor²¹³iɛ²¹mei²⁴iou²¹³a⁰]

于是杨二郎看见眼前有一座山。[y²⁴ʂʅ⁵¹iaŋ²⁴ər⁰laŋ²⁴kʰan⁵¹tɕian⁵¹ian²¹tɕʰian²⁴iou²¹:²¹i⁰tsuo⁵¹ʂan⁴¹¹]

他就想,[tʰa⁴⁴tɕiou⁵¹ɕiaŋ²¹³]

我就把这个太阳打到这个山底下,[uo²¹tɕiou⁵¹pa²¹tsɛ⁵¹kɤ⁰tʰai⁵¹iaŋ²⁴ta²¹tau⁵¹tsɛ⁵¹kɤ⁰ʂan⁴¹¹ti²¹ɕia⁰]

用这个山给他压住。[yŋ⁵¹tsɛ⁵¹kɤ⁰ʂan⁴¹¹kei²¹tʰa⁴⁴ia⁵¹tsu⁰]

于是呢,[y²⁴ʂʅ⁵¹nə⁰]

他就想尽办法,[tʰa⁴⁴tɕiou⁵¹ɕiaŋ²¹tɕin⁵¹pan⁵¹fa⁰]

把这个第十二个太阳打到这个山底下。[pa²¹tsɛ⁵¹kɤ⁰ti⁵¹ʂʅ²⁴ər⁵¹kɤ⁰tʰai⁵¹iaŋ²⁴ta²¹tau⁵¹tsɛ⁵¹

kɤ⁰san⁴¹¹ti²¹ɕia⁰]
但是呢打到山底下,[tan⁵³ʂʅ⁵¹nə⁰ta²¹tau⁵¹san⁴¹¹ti²¹ɕia⁰]
这一边儿压到山底下了,[tsɤ⁵¹i²⁴piɚ⁴¹¹ia⁵³tau⁵¹san⁴¹¹ti²¹ɕia⁰lə⁰]
但是这一边儿呢,[tan⁵³ʂʅ⁵¹tsɛ⁵¹i²⁴piɚ⁴¹¹nə⁰]
这个尖刀这一边儿呢,[tsɛ⁵¹kɤ⁰tɕian⁴⁴tau⁴¹¹tsɛ⁵¹i²⁴piɚ⁴¹¹nə⁰]
还是翘起来啊![xai²⁴ʂʅ⁵¹tɕʰiau⁵¹tɕʰi⁰lai⁰a⁰]
这也不行啊。[tsɛ⁵¹iɛ²¹pu⁵¹ɕiŋ²⁴a⁰]
他回首一看还有一个山,[tʰa⁴⁴xuei²⁴ʂou²¹³˙²⁴i⁰kʰan⁵¹xai²¹³˙²⁴iou⁰i⁰kɤ⁰ʂan⁴¹¹]
后头儿还有个山。[xou⁵¹tʰour⁰xai²⁴iou²¹kɤ⁰ʂan⁴¹¹]
他就把这个山也打到这个山底下,[tʰa⁴⁴tɕiou⁵¹pa²¹tsɛ⁵¹kɤ⁰ʂan⁴¹¹iɛ²¹ta²¹tau⁵¹tsɛ⁵¹kɤ⁰san⁴¹¹ti²¹ɕia⁰]
这个刀尖儿底下。[tsɛ⁵¹kɤ⁰tau⁴⁴tɕiɚr⁴⁴ti⁰ɕia⁰]
于是他正在得意的时候,[y²⁴ʂʅ⁵¹tʰa⁴⁴tsəŋ⁵³tsai⁰tɤ²⁴i⁵¹tə⁰ʂʅ²⁴xou⁵¹]
走过来,[tsou²¹kuo⁰lai⁰]
玉皇大帝走过来了,走到人间了。[y⁵¹xuaŋ²⁴ta⁵³ti⁵¹tsou⁰lai²⁴lə⁰,tsou⁵¹tau²¹zən²⁴tɕian⁴¹¹lə⁰]
看到人间怎么是漆黑一片的呢?[kʰan⁵¹tau⁰zən²⁴tɕian⁴¹¹tsən²¹mə⁰ʂʅ⁵¹tɕʰi⁴⁴xei⁴¹¹˙²⁴i⁰pʰian⁵¹tə⁰nə⁰]
怎么没有白天呢?[tsən²¹mə⁰mei⁰iou²¹pai²⁴tʰian⁴¹¹nə⁰]
于是玉皇大帝就问天将:[y²⁴ʂʅ⁵¹y⁵¹xuaŋ²⁴ta⁵³ti⁵¹tɕiou⁰uən⁵¹tʰian⁴⁴tɕiaŋ⁵¹]
"人间为什么是黑乎乎的一片?[zən²⁴tɕian⁴⁴uei⁰sən²¹mə⁰ʂʅ⁵¹xei⁰xu⁰xu⁰tə⁰i⁰pʰian⁵¹]
没有一点儿亮光儿呢?"[mei²⁴iou²¹˙i⁰tiɚr²¹³liaŋ⁵¹kuãr⁴⁴nə⁰]
于是天将说:[y²⁴ʂʅ⁵¹tʰian⁴⁴tɕiaŋ⁵¹ʂuo²¹³]
"杨二郎在人间杀死十一个太阳,[iaŋ²⁴ər⁰laŋ²⁴tsai⁵¹zən²⁴tɕian⁴¹¹sa⁴⁴ʂʅ²¹³˙²⁴˙²¹kɤ⁰tʰai⁵¹iaŋ²⁴]
把第十二个太阳压到山底下也要马上杀了它。"[pa²¹ti⁵¹ʂʅ²⁴ər⁵¹kɤ⁰tʰai⁵¹iaŋ²⁴ia⁵³tau⁵¹san⁴¹¹ti²¹ɕia⁰iɛ²¹iau⁵¹ma²¹saŋ⁰sa⁴⁴lə⁰tʰa⁴¹¹]
这时玉皇大帝大怒,[tsɛ⁵¹ʂʅ⁵¹y⁵¹xuaŋ²⁴ta⁵³ti⁵¹ta⁵³nu⁵¹]
说:"我当时我告诉杨二郎了要他留一个太阳给人间,[ʂuo²¹uo²¹taŋ⁴¹¹ʂʅ²⁴uo²¹kau⁵³su⁵¹iaŋ²⁴ər⁰laŋ⁰lə⁰iau⁵¹tʰa⁴⁴liou²⁴˙i⁰kɤ⁰tʰai⁵¹iaŋ²⁴kei⁰zən²⁴tɕian⁴¹¹]
人间不能没有黑天没有白天的呀!"[zən²⁴tɕian⁴¹¹pu⁰nəŋ⁵¹mei²⁴iou²¹xei⁴⁴tʰian⁴¹¹mei²⁴iou²¹pai²⁴tʰian⁴¹¹tə⁰ia⁰]
于是玉皇大帝告诉天将,[y²⁴ʂʅ⁵¹y⁵¹xuaŋ²⁴ta⁵³ti⁵¹kau⁵³su⁵¹tʰian⁴⁴tɕiaŋ⁵¹]
把杨二郎马上捉回天宫。[pa²¹iaŋ²⁴ər⁰laŋ²⁴ma²¹saŋ⁰tʂuo⁴¹¹xuei²⁴tʰian²⁴kuŋ⁴¹¹]
这时候天将去人间把杨二郎捉回天宫。[tsɛ⁵¹ʂʅ²⁴xou⁰tʰian⁴⁴tɕiaŋ⁵¹tɕʰy⁵¹zən²⁴tɕian⁴¹¹pa²¹iaŋ²⁴ər⁰laŋ²⁴tsuo⁴¹¹xuei²⁴tʰian²⁴kuŋ⁴¹¹]
玉皇大帝问杨二郎:[y⁵¹xuaŋ²⁴ta⁵³ti⁵¹uən⁵¹iaŋ²⁴ər⁰laŋ²⁴]
"我下的命令你没听清楚吗?"[uo⁰ɕia⁵¹tə⁰miŋ⁵³liŋ⁰ɳi²¹mei²⁴tʰiŋ⁴⁴tɕʰiŋ⁴¹¹tʂʰu²¹ma⁰]
杨二郎说:[iaŋ²⁴ər⁰laŋ²⁴ʂuo⁴¹¹]

"我听清楚了,[uo²¹tʰiŋ⁴⁴tɕʰiŋ⁴¹¹tʂʰu²¹lə⁰]
但是我打上瘾了。[tan⁵³ʂʅ⁵¹uo²¹ta²¹saŋ⁵¹in²¹lə⁰]
打一打我就想把第十二个太阳也消灭了。"[ta²¹i⁰ta²¹uo²¹tɕiou⁵¹ɕiaŋ²¹pa²¹ti⁵¹ʂʅ²⁴ər⁵¹kɤ⁰tʰai⁵¹iaŋ²⁴iɛ²¹ɕiau⁴⁴miɛ⁵¹lə⁰]
于是杨二郎也是特别惭愧地低下了头。[y²⁴ʂʅ⁵¹iaŋ²⁴ər⁰laŋ²⁴iɛ²¹ʂʅ⁵¹tʰɤ⁵¹piɛ²⁴tsʰan²⁴kʰuei⁵¹tə⁰ti⁴⁴ɕia⁵¹lə⁰tʰou²⁴]
这时候呢,[tsɛ⁵¹ʂʅ²⁴xou⁵¹nə⁰]
玉皇大帝特别特别生气。[y⁵¹xuaŋ²⁴ta⁵³ti⁵¹tʰɤ⁵¹piɛ²⁴tʰɤ⁵¹piɛ²⁴səŋ⁴⁴tɕʰi⁵¹]
一想,[i⁵¹ɕiaŋ²¹³]
我下的命令,[uo²¹ɕia⁵¹tə⁰miŋ⁵³liŋ⁵¹]
杨二郎把我下的命令当成耳旁风儿了。[iaŋ²⁴ər⁰laŋ²⁴pa²¹uo²¹ɕia⁵¹tə⁰miŋ⁵³liŋ⁵¹taŋ²¹tsʰən²⁴ər²¹pʰaŋ²⁴fər⁴¹¹lə⁰]
于是玉皇大帝拿起身边的这个拐杖,[y²⁴ʂʅ⁵¹y⁵¹xuaŋ²⁴ta⁵³ti⁵¹na²⁴tɕʰi²¹sən⁴⁴pian⁴¹¹tə⁰tsɛ⁵¹kɤ⁰kuai²¹tʂaŋ⁵¹]
一下把杨二郎这个头盔拨弄掉地下了。[i²⁴ɕia⁵¹pa²¹iaŋ²⁴ər⁰laŋ²⁴tsɛ⁵¹kɤ⁰tʰou²⁴kʰuei⁴¹¹pɤ⁴⁴nuŋ⁰tiau⁵³ti⁵¹ɕia⁰lə⁰]
杨二郎呢这时候就想去够这个头盔。[iaŋ²⁴ər⁰laŋ²⁴nə⁰tsɛ⁵¹ʂʅ²⁴xou⁵¹tɕiou⁵¹ɕiaŋ²¹tɕʰy⁵¹kou²¹tsɛ⁵¹kɤ⁰tʰou²⁴kʰuei⁴¹¹]
结果儿是,[tɕiɛ²¹kuor²¹ʂʅ⁵¹]
一晃晃到后面儿去了。[i²⁴xuaŋ²¹³xuaŋ²¹tau⁵¹xou⁵³miɐr⁵¹tɕʰy⁵¹lə⁰]
他又怕后面儿这个山落地,[tʰa⁴¹¹iou⁵³pʰa⁵¹xou⁵³miɐr⁵¹tsɛ⁵¹kɤ⁰san⁴¹¹luo⁵³ti⁵¹]
紧接着他回手摸了一下这个山。[tɕin²¹tɕiɛ²⁴tsə⁰tʰa⁴⁴xuei²⁴sou²¹mɤ⁴¹¹lə⁰i²⁴ɕia⁵¹tsɛ⁵¹kɤ⁰san⁴¹¹]
结果儿呢这个山也是没保护住,也掉地下了。[tɕiɛ²¹kuor²¹nə⁰tsɛ⁵¹kɤ⁰san⁴¹¹iɛ²¹ʂʅ⁵¹mei²⁴pau²¹xu⁵³tsu⁵¹,iɛ²¹tiau⁵¹ti⁵³ɕia⁵¹lə⁰]
于是杨二郎也是保护不了这个山。[y²⁴ʂʅ⁵¹iaŋ²⁴ər⁰laŋ²⁴iɛ²¹ʂʅ⁵¹pau²¹xu⁵¹pu⁰liau⁰tsɛ⁵¹kɤ⁰san⁴¹¹]
也是挺惭愧的,[iɛ²¹ʂʅ⁵¹tʰiŋ²¹tsʰan²⁴kʰuei⁵¹tə⁰]
低下了头。[ti⁴¹¹ɕia⁵¹lə⁰tʰou²⁴]
承认错误的时候一看前面儿的山,[tsʰən²⁴zən⁵¹tsʰuo⁵¹u⁵¹tə⁰ʂʅ²⁴xou⁵¹i²⁴kʰan⁵¹tɕʰian²⁴miɐr⁵¹tə⁰san⁴¹¹]
他这个头盔掉地下了变成了帽盔山。[tʰa⁴⁴tsɛ⁵¹kɤ⁰tʰou²⁴kʰuei⁴¹¹tiau⁵³ti⁵³ɕia⁵¹lə⁰pian⁵¹tsʰən²⁴lə⁰mau⁵¹kʰuei⁴⁴san⁴¹¹]
就是我们现在说的当地的帽盔山。[tɕiou⁵³ʂʅ⁵¹uo²¹mən⁰ɕian⁵³tsai⁵¹suo⁵¹tə⁰taŋ⁵³ti⁵¹tə⁰mau²⁴kʰuei⁴⁴san⁴¹¹]
回头一看刚才摸的这个山,[xuei²⁴tʰou²⁴i²⁴kʰan⁵¹kaŋ⁴⁴tsʰai²⁴mɤ⁴¹¹tə⁰tsɛ⁵¹kɤ⁰san⁴¹¹]
就变成了回手摸山了。[tɕiou⁵¹pian⁵¹tsʰən²⁴lə⁰xuei⁵¹sou⁵¹mɤ⁴⁴san⁴¹¹lə⁰]

我们丹东这个回手摸山就是由这个打太阳得来的。[uo²¹mən⁰tan⁴⁴tuŋ⁴¹¹tsɛ⁵¹kɤ⁰xuei²⁴ ʂou²¹mɤ⁴⁴san⁴¹¹tɕiou⁵³ʂʅ⁵¹iou²⁴tsɛ⁵¹kɤ⁰ta²¹tʰai⁵¹iaŋ²⁴tɤ²⁴lai²⁴tə⁰]

（故事发音人：王新）

三　自选条目

（一）

一顿吃伤，　　　　　[i²¹tuən⁵¹tʂʰʅ⁴⁴ʂaŋ⁴¹¹]
顿顿喝汤。　　　　　[tuən⁵³tuən⁵¹xɤ⁴⁴tʰaŋ⁴¹¹]

（二）

病从口入，　　　　　[piŋ⁵¹tsʰuŋ²⁴kʰou²¹zu̩⁵¹]
寒从脚起。　　　　　[xan²⁴tsʰuŋ²⁴tɕiau²⁴tɕʰi²¹³]

（三）

饭后百步走，　　　　[fan⁵³xou⁵¹pai²¹pu⁵¹tsou²¹³]
活到九十九。　　　　[xuo²⁴tau⁵¹tɕiou²¹ʂʅ²⁴tɕiou²¹³]

（四）

人是铁，饭是钢。　　[zən²⁴ʂʅ⁵¹tʰiɛ²¹³,fan⁵³ʂʅ⁵¹kaŋ⁴¹¹]
一顿不吃，饿得慌。　[i²¹tuən⁵¹pu²¹tʂʰʅ²¹³,ɤ⁵¹tə⁰xuaŋ⁰]

（五）

男怕入错行，　　　　[nan²⁴pʰa⁵¹zu⁵¹tsʰuo⁵¹xaŋ²⁴]
女怕嫁错郎。　　　　[ȵy²¹pʰa⁵¹tɕia⁵³tsʰuo⁵¹laŋ²⁴]

（自选条目 1-5 发音人：王新）

（六）

猫急上树，　　　　　[mau⁴¹¹tɕi²⁴saŋ⁵³ʂu⁵¹]
狗急跳墙。　　　　　[kou²¹tɕi²⁴tʰiau⁵¹tɕʰiaŋ²⁴]

（七）

天不言自高，　　　　[tʰian⁴¹¹pu²¹ian²⁴tsʅ⁵¹kau⁴¹¹]
地不语自厚。　　　　[ti⁵¹pu²¹y²¹tsʅ⁵³xou⁵¹]

（八）

秤砣小，　　　　　　　　[tsʰəŋ⁵¹tʰuo²⁴ɕiau²¹³]
压千斤；　　　　　　　　[ia⁵¹tɕʰian⁴⁴tɕin⁴¹¹]
胡椒小，　　　　　　　　[xu²⁴tɕiau⁴¹¹ɕiau²¹³]
辣人心。　　　　　　　　[la⁵¹in²⁴ɕin⁴¹¹]

（九）

宁穿过头衣，　　　　　　[ȵiŋ⁵¹tsʰuan⁴¹¹kuo⁵¹tʰou²⁴˖⁴¹¹]
不说过头话。　　　　　　[pu⁵¹suo²¹kuo⁵¹tʰou²⁴xua⁵¹]

（十）

打人三日忧，　　　　　　[ta²¹in²⁴san⁴¹¹ʐʅ⁵¹iou⁴¹¹]
骂人三日羞。　　　　　　[ma⁵¹in²⁴san⁴¹¹ʐʅ⁵¹ɕiou⁴¹¹]

（十一）

坛口儿好封，　　　　　　[tʰan²⁴kʰour²¹³xau²⁴fəŋ⁴¹¹]
人嘴难扎。　　　　　　　[in²⁴tsuei²¹³nan²⁴tsa²¹³]

（十二）

要学蚂蚁腿，　　　　　　[iau⁵¹ɕyɛ²⁴ma²⁴˖²⁴i¹tʰei²¹³]
不学家雀儿嘴。　　　　　[pu⁵¹ɕyɛ²⁴tɕia⁴¹¹tɕʰiaur²⁴tsei²¹³]

（十三）

白酒红人面，　　　　　　[pai²⁴tɕiou²¹³xuŋ²⁴in²⁴mian⁵¹]
黄金黑人心。　　　　　　[xuaŋ²⁴tɕin⁴¹¹xei⁴⁴in²⁴ɕin⁴¹¹]

（十四）

宁可丢果，　　　　　　　[ȵiŋ⁵¹kʰɤ²¹tiou⁴¹¹kuo²¹³]
不可丢树。　　　　　　　[pu²¹kʰɤ²¹tiou⁴¹¹ʂu⁵¹]

（自选条目 6-14 发音人：方静）

建 平

一　歌谣

（一）

丢呀丢呀丢手绢儿，　　　　　　[tiəu⁴⁴ia⁰tiəu⁴⁴ia⁰tiəu⁴⁴ʂəu²¹tɕyɚr⁴⁴]
轻轻地放在小朋友的后边儿。　　[tɕʰiŋ⁴⁴tɕʰiŋ⁰tə⁰fã⁵³tsɛ⁰ɕiɔ²¹pʰəŋ⁴⁴iəu⁰tə xəu⁵³piɚr⁴⁴]
大家不要打电话。　　　　　　　[ta⁵³tɕia⁴⁴pu⁴⁴iɔ⁴⁴ta²¹tiɛ̃⁴²xua⁵³]
快点儿快点儿抓住他，　　　　　[kʰuɛ⁵³tiɚr³⁵kʰuɛ⁵³tiɚr³⁵tʂua⁴⁴tʂu⁵³tʰa⁴⁴]
快点儿快点儿抓住他。　　　　　[kʰuɛ⁵³tiɚr³⁵kʰuɛ⁵³tiɚr³⁵tʂua⁴⁴tʂu⁵³tʰa⁴⁴]

（二）

你拍一，我拍一，　　　　　[ɲi²¹pʰɛ⁴⁴˙⁴⁴i, vɚ²¹pʰɛ⁴⁴˙⁴⁴i]
一个小孩儿穿花衣。　　　　[i³⁵kɤ⁵³ɕiɔ²¹xɚr³⁵tʂʰua⁴⁴xua i]
你拍二，我拍二，　　　　　[ɲi²¹pʰɛ⁴⁴ɚr⁵³, vɚ²¹pʰɛ⁴⁴ɚr⁵³]
两个小孩梳小辫儿。　　　　[liã²¹kɤ⁵³ɕiɔ²¹xɚr³⁵ʂu⁴⁴ɕiɔ²¹piɚr⁵³]
你拍三，我拍三，　　　　　[ɲi²¹pʰɛ⁴⁴sã⁴⁴, vɚ²¹pʰɛ⁴⁴sã⁴⁴]
三个小孩儿吃饼干。　　　　[sã³⁵kɤ⁵³ɕiɔ²¹xɚr³⁵tʂʰʅ piŋ²¹kã⁴⁴]
你拍四，我拍四，　　　　　[ɲi²¹pʰɛ⁴⁴sʅ⁵³, vɚ²¹pʰɛ⁴⁴sʅ⁵³]
四个小孩儿写大字。　　　　[sʅ kɤ⁵³ɕiɔ²¹xɚr³⁵ɕiɛ²¹ta⁴²tsʅ⁵³]
你拍五，我拍五，　　　　　[ɲi²¹pʰɛ⁴⁴vu²¹³, vɚ²¹pʰɛ⁴⁴vu²¹³]
武松上山打老虎。　　　　　[vu²¹suŋ⁴⁴ʂã⁵³ʂã⁴⁴ta²¹lɔ³⁵xu²¹³]
你拍六，我拍六，　　　　　[ɲi²¹pʰɛ⁴⁴liəu⁵³, vɚ²¹pʰɛ⁴⁴liəu⁵³]
六个包子六碗肉。　　　　　[liəu⁴²kɤ⁵³pɔ⁴⁴tsʅ⁰liəu⁵³vã²¹ʐəu⁵³]
你拍七，我拍七，　　　　　[ɲi²¹pʰɛ⁴⁴tɕʰi⁴⁴, vɚ²¹pʰɛ⁴⁴tɕʰi⁴⁴]
千万别吃烂东西。　　　　　[tɕʰiɛ̃⁴⁴vã⁵³piɛ³⁵tʂʰʅ⁴⁴lã⁵³tuŋ⁴⁴ɕi⁰]
你拍八，我拍八，　　　　　[ɲi²¹pʰɛ⁴⁴pa⁴⁴, vɚ²¹pʰɛ⁴⁴pa⁴⁴]
八只蛤蟆叫呱呱。　　　　　[pa⁴⁴tʂʅ⁴⁴xa³⁵ma⁰tɕiɔ⁵³kua⁴⁴kua⁴⁴]
你拍九，我拍九，　　　　　[ɲi²¹pʰɛ⁴⁴tɕiəu²¹³, vɚ²¹pʰɛ⁴⁴tɕiəu²¹³]

九个小孩儿扭一扭。　　　　[tɕiəu²¹kɤ⁵³ɕiɔ²¹xɚ³⁵ȵiəu²¹⁻⁵³ȵiəu²¹³]
你拍十，我拍十，　　　　　[ni²¹pʰɛ⁴⁴ʂʅ³⁵，vɤ²¹pʰɛ⁴⁴ʂʅ³⁵]
公共卫生要保持。　　　　　[kuŋ⁴⁴kuŋ⁵³vei⁵³ʂən⁴⁴ȵiɔ⁵³pɔ²¹tʂʰʅ³⁵]

（歌谣发音人：马会丽）

二　故事

牛郎和织女

说在早些年的时候，[ʂuə⁴⁴tsɛ⁵³tsɔ²¹ɕiɛ⁴⁴ȵiẽ³⁵tə⁰ʂʅ³⁵xəu⁰]
山东那旮瘩有个小伙子，[ʂã⁴⁴tuŋ⁴⁴na⁵³ka⁴⁴taº iəu²¹kɤ³⁵ɕiɔ⁵³xuɔ²¹tsʅ⁰]
爹妈早早地都没有了，[tie⁴⁴ma⁴⁴tsɔ²¹tsɔ²¹tə⁰təu⁴⁴mei⁴⁴iəu²¹³lə⁰]
家里挺穷，[tɕia⁴⁴li²¹tʰiŋ²¹tɕʰyŋ³⁵]
就有一头老牛，[tɕiəu⁵³iəu²¹⁻⁵³iº tʰəu³⁵lɔ²¹ȵiəu³⁵]
大伙儿都习惯地叫他牛郎。[ta⁵³xuɚ²¹təu⁴⁴ɕi³⁵kuã⁵³təº tɕiɔ⁵³tʰa⁴⁴ȵiəu³⁵lã³⁵]
这牛郎靠老牛耕地过日子，[tʂɤ⁵³ȵiəu³⁵lã³⁵kʰɔ⁵³lɔ²¹ȵiəu³⁵kəŋ⁴⁴ti⁵³kuə⁵³ʐʅ²¹tsʅ⁰]
给老牛相依为命。[kei³⁵lɔ²¹ȵiəu⁴⁴ɕia⁴⁴⁻⁴⁴iº vei³⁵miŋ⁵³]
其实这老牛是天上的金牛星，[tɕʰi⁵³ʂʅ⁴⁴tʂɤ⁵³lɔ²¹ȵiəu³⁵ʂʅ⁵³tʰiɛ⁴⁴ʂã⁵³təº tɕi⁴⁴ȵiəu³⁵ɕiŋ⁴⁴]
下凡来到人间，[ɕia⁵³fã³⁵lɛ³⁵tɔ⁵³ʐə̃³⁵tɕiɛ⁴⁴]
他喜欢牛郎的勤劳善良，[tʰa⁴⁴ɕi²¹xuã⁴⁴ȵiəu³⁵lã³⁵təº tɕʰĩ³⁵lɔ³⁵ʂã⁵³liã³⁵]
一心想帮他成个家。[i⁵³ɕĩ⁴⁴ɕiã²¹pã⁴⁴tʰa⁴⁴tʂʰəŋ³⁵kɤ⁵³tɕia⁴⁴]
有这么一天，[iəu²¹tʂɤ⁵³məº iº⁻⁵³tʰiɛ⁴⁴]
金牛星得知天上的仙女们，[tɕĩ⁴⁴ȵiəu³⁵ɕiŋ⁴⁴tɤ³⁵tʂʅ⁴⁴tʰiɛ⁴⁴ʂã⁵³təº ɕiɛ⁴⁴ȵy²¹mə̃⁰]
要到营子东头儿脚下的湖里洗澡，[iɔ⁵³tɔ⁵³iŋº tsʅº tuŋ⁴⁴tʰəuɚ³⁵tɕiɔ²¹³ɕia⁵³təº xu³⁵liº ɕi³⁵tsɔ²¹³]
他就给牛郎托梦，[tʰa⁴⁴tɕiəu⁵³kei²¹ȵiəu³⁵lã³⁵tʰuə⁴⁴məŋ⁵³]
要他第二天早上到湖边去，[iɔ⁵³tʰa⁴⁴tiº ɚ⁵³tʰiɛ⁴⁴tsɔ²¹ʂã⁵³tɔ⁵³xu³⁵piɛ⁴⁴tɕʰy⁵³]
趁仙女们洗澡的时候拿走一件儿仙女儿们挂在树上的衣裳，[tʂʰə̃⁵³ɕiɛ⁴⁴ȵy²¹mə̃⁰ɕi³⁵tsɔ²¹təº ʂʅ⁵³xəu⁰na⁵³tsəu²¹⁻³⁵iº tɕiɚ⁵³ɕiɛ⁴⁴ȵyɚ⁵³mə̃⁰ kua⁵³tsɛ⁵³ʂu⁵³ʂã⁵³təº iº ʂã⁴⁴]
就会得到一位美丽的仙女儿做媳妇儿。[tɕiəu⁵³xuei⁵³tɤ³⁵⁻³⁵tɔ⁵³iº vei⁵³mei²¹⁻⁵³liº təº ɕiɛ⁴⁴ȵyɚ²¹ tsuə⁵³ɕi³⁵fɚ⁰]
第二天早上牛郎将信将疑地来到山脚下，[tiº ɚ⁵³tʰiɛ⁴⁴tsɔ²¹ʂã⁵³ȵiəu³⁵lã³⁵tɕiã⁴⁴ɕĩ⁵³tɕiã⁴⁴⁻³⁵ tiº lɛ³⁵tɔ⁵³ʂã⁴⁴tɕiɔ²¹ɕia⁵³]
在雾气嘈嘈中果然看见七个仙女儿在河中戏水，[tsɛ⁵³vu⁵³tɕʰi⁵³tsʰɔ³⁵tsʰɔ³⁵tʂuŋ⁴⁴kuə²¹zã³⁵ kʰã⁵³tɕiɛ⁵³tɕʰi⁴⁴kɤ⁵³ɕiɛ⁴⁴ȵyɚ²¹tsɛ⁵³xɤ³⁵tʂuŋ⁴⁴ɕiº ʂuei²¹³]
他悄入悄悄地拿走一件粉红色的衣裳，[tʰa⁴⁴tɕʰiɔ⁵³ʐuº tɕʰiɔ⁴⁴tɕʰiɔº tiº naº tsəu²¹⁻³⁵tɕiɛ⁵³fə̃²¹ xuŋ³⁵sɤ⁵³təº iº⁻⁴⁴ ʂã⁴⁴]
头也不回一溜烟儿跑回了家，[tʰəu³⁵ieº puº xuei³⁵⁻⁵³iº liəu⁴⁴iɚ⁴⁴pʰɔ²¹xuei³⁵ləº tɕia⁴⁴]
这个被抢走衣裳的仙女儿就是织女。[tʂɤ⁵³kɤ⁵³pei⁵³tɕʰiã³⁵tsəu²¹⁻⁴⁴ʂã⁵³təº ɕiɛ⁴⁴ȵyɚ²¹

tɕiəu⁵³ʂʅ⁵³tsʅ⁴⁴n̩y²¹³]

这天后晌她悄鸟儿地敲开了牛郎的家门，[tʂɤ⁵³tʰiɛ̃⁴⁴xuŋ⁵³ʂã⁰tʰa⁴⁴tɕiɔ⁴⁴n̩iɔr⁰ti⁰tɕʰiɔ⁴⁴kʰɛ⁴⁴lə⁰n̩iəu³⁵lã³⁵tə⁰tɕia⁴⁴mɛ̃³⁵]

两个人一见钟情，[liã²¹kɤ⁵³zə̃³⁵i⁰tɕiɛ̃³⁵tʂuŋ⁴⁴tɕʰiŋ³⁵]

从此成了有疼有热的小两口。[tsʰuŋ³⁵tsʰʅ²¹tʂʰəŋ³⁵lə⁰iəu²¹tʰəŋ³⁵iəu²¹zɤ⁵³tə⁰ɕiɔ²¹liã³⁵kʰəu²¹³]

一晃三个年头过去了，[i⁵³xuã²¹sã³⁵kɤ⁵³n̩iɛ̃³⁵tʰəu⁰kuə⁵³tɕʰy⁵³lə⁰]

牛郎和织女生了一个小丫蛋儿一个小小子两个孩子，[n̩iəu³⁵lã³⁵xɤ³⁵tsʅ⁴⁴n̩y²¹ʂəŋ⁴⁴lə⁰i³⁵kɤ⁰ɕiɔ²¹ia⁴⁴tɤr⁰i⁵³kɤ⁰ɕiɔ²¹ɕiɔ²¹tsʅ⁰liã²¹kɤ⁵³xɛ³⁵tsʅ⁰]

一家人过得很开心。[i⁵³tɕia⁴⁴zə̃³⁵kuə⁵³tə⁰xə²¹kʰɛ⁴⁴ɕĩ⁴⁴

但是织女私自下凡这事儿被玉皇大帝知道了，[tã⁴²ʂʅ⁵³tsʅ⁴⁴n̩y²¹sʅ⁴⁴tsʅ⁵³ɕia⁵³fã⁵³tʂɤ⁵³ʂər⁵³pei⁵³y⁵³xuã⁵³ta⁰ti⁵³tsʅ⁴⁴tɔ⁵³lə⁰]

有这么一天雷闪火闪，[iəu²¹tʂɤ⁵³mə⁰i⁵³tʰiɛ̃⁴⁴lei³⁵sã⁵³xuə²¹sã⁵³]

刮起了大风下起了大雨，[kua⁴⁴tɕʰi⁰lə⁰ta⁵³fəŋ⁴⁴ɕia⁵³tɕʰi²¹lə⁰ta⁵³y²¹³]

织女突然不见了。[tsʅ⁴⁴n̩y²¹tʰu⁴⁴zã³⁵pu³⁵tɕiɛ̃⁵³lə⁰]

两个孩子张爪似的找妈妈，[liã²¹kɤ⁵³xɛ³⁵tsʅ⁰tʂã⁴⁴tʂua²¹sʅ⁵³tə⁰tʂɔ²¹ma⁴⁴ma⁰]

牛郎急得也不知咋是好，[n̩iəu³⁵lã³⁵tɕi⁰iɛ⁵³pu⁵³tsʅ⁴⁴tsa²¹ʂʅ⁵³tɤ⁵³ʂʅ⁰xɔ²¹³]

这时一头老牛突然开口说话了：[tʂɤ⁵³ʂʅ³⁵i⁵³tʰəu⁰lɔ²¹n̩iəu³⁵tʰu⁴⁴zã³⁵kʰɛ⁴⁴kʰəu²¹ʂuə⁴⁴xua⁵³lə⁰]

"别难过，[piɛ³⁵nã³⁵kuə⁵³]

把我的角拿下来，[pa³⁵vɤ²¹³tə⁰tɕiɔ²¹³na³⁵ɕia⁵³lɛ⁰]

变成两个笋筐，[piɛ̃⁵³tʂʰəŋ³⁵liã²¹kɤ⁵³luə⁰kʰuã⁴⁴]

装上两个孩子，[tʂuã⁴⁴ʂã⁵³liã²¹kɤ⁵³xɛ³⁵tsʅ⁰]

就可以上天宫找织女了。"[tɕiəu⁵³kʰɤ³⁵i⁰ʂã⁵³tʰiɛ̃⁴⁴kuŋ⁴⁴tʂɔ²¹tsʅ⁴⁴n̩y²¹lə⁰]

牛郎正纳闷儿，[n̩iəu³⁵lã³⁵tʂəŋ⁵³na⁵³mər⁵³]

牛角突然掉到地上，[n̩iəu³⁵tɕiɔ²¹tʰu⁴⁴zã³⁵tiɔ⁴²tɔ⁵³ti⁵³ʂã⁰]

真的变成了两个笋筐，[tʂə̃⁴⁴tə⁰piɛ⁵³tʂʰəŋ³⁵lə⁰liã²¹kɤ⁵³luə⁰kʰuã⁴⁴]

牛郎把两个孩子放到笋筐里，[n̩iəu³⁵lã³⁵pa⁰liã²¹kɤ⁵³xɛ³⁵tsʅ⁰fã⁴²tɔ⁵³luə⁰kʰuã⁴⁴li²¹³]

用扁担挑起来，[yŋ⁵³piɛ̃²¹tã⁰tʰiɔ⁴⁴tɕʰi²¹lɛ⁰]

腾云驾雾般的向天宫飞去。[tʰəŋ³⁵ỹ³⁵tɕia⁵³vu⁰pã⁴⁴ti⁰ɕiã⁵³tʰiɛ̃⁴⁴kuŋ⁴⁴fei⁴⁴tɕʰy⁵³]

飞呀飞呀，[fei⁴⁴ia⁰fei⁴⁴ia⁰]

眼瞅着就要追上织女了，[iɛ̃³⁵tʂʰəu²¹tʂə⁰tɕiəu⁵³iɔ⁵³tʂuei⁴⁴ʂã⁰tsʅ⁴⁴n̩y²¹lə⁰]

却被王母娘娘发现了，[tɕʰyɛ⁴²pei⁵³vã³⁵mu⁰n̩iã⁵³n̩iã⁵³fa⁴⁴ɕiɛ̃⁵³lə⁰]

她拔下头上的一根金簪，[tʰa⁴⁴pa³⁵ɕia⁵³tʰəu³⁵ʂã⁰tə⁰i⁵³kə̃⁴⁴tɕĩ⁴⁴tsã⁴⁴]

在牛郎和织女中间一划，[tsɛ⁵³n̩iəu³⁵lã³⁵xɤ³⁵tsʅ⁴⁴n̩y²¹tʂuŋ⁴⁴tɕiɛ⁴⁴i⁵³xua³⁵]

随手出现一条波涛滚滚的天河，[suei³⁵ʂəu²¹tʂʰu⁴⁴ɕiɛ⁵³i⁰tʰiɔ³⁵pɤ⁴⁴tʰɔ⁴⁴kuə̃³⁵kuə̃²¹³tə⁰tʰiɛ̃⁴⁴xɤ³⁵]

这天河一眼望不到边儿，[tʂɤ⁵³tʰiɛ̃⁴⁴xɤ³⁵i⁵³iɛ̃²¹vã⁵³pu⁰tɔ⁵³piɐr⁴⁴]

把小两口东一个西一个隔开了。[pa³⁵ɕiɔ²¹liã³⁵kʰəu²¹tuŋ⁴⁴˙³⁵kɤ⁵³ɕi⁴⁴˙³⁵kɤ⁵³kei⁴⁴kʰɛ⁴⁴lə⁰]

天上的喜鹊非常同情牛郎和织女，[tʰiɛ⁴⁴ʂã⁵³tə⁰ɕi²¹tɕyɛ⁵³fei⁴⁴tʂʰã³⁵tʰuŋ³⁵tɕʰiŋ³⁵niəu³⁵lã³⁵xɤ³⁵tʂɿ⁴⁴n̩y²¹³]

每年的七月初七成千上万只喜鹊飞到天河上，[mei²¹niɛ̃³⁵tə⁰tɕʰi⁴⁴yɛ⁵³tʂʰu⁴⁴tɕʰi⁴⁴tʂʰəŋ³⁵tɕʰiɛ⁴⁴ʂã⁵³vã³⁵tʂɿ⁴⁴ɕi²¹tɕʰyɛ⁵³fei⁴⁴tɔ⁵³tʰiɛ⁴⁴xɤ³⁵ʂã⁰]

一只叼着一只的尾巴搭起一座长长的鹊桥，[i⁵³tʂɿ⁴⁴tiɔ⁴⁴tʂɿ⁰˙⁵³tʂɿ⁴⁴tə⁰i²¹pa⁴⁴ta⁴⁴tɕʰi²¹˙³⁵i³⁵tsuə⁵³tʂʰã³⁵tʂʰã³⁵tə⁰tɕʰyɛ⁵³tɕʰiɔ³⁵]

让牛郎和织女相见。[zã⁵³niəu³⁵lã³⁵xɤ³⁵tʂɿ⁴⁴n̩y²¹ɕiã⁴⁴tɕiɛ̃⁵³]

这就是牛郎和织女故事的一小段儿。[tʂɤ⁴²tɕiəu⁵³ʂɿ⁵³niəu³⁵lã³⁵xɤ³⁵tʂɿ⁴⁴n̩y²¹ku⁵³ʂɿ⁰tə⁰˙⁵³ɕiɔ²¹tuɐr⁵³]

（发音人：苏玉富）

三　自选条目

（一）

磨道里的驴——听呵儿。　　[mɤ⁵³tɔ⁵³li²¹³tə⁰ly³⁵,tʰiŋ⁴⁴xər⁴⁴]

（二）

毛驴踢房檐——弹（谈）不上。[mɔ³⁵ly³⁵tʰi⁴⁴fã³⁵iɛ³⁵,tʰã³⁵pu³⁵ʂã⁵³]

（三）

飞机上挂暖壶——水瓶（平）高。[fei⁴⁴tɕi⁴⁴ʂã⁵³kuã⁵³nã²¹³xu³⁵,ʂuei²¹³pʰiŋ³⁵kɔ⁴⁴]

（四）

黄鼠狼给鸡拜年——没安好心。　　[xuã⁵³ʂu²¹³lã³⁵kei²¹³tɕi⁴⁴pɛ⁵³niɛ̃³⁵,mei³⁵nã⁴⁴xɔ²¹³ɕĩ⁴⁴]

（自选条目1-4发音人：孙凤珍）

（五）

飞机炸厕所——激起民粪（奋）。[fei⁴⁴tɕi⁴⁴tʂa⁵³tsʰɤ⁵³suə²¹³,tɕi⁴⁴tɕʰi²¹³mĩ³⁵fə̃⁵³]

（六）

灶王爷上天——多言好事。　　[tsɔ⁵³vã⁰iɛ³⁵ʂã⁵³tʰiɛ⁴⁴,tuə⁴⁴iɛ̃³⁵xɔ²¹³ʂɿ⁵³]

（七）

丫丫葫芦进屁股——进退两难。 [ia⁴⁴ia⁴⁴xu³⁵lu⁰tɕĩ⁵³pʰi⁵³ku⁰,tɕĩ⁵³tʰuei⁵³liɑ̃²¹³nã³⁵]

（八）

骑驴看账本儿——走着瞧。 [tɕʰi³⁵ly³⁵kʰã⁵³tʂã⁵³pə̃r²¹³,tsəu²¹³tʂə⁰tɕʰiɔ³⁵]

（自选条目 5-8 发音人：苏玉富）

（九）

骑毛驴吃豆包——乐颠儿馅儿了。 [tɕʰi³⁵mɔ³⁵ly³⁵tʂɿ⁴⁴təu⁵³pɔ⁰,lɤ⁵³tier⁴⁴ɕier⁵³lə⁰]

（十）

做梦娶媳妇儿——竟想好事。 [tsuə⁵³məŋ⁵³tɕy²¹³ɕi³⁵fər⁰,tɕiŋ⁵³ɕiã²¹³xɔ²¹³ʂɿ⁵³]

（十一）

瘸子跳高——腿（忒）好了。 [tɕʰyɛ³⁵tsɿ⁰tʰiɔ⁵³kɔ⁴⁴,tʰei³⁵xɔ²¹³lə⁰]

（十二）

马尾巴拴豆腐——提不起来。 [ma³⁵i²¹³pa⁰ʂuã⁴⁴təu⁵³fu⁰,tʰi³⁵pu⁵³tɕʰi²¹³lɛ³⁵]

（自选条目 9-12 发音人：钱玉平）

（十三）

躺着睡觉，站起来翻身——笨得灵头。 [tʰã²¹³tʂə⁰ʂuei⁵³tɕiɔ⁵³,tʂã⁵³tɕʰi²¹³lɛ⁰fã⁴⁴ʂə̃⁴⁴,pə̃⁵³tə⁰liŋ³⁵tʰəu⁰]

（十四）

大姑娘坐轿——头一回。 [ta⁵³ku⁴⁴ȵiɑ̃⁰tsuə⁵³tɕiɔ⁵³,tʰəu³⁵i⁵³xuei³⁵]

（十五）

狗撵鸭子——呱呱叫。 [kəu²¹³ȵiɛ²¹³ia⁴⁴tsɿ⁰,kua⁴⁴kua⁴⁴tɕiɔ⁵³]

（十六）

叨叨木打前食——全凭嘴儿支着。 [tɔ⁴⁴tɔ⁴⁴mu⁵³ta²¹³tɕʰiɛ̃³⁵ʂɿ³⁵,tɕʰyɛ³⁵pʰiŋ³⁵tʂuer²¹³tʂɿ⁴⁴tʂə⁰]

（自选条目 13-16 发音人：步显文）

(十七)

黑瞎子打立正——一手遮天。　[xei⁴⁴ɕia⁴⁴tʂʅ⁰ta²¹³li⁵³tʂəŋ⁵³,i⁵³ʂəu²¹³tʂɤ⁴⁴tʰiɛ̃⁴⁴]

(十八)

黑瞎子劈包米——掰一个丢一个。　[xei⁴⁴ɕia⁴⁴tʂʅ⁰pʰi⁴⁴pɔ⁴⁴mi²¹³,pɛ⁴⁴⁻³⁵i⁵³kɤ⁵³tiəu⁴⁴⁻³⁵i⁵³kɤ⁵³]

(十九)

狗咬妈虎——两头害怕。　　　　[kəu³⁵iɔ²¹³ma⁴⁴xu⁰,liã²¹³tʰəu³⁵xɛ³⁵pʰa⁵³]

（自选条目 17-19 发音人：刘亚娟）

凌　源

一　歌谣

（一）

大拇哥二拇娘，	[ta⁵³mu²¹kɤ⁵⁵ər⁵³mu²¹ȵiaŋ³⁵]
中指太阳，	[tʂuŋ⁵⁵tʂʅ⁵⁵tʰai⁵³iaŋ³⁵]
小妞儿妞儿吃高粱。	[ɕiau²¹ȵiour⁵⁵ȵiour⁵⁵tʂʰʅ⁵⁵kau⁵⁵liaŋ³⁵]小妞儿妞儿：指小指头。

（二）

小狗儿小狗儿你看家，	[ɕiau³⁵kour²¹ɕiau³⁵kour²¹ni²¹kʰan⁵⁵tɕia⁵⁵]
我去后院采红花。	[vɤ²¹tɕʰy⁵³xou⁵³yan⁵³tsʰai²¹xuŋ³⁵xua⁵⁵]
一把红花没采了，	[i⁵³pa²¹xuŋ³⁵xua⁵⁵mei³⁵tsʰai⁵³liau²¹]
听着小狗儿汪汪咬。	[tʰiŋ⁵⁵tʂɤ⁰ɕiau³⁵kour²¹vaŋ⁵⁵vaŋ⁵⁵iau²¹]
谁来啦？	[ʂei³⁵lai³⁵la⁰]
婆来啦。	[pʰɤ³⁵lai³⁵la⁰]
上炕里，	[ʂaŋ⁵³kʰaŋ⁵³li²¹]
卷袋烟，	[tɕyan²¹tai⁵³ian⁵⁵]
递给你。	[ti⁵³kei³⁵ni²¹]
儿媳妇，	[ər³⁵ɕi²¹fu⁰]
会擀面，	[xuei⁵³kan²¹mian⁵¹]
一擀擀得滴溜转儿。	[i⁵³kan³⁵kan²¹ti⁰ti⁵⁵lou⁰tʂuɐr⁵¹]
婆一碗公一碗，	[pʰɤ³⁵·⁵³i²¹van²¹kuŋ³⁵·⁵³i²¹van²¹]
两个小姑儿两半碗，	[liaŋ²¹kɤ⁵³ɕiau²¹kur⁵⁵liaŋ²¹pan⁵³van²¹]
桌子底下藏一碗。	[tʂuo⁵⁵tsʅ⁰ti²¹ɕia⁵³tsʰaŋ³⁵·⁵³i²¹van²¹]

（三）

| 打竹板儿,点儿对点儿， | [ta²¹tʂu³⁵pɐr²¹,tiɐr²¹tuei⁵³tiɐr²¹] |
| 眼前来到理发馆儿。 | [iɛn²¹tɕʰiɛn³⁵lai³⁵tau⁵³li²¹fa⁵³kuɐr²¹] |

理发馆儿,真节约, [li²¹fa⁵⁵kuɐr²¹,tʂən⁵⁵tɕie²¹iau⁵⁵]
剃头刮脸不用刀, [tʰi⁵³tʰou³⁵kua⁵⁵liɛn²¹pu³⁵yŋ⁵³tau⁵⁵]
一根儿一根儿往下薅, [i⁵³kər⁵⁵i⁵³kər⁵⁵vaŋ²¹ɕia⁵³xau⁵⁵]
薅得脑袋起大包, [xau⁵⁵tx⁰nau²¹tai⁰tɕʰi²¹ta⁵³pau⁵⁵]
回家还得上药膏儿, [xuei³⁵tɕia⁵⁵xai³⁵tei²¹ʂaŋ⁵³iau⁵³kaur⁵⁵]
你说节约不节约。 [ȵi²¹ʂuo⁵³tɕie²¹iau⁵⁵pu⁵³tɕie²¹iau⁵⁵]

（四）

东西街,南北走, [tuŋ⁵⁵ɕi⁵⁵tɕie⁵⁵,nan³⁵pei³⁵tsou²¹]
回头看见猫咬狗。 [xuei³⁵tʰou³⁵kʰan⁵³tɕiɛn⁵⁵mau⁵⁵iau³⁵kou²¹]
拿起狗来打砖头儿, [na³⁵tɕʰi⁵³kou⁵⁵lai³⁵ta²¹tʂuan⁵⁵tʰour³⁵]
又被砖头儿咬一口。 [iou⁵³pei⁵³tʂuan⁵⁵tʰour³⁵iau²¹·⁵³i⁵kʰou²¹]

（五）

小米儿饭,扑鼻香。 [ɕiau³⁵miər²¹fan⁵¹,pʰu²¹pi³⁵ɕiaŋ⁵⁵]
吃完饭,下西乡。 [tʂʰɿ⁵⁵van³⁵fan⁵¹,ɕia⁵³ɕi⁵⁵ɕiaŋ⁵⁵]
我下西乡无别事, [vɤ⁵³ɕia⁵³ɕi⁵⁵ɕiaŋ⁵⁵vu³⁵pie³⁵ʂɿ⁵¹]
替我哥哥栽瓜秧。 [tʰi⁵³vɤ²¹kɤ⁵⁵kɤ⁰tsai⁵⁵kua⁵⁵iaŋ⁵⁵]
自家吃饭自家挣, [tsɿ⁵tɕia⁵tʂʰɿ⁵fan⁵tsɿ⁵tɕia⁵tʂəŋ⁵¹]
不靠旁人度时光。 [pu³⁵kʰau⁵³pʰaŋ³⁵zən³⁵tu⁵³ʂɿ³⁵kuaŋ⁵⁵]

（六）

一粒豆子圆又圆, [i³⁵li⁵³tou⁵¹tsɿ⁰yan³⁵iou⁵³yan³⁵]
磨成豆腐好卖钱。 [mɤ³⁵tʂʰəŋ³⁵tou⁵¹fɤ⁰xau²¹mai⁵³tɕʰiɛn³⁵]
人家说我买卖小, [zən⁵tɕia⁵ʂuo⁵⁵vɤ⁵mai⁵mai⁵ɕiau⁵]
小小买卖能赚钱。 [ɕiau³⁵ɕiau²¹mai⁵mai⁵nəŋ³⁵tʂuan⁵³tɕʰiɛn³⁵]

（歌谣发音人：杨桂芹）

二　故事

牛郎和织女

在那个很久很久以前,[tsai⁵³nei⁵¹kɤ⁰xən³⁵tɕiou⁵xən³⁵tɕiou²¹·²¹tɕʰiɛn³⁵]
就是有一个小伙儿,[tɕiou⁵³ʂɿ⁵³iou²¹i⁵kɤ⁰ɕiau³⁵xuor²¹]
他的爸爸和妈妈都没有了,[tʰa⁵⁵ti⁰pa⁵¹pa⁵xɤ³⁵ma⁵⁵ma⁵⁵tou⁵⁵mei³⁵iou²¹lɤ⁰]
就剩他一个人儿。[tɕiou⁵³ʂən⁵tʰa⁵i⁵kɤ⁰zər³⁵]
您们家有个老黄牛,[tʰan⁵⁵mən⁰tɕia⁵⁵iou²¹kɤ⁵lau²¹xuaŋ³⁵ȵiou³⁵]
他跟老黄牛相依为命,[tʰa⁵⁵kən⁵⁵lau²¹xuaŋ³⁵ȵiou⁵ɕiaŋ⁵⁵i⁵vei³⁵miŋ⁵¹]

但是他不知道这个老黄牛[tan⁵³ʂʅ⁵³tʰa⁵⁵pu⁵³tsʅ⁵⁵tau⁵³tsei⁵¹kɤ⁰lau²¹xuaŋ³⁵ȵiou³⁵]
实际是金牛星。[ʂʅ³⁵tɕi⁵³ʂʅ⁵³tɕin⁵⁵ȵiou³⁵ɕiŋ⁵⁵]

这老黄牛看他就是[tʂɤ⁵³lau²¹xuaŋ³⁵ȵiou³⁵kʰan⁵³tʰa⁵⁵tɕiou⁵³ʂʅ⁵³]
挺善良挺勤劳的,[tʰiŋ²¹ʂan⁵³liaŋ³⁵tʰiŋ²¹tɕʰin³⁵lau³⁵tɤ⁰]
然后就想给他说一个媳妇儿。[zan³⁵xou⁵³tɕiou⁵³ɕiaŋ³⁵kei⁵³tʰa⁵⁵ʂuo⁵⁵i³⁵kɤ⁰ɕi²¹fər⁰]
它那个半夜给这个牛郎托梦,[tʰa⁵⁵nei⁵¹kɤ⁰pan⁵³ie⁵³kei⁵¹tsei⁵¹kɤ⁰ȵiou³⁵laŋ³⁵tʰuo⁵⁵məŋ⁵¹]
托梦就说：[tʰuo⁵⁵məŋ⁵³tɕiou⁵³ʂuo⁵⁵]
"在明天早晨你早点儿起来,[tsai⁵³miŋ³⁵tʰiɛn⁵⁵tsau²¹tʂʰən⁰ȵi²¹tsau³⁵tiɐr³⁵tɕʰi²¹lai⁰]
然后上后山[zan³⁵xou³⁵ʂaŋ⁵³xou⁵³ʂan⁵⁵]
那个湖里头[nei⁵¹kɤ⁰xu³⁵li²¹tʰou⁰]
你看那块儿有仙女儿在洗澡儿。[ȵi²¹kʰan⁵³nei⁵³kʰuɐr⁵³iou²¹ɕiɛn⁵⁵ȵyər²¹tsai⁵³ɕi³⁵tsaur²¹]
你就把那个衣服,[ȵi⁵³tɕiou⁵³pa⁵¹nei⁵¹kɤ⁰i⁵⁵fu⁰]
给它拿回来一件儿,[kei²¹tʰa⁵⁵na³⁵xuei³⁵lai⁰i⁵tɕiɐr⁵¹]
你也别回头儿,你就往回跑。"[ȵi⁵¹ie³⁵pie³⁵xuei³⁵tʰour³⁵,ȵi²¹tɕiou⁵³vaŋ²¹xuei³⁵pʰau²¹]

然后这个牛郎就觉得[zan³⁵xou⁵³tsei⁵¹kɤ⁰ȵiou³⁵laŋ³⁵tɕiou⁵³tɕye²¹tɤ⁰]
这是不是真事儿啊?[tʂɤ⁵³ʂʅ⁵¹pu⁰ʂʅ⁵³tʂən⁵⁵ʂər⁵¹za⁰]
他就挺怀疑的,[tʰa⁵⁵tɕiou⁵³tʰiŋ²¹xuai i³⁵tɤ⁰]
但是他寻思要是万一是真的呢哈,[tan⁵³tʰa⁵⁵ɕin³⁵ʂʅ⁰iau⁵³ʂʅ⁵³van i⁵⁵·ʂʅ⁵⁵tʂən⁵⁵tɤ⁰nɤ⁰xa⁵⁵]
然后他第二天早晨,[zan³⁵xou⁵³tʰa⁵⁵ti⁵³ər⁵³tʰiɛn⁵⁵tsau²¹tʂʰən⁰]
起来他就去了。[tɕʰi²¹lai⁰tʰa⁵⁵tɕiou⁵³tɕʰy⁵¹lɤ⁰]
到那儿呢一看,[tau⁵³nɐr⁰nɤ⁰i·³⁵kʰan⁵¹]
那湖边儿真有仙女儿在那儿洗澡,[na⁵³xu³⁵piɐr⁵⁵tʂən⁵⁵iou²¹ɕiɛn⁵⁵ȵyər²¹tsai²¹nɐr⁵³ɕi³⁵tsau²¹]
他就偷偷地拿了[tʰa⁵⁵tɕiou⁵³tʰou⁵⁵tʰou⁵⁵ti⁵³na⁵lɤ⁰]
一件儿粉色的衣服,[i³⁵tɕiɐr⁵³fən²¹sɤ⁵¹tɤ⁰i⁵⁵fu⁰]
他就往家跑,[tʰa⁵⁵tɕiou⁵³vaŋ²¹tɕia⁵pʰau²¹]
跑到家以后他就把门插上。[pʰau²¹tau⁵³tɕia⁵⁵·²¹xou⁵³tʰa⁵⁵tɕiou⁵³pa²¹mən³⁵tʂʰa⁵⁵ʂaŋ⁰]
然后,等到晚上半夜的时候儿,[zan³⁵xou⁵³,təŋ⁵tau⁵van⁵ʂaŋ⁵pan⁵ie⁵ti⁰ʂʅ³⁵xour⁰]
真有一个仙女儿上您们家来了,[tʂən⁵⁵iou·i³⁵kɤ⁰ɕiɛn⁵⁵ȵyər²¹ʂaŋ⁵tʰan⁵⁵mən⁰tɕia⁵⁵lai³⁵lɤ⁰]
然后他俩就结成夫妻了。[zan³⁵xou⁵³tʰa⁵⁵lia²¹tɕiou⁵³tɕie³⁵tʂʰəŋ⁵⁵fu⁵⁵tɕʰi⁵⁵lɤ⁰]
他俩就是感情儿还特别好,[tʰa⁵⁵lia²¹tɕiou⁵³ʂʅ⁵kan⁵tɕʰiɐr⁵xai³⁵tʰɤ⁵³pie³⁵xau²¹]
还特别幸福。[xai³⁵tʰɤ⁵³pie³⁵ɕiŋ⁵³fu³⁵]
这个仙女儿在您们家过了三年[tsei⁵¹kɤ⁰ɕiɛn⁵⁵ȵyər²¹tsai²¹tʰan⁵⁵mən⁰tɕia⁵⁵kuo⁵¹lɤ⁰san⁵⁵niɛn³⁵]
生了一个姑娘,一个小子。[ʂəŋ⁵⁵lɤ⁰i·³⁵kɤ⁰ku⁵⁵niaŋ⁰,i³⁵kɤ⁰ɕiau²¹tsʅ⁰]

然后就特别幸福。[zan³⁵ xou⁵³ tɕiou⁵³ tɤ⁵³ piɛ³⁵ ɕiŋ⁵³ fu³⁵]

但是这个事儿吧[tan⁵³ ʂʅ⁵³ tʂei⁵¹ kɤ⁰ ʂər⁵¹ pa⁰]
被那个玉皇大帝知道啦,[pei⁵³ nei⁵¹ kɤ⁰ y⁵³ xuaŋ³⁵ ta⁵³ ti⁵³ tʂʅ⁵³ tau⁵¹ la⁰]
就特别生气,完了有一天,[tɕiou⁵³ tʰɤ⁵³ piɛ³⁵ ʂəŋ⁵⁵ tɕʰi⁵¹, van³⁵ lɤ⁰ iou²¹·⁵³ tʰiɛn⁵⁵]
就是又打雷又下雨的,[tɕiou⁵³ ʂʅ⁵³ iou⁵³ ta²¹ lei⁵³ iou⁵³ ɕia⁵³ y²¹ ti⁰]
那天上就是云彩也挺厚的,[nei⁵³ tʰiɛn⁵⁵ ʂaŋ⁰ tɕiou⁵³ ʂʅ⁵³ yn³⁵ tsʰai⁰ iɛ²¹ tʰiŋ²¹ xou⁵¹ ti⁰]
挺吓人的,[tʰiŋ²¹ ɕia⁵³ zən³⁵ ti⁰]
然后那个织女就不见了,[zan³⁵ xou⁵³ nei⁵¹ kɤ⁰ tʂʅ⁵⁵ ny²¹ tɕiou⁵³ pu³⁵ tɕiɛn⁵¹ lɤ⁰]
牛郎就特别着急,[niou laŋ³⁵ tɕiou⁵³ tʰɤ⁵³ piɛ³⁵ tʂau⁵³ tɕi³⁵]
就找啊,哪儿也没有。[tɕiou⁵³ tʂau²¹ va⁰, nɐr³⁵ iɛ²¹ mei³⁵ iou²¹]
后来就是那个老黄牛,[xou⁵³ lai³⁵ tɕiou⁵³ ʂʅ⁵³ nei⁵¹ kɤ⁰ lau²¹ xuaŋ³⁵ niou³⁵]
知道啊,就告诉他了,[tʂʅ³⁵ tau⁵³ va⁰, tɕiou⁵³ kau⁵¹ su⁰ tʰa⁵⁵ lɤ⁰]
告诉他了,说那他也追不上,[kau⁵¹ su⁰ tʰa⁵⁵ lɤ⁰, ʂuo⁵³ na⁵⁵ tʰa⁵⁵ iɛ²¹ tʂuei⁵⁵ pu³⁵ ʂaŋ⁵¹]
也没法追呀,[iɛ²¹ mei³⁵ fa³⁵ tʂuei⁵⁵ ia⁰]
人家都上天走了。[zən³⁵ tɕia⁰ tou⁵³ ʂaŋ⁵³ tʰiɛn⁵⁵ tsou²¹ lɤ⁰]
后来老黄牛就说：[xou⁵³ lai⁵³ lau²¹ xuaŋ³⁵ niou³⁵ tɕiou⁵³ ʂuo⁵⁵]
"你把我两个牛角掰下来,[ni²¹ pa⁵³ vɤ²¹ liaŋ²¹ kɤ⁰ niou³⁵ tɕiau²¹ pai⁵⁵ ɕia⁵¹ lai⁵³]
然后变成两个箩筐你背,[zan³⁵ xou⁵³ piɛn⁵³ tʂʰən³⁵ liaŋ²¹ kɤ⁰ luo³⁵ kʰuaŋ⁵⁵ ni²¹ pei⁵⁵]
你就是挑着这两个孩子,[ni²¹ tɕiou⁵³ ʂʅ⁵³ tʰiau⁵³ tʂɤ⁵³ tʂei⁵³ liaŋ²¹ kɤ⁰ xai³⁵ tsʅ⁰]
你就能飞起来去追那个织女。"[ni²¹ tɕiou⁵³ nəŋ³⁵ fei⁵⁵ tɕʰi⁰ lai⁵³ tɕʰy⁵³ tʂuei⁵¹ nei⁵¹ kɤ⁰ tʂʅ⁵⁵ ny²¹]
老黄牛就把它那两个犄角掰下来了,[lau²¹ xuaŋ³⁵ niou⁵³ tɕiou⁵³ pa²¹ tʰa⁵⁵ nei⁵³ liaŋ²¹ kɤ⁰ tɕi⁵⁵ tɕiau⁰ pai⁵⁵ ɕia⁵¹ lai⁰ lɤ⁰]
后来就真变成两个箩筐。[xou⁵³ lai³⁵ tɕiou⁵³ tʂən⁵⁵ piɛn⁵³ tʂʰən³⁵ liaŋ²¹ kɤ⁰ luo³⁵ kʰuaŋ⁵⁵]
那个牛郎就挑着这两个孩子,[nei⁵¹ kɤ⁰ niou laŋ³⁵ tɕiou⁵³ tʰiau⁵⁵ tʂɤ⁵³ tʂei⁵³ liaŋ²¹ kɤ⁰ xai³⁵ tsʅ⁰]
就去追那个织女。[tɕiou⁵³ tɕʰy⁵³ tʂuei⁵⁵ nei⁵¹ kɤ⁰ tʂʅ⁵⁵ ny²¹]
就追上了,[tɕiou⁵³ tʂuei⁵⁵ ʂaŋ⁵¹ lɤ⁰]
追上（快）不远了,[tʂuei⁵⁵ ʂaŋ⁵³ pu⁵³ yan²¹ lɤ⁰]
但是王母娘娘生气了,[tan⁵³ ʂʅ⁵³ van³⁵ mu²¹ niaŋ³⁵ niaŋ⁵⁵ ʂəŋ⁵⁵ tɕʰi⁵¹ lɤ⁰]
特别生气。[tʰɤ⁵³ piɛ³⁵ ʂəŋ⁵⁵ tɕʰi⁵¹]
后来她就在头上拔下一个簪子,[xou⁵³ lai³⁵ tʰa⁵⁵ tɕiou⁵³ tsai²¹ tʰou³⁵ ʂaŋ⁰ pa⁵³ ɕia⁵¹·³⁵ kɤ⁰ tsan⁵⁵ tsʅ⁰]
从织女和牛郎他们俩中间一划,[tsʰuŋ³⁵ tʂʅ⁵⁵ ny²¹ xɤ³⁵ niou laŋ³⁵ tʰa⁵⁵ mən⁰ lia²¹ tʂuŋ⁵⁵ tɕiɛn⁵⁵·⁵³ i⁰ xua³⁵]
然后就出了一条天河,[zan³⁵ xou⁵³ tɕiou⁵³ tʂʰu⁵⁵ lɤ⁰ i⁰·⁵³ tʰiau³⁵ tʰiɛn⁵⁵ xɤ³⁵]
特别宽（的）一个河,[tʰɤ⁵³ piɛ³⁵ kʰuan⁵⁵·³⁵ kɤ⁰ xɤ³⁵]
牛郎也过不去,织女也过不来。[niou laŋ³⁵ iɛ²¹ kuo⁵³ pu³⁵ tɕʰy⁵³, tʂʅ⁵⁵ ny²¹ iɛ²¹ kuo⁵³ pu⁵³ lai³⁵]

后来那个就是喜鹊,[xou⁵³lai³⁵nei⁵¹kɤ⁰tɕiou⁵³ʂʅ⁵³ɕi²¹tɕʰye⁵¹]
一看觉得,[i³⁵kʰan⁵³tɕye²¹tɤ⁰]
哎这头儿那孩子哭,[ai⁵³tʂei⁵³tʰour³⁵nei⁵³xai³⁵tsʅ⁰kʰu⁵⁵]
那个牛郎都着急,[nei⁵¹kɤ⁰ȵiou³⁵laŋ³⁵tou⁵⁵tʂau³⁵tɕi³⁵]
夫妻也见不了面儿,[fu⁵⁵tɕʰi⁵⁵ie²¹tɕien⁵¹pu⁰liau⁵⁵miɐr⁵¹]
就特别心疼。[tɕiou⁵³tʰɤ⁵³pie³⁵ɕin⁵⁵tʰən³⁵]
后来喜鹊就一个一个的,[xou⁵³lai³⁵ɕi²¹tɕʰye⁵³tɕiou⁵³i³⁵kɤ⁰i³⁵kɤ⁰ti⁰]
一个叼着一个尾巴,[i³⁵kɤ⁰tiau⁵⁵tʂɤ⁰i³⁵kɤ⁰vei²¹pa⁰]
搭成一个天桥。[ta⁵⁵tʂʰəŋ³⁵i³⁵kɤ⁰tʰien⁵⁵tɕʰiau³⁵]
每年就是在七月初七的时候儿,[mei²¹ȵien³⁵tɕiou⁵³ʂʅ⁵³tsai⁵³tɕʰi⁵³ye⁵³tʂʰu⁵⁵tɕʰi⁵⁵ti³⁵ʂʅ³⁵xour⁰]
然后喜鹊就来了,[ʐan³⁵xou⁵³ɕi²¹tɕʰye⁵³tɕiou⁵³lai³⁵lɤ⁰]
就搭这个天桥,[tɕiou⁵³ta⁵⁵tʂei⁵¹kɤ⁰tʰien⁵⁵tɕʰiau³⁵]
让牛郎和织女他们俩见面相会。[ʐaŋ⁵³ȵiou³⁵laŋ³⁵xɤ³⁵tʂʅ⁵⁵ny²¹tʰa⁰mən⁰lia²¹tɕien⁵³mien⁵³ɕiaŋ⁵⁵xuei⁵¹]
所以就是说七七相会,[suo³⁵i²¹tɕiou⁵³ʂʅ⁵³ʂuo⁵⁵tɕʰi⁵⁵tɕʰi⁵⁵ɕiaŋ⁵⁵xuei⁵¹]
这个典故就从这来的。[tʂei⁵¹kɤ⁰tien²¹ku⁵³tɕiou⁵³tsʰuŋ³⁵tʂɤ⁵³lai³⁵tɤ⁰]

(规定故事发音人:李亚玲)

三　自选条目

(一)

过河捧胡子——牵须(谦虚)过度　　[kuo⁵³xɤ³⁵pʰəŋ²¹xu³⁵tsʅ⁰, tɕʰien⁵⁵ɕy⁵⁵kuo⁵³tu⁵¹]

(二)

旱刮东风不下雨,　　　　　　　　[xan⁵³kua²¹tuŋ⁵⁵fəŋ⁵⁵pu³⁵ɕia⁵³y²¹]
涝刮东风不开天。　　　　　　　　[lau⁵³kua²¹tuŋ⁵⁵fəŋ⁵⁵pu⁵⁵kʰae⁵⁵tʰien⁵⁵]

(三)

雨前刮风雨不久,　　　　　　　　[y²¹tɕʰien³⁵kua⁵⁵fəŋ⁵⁵y²¹pu⁵³tɕiou²¹]
雨后无风雨不停。　　　　　　　　[y²¹xou⁵⁵vu³⁵fəŋ⁵⁵y²¹pu⁵⁵tʰiŋ³⁵]

(四)

星星眨眼,风雨不远。　　　　　　[ɕiŋ⁵⁵ɕiŋ⁰tʂa³⁵ien²¹,fəŋ⁵⁵y²¹pu⁵³yan²¹]

(五)

炊烟顺地跑,天气不会好。　　　　[tʂʰuei⁵⁵iɛn⁵⁵ʂuən⁵³ti⁵³pʰau²¹,tʰiɛn⁵⁵tɕʰi⁵³pu³⁵xuei⁵³xau²¹]

(六)

不怕初一下,就怕初二阴。　　　　[pu³⁵pʰa⁵³tʂʰu⁵⁵i⁵⁵ɕia⁵¹,tɕiou⁵³pʰa⁵³tʂʰu⁵⁵ər⁵³in⁵⁵]

(七)

小鸡不进架儿,不是阴就是下。　　[ɕiau²¹tɕi⁵⁵pu³⁵tɕin⁵³tɕiar⁵¹,pu³⁵ʂʅ⁵³in⁵⁵tɕiou⁵³ʂʅ⁵³ɕia⁵¹]

(八)

生土换熟土,一亩顶两亩。　　　　[ʂəŋ⁵⁵tʰu²¹xuan⁵³ʂou³⁵tʰu²¹,i⁵³mu²¹tiŋ²¹liaŋ³⁵mu²¹]

(九)

庄稼一枝花儿,全靠粪当家。　　　[tʂuan⁵⁵tɕia⁰·⁵³i⁵⁵tʂʅ⁵⁵xuar⁵⁵,tɕʰyan³⁵kʰau⁵³fən⁵³taŋ⁵⁵tɕia⁵⁵]

(十)

跟着勤的没懒的,　　　　　　　　[kən⁵⁵tʂɤ⁰tɕʰin³⁵tɤ⁰mei³⁵lan²¹tɤ⁰]
跟着馋的没攒的。　　　　　　　　[kən⁵⁵tʂɤ⁰tʂʰan³⁵tɤ⁰mei³⁵tsan²¹tɤ⁰]

(十一)

吃不穷,穿不穷,　　　　　　　　[tʂʰʅ⁵⁵pu⁵³tɕʰyŋ³⁵,tʂʰuan⁵⁵pu⁵³tɕʰyŋ³⁵]
不会算计一辈子穷。　　　　　　　[pu³⁵xuei⁵³suan⁵¹tɕi³⁵pei⁵¹tsʅ⁰tɕʰyŋ³⁵]

(十二)

姐妹七八个,　　　　　　　　　　[tɕie²¹mei⁵³tɕʰi⁵⁵pa⁵⁵kɤ⁵¹]
围着柱子坐,　　　　　　　　　　[vei³⁵tʂɤ⁰tʂu⁵¹tsʅ⁰tsuo⁵¹]
大家一分手,　　　　　　　　　　[ta⁵³tɕia⁵⁵·⁵³i⁵⁵fən⁵⁵ʂou²¹]
衣服就扯破。　　　　　　　　　　[i⁵⁵fu⁰tɕiou⁵³tʂʰɤ²¹pʰɤ⁵¹]
(大蒜)

(十三)

红公鸡,绿尾巴,　　　　　　　　[xuŋ³⁵kuŋ⁵⁵tɕi⁵⁵,ly⁵³i²¹pa⁰]
一头儿扎到地底下。　　　　　　　[i⁵³tʰour³⁵tʂa⁵⁵tau⁵³ti⁵³ti²¹ɕia⁰]
(胡萝卜)

（十四）

哥俩儿一般儿高，　　　　　　　[kɤ⁵⁵liar²¹⁻⁵³i˚pɐr⁵⁵kau⁵⁵]
出门儿就摔跤。　　　　　　　　[tʂʰu⁵⁵mər³⁵tɕiou⁵³ʂuai⁵⁵tɕiau⁵⁵]
（筷子）

（十五）

上边儿毛儿，下边儿毛儿，　　　[ʂaŋ⁵³piɐr⁵⁵maur³⁵,ɕia⁵³piɐr⁵⁵maur³⁵]
中间一颗黑葡萄，　　　　　　　[tʂuŋ⁵⁵tɕien⁵⁵⁻⁵³i˚kʰɤ⁵⁵xei⁵⁵pʰu³⁵tʰau⁰]
猜不着就对我瞧一瞧。　　　　　[tsʰaɛ⁵⁵pu⁵³tʂau³⁵tɕiou⁵³tuei˚vɤ²¹tɕʰiau³⁵i˚tɕʰiau³⁵]
（眼睛）

（十六）

左一片,右一片　　　　　　　　[tsuo²¹⁻³⁵i˚pʰiɛn⁵¹,iou²¹⁻³⁵i˚pʰiɛn⁵¹]
隔座山头儿不见面。　　　　　　[kɤ³⁵tsuo⁵³ʂan⁵⁵tʰour³⁵pu³⁵tɕien⁵³mian⁵¹]
（耳朵）

（自选条目发音人：钱佳齐）

参考文献

北京大学中国语言文学系语言学教研室　1989　《汉语方音字汇》（第2版），文字改革出版社。

曹志耘　2008　《汉语方言地图集》，商务印书馆。

贺　巍　1986　《东北官话的分区》，《方言》第1期。

李　荣　1985　《官话方言的分区》，《方言》第1期。

钱曾怡　2010　《汉语官话方言研究》，齐鲁书社。

唐聿文　2012　《东北方言大词典》，长春出版社。

许宝华、宫田一郎　2020　《汉语方言大词典》（修订本），中华书局。

许皓光、张大鸣　1988　《简明东北方言词典》，辽宁人民出版社。

尹世超　2010　《东北方言概念词典》，黑龙江大学出版社。

中国民间故事集成全国编集委员会　1994　《中国民间故事集成》（辽宁卷），中国LSBN中心。

中国社会科学院语言研究所、中国社会科学院民族学与人类学研究所、香港城市大学语言资讯科学研究中心　2012　《中国语言地图集》（第2版）汉语方言卷，商务印书馆。

后　　记

　　自 2016 年至 2019 年，四年间，辽宁语保团队调查了辽宁地域 20 个汉语方言点，为促进中国语言资源保护工程（以下简称"语保工程"）成果的整理、开发和应用，按照教育部语信司要求，我们从 2018 年年底开始着手在前期方言调查基础上编写这本书，历时两年多。

　　两年多来，我们是通过多次反复不断地整理、分析、研讨、修改等一系列工作来推进项目完成的。

　　2018 年 12 月 8 日，根据教育部语信司文件精神，我们拟出了《〈中国语言资源集·辽宁〉实施方案》。随后，2019 年 1 月 5 日，又做出了包括语音卷、词汇卷、语法卷、口头文化卷等各卷和需交文件电子版的具体编写要求，并先行整理了庄河、丹东等方言点的材料，形成样稿，发给其他各点参照。

　　与此同时，我们还拟定了统一格式的示例，制订出包含已经完成调查的 15 个方言点字音、词汇、语法例句对照表。特别是字音部分，根据《方言调查字表》逐一校对了 1000 个单字的古音。此项工作完成于语保中心下发的对照表之前，其后，2019 年 11 月，又为刚刚完成调查的 2019 年立项的 5 个点和 2012 年有声数据库调查的大连、金州杏树两个点制作了适用于这 7 个方言点的对照表。最后，又根据语保中心的对照表，结合本省实际，编制了涵盖全省 22 个方言点的对照表，包括字音对照表（1000 个单字）、词汇对照表（1200 个词）和语法例句对照表（50 个例句）等。其内部排序首先按照方言大区（东北官话—胶辽官话—北京官话）排列，其次把同一大区的方言片按照地位排列，再次把同一方言片中的方言小片按照调查点的音序排列。

　　2019 年 6 月，"中国语言资源集·辽宁"立项获批（项目编号：YB19ZYA014）。

　　2019 年 6 月 25 日，开始进入材料整理程序，2019 年 9 月 1 日，除 2019 年未完成调查的 5 个方言点外，其他方言点的调查团队按时完成了第一阶段的材料整理工作。

　　2020 年 1 月 21 日，在 2019 年 5 个项目终检验收会上，与会的编写人员互相交流了第一阶段材料整理的体会和发现的问题，同时研究确定了下一步工作：1. 把调查材料移至模板表中；2. 草拟各点方言概况和发音人情况；3. 修改完善前期存在的主要问题：（1）音系说明与后面的字词句等注音不完全一致，需认真核查。有些需要在音系说明中阐释（如儿化、小称、变调规律等）；（2）音标和相关符号字体需规范（如同音符号、送气符号等）；（3）方言用字全省要统一；

（4）改正由于手误造成的个别字、词等与音标不吻合等问题。

为了统一方言用字，我们从2018年前完成调查的15个方言点材料中提取出了用字不一致的词条。列举了词汇调查条目的所有不同形式，编制了"辽宁资源集方言用字推荐表"。推荐用字的依据主要有四：一是查阅古今汉语工具书；二是查阅相关方言词典；三是从俗，即参考当地用字，通过这些考证本字或寻找同音字替代；四是在项目预验收、验收时逐条征求的王临惠、赵日新、桑宇红三位专家意见。2020年1月底，"辽宁资源集方言用字推荐表"分发给各点负责人，各点开始对词汇、语法、口头文化等部分的方言用字进行校对。

2020年3月10日，2019年结束调查的5个方言点完成了材料整理工作，即全省20个点按照对照表、用字推荐表各自的材料整理工作告一段落。2020年4月10日开始，我们做了第一次全稿通审。4月24日把汇总材料中出现的问题（如各点方言概况和音系介绍的内容和形式问题不统一；格式方面，字体、字号行间距等不一致等）反馈给各点。各点编写人员利用"五一"小长假休息的机会完成了修改，5月6日汇总。

2020年5月7日，教育部语信司下发通知，安排部署项目中期检查工作。按照通知要求，我们根据《中国语言资源集（分省）实施方案（2019年修订）》和《中国语言资源集（分省）编写出版方案（2019年修订）》，对已经完成的书稿进行检查，形成书面意见，并连同书稿语法样章和庄河点材料及中检报告书，在6月初一并报送语保中心。

受疫情的影响，原定3月中下旬在沈阳召开的统稿会无法按计划进行，但根据编写计划安排又不能再拖延，只好择机借助腾讯会议线上进行。中检结束后，2020年7月19日，辽宁资源集第一次线上编写会议召开，主要编写人员和部分协助工作的研究生到会。会议对材料整理过程中出现的问题做了认真梳理，并讨论了解决问题的办法，同时，布置了下一步工作，安排了工作日程。考虑到各点提出的只是自身局部形式问题，面对全局，要对一些共性问题，进行拉网式的全面修改。修改后，外请专家审稿。

2020年8月1日，汇总材料如期提交给两位外审专家：天津师范大学王临惠教授和河北师范大学桑宇红教授。两位教授很快就把修改意见反馈给我们。在审稿期间，他们把随时发现的问题及解决办法传递给我们，比如，审稿之初，发现故事部分由于发音人对故事情节不熟悉等原因，造成同一个故事在人称、时间、地点、层次等方面的前后矛盾，还有啰嗦重复等问题。各点负责人复听故事音频，把有问题的部分标注出来再剪辑，同时根据剪辑修改文本。看到两位专家的修改意见，我们不仅学到了以前很少接触到的知识和方法，更为其研精阐微的治学态度和认真负责的工作精神所感动。时值酷暑，气候炎热，又是疫情期间，两位专家确实很辛苦。

2020年8月13日，辽宁资源集第二次编写会议依然以线上方式举行，到会的是主要编写人员和部分协助编写的研究生。这次会议主要内容是反馈外审专家审阅意见，研讨解决问题办法，并确定修改完成时间。特别是根据两位专家的建议，依照张世方主编的北京卷样例组织各点对各地概况、音系说明等部分进行了全部修改。

2020年9月初，分点修改工作完成，进入全省材料汇总阶段。汇总主要由辽宁师范大学的原新梅、赵建军两位老师和研究生完成，具体由丁俊组织研究生采取流水作业的形式来完成。汇总是件很麻烦的事情，不仅仅是简单地把分散的各点材料整合在一起，这其中，还有内容的核对、版面体例的统一等，工作量很大。汇总后，原新梅、赵建军对材料进行了拉网式核查，发现了一些单点不容易发现和修改不彻底等问题，在充实完善"辽宁资源集方言用字推荐表"基础上又组织进行了新一轮修改。汇总和汇总后的修改于10月上旬完成。为慎重起见，在交给出版社之前，我们再次请王临惠、桑宇红两位专家为书稿把关。11月初返回修改意见。

2020年11月4日，以线上方式召开辽宁资源集第三次编写会议，反馈了专家审阅后的修改意见。安排了下一步的修改工作：为保证已经整理过的版面不被更改，单字、词汇、语法例句由原新梅负责组织统一修改。具体音系及音系说明、口头文化两部分由各点负责人修改。统一修改和各点修改后，分别由赵建军、安拴军审核。

2020年12月我们把书稿提交给了中国社会科学出版社，2021年7月初收到校对稿，马上把书稿复印了三份，寄给大连、锦州、沈阳的分片负责人。7月19日召开了辽宁资源集书稿校对线上会议，组织分点、分片和全书三个层次的校对工作。即各点负责人具体校对各自调查点，然后由赵建军、安拴军、欧阳国亮分别负责大连片、锦州片和沈阳及周边片的校对，最后由夏中华、原新梅完成全书最后统稿。根据教育部语信司召开的"中国语言资源集（分省）编写出版协调会"（2021年8月9日）要求，我们按照《中国语言资源集（分省）编写出版规范（2021年修订）》对书稿进行结构上的调整，分编为四卷，并对照校对后的书稿重新填写修改了校对表，报送语保中心。

作为中国语言资源有声数据库首批试点的大连、杏树两个方言点调查工作于2012年年底完成，并顺利通过验收。我们考虑，为了更全面地体现全省方言特征，特别是大连地区的典型性、代表性，应该把不在语保工程系列的大连、金州杏树屯两个方言点的调查材料纳入本书。这一想法得到了语保中心的认可。

本书是对前期为时5年（含2012年结项的大连、杏树两个方言点）的辽宁汉语方言调查的书面总结，也是辽宁语保工程系列基础性成果之一。涉及地域广，进程时间长、参与人员多。既需要各方言点课题组的独自深入调研分析，也需要整个辽宁语保团队的协调配合。在本书的编写过程中，各位同仁顾全大局，通力合作，集聚智慧，交流经验，分忧解难，互相帮助，共享成果，协力完成了任务，也结下了真挚深厚的学术友谊，虽然彼此分散在不同的地域、不同的单位，但却是一个团结友善、奉献能干的整体。

各方言点材料整理和书稿编写分工如下：

安拴军：凌源、北票
曹起：义县、黑山
崔蒙：沈阳
洪飒：盘锦
李薇薇：阜新
马丽娟：绥中
欧阳国亮：辽阳
王虎：海城
夏历：昌图
夏中华：锦州
杨春宇：建平
原新梅：庄河、丹东
张明辉：盖州
赵建军：本溪、长海
朱红：兴城、开原

  大连、金州杏树两个有声数据库的调查点，由赵建军、原新梅在尊重原始材料的基础上按照资源集的要求进行了整理。

  真诚感谢团队各位同仁的付出。还要特别感谢在材料整理、修改统稿等事务中做出贡献的各位研究生，他们不辞辛苦，协助导师做了大量工作，在语保中经受了历练，收获了成长。

  他们是：

  辽宁师范大学的丁俊、朱怡霖、黄宇琪、王涛、王诗语、刘欣、康琳、宋美华、赵廷舒、郑雅凤、阎奕霏、李昕升、张乐、苏丽娜、于蕊铭、袁静、宋佳、张雷、徐祖熹、刘畅、宫腾腾、李琳、臧英涵、李萍、杨笑笑、孙聪、刘胜男、王艺颖、范娜、佟瑶、王昕昱、朱红雨、孟璐、王聪、孙宗美、王晓宇、李萌萌、赵欣、张湾、张影、陈阳阳、蔡悦、王明瑶、李松柳、孙梓妍、黄万琪、郑海燕、樊琛琛、薄立娜、张惠宇、边境、宋施洋、刘文静、董庆怡、赵华贤、田秋阳、梁永琪、王丽娜、刘萌、曹豫等。

  沈阳师范大学的郝增、王宁、郝建昌、韩沈琳、刘勃、祁慧、陈馨、王翎羽。

  渤海大学的李清华、郭鸿宇、孙智博、麻静、谢文婷、蔡一宁、刘爽、曾佳宝、王鹏飞、那琳、孔德会、李肖天、王晓航、何茜、黄娜、韩鸽、周一冰、胡伟华、吕宛清。

  中国刑事警察学院的郭曼曼、张岩、吕微、秦伟方、于英杰。

  辽宁工程技术大学的牛婧锜、王硕、马福越、杨宇辰。

  此外，还有辽宁科技学院王龙，辽宁师范大学李娜、迟文敬，赤峰学院张万有，朝阳广播电视大学校萧辉嵩，渤海大学武海江，辽宁大学高亚楠、刘俊烁，吉林工商学院顾静瑶，大连第二十五中学范凡等几位老师也做了很多工作，这里，一并致谢。

更要感谢在方言调查过程中为我们纠偏指正、提出过宝贵意见的张振兴、沈明、赵日新、王莉宁、张世方、黄晓东、刘晓海、黄拾全、吴继章、莫超、雒鹏、辛永芬等语保专家，特别是王临惠、桑宇红两位专家多年来的悉心指教，辛苦付出。

感谢省语委办宋升勇、侯长余、于玲、刘伟、刘丹等领导和一直具体负责的辛海春，以及各市县语委办，项目的顺利完成，离不开他们多年来的支持帮助。

感谢中国社会科学出版社任明主任认真的编辑加工，为本书增色添彩。

语保工程是一项重大的、系列的语言文化工程，任重道远。在本书即将成稿之时，我们又投入到辽宁方言口头文化语料转写的校对工作。路在脚下，继续前行。

夏中华　原新梅
2021 年 8 月 20 日